공익법인연구

공익법총서 ①

공익법인연구

법부법인(유한) 태평양
재단법인 동천 공동편집

景仁文化社

발간사

　우리 사회에 법치주의가 확산되어 나가면서 법률가들의 역할 증대와 더불어 사회적 책임과 공익활동에 대한 관심과 기대도 커지고 있습니다. 이에 발맞추어 공익활동을 전업으로 하는 공익변호사 단체들의 활동이 꾸준히 확대되고 있고, 로펌에서도 공익전담변호사 고용, 공익법인 설립, 소속 변호사들의 공익활동시간 업무시간 인정 등을 통해 로펌프로보노가 활성화되고 있습니다. 이는 기본적 인권을 옹호하고 사회정의를 실현함을 사명으로 하고 있는 변호사들에게는 매우 바람직한 현상이라 하겠습니다.

　이처럼 증대되고 있는 공익활동을 제도적으로 뒷받침하고 다양한 공익활동 주체들에게 실질적인 도움을 드리고자, 법무법인(유한) 태평양과 재단법인 동천은 각 분야별 공익활동과 관련된 법률과 제도를 법이론적으로 심도있게 조망, 검토하는 공익법총서 시리즈 편찬을 기획하였습니다. 각 분야별 전문가들에 의해 집필되는 공익법총서는 공익활동 주체들의 소송, 자문 수행시 참고가 되고, 공익법 교육자료로 활용되며, 정책적 방향을 제시하는 등더욱 안정적이고 체계적인 공익활동의 밑거름이 될 것이라고 생각합니다.

　공익법총서 시리즈의 첫번째 편으로 이번에 발간되는 『공익법인연구』에는 공익법인제도의 의의, 공익법인의 설립, 조직과 운영, 합병·분할·소멸, 공익법인에 대한 규제와 감독, 공익법인과 조세, 공익신탁, 기부금품의 모집과 사용에 관한 국내 공익법인제도 최고 전문가들의 논문이 수록되어 있습니다.

이 책에 실린 연구의 내용은 공익법인과 관련하여 법률 자문을 제공하는 법률가들에게 유용한 참고자료가 될 수 있을 것이고, 향후 관련 법령의 개정에 있어서도 중요한 자료로 활용될 수 있을 것입니다.

법무법인(유한) 태평양과 재단법인 동천은 『공익법인연구』편을 시작으로 난민, 이주외국인, 장애인, 사회적경제, 공익법운동의 현황과 과제 등을 주제로 하여 공익법총서 시리즈를 차례로 발간할 예정입니다.

공익법인연구에 관한 소중한 논문을 집필해 주신 필자들 및 편집에 애써 주신 편집위원들께 깊은 감사를 드리며, 이 책이 공익법인제도를 활용하고자 하는 모든 분들께 많은 도움이 되기를 기대합니다.

2015. 6.

재단법인 동천 이사장 차 한 성

차 례

책을 내면서

제1장

공익법인제도의 의의

제1장 공익법인제도의 의의

윤철홍*

I. 서설

　고도로 발전된 현대사회에는 전통적인 의미의 국가로서는 담당할 수 없는 복잡 다양한 기능들이 내재되어 있다. 1970년대 이후부터한 국가 내의 영역에 따른 역할론, 즉 섹터론이 본격적으로 논의되었다.[1] 예컨대 제1섹터에는 정부나 공적 영역이 속하는데 반하여, 제2섹터에 속하는 것으로는 영리를 주된 목적으로 하는 시장이나 기업과 같은 민간영역이 있으며, 비영리단체들이라 할 수 있는 시민단체나 NGO, NPO 등은 제3섹터에 속한다는 것이다. 현대사회에서도 제1섹터에 속하는 정부나 공적 영역이 여전히 중요하지만, 한 국가의존립을 위해 필수적으로 요구되는 경제적 기반을 형성하는 시장과기업 등 민간영역도 제1섹터 못지않게 중요하다. 그런데 70년대 후반부터는 국민의 보편적 복지 및 국민의 안락하고, 풍요로운 문화활동을 위해 제3섹터가 더욱 중요하게 취급되기 시작했다. 제3섹터는 제1섹터와 제2섹터가 담당할 수 없거나 담당하는 것 자체가 바람직하지 못한 고유한 영역을 포함하고 있다.[2]

---

* 숭실대학교 법과대학 교수, 일반대학원장

1) Theodore Levitt, The Third Sector: New Tactics for a Responsive Society, Not Avail 1974.

2) 최근에는 세 개의 섹터, 즉 정부와 민간 기업, 시민사회가 역할을 다 하지 못하고 있는 사회적 빈틈에 대한 해법의 모색으로서, 사회적 기업이 출현하는 등 새로운 흐름이 나타나고 있다. 이와 같은 흐름은 기존의 3개의 섹

　　현대 모든 국가들은 정도의 차이는 있을지 몰라도 자국민의 복지와 안락한 삶을 위하여 노력하고 있다. 그럼에도 불구하고 국민들의 모든 생활을 국가가 완벽하게 보장할 수는 없는 것이다. 또한 인산의 결사의 자유는 원초적이고 강렬한 것이기 때문에 국가의 통제로서 그 자유를 봉쇄할 수 있는 것도 아니다. 특히 국가가 관여할 수 없거나 관여할 필요가 없는 영역이 많이 나타나고 있는데, 이러한 영역에서 다양한 형태의 단체들이 결성되고 있다. 이러한 단체들에는 공공의 이익과 밀접하게 관련된 공익법인들도 포함되어 있다. 특히 이러한 공공의 이익과 관련되어 있음에도 불구하고 국가에서 관여하는 것이 바람직하지 못하거나 관여할 필요가 없는 분야가 점차 확대되고 있다. 예컨대 문화, 예술, 학술, 기예 등에서 시민이나 시민단체 및 기업들의 출연에 따른 활동이 두드러지고 있다. 사실 이러한 분야는 국가나 지방자치단체가 직접적으로 통제하거나 관여하는 것보다는 국가나 지방자치단체에서는 지원이나 장려하고 시민들이 법인을 주도적으로 운영하는 것이 바람직할 것이다. 이러한 분야에 대한 각국의 대응 태도는 매우 다양하게 나타나고 있지만, 공통적인 점은 시민단체나 공익법인의 중요성을 과거보다 확실히 비중 있게 다루고 있다는 것이다. 우리나라는 경제규모에 비해 국민의 삶의 질에서는 다른 선진국 수준에 미치지 못하고 있다. 따라서 복지나 문화 등 비영리법인에 대한 연구가 다른 선진국들보다 오히려 중요함에도 불구하고 법학계에서는 이러한 공익법인에 대한 심층적인 연구가 활발하게 수행되지 못하고 있는 것이 우리나라의 현실이다.[3]

　　터를 보완하고자 나타난 영역으로서, 제4섹터라 할 수 있다.

3) 지금까지 공익법인에 대한 심층적인 연구는 미미한 편으로, 비영리법인이나 공익법인의 연구는 주로 세제와 관련된 것이 주종을 이루고 있다. 이러한 상황 하에서 법무법인 태평양의 지원으로 "공익법인의 제문제"라는 주제로 한국민사법학회 동계학술대회(2014. 12. 13. 서강대학교)를 개최하여 공익법인의 다양한 문제들을 심도있게 검토한 것은 매우 의미 있는 일이

한국에서 법인의 분류에 대한 통설적인 견해는 공법인과 사법인으로 나누고, 사법인은 다시 사단법인과 재단법인으로 나누고 있다. 이러한 사단법인에는 영리를 목적으로 하는 사단법인과 영리를 목적으로 하지 않는 사단법인으로 나누어, 비영리사단법인과 재단법인은 민법의 규율대상이 되고, 영리를 목적으로 하는 사단법인은 상법의 적용을 받고 있다.[4] 이와 관련하여 민법 제39조에서 민사 영리법인을 규정하고 있다. 그러나 이 규정은 상사회사에 관한 규정을 적용받는다는 준용규정에 불과한 것이다. 따라서 민법상 법인은 비영리법인만을 대상으로 삼고 있다고 할 수 있다. 개정 전 일본민법은 공익법인과 비공익법인으로 나누어 규정하여,[5] 비영리법인이지만 공익목적이 아닌 법인들을 설립할 수 있는 방법이 없어 '권리능력이 없는 사단'이 속출하였다. 우리 민법은 이러한 결함을 안고 있던 구 민법(의용민법)을 입법적으로 치유하여 현재와 같은 법인제도를 규정하게 된 것이다.

공익법인을 바로 이해하기 위해서는 공익법인을 포함하고 있는 우리 민법상 비영리법인에 대한 이해가 선결적인 문제라고 생각한다. 왜냐하면 우리 민법은 비영리법인만을 규율 대상으로 삼고 있기 때문이다. 즉 우리 민법 제32조에서는 "학술, 종교, 자선, 기예, 사교 기타 영리 아닌 사업을 목적으로 하는 사단 또는 재단은 주무관청의 허가를 얻어 이를 법인으로 할 수 있다."고 규정하여, 비영리사단법

라 여겨진다.

4) 곽윤직/김재형, 민법총칙, 박영사, 2013, 160-161면; 김상용, 민법총칙, 화산미디어, 2012, 214면.

5) 평성 18년, 법률 제50호에 따라 일본민법 제33조(법인의 성립)과 제34조(법인의 능력) 및 제35조(외국법인), 제36조(등기), 제37조(외국법인의 등기)만을 남기고 기타 모든 법인 관련 조항을 폐지하면서, 폐지되는 내용을 법인관련 특별법으로 대체하였다.

인과 재단법인을 인정하고 있다. 따라서 후술하는 바와 같이 특별법
상 다양한 형태의 공익법인이 인정되고 있지만, 그러한 공익법인들
은 모두 비영리법인으로서 존재한다.

이 글 제 II장에서는 공익법인제도를 이해하는데 우선적으로 요구
되는 법인의 유형들을 먼저 검토해 보고자 한다. 특히 영리법인과
비영리법인을 분류하는 기준과 그 실익을 검토하고, 이어서 이러한 비
영리법인과 공익법인과의 관계도 아울러 검토하고자 한다. 제 III장에
서는 공익법인의 의의와 현황을 공익개념과 함께, 좁은 의미의 공익법
인과 넓은 의미의 공익법인으로 나누어 살펴보고자 한다. 제 IV장에서
는 앞 장에서 분류한 좁은 의미의 공익법인법의 주요 내용을 살펴보고,
제 V장에서는 공익법인의 현재적 의미를 요약하는 것으로 글을 맺고자
한다.

II. 공익법인의 이해를 위한 법인 유형의 구별

1. 영리법인과 비영리법인

전술한 바와 같이 현행 법률상 사단법인은 영리를 목적으로 하는
사단법인과 영리를 목적으로 하지 않는 사단법인으로 나누어, 비영
리사단법인과 재단법인을 민법의 규율대상으로 삼고, 영리를 목적으
로 하는 사단법인은 상법을 적용받는 것으로 이해하고 있다.[6] 물론
구체적으로 논구할 때에는 '영리를 목적으로'라는 의미를 이익분배
의 관점이냐 영리사업의 관점이냐에 따라 견해가 나누어지고 있다.
이러한 영리법인과 비영리법인의 구별은 사단법인의 설립요건과
직·간접적으로 결합된다. 따라서 이러한 영리성의 개념을 구체화하
는 것이 양자를 구별하는 데 필수적으로 요구된다. 더 나아가 영리

---

6) 곽윤직/김재형, 위의 책, 161면; 김상용, 위의 책, 214면.

성 여부와 관련된 법인의 기본적인 구도는 사단법인이 영리법인과 비영리법인으로 분리되는데 반하여, 재단법인은 그 본질상 비영리법인이라는 점이다. 그런데 우리 현행 민법 제32조는 "학술, 종교, 자선, 기예, 사교 기타 영리 아닌 사업을 목적으로 하는 사단 또는 재단……"이라고 규정하여, 마치 재단법인에도 영리법인이 있는 것과 같이 표현하고 있다. 그러나 어떠한 입법례에서도 영리를 목적으로 하는 재단법인을 규정하고 있지는 않다. 사단법인과 재단법인에 대한 입법 태도와 관련하여 독일민법은 양자를 분리하여 독자적인 조항으로 규정하여 이러한 오해를 불식시키고 있다. 이러한 입법방식에 따라 영리 사업적 관점에서 비판하는 견해들을 극복하고 있다.[7]

사단법인에 대해서는 우리 민법 역시 독일민법에서처럼 영리사단법인(제39조)과 비영리사단법인(제32조)으로 구분하고 있다. 이렇게 영리법인과 비영리법인을 명확히 구별할 때 비영리사단법인은 원칙적으로 영리행위를 할 수 없다. 그러나 많은 경우에 비영리법인임에도 불구하고 부수적으로는 영리행위를 하게 된다. 즉 목적에 반하지 않는 범위 내에서 부수적인 영리행위를 하게 된다는 것이다. 이 때 어느 정도 영리행위를 부수적인 것이라 할 것인가, 또한 비영리법인의 영리행위를 어떻게 해석해야 할 것인가라는 문제가 발생한다.[8] 다시 말해서 법인설립 시 '영리성'의 의미가 문제된다.

이러한 문제는 영리사단법인과 비영리사단법인을 구별하여 규정한 독일민법에서도 동일하게 발생하였다. 독일민법 제정 당시에 입법가들은 사단법인이 행하는 수익사업 모두가 그 사단법인의 영리

---

7) 이에 대해 자세한 것은 윤철홍, 비영리법인설립에 관한 입법론적 고찰, 민사법학, 제47호, 2009, 741면 이하 참조.

8) 최근에는 이러한 부수적으로 행할 수 있는 사업을 '부수목적의 특전'(Nebenzweckprivileg)이라고 설명하고 있다. 이에 대해서는 송호영, 법인론, 신론사, 2014, 45면 이하; 김진우, 영리법인과 비영리법인의 구별에 관한 법비교적 고찰, 비교사법 제10권 3호, 2003, 99면 이하 참조.

성을 의미하는 것이 아니고 단지 그 수익사업이 그 사단법인의 전적 혹은 주된 목적인 경우에만 영리사단법인으로 보았다.[9] 그러나 이러한 개괄적인 설명으로는 영리성의 개념을 정의하는 데 미흡하여 다양한 해석론이 전개되었다. 독일민법전이 시행되기 시작한 1900년대 초기에는 객관설과 주관설이 대립되었다. 먼저 독일민법 제21조와 제22조의 비영리사업이라는 낱말 그 자체에 비중을 두어 해석하는 객관설적인 견해가 나타났다. 이 견해에 따르면 경제적 재화나 서비스의 생산 또는 판매 사업 등 오직 객관적인 경제활동의 유무가 판단의 기준이 되어, 이와 같은 사업을 하는 경우에는 항상 영리사단법인이 된다는 것이다.[10] 이에 대해 사단법인이 추구하는 궁극적인 목적을 영리성과 비영리성의 구별 기준으로 삼는 주관설이[11] 제기되었다.[12] 이 주관설에 따르면 유상의 경제활동이 계획적 지속적으로 행해진다고 하더라도, 사단법인의 목적이 이와 같은 이윤창출에 있지 않다면 항상 비영리사단법인이 된다는 것이다. 이러한 객관설과 주관설은 하나의 원칙에 의한 명확한 기준을 제시하였다는 장점이 있으나, 다양한 요소를 포함하고 있는 사단법인의 실체를 정확히 파악하지 못하는 단점이 있었다. 이러한 양자의 단점을 보완하기 위해 주로 수익사업을 하거나, 이윤창출을 주목적으로 하는 사단법인은 영리사단법인으로 보고, 비록 수익사업을 하더라도 그것이 비영리적인 목적을 달성하기 위한 수단에 불과한 때에는 비영리사단법인으로 정의하는 절충설이 나타났다.[13] 이 견해는 70년대까지 지배적인 견해로 인정되었다. 특히 이 견해는 독일 입법가들이 입법 이유로

---

9) Mugdan I, S.604=Protokolle I, S.499.
10) 이에 대해서는 Münchener/Reuter, 4. Aufl., §21, 22 BGB, Rn. 5 참조.
11) 정관 등 법인의 설립목적을 주된 판단기준으로 삼는다는 관점에서 목적설이라고도 부른다.
12) Münchener/Reuter, 4. Aufl., §21, 22 BGB, Rn. 5.
13) Münchener/Reuter, 4. Aufl., §21, 22 BGB, Rn. 5.

밝힌 내용을 보충한 것으로 여겨진다. 이러한 절충설은 주된 목적과 부수적인 목적을 구별해야만 하는데, 이에 대한 기준이 모호하다는 비판이 제기되었다. 특히 영리사단법인과 비영리사단법인의 구별은 무엇보다도 채권자를 보호하기 위한 것이라는 전제하에서 영리사단법인을 세 가지 기본유형으로 나누고, 이러한 유형에 속하지 않는 것을 비영리사단법인으로 구분하는 유형론이 나타났다.[14] 이러한 세 가지 기본 유형으로서, 첫째로 주식회사와 같이 외부시장에 대하여 계획적, 지속적으로 유상의 급부를 공급하는 사단법인은 그 사단법인 혹은 그 구성원의 영리지향 여부와 관계없이 영리사단법인이라는 것이다. 둘째로 공무원연금매장이나 노동조합의 연금매장과 같이 사단법인의 내부시장에 대하여 계획적 지속적으로 유상의 재화나 서비스를 제공하는 경우에도 영리사단법인이라고 한다. 셋째로는 구성원이 고유의 기업 활동의 일부를 그 기업이 아닌 사단법인에서 행하는 협동조합형의 사단법인의 경우에도 영리사단법인이라는 것이다. 이와 같은 세 가지 기본 유형에 속하는 것은 영리사단법인에 해당하나, 이러한 유형에 속하지 않는 사단법인들은 비영리사단법인이라고 한다. 이러한 견해가 현재 독일의 지배적인 견해이다.[15]

사단법인의 영리성 여부를 판단하는 기준과 관련하여 우리나라의 민법학자들은 비영리법인을 '영리 아닌 사업을 목적으로 하는 법인'이라고 포괄적으로 정의한다.[16] 따라서 비영리법인의 목적을 달성하기 위해 필요한 한도 내에서 비영리사업의 본질에 반하지 않는 범위 내에서는 영리사업이 가능하나 그 이익을 구성원에게 분배해

---

14) 이에 대한 자세한 것은 Münchener/ Reuter, §21, 22 BGB, Rn. 9; Bamberger/ Roth-Schwarz, §21BGB, Rn.13.

15) Münchener/Reuter §21,22 BGB, Rn.9; Bamberger/Roth-Schwarz, §21 BGB, 2003, Rn.13 usw.

16) 곽윤직/김재형, 위의 책, 160면; 김대정, 민법총칙, Fides 2012, 297면; 김상용, 위의 책, 214면; 이은영, 민법총칙, 박영사, 2004, 223면.

서는 안 된다.[17] 이에 반해 민법 제39조에서 규정하고 있는 영리법인
을 "주로 구성원의 사익을 꾀하고, 법인의 기업이익을 그 구성원에
게 분배하여 경제적 이익을 주는 것을 목적으로 하는 법인"이라고
정의하고 있다.[18] 이에 따르면 비영리법인에 대해서는 영리사업설을
취하는 반면에 영리법인에 대해서는 이익분배설을 주장하는 것이
되어, 민법 제32조는 영리사업설의 관점에서 제정되었다고 할 수 있
다. 예컨대 제32조에서는 학술, 종교, 자선, 기예, 사교 기타 영리 아
닌 사업을 목적으로라고 표현하여, 대표적인 비영리사업을 예시하고
있다. 그러나 법인의 영리성을 정의할 때 이러한 영리사업설을 취하
는 국내학자가 없다는 점을 고려한다면, 예시적인 것들은 입법 기술
상 불필요한 것으로 여겨진다. 특히 학술이나 종교와 관련하여 특별
법이 있거나 특별법을 제정하고자 하는 움직임이 있기 때문에 이러
한 예시 조항은 불필요하고, 오히려 오해의 소지도 있다고 생각한
다.[19]

　민법 제39조는 '영리법인'이라는 제목 하에, "영리를 목적으로 하
는 사단은 상사회사의 조건에 쫓아 이를 법인으로 할 수 있다."고 규
정하고 있다.[20] 따라서 영리법인은 영리를 목적으로 하는 법인이라
할 수 있다. 여기서 주목해야 하는 것은 교통, 통신, 보도 등과 같은
공공사업을 목적으로 하는 경우라 하더라도 구성원의 이익을 직접
목적으로 하는 것은 영리법인이라는 점이다.[21] 구성원에 대한 이익
분배를 중요한 구별 기준으로 삼고 있는 이익분배설에 따르면 법인

---

17) 곽윤직/김재형, 위의 책, 160면; 백태승, 민법총칙, 법문사, 2008, 228면.
18) 곽윤직/김재형, 위의 책, 160면; 김대정, 위의 책, 297면
19) 윤철홍, 위의 책, 744면.
20) 상법에서도 "본법에서 회사라 함은 상행위 기타 영리를 목적으로 하여 설
　　립한 사단을 이른다."고 규정하며(제168조), 회사는 법인으로 한다고 규정
　　하고 있다(제171조 제1항). 이러한 회사들은 모두 영리법인이다.
21) 곽윤직/김재형, 위의 책, 160면; 이영준, 민법총칙, 박영사, 2007, 905면.

의 운영으로부터 발생한 이익을 사원에게 분배함으로써 사원 개인에게 경제적 이익을 주는 것을 목적으로 한다.[22] 예컨대 영리사업설에 따르면 영리법인은 수익사업을 목적으로 하는 법인이고, 비영리법인은 수익사업을 목적으로 하지 않는 법인이다. 이에 반해 이익분배설에 따르면 영리법인은 수익사업을 하여 법인에 귀속된 이익을 그 구성원에게 분배하는 것을 목적으로 하는 법인이다.[23] 따라서 비영리법인은 수익사업을 하지 않는 법인 및 수익사업을 부수적으로 한다고 하더라도 법인에 귀속된 이익을 그 구성원에게 분배하거나 귀속시키는 것을 목적으로 하지 않는 법인이 될 것이다. 우리 민법 제39조는 영리사업설에 따라 해석될 수도 있고, 이익분배설에 의해서도 해석될 수도 있다. 그러나 우리나라의 민법학자들은 영리법인을 "영리법인은 수익사업을 하여 법인에 귀속된 이익을 그 구성원에게 분배(귀속)하는 것을 목적으로 하는 법인"으로, 즉, 이익분배설에 따라 정의한다.[24] 그런데 우리 민법 제32조는 '비영리법인의 설립과 허가'라는 표제 하에, "학술, 종교, 자선, 기예, 사교 기타 영리 아닌 사업을 목적으로 하는 사단 또는 재단은 주무관청의 허가를 얻어 이를 법인으로 할 수 있다."고 규정하고 있기 때문에, 영리사업설의 관점에서 규정한 것으로 볼 수도 있다. 이러한 영리사업설에 따르는 민법 제32조의 영향으로, 우리나라의 민법학자들은 통상 비영리법인을 영리 아닌 사업, 즉 경제적 이익을 도모하는 것이 아닌 사업을 목적으로 하는 법인이라고 정의한다.[25] 그러므로 우리나라의 민법학자들은 영리법인에 대해서는 이익분배설에 따라 정의하고, 비영리법인

---

22) 명순구, 민법총칙, 법문사, 2007, 165면.
23) 그러므로 교통·통신·보도 등의 공공사업을 목적으로 하더라도 그 구성원에게 이익을 분배하는 것을 목적으로 하는 법인은 영리법인이다.
24) 곽윤직/김재형, 위의 책, 160면; 김상용, 위의 책, 213면.
25) 곽윤직/김재형, 위의 책, 160면; 김상용, 위의 책, 214면.

은 영리사업설에 따라 정의하고 있어 일관성을 결여한 해석이라는 비판을 면치 못할 것이다.[26] 이러한 부당성을 제거하기 위하여, 민법 제32조 중의 '영리 아닌 사업을 목적으로 하는 사단'을 '영리를 목적으로 하지 않는 사단'으로 개정하는 것이 타당하다는 입법론이 제시되었다.[27] 이렇게 개정하는 것이 민법 제39조 중의 '영리를 목적으로 하는' 것과 대칭적으로 잘 조화됨과 동시에, 상법 제169조 중의 '영리를 목적으로 하여'라는 규정과도 조화될 수 있기 때문이다.

2. 공익법인과 비공익법인

공익법인이란 소위 '공익을 목적으로 하는 법인'이라 할 수 있다. 최근에 전면 개정되기 전 일본민법에서는 '공익법인'과 '비공익법인'으로 분류하여 영리를 목적으로 하지 않는 공익법인, 즉 비영리공익법인만을 민법상 법인으로 설립할 수 있었다(개정전 일본민법 제34조).[28] 당시 일본민법에 따르면 동창회나 종중 등과 같은 비영리단체

---

26) 이러한 점을 고려한 것으로 여겨지는 민법학자의 지배적인 견해에 따르면 "민법 제32조에 있어서의 '영리 아닌 사업'이라는 것은, 개개의 구성원의 이익을 목적으로 하지 않는 사업을 말한다."고 주장한다(곽윤직/김재형, 위의 책, 160면; 김상용, 위의 책, 214면). 그러나 이러한 주장은 영리사업설과 이익분배설을 명확하게 구별하지 않고 있는 것으로 보인다.

27) 법무부, 2013년 법무부 민법개정시안: 총칙편(민법개정총서 7), 17면 이하 당해 해당 해설 부분 참조.

28) 예컨대 평성 18년 개정 전 일본민법 제34조에서는 "제사, 종교, 자선, 학술, 기예 기타 공익에 관한 사단 또는 재단으로서 영리를 목적으로 하지 않는 것은 주무관청의 허가를 얻어 이를 법인으로 할 수 있다"고 규정하고 있었다. 이에 따르면 당시 일본의 비영리법인은 크게 일반 비영리법인과 공익법인으로 나누어지며, 일반 비영리법인에는 협동조합과 법인격 없는 사단이 포함된다. 이에 반해 공익법인이란 일본민법 제34조에 근거하여 설립된 신앙·종교·자선·과학·기예 및 기타 공익과 관련된 비영리협회 또는 재단을 말한다. 즉 공익법인은 영리를 목적으로 하지 않으며, 공익에 관한

이지만 공익을 목적으로 하지 않는 경우에는 비영리 공익단체가 아니기 때문에 민법상 법인이 될 수가 없었다. 그러므로 법인격 없는 단체인 '법인 아닌 사단' 또는 '법인 아닌 재단'이 광범하게 존재하였다.[29] 이러한 일본민법의 태도와는 달리 현행 우리 민법은 동창회나 종중 등과 같이 공익을 목적으로 하지 않는 비영리단체도 법인격을 취득할 수 있도록 비영리법인이라는 포괄적인 개념을 규정하고 있다. 한편 공익을 목적으로 하는 비영리법인인 '공익법인'에 대해서도 민법상 법인의 규정들이 적용되는 것은 당연하다. 그러나 '공익법인의 설립·운영에 관한 법률'(이하에서는 '공익법인법'으로 약칭함) 제2조에서는 "재단법인이나 사단법인으로서 사회 일반의 이익에 이바지하기 위하여 학자금·장학금 또는 연구비의 보조나 지급, 학술, 자선(慈善)에 관한 사업을 목적으로 하는 법인에 대하여 적용한다."고 규정하여, 민법의 특별법으로서 재단법인이나 사단법인으로서 사회 일반의 이익에 이바지하기 위하여 학자금·장학금 또는 연구비의 보조나 지급, 학술, 자선에 관한 사업을 목적으로 하는 공익법인에 대해서는 공익법인법이 적용되고 있다. 이러한 공익법인은 제 Ⅲ장에서 자세히 언급하는 바와 같이 좁은 의미의 공익법인이라 할 수 있을 것이다. 이에 반해 '상속세 및 증여세법' 등 조세 관련 특별법들에서 인정하고 있는 공익법인은 그 범위가 매우 광범하다. 예컨대 종교단체와 같은 경우 비영리법인의 설립요건인 주무관청의 허가와 설립등기라는 요건을 구비하지 않은 경우까지 지방자치단체에 신고 등 간편한 방법에 의해 공익법인으로 인정받아 세법상의 혜택을 누

사업을 수행하는 주무관청의 허가를 얻은 사단법인 또는 재단법인을 말한 것으로 해석되었다.

29) 이러한 일본의 상황에 대한 자세한 것은 권철, 일본의 새로운 비영리법인제도에 관한 연구, 비교사법 제14권 4호, 2007, 117면 이하; 최성경, 일본의 공익법인제도 개혁 : 공익사단법인 및 공익재단법인의 인정 등에 관한 법률」을 중심으로, 민사법학 제41호, 2008, 535면 이하 참조.

리고 있다.[30] 이러한 세법상 인정되는 공익법인을 소위 넓은 의미의 공익법인이라 할 수 있을 것이다.

Ⅲ. 공익법인의 의의와 현황

1. 개 관

법률 개념 중 '공익'이라는 말처럼 다의적이고 포괄적인 용어도 드물 것이라 여겨진다. 20세기 초 독일국가사회주의노동당(NSDAP: Nazis)이 "공익은 사익에 우선한다."(Gemeinnutz geht vor Eigennutz: Gemein vor Eigen)[31]라는 말로 600만 명의 유대인을 살해할 정도로 '공익'은 국가사회주의의 근간을 이룬 것이기도 하였으며, 현대 한국 권위주의 시대에도 전가보도처럼 사용된 것이 이 말이기도 하다. 오늘날 공사법의 모든 영역에 사용되는 공익, 즉 공공의 이익은 전술한 바와 같이 매우 다의적이고 포괄적이며, 더 나아가 추상적인 가치개념이기도 하다.[32] 이러한 추상적 포괄적인 공익개념이 나타나는 배경은 사상과 국가나 지역 및 시대의 상이성 등으로부터 기인하는 것이라 할 수 있다.[33] 이러한 경향은 개념법학적인 정신이 반영되어 있는 독일 법학뿐만 아니라 영미법에서도 마찬가지이다. 예컨대 영미법상 공익론을 구체화 한 Held는 공익을 세 가지 관점으로 나누어 이해하고 있는데, 첫 번째 관점의 공익은 사회구성원 전체의 이익이 아닐지라도 공동체 안에 존재하는 우세한 이익이라고 한다. 그 우세는 힘의

---

30) 윤철홍, 종교단체의 종교의 자유와 그 사회적 책임, 시대정신, 2014년 가을 호, 133면 이하.
31) 국가사회주의노동당(NSDAP) 강령 24조에서 이를 규정하였다.
32) 최송화, 공익론, 서울대학교 출판부, 2002, 177면 이하.
33) 김유한, 영미에서의 공익개념과 공익의 법문제화, 서울대 「법학」 47권 3호, 2006.09, 52면.

우세일 수도 있고, 여론의 우세일 수도 있으며, 산술적 효용 또는 쾌락이나 선호(Preference)의 우세일 수도 있다는 것이다.[34] 두 번째 유형의 공익관은 공익을 사회구성원의 공동이익으로 보는 입장으로서, 이러한 이익은 사익과 충돌할 수 없다. 왜냐하면 모든 이익에 공통되는 요소만을 공익이라고 하므로 사익과 공익이 충돌할 가능성은 배제되어 있다고 볼 수 있기 때문이다. Held는 루소의 일반의지(General Will)가 이러한 공동이익과 깊이 관련되는 것이라고 한다.[35] 셋째로는, 일원론적 공익개념으로서 공익은 도덕적 개념이며, 일정한 시간과 장소에서 모든 개인을 인도하는 도덕적 판단의 일원적 체계가 존재한다는 것을 가정한다. 이러한 도덕적 판단으로서의 공익판단에 따를 때 공익과 사익은, 비록 개개인이 서로 충돌한다고 착각할 수 있으나, 일원적 판단기준과 단일한 가치체계 안에서 상충되지 않는 것으로 보아야 한다는 것이다.[36]

이러한 다의적인 공익의 관점에서 볼 때 현행법상 규율하고 있는 공익법인이 포섭하고 있는 공익사업도 광범하게 확대될 수 있음은 주지의 사실이다. 민법에서 인정되고 있는 비영리법인 가운데서도 공익을 목적으로 하는 공익법인과 비영리법인이면서 공익에 적극적으로 기여하지 않는 비영리법인으로 구분할 수 있다. 즉, 공익법인은 영리를 목적으로 하지 않는다는 점에서 영리법인과 근본적으로 다르고, 비영리법인과는 동일하다. 또한 공익법인은 적극적으로 불특정다수의 이익을 추구한다는 점에서, 단지 영리를 목적으로 하지 않는다는 소극적 의미를 지니고 있는 비영리법인과도 구별된다. 결

34) Virginia Held, The Public Interest and Individual Interests, New York & London: Basic Books Inc. Publishers, 1970, pp.49-98; 강형기/이상용 공역, 공익과 사익, 박영사, 1986, 50면 이하.
35) Virginia Held, op. cit., pp.99-107; 강형기/이상용 공역, 위의 책, 97면 이하.
36) Virginia Held, op. cit., pp.135-136; 강형기/이상용공역, 위의 책, 134면 이하.

국 모든 공익법인은 비영리법인의 범주에 포함되지만, 후술하는 의료법인이나 종교법인 등에서 알 수 있는 바와 같이 비영리법인이 모두 공익법인에 해당되는 것은 아니다. 개념적으로는 위와 같이 이해할 수 있다. 그러나 실제로 공익법인이라는 용어를 사용할 때에는 그 범위가 모호한 점이 많다. 그 이유는 법률에 따라 각각 공익법인의 범위를 다르게 규정하고 있기 때문이다. 공익법인과 관련된 법으로는 공익법인법이나 법인세법, 조세감면법, 상속세 및 증여세법 등 다양한 법률들이 있는데, 이러한 법률들이 지닌 개개 법률의 보호법익에 따라 공익법인의 범위에 상당한 차이를 보여 주고 있다. 여기에서는 가장 좁은 의미로 사용되고 있는 공익법인법과 세법상 공익법인을 가장 구체적으로 규정하고 있는 '상속세 및 증여세법'을 중심으로 살펴보고자 한다.[37)]

2. 공익법인의 의의

가. 좁은 의미의 공익법인

공익법인법상 공익법인은 재단법인이나 사단법인으로서 사회 일반의 이익에 공여하기 위하여 학자금·장학금 또는 연구비의 보조나 지급, 학술, 자선에 관한 사업을 목적으로 하는 법인을 말한다(공익법인법 제2조). 동법은 법인의 설립·운영 등에 관한 민법의 규정을 보완하여 법인으로 하여금 그 공익성을 유지하며 건전한 활동을 할 수 있도록 함을 목적으로 하고 있다(동법 제1조). 그러나 이 법은 모든 공익법인을 대상으로 하는 것이 아니라 법인의 설립 목적이 학자금·장학금 또는 연구비의 보조나 지급, 학술이나 자선에 관한 사업

---

37) 필자는 전자를 좁은 의미의 공익법인이라 하고, 후자를 넓은 의미의 공익법인이라 칭하여 양자를 구별하여 기술하고자 한다.

인 공익법인에만 적용하는 것이다. 공익법인법 제2조에서 규정하고
있는 "사회일반의 이익에 공여하기 위하여 학자금·장학금 또는 연구
비의 보조나 지급, 학술·자선에 관한 사업을 목적으로 하는 법인"에
대해서는 시행령에서 구체적으로 정하고 있다. 따라서 좁은 의미의
공익법인이라 함은 다음과 같은 사업을 목적으로 하는 법인을 말한
다. 즉, 학자금·장학금 기타 명칭에 관계없이 학생 등의 장학을 목적
으로 금전을 지급하거나 지원하는 사업으로서, 금전에 갈음한 물건·
용역 또는 시설을 설치·운영 또는 제공하거나 지원하는 사업을 포함
한다. 또한 연구비·연구조성비·장려금 기타 명칭에 관계없이 학문·
과학기술의 연구·조사·개발·보급을 목적으로 금전을 지급하거나 지
원하는 사업이다. 여기에는 금전에 갈음한 물건·용역 또는 시설을
제공하는 사업을 포함한다. 더 나아가 학문 또는 과학기술의 연구·
조사·개발·보급을 목적으로 하는 사업 및 이들 사업을 지원하는 도
서관·박물관·과학관 기타 이와 유사한 시설을 설치·운영하는 사업
과 불행·재해 기타 사정으로 자활할 수 없는 자를 돕기 위한 모든 자
선사업이다. 또한 이상과 같은 사업에 해당하는 사업의 유공자에 대
한 시상을 행하는 사업을 포함하기도 한다(공익법인법 시행령 제2조
제1항). 특히 이러한 사업과 그 밖의 다른 사업을 함께 수행하는 법
인도 공익법인으로 인정하고 있다. 주된 것이 장학 사업이지만, 그
범위가 결코 좁지 않다(공익법인법 시행령 제2조 제2항). 그리고 공
익법인법상의 공익법인은 전체 공익법인 중 일부 유형일 뿐이므로,
상속세 및 증여세법상 공익법인이라고 하여 반드시 공익법인법의
적용을 받는 것도 아니다.[38]

대법원은 공익법인을 제한적으로 해석하여, 고유한 목적을 지닌
종교법인과 의료법인이 부수적으로 장학사업 등을 하더라도 좁은

---

38) 국세청, 공익법인의 세무안내, 2007, 12면.

의미의 공익법인에 포함시키지 않고 있다. 예컨대 대법원은 "공익법인의 설립·운영에 관한 법률이 규제대상으로 하는 위 법 제2조 소정의 공익법인은 민법 제32조 소정의 비영리법인 중 순수한 학술, 자선 등 공익법인의 설립·운영에 관한 법률 시행령 제2조 제1항 각호 소정 사업을 목적으로 하는 법인이거나 주로 위와 같은 학술, 자선 등의 사업을 목적으로 하면서 그와 함께 부수적으로 그 이외의 사업을 함께 수행하는 법인만을 말하는 것이라" 판시하였다.[39] 이러한 판결의 태도에 따라 "재단법인 태극도는 그 정관의 규정으로 보아 태극도라고 하는 종교의 전도, 교화, 수도사업을 목적으로 하는 법인으로서 동 종교의 전도, 교화, 수도사업을 위하여 필요한 범위 내에서 또는 그에 수반하는 구호, 자선 및 사회교육사업을 실시하는 이른바 종교법인이라고 인정한 다음 공익법인의 설립·운영에 관한 법률이 규제대상으로 하는 동법 제2조 소정의 공익법인은 민법 제32조 소정의 비영리법인 중 순수한 학술, 자선 등 공익법인의 설립·운영에 관한 법률시행령 제2조 제1항 각 호 소정 사업을 목적으로 하는 법인이거나 주로 위와 같은 학술, 자선 등의 사업을 목적으로 하면서 그와 함께 부수적으로 그 이외의 사업을 함께 수행하는 법인만을 말하는 것이지 종교의 전도, 교화, 수도사업을 목적으로 하면서 그 목적을 달성하기 위하여 부수적으로 구호, 자선 및 교육사업을 하는 이른바 종교법인인 이 사건 재단법인 태극도는 동법 제2조 소정의 공익법인에 해당하지 않는다"고 판시하였으며,[40] 또한 "의료재단인 피고의 정관 제2조에는 "이 법인은 비영리 의료법인으로서 의료기관을 설치 운영하고 보건의료에 관한 연구 개발 등을 통하여 국민보건향상에 이바지함을 목적으로 한다."고 규정하고 있는 사실을 알 수 있고, 이에 따르면 피고는 의료기관의 설치·운영을 목적으로 하면서

---

39) 대법원 1978. 6. 13, 선고 77도4002 판결.
40) 대법원 1978. 6. 13, 선고 77도4002 판결.

그 목적 등을 위하여 부수적으로 보건의료에 관한 연구 개발 등을 하는 비영리법인일 뿐 공익법인의 설립·운영에 관한 법률 제2조 소정의 공익법인에는 해당하지 않는다.”고 판시하였다.[41] 더 나아가 대법원은 “의료재단인 원고의 정관 제2조는 “이 법인은 비영리 의료법인으로서 의료기관을 설치 운영하고 보건의료에 관한 연구 개발 등을 통하여 국민보건향상에 이바지함을 목적으로 한다.”라고 규정하고 있고, 제3조는 위 목적을 달성하기 위한 원고의 사업으로 “의료기관의 설치운영, 노인의료복지시설의 설치운영, 의료인과 의료관계자 양성 및 보수교육, 의료·의학에 관한 조사 연구, 질병예방과 치료에 대한 교육”을 규정하고 있는 사실을 알 수 있다. 이러한 사정을 앞서 본 법리에 비추어 살펴보면 원고는 병원의 설치·운영을 목적으로 하면서 부수적으로 보건의료에 관한 연구 개발 등을 추구하는 비영리법인일 뿐이고, 공익법인법 제2조가 정한 공익법인에는 해당하지 않는다고 봄이 상당하다.”고 판시하여[42] 의료법인을 공익법인법상 공익법인에 포함시키지 않고 있다. 이것은 법인의 주된 목적을 판단 기준으로 삼고, 의료법인이나 종교법인이 비록 부수적으로는 장학이나 연구비 지원 등 공익법인법상의 사업을 한다고 하더라도 의료사업이나 종교활동 등 고유목적을 지니고 있는 이상 좁은 의미의 공익법인이라 할 수 없다는 것이다.

나. 넓은 의미의 공익법인

국세기본법이나 법인세법 등에서는 조세 혜택의 대상을 주로 비영리법인으로 규정하고 있는데 반하여, ‘상속세 및 증여세법’(이하

---

41) 대법원 2010.09.30, 선고 2010다43580 판결. 이 판결에서 인용하고 있는 종교 재단에 대해서도 부정하고 있다.
42) 대법원 2012.04.13, 선고 2010다10160 판결.

'상증법'이라 약칭함)상에서는 공익법인에 속하는 범위를 구체적으로 규정하고 있어 넓은 의미의 공익개념을 이해하기 위해서는 먼저 상증법을 우선적으로 검토해야만 할 것이다. 상증법 제16조 제1항에서는 "상속재산 중 피상속인이나 상속인이 종교·자선·학술 또는 그 밖의 공익을 목적으로 하는 사업을 하는 자(이하 '공익법인 등'이라 한다)에게 출연한 재산의 가액으로서 제67조에 따른 신고기한(상속받은 재산을 출연하여 공익법인 등을 설립하는 경우로서 부득이한 사유가 있는 경우에는 그 사유가 없어진 날이 속하는 달의 말일부터 6개월까지를 말한다) 이내에 출연한 재산의 가액은 상속세 과세가액에 산입하지 아니한다."고 규정하여, 종교·자선·학술 기타 공익을 목적으로 하는 사업을 영위하는 자를 '공익법인 등'이라고 규정하여, 종교와 자선, 학술을 열거하고 이어서 그 밖의 공익을 목적으로 하는 사업을 모두 포함하고 있다. 이에 따라 상증법상 공익법인의 개념은 공익법인법상 공익법인과는 비교할 수 없을 만큼 확대되었다. 이러한 넓은 의미의 공익법인이라 할 수 있는 상증법 제16조 제1항에서 규정하고 있는 '공익법인 등'은 상증법령 제12조에서 보다 구체적으로 규정하고 있다. 예컨대 ① 종교의 보급 기타 교화에 현저히 기여하는 사업, ② 초·중등교육법 및 고등교육법에 의한 학교, 유아교육법에 따른 유치원을 설립·경영하는 사업, ③ 사회복지사업법의 규정에 의한 사회복지법인이 운영하는 사업, ④ 의료법 또는 정신보건법의 규정에 의한 의료법인 또는 정신의료법인이 운영하는 사업, ⑤ 공익법인법의 적용을 받는 공익법인이 운영하는 사업, ⑥ 예술 및 문화에 현저히 기여하는 사업 중 영리를 목적으로 하지 아니하는 사업으로서 관계행정기관의 장의 추천을 받아 기획재정부장관이 지정하는 사업, ⑦ 공중위생 및 환경보호에 현저히 기여하는 사업으로서 영리를 목적으로 하지 아니하는 사업, ⑧ 공원 기타 공중이 무료로 이용하는 시설을 운영하는 사업, ⑨ 법인세법 시행령 제36조 제1항 제1호 각 목의 규정에 의한 지정기부금단체 등 및 소득세법 시행령 제80조 제1항 제5호에 따른 기부금대상민간단체가 운영하는 고유목적사업. 다만, 회원의 친목 또는 이익을 증진시키거나 영리를 목적으로 대가를 수수하는 등 공익성이 있다고 보기 어려운 고유목적사업을 제외한다. ⑩ 법인세법 시행령 제36조 제1항 제2호 다목에 해당하는 기부금을 받는 자가 해당 기부금으로 운영하는 사업. 다만, 회원의 친목 또는 이익을 증진시키거나 영리를 목적으로 대가를 수수하는 등 공익성이 있다고 보기 어려운 고유목적사업은 제외한다. ⑪ 제1호 내지 제5호·제7호 또는 제8호와 유사한 사업으로서 기획재정부령이 정하는 사업[43] 중에서 어느 하나에 해당하는 사업을 영위하

---

43) 상증법 시행령에서 "기획재정부령이 정하는 사업"이라 함은 다음 중 어느 하나에 해당하는 것을 말한다(상속세 및 증여세법 시행규칙 제3조). 즉 ① 산업기술혁신 촉진법 제42조에 따라 허가받은 한국전자파연구원이 동법 제42조 제3항에 따라 운영하는 사업, ② 중소기업진흥 및 제품구매촉진에 관한법률에 의한 중소기업진흥공단이 운영하는 사업으로서 같은 법 제74조 제1항 제20호에 따른 사업, ③ 한국과학기술원법 기타 특별법에 의하여 설립되었거나 육성되는 법인이 운영하는 사업으로서 공익법인의 설립·운영에 관한 법률 시행령 제2조에 해당하는 사업, ④ 조세특례제한법 제73조 제1항 각 호(제3호를 제외한다) 및 법인세법 제24조 제2항 제4호 나목에 따라 기부금을 받은 자가 당해 기부금으로 운영하는 사업, ⑤ 상공회의소법에 의한 대한상공회의소가 근로자직업능력 개발법에 따라 운영하는 직업능력개발사업 및 유통산업발전법 제2조 제1호에 따른 유통산업을 지원하는 사업, ⑥ 중소기업협동조합법에 의한 중소기업협동조합중앙회가 운영하는 중소기업연수사업·중소기업상품전시사업(국외의 전시장 설립 및 박람회 참가사업을 포함한다) 및 정보화촉진 기본법 시행규칙 제2조 제2호 내지 제4호의 규정에 의한 정보자원 관련 사업, ⑦ 산업집적활성화 및 공장설립에 관한 법률에 의한 산업단지관리공단 및 한국산업단지공단이 사회복지사업법에 의하여 운영하는 사후복지사업, ⑧ 지역균형개발 및 지방중소기업 육성에 관한 법률에 의한 지역중소기업종합지원센터가 운영하는 지방중소기업지원사업, ⑨ 근로자복지기본법에 의한 근로자복지진흥기금이 출연하여 설립한 비영리법인으로서 민법 제32조의 규정에 의하여 주무부장관의 허가를 받아 설립된 영유아보육시설이 운영하는 사업, ⑩ 보험

는 자를 말한다. 이와 같은 규정에서 공익법인의 범위가 광범함을 알 수 있다.

3. 공익법인의 현황

가. 좁은 의미의 공익법인[44]

〈교육분야 법인(공익, 비영리)현황 총괄표〉의 통계에서 보는 바와 같이 공익법인법에 따라 설립된 좁은 의미의 공익법인은 사단과 재단을 합하여 2980개밖에 되지 않는다. 한 나라 전체의 학술과 장학을 목적으로 설립된 공익재단이 3000개에 이르지 못하고 있는 것이 우리의 현실이다. 좁은 의미의 공익법인은 주무관청이 교육부(교육청)로서 교육부에 학술 관련 사단법인이 하나도 없다는 것이 교육부를 주무관청으로 하여 공익법인을 설립한다는 것이 얼마나 어려운가를 실증적으로 보여주고 있다.

학술연구를 위해 학회를 만들어 학회운영기금을 마련하기 위해서는 개인이든 기업으로부터 출연을 받아야 하므로 법인 설립이 필수적이다. 그런데 그러한 학술 연구와 활동을 독려하고 분위기를 조성해야 할 교육부에서 허가를 해 주지 않기 때문에 다른 곳을 주무관청으로 법인화 하고 있다. 소위 학회 설립을 위한 쇼핑이 행해지고 있는 것이다. 예컨대 한국민사법학회는 법무부로부터, 한국상사법학회에서는 재정경제부로부터, 한국토지법학회는 국토교통부로부터 허가를 받아 법인을 설립하였다. 또한 그 밖의 많은 학회들이 문

업법 제175조에 따른 보험협회가 생명보험 사회공헌사업 추진을 위한 협약에 따라 사회공헌기금 등을 통하여 수행하는 사회공헌사업 등이다.

44) http://www.moe.go.kr/web/100063/ko/board/view.do?bbsId=349&pageSize=10&currentPage=0&encodeYn=Y&boardSeq=51764&mode=view(최종접속일 2015.2.28.).

화체육관광부를 주무관청으로 삼고 있다.

교육분야 법인(공익, 비영리)현황 총괄표

(2013. 6. 30. 현재)

구분		공익법인									비영리법인			합계
		재단법인			사단법인			계			재단	사단	계	
		장학	학술	계	장학	학술	계	장학	학술	계				
교육부		11	0	11	2	0	2	13	0	13	10	21	31	44
시·도교육청	서울	755	54	809	11	130	141	766	184	950	4	186	190	1,140
	부산	199	19	218	6	11	17	205	30	235	4	15	19	254
	대구	89	10	99	5	18	23	94	28	122	2	2	4	126
	인천	48	0	48	2	8	10	50	8	58	0	5	5	63
	광주	120	23	143	16	24	40	143	40	183	1	4	5	188
	대전	51	2	53	0	4	4	51	6	57	0	6	6	63
	울산	27	1	28		2	2	27	3	30	1	4	5	35
	세종	9	0	9	0	1	1	9	1	10	0	0	0	10
	경기	206	9	215	13	11	24	219	20	239	2	39	41	280
	강원	147	4	151	2	11	13	149	15	164		8	8	172
	충북	79	1	80	1	0	1	80	1	81	0	6	6	87
	충남	101	1	102	10	1	11	111	2	113	7	1	8	121
	전북	141	3	144	9	17	26	150	20	170		8	8	178
	전남	141	0	141	3	8	11	144	8	152	1	3	4	156
	경북	144	3	147	8	5	13	152	8	160		2	2	162
	경남	172	4	176	10	4	14	166	24	190	1	10	11	201
	제주	36	0	36	2	15	17	38	17	53	0	1	1	54
합계		2,476	134	2,610	100	270	370	2,567	399	2,980	33	321	354	3,334

나. 넓은 의미의 공익 법인의 현황[45)

	계	출연재산 없는 공익법인	출연재산 있는 공익법인							
		소계	소계	학교	학술·장학·자선	사회복지	의료	종교	예술문화	기타
1993	3,995	941	3,054	1,077	849	656	146	197		129
1995	4,461	990	3,471	1,055	1,046	768	197	205		200
1997	5,269	1,357	3,912	1,101	1,157	907	261	195		291
1999	5,486	1,455	4,031	1,096	1,200	906	264	220		345
2000	5,773	1,977	3,796	978	1,160	792	227	207		432
2001			11,063	1,727	1,826	1,972	382	3,810	351	995
2002			10,987	1,531	1,862	1,962	380	3,890	365	997
2003			11,177	1,512	1,896	1,970	377	3,881	367	1,174
2004			17,812	1,685	2,333	2,129	457	8,561	391	2,256
2005			26,517	1,749	2,732	2,505	452	16,414	451	2,214
2006			27,500	1,858	2,837	2,617	478	17,135	493	2,082
2007			27,793	1,751	2,937	2,692	495	17,591	561	1,766
2008			27,811	1,754	2,960	2,693	503	17,586	572	1,752
2009			28,905	1,749	3,163	2,830	610	17,958	673	1,922
2010			29,132	1,735	3,134	2,895	671	17,863	773	2,061
2011			29,170	1,681	3,229	3,028	700	17,753	658	2,121
2012			29,509	1,702	3,394	3,093	759	17,708	743	2,110
2013			29,849	1,704	3,510	3,135	817	17,629	783	2,271

45) http://kosis.kr/statHtml/statHtml.do?orgId=133&tblId=DT_133N_863&conn_path=I3(최종 접속일 2015.2.28.).

이상의 표는 상증법상 조세 혜택을 받고 있는 넓은 의미의 공익법인의 현황이다. 상기와 같이 많은 공익법인들이 존재한다. 그런데 여기에는 많은 허수가 포함되어 있다. 예컨대 종교와 관련하여 출연 있는 공익법인이 국세청 통계인 위의 자료에 따르면 2013년에 17629개가 존재한다고 한다. 그런데 실제로 주무관청인 문화체육관광부로부터 허가 받아 성립된 법인의 수는 2015년 2월 현재 852개밖에 되지 않는다.[46] 앞의 표에서 의미하는 공익법인은 상증법상 인정되는 공익법인뿐만 아니라 기획재정부장관의 지정 등 여러 가지 방법에 의해 이루어지지기 때문이라고 여겨진다. 그러나 이것 역시 공익법인 설립의 어려움을 역설적으로 대변하고 있다.[47] 여기에서는 법인세법 등에서 단순한 비영리법인으로 취급할 것인가 아니면 공익법인으로 취급할 것인가에 따라 세법상 차이가 있기 때문에, 법인을 공익법인에 해당되는가 아니면 법인세법상 비영리법인에 해당하는가의 여부가 자주 문제되고 있다.[48]

예컨대 기획재정부장관 및 그 소속청장의 주관에 속하는 비영리법인의 설립 및 감독에 관한 규칙을 적용받는 사단법인 디지털경제연구소가 고유목적을 수행하기 위하여 운영하는 사업은 상속세 및 증여세법시행령 제12조의 규정에 의한 공익사업에 해당한다고 한다. 또한 박물관 및 미술관진흥법 제18조의 규정에 의하여 시·도지사의 승인을 받아 설립한 사립박물관을 운영하는 사업은 상속세 및 증여

---

46) http://www.mcst.go.kr/web/s_data/corporation/corpList.jsp?pSearchMenuCD=041400000
0&pCurrentPage=10&pCoType=&pSidoType=&pSearchType=01&pSearchWord=종무
(최종접속일 2015.2.28.).
47) 물론 종교계의 경우 관리 감독을 피하려 하거나 재산의 규모나 흐름을 공개하기 어려워 일부러 법인설립을 기피할 수 있음은 쉽게 예상할 수 있는 일이라 여겨진다.
48) 이러한 세법상 구체적인 취급 차이 등과 관련된 문제에 대해서는 손원익, 공익법인과 조세, 본서의 제2장 5절을 참조 할 것.

세법 시행령 제12조 제6호 규정의 "예술 및 문화에 현저히 기여하고 영리를 목적으로 하지 아니하는 사업"으로서, 관계 행정기관의 장의 추천을 받아 기획재정부장관으로부터 공익법인으로 지정을 받은 경우에 공익법인으로 보고 있다.[49]

더 나아가 상증법시행령 제12조 제6호의 규정에 의하여 예술 및 문화에 현저히 기여하는 사업 중 영리를 목적으로 하지 아니하는 사업을 영위하는 비영리법인은 관계 행정기관장의 추천을 받아 기획재정부장관이 지정한 경우에 한하여 공익법인으로 보고 있다. 특히 자주 문제되는 것은 법인세법시행령 제36조 제1호 각목에서 규정하고 있는 것으로 가목의 사회복지사업법에 의한 사회복지법인, 나목의 유아교육법에 따른 유치원·초·중등교육법 및 고등교육법에 의한 학교, 기능대학법에 의한 기능대학 또는 평생교육법에 의한 원격대학, 마목의 종교의 보급 기타 교화를 목적으로 설립하여 주무관청에 등록된 단체, 바목의 의료법에 의한 의료법인은 공익법인에 해당한다고 해석된다. 이에 반해 다목의 정부로부터 허가 또는 인가를 받은 학술연구단체·장학단체·기술진흥단체, 라목의 정부로부터 허가 또는 인가를 받은 문화·예술단체 또는 환경보호운동단체, 사목의 지정기부금단체 등과 유사한 것으로서 기획재정부령이 정하는 지정기부금단체 등은 회원의 친목 또는 이익을 증진시키거나 영리를 목적으로 대가를 수수하는 등 공익성이 있다고 보기 어려운 고유 목적 사업을 가지고 있기 때문에 공익법인이 아니라고 한다.

---

49) 그러나 이러한 사립박물관 역시 비록 미술품이나 유물을 관리 보존하는 공익적인 역할을 한다고 하더라도, 공익법상의 '공익법인'이라고는 할 수 없을 것이다.

IV. 공익법인법의 주요 내용[50]

1. 재산의 출연과 사업 목적 달성

공익법인은 '학자금·장학금 또는 연구비의 보조나 지급, 학술, 자선에 관한 사업을 목적으로 하는 법인'이기 때문에 소위 기본재산으로 목적 사업을 원활히 할 수 있어야만 한다. 따라서 공익법인의 설립 허가를 받기 위해서는 일차적으로 재원이 필요하게 된다. 그러나 이러한 재원의 확보 방법에는 사단법인과 재단법인이 서로 다르다. 공익재단법인의 경우에는 설립자의 출연재산의 수입에 의하는 반면, 공익사단법인은 회비 기부금 등으로 한다(동법 제4조 제1항). 공익법인의 출연시기가 공익법인법에는 규정되어 있지 않다. 따라서 일반 재단법인의 출연시기를 규정하고 있는 민법 제48조가 유추 적용될 것이다.

공익법인법 제4조 제1항에 의하면 전술한 바와 같이 재단법인에서는 출연재산의 수입, 사단법인에서는 회비, 기부금등으로 조성되는 재원의 수입(기본재산)으로 목적 사업을 원활히 달성할 수 있어야만 한다. 많은 경우 공익법인이 재단법인의 형태를 취하고 있기 때문에 출연된 재산에서 창출되는 과실로 사업의 목적을 달성할 수 있어야 허가를 취득할 수 있기 때문에 사업의 목적과 함께 중요한 설립요건이 된다.

---

50) 이러한 공익법인의 주요 내용과 문제점에 대해서는 윤철홍, 공익법인의 설립·운영에 관한 법률의 주요내용과 문제점, 연세대 동서문제 제8권, 1996.12, 25면 이하 참조.

2. 정관의 작성과 변경

가. 정관의 작성

공익법인의 설립자는 법인의 정관을 작성하여야 한다. 법인의 정관에는 법인의 목적, 명칭, 사무소의 소재지, 설립 당시의 자산의 종류, 상태 및 평가가액, 자산의 관리방법과 회계에 관한 사항, 이사 및 감사의 정수, 임기 및 그 임면에 관한 사항, 이사의 결의권 행사 및 대표권에 관한 사항, 정관의 변경에 관한 사항, 공고 및 그 방법에 관한 사항, 존립시기와 해산사유를 정한 때에는 그 시기와 사유 및 잔여재산의 처리방법, 업무와 회계감사에 관한 사항, 필수적 기재사항으로 당연히 정관에 기재되어야 한다(공익법인법 제3조 제1항). 이 밖에도 구체적으로 명확하게 정한 사업에 관한 사항, 사단법인의 경우에는 사원 및 사원총회에 관한 사항, 기타 공익법인의 운영에 관한 기본적 사항(동법시행령 제3조) 등도 기재되어야만 한다.

나. 정관의 변경

원래 재단법인의 정관은 정관에 그 변경 방법을 정한 때에 한하여 이를 변경할 수 있다(민법 제45조 제1항). 그러나 재단법인의 목적 달성이나 재산의 보전을 위하여 필요한 경우에는 정관에 그 변경 방법이 정해져 있지 않다고 하더라도 그 명칭 또는 사무소의 소재지를 변경할 수 있다(민법 제45조 제2항). 더 나아가 재단법인의 목적을 달성할 수 없는 경우에는 설립자나 이사는 주무관청의 허가를[51]

---

51) 대법원은 "민법 제45조와 제46조에서 말하는 재단법인의 정관변경 '허가'는 법률상의 표현이 허가로 되어 있기는 하나, 그 성질에 있어 법률행위의 효력을 보충해 주는 것이지 일반적 금지를 해제하는 것이 아니므로, 그 법적

얻어 설립 취지를 참작하여 그 목적, 명칭 또는 자산 등에 관한 사항을 변경할 수 있다(민법 제46조). 공익법인에 대해서도 재단법인의 이러한 정관변경에 관한 원칙들을 준용하고 있다(공익법인법시행령 제10조). 정관변경의 허가를 받고자 할 때에는 정관 변경의 허가신청서에 정관 변경 이유서 1부, 정관 개정안 1부, 정관 변경에 관한 총회 또는 이사회 회의록, 정관 변경의 원인이 되는 사실을 증명할 수 있는 서류들을 제출하여야 한다.

3. 주무관청의 허가 기준

가. 설립허가 신청

공익법인의 설립허가를 받고자 하는 자, 즉 설립발기인은 법인설립 허가신청서와 함께 공익법인법시행령 제4조 제1항에서 정하고 있는 서류를 주무관청에 제출하여야 한다. 예컨대 ① 설립발기인의 성명·주소·약력(설립발기인이 법인인 경우에는 그 명칭, 주된 사무소의 소재지, 대표자의 성명, 주소, 정관 및 최근의 사업 활동)을 기재한 서류 1부, ② 설립취지서 1부, ③ 정관 1부, ④ 재단법인인 경우에는 출연재산의 종류·수량·금액 및 권리관계를 명확하게 기재한 재산목록(기본재산과 보통재산으로 구분하여 기재하여야 한다) 및 기부신청서 1부, 사단법인인 경우에는 회비징수예정명세서 또는 기부신청서 1부, ⑤ 부동산, 예금, 유가증권 등 주된 재산에 관한 등기소·금융기관 등의 증명서 1부, ⑥ 사업개시 예정일 및 사업개시 이후 그 사업연도분의 사업계획서 및 수지예산서 1부, ⑦ 사단법인인 경우에

성격은 인가라고 보아야 한다"고 판시하여(대법원(전합) 1996.5.16. 선고 95누4810 판결), 비록 법문에 '허가'라고 규정되어 있어도 '인가'로 해석하고 있다.

는 창립총회회의록 및 사원이 될 자의 성명 및 주소를 기재한 사원 명부(사원명부를 작성하기 곤란한 때에는 사원의 총수를 기재한 서류) 각 1부 등이다.

나. 사업의 목적과 허가 조건

(1) 사업의 목적

공익법인법 제4조 제1항에 따르면 "주무관청은 민법 제32조의 규정에 의하여 공익법인의 설립허가 신청을 받으면 관계 사실을 조사하여 재단법인은 출연재산의 수입, 사단법인은 회비, 기부금 등으로 조성되는 재원의 수입으로 목적 사업을 원활히 달성될 수 있다고 인정되는 경우에 한하여 설립허가를 한다."고 아주 추상적으로 허가기준을 규정하고 있다.

특히 주무관청은 법인설립 신청의 내용이 "① 목적 사업이 구체적이며 실현 가능하다고 인정되는 경우, ② 재단법인에서는 출연재산의 수입, 사단법인에서는 회비, 기부금 등으로 조성하는 재원의 수입으로 목적 사업을 원활히 달성될 수 있다고 인정되는 경우, ③ 목적사업이 적극적으로 공익을 유지 증진하는 경우"에만 허가해야 한다고 공익법인법시행령 제5조 제1항에서 규정하고 있다. 이러한 허가기준은 추상적이고 모호하기 때문에, 공익법인의 설립 허가를 받기가 어려운 것이라고 여겨진다.

(2) 설립 허가시 붙인 조건을 충족할 것

공익법인법 제4조 제2항 및 동 시행령 제6조 제1항에 따르면 주무관청이 조건을 붙여 공익법인의 설립을 허가할 수 있다. 예컨대 첫째로 사단법인의 경우에 회비에 의하여 경비에 충당할 비율과 회비징수 방법 기타 회비징수에 관하여 필요한 사항, 둘째로 수혜자의 출생지·출신학교·직업·근무처 기타 사회적 지위나 당해 법인과의 특수관계 등에 의하여 수혜자의 범위를 제한할 수 없다는 뜻, 셋째로 목적사업의 무상성 기타 목적사업의 운영에 관한 사항, 넷째로 기타 목적사업의 원활한 달성을 위하여 필요한 사항을 조건부로 허가 할 수 있다.

4. 임원의 구성

공익법인에는 5인 이상 15인 이하의 이사와 2인의 감사를 두되 주무관청의 승인을 얻어 그 수를 증감할 수 있도록 하고 있다(공익법인법 제5조 제1항). 그러나 이러한 이사회 구성원에 대해 대통령령으로 정하는 '특별한 관계에 있는 자'의 수는 5분의 1을 초과할 수 없도록 하고 있다(동조 제5항). 이에 따라 공익법인법시행령 제12조에서는 특수관계자의 범위를 구체적으로 규정하고 있다. 예컨대 ① 출연자[52] ② 출연자 또는 이사와 6촌 이내의 혈족, 4촌 이내의 인척, 배우자(사실혼 관계에 있는 사람을 포함한다), 친생자(親生子)로서 다른 사람에게 친양자(親養子)로 입양된 사람과 그 배우자·직계비속(直系卑屬)의 관계에 있는 자, ③ 출연자 또는 이사의 사용인 기타 고용관계에 있는 자,[53] ④ 출연자 또는 이사의 금전 기타의 재산에 의하여 생계를 유지하는 자와 생계를 함께 하는 자, ⑤ 당해 출연자가 재산을 출연한 다른 공익사업을 영위하는 법인의 이사 등이다.

---

52) 그러나 재산출연일 현재 해당 공익법인의 총출연재산가액의 100분의 1에 해당하는 금액과 2천만원 중 적은 금액을 출연한 자는 제외한다(공익법인법 시행령 제12조 제1항 1호단서).
53) 출연자 또는 이사가 출자에 의하여 사실상 지배하고 있는 법인의 사용인 기타 고용관계에 있는 자를 포함한다.

5. 설립등기 및 설립 신고

가. 설립등기 및 주무관청의 보고

주무관청으로부터 법인설립의 허가를 받은 때에는 3주 내에 주된 사무소 소재지에서 설립등기를 하여야 한다(민법 제49조 제1항). 등기사항으로서는 목적, 명칭, 사무소, 설립허가 연월일, 존립 시기나 해산사유를 정한 때에는 그 시기 또는 사유, 자산의 총액, 출자의 방법을 정한 때에는 그 방법, 이사의 성명, 주소, 이사의 대표권을 제한한 때에는 그 제한 등이다(동조 제2항). 공익법인이 민법 제49조 내지 제52조의 규정에 따라서 법인설립등기 등을 한 때에는 등기를 완료한 날로부터 7일 이내에 등기보고서를 주무관청에 제출하여야 한다(공익법인법 시행령 제9조).

나. 법인설립 후 절차

(1) 재산이전보고

공익재단법인의 설립허가를 받은 자는 그 허가를 받은 후 지체 없이 출연재산을 법인에 이전하고 3개월 이내에 재산이전을 증명하는 등기부등본 또는 금융기관의 증명서를 첨부하여 재산이전보고서를 주무관청에 제출하여야 한다(공익법인법 시행령 제8조).

(2) 법인설립신고

설립등기 후 30일 이내 및 법인설립허가를 받은 날로부터 90일 이내에 공익법인의 주사무소를 관할하는 세무서에 법인설립신고와 출연재산을 신고하여야 한다. 공익재단법인의 설립 신고 시 첨부할 서류는 ① 출연재산명세서, ② 출연재산사용계획서 ③ 출연재산 사용계획의 진도 및 완료보고서이다. 이미 설립된 법인의 경우에는 결산보고일 또는 법인세 과세표준 신고일까지 보고 하여야 한다.

다. 수익사업 승인신청

공익법인이 수익사업을 하고자 한다면 기왕의 등록증(비영리사업용 등록증)을 반납하고 수익사업과 관련한 등록증을 부여받아야 하고 주무부서의 장관에게도 ① 사업계획서 1부 ② 추정손익계산서 및 부속명세서 1부 ③ 사업에 종사할 임원명부 1부 ④ 행정관청의 허가를 요하는 사업인 경우에는 당해 사업에 대한 허가증 등 증명서 1부 등 해당 서류를 첨부하여 승인신청을 하여야 한다(시행령 제11조).

6. 설립허가의 취소

공익법인법 제16조에 따르면 주무관청은 공익법인에 후술하는 사유가 있다고 인정될 경우에는 당해 공익법인의 설립허가를 취소할 수 있다. 예컨대 공익법인이 ① 거짓이나 그 밖의 부정한 방법으로 설립허가를 받은 경우, ② 설립허가 조건을 위반한 경우, ③ 목적 달성이 불가능하게 된 경우, ④ 목적사업 외의 사업을 한 경우, ⑤ 이 법 또는 이 법에 따른 명령이나 정관을 위반한 경우, ⑥ 공익을 해치는 행위를 한 경우, ⑦ 정당한 사유 없이 설립허가를 받은 날부터 6개월 이내에 목적 사업을 시작하지 아니하거나 1년 이상 사업 실적이 없을 때에는 주무관청은 그 설립허가를 취소할 수 있다고 한다. 더 나아가 공익법인의 목적 사업이 2개 이상인 경우에 그 일부분에 위와 같은 사유가 발생한 때에도 그 설립허가를 취소할 수 있다(동조 1항 단서). 그러나 이러한 공익법인의 설립허가의 취소는 다른 방법으로는 감독 목적을 달성할 수 없거나 감독청이 시정을 명령한 후 1년이 경과되어도 이에 응하지 아니한 때에 한하여 취소권을 행사할 수 있다(동조 제2항)고 규정하여 취소권의 행사를 제한하고 있다.

7. 공익법인과 조세감면

공익법인에 출연 또는 기부한 재산에 대한 상속세, 증여세, 소득세, 법인세 및 지방세는 조세감면규제법이 정하는 바에 의해서 감면된다(공익법인법 제15조). 조세감면과 관련해서는 개인이나 기업이 공익법인에게 출연하거나 기부한 금액에 대한 세제상의 혜택과 공익법인의 운영과 관련한 수입과 공익법인 자체가 다른 공익법인에 대해 기부한 금액에 대한 세제상의 혜택도 주어진다.[54]

V. 맺음말

이상에서 공익법인을 공익법인법상 좁은 의미의 공익법인과 상증법 등 조세법상 넓은 의미의 공익법인으로 나누어 살펴보았다. 좁은 의미의 공익법인의 수는 2014년 말 대략 3000개에도 이르지 못하고 있는 반면, 넓은 의미의 공익법인은 수만 개에 이르고 있다. 이렇게 좁은 의미의 공익법인의 수가 적은 것은 주무관청이 허가라는 진입장벽 때문이라고 여겨진다. 이렇게 법인설립이 어려워지고, 권리능력을 지닌 법인이 아니라 하더라도 약간의 요건만 갖추면 넓은 의미의 공익법인으로 취급 받아 세법상 혜택을 누릴 수 있기 때문에 자금의 흐름 등을 공개하거나 주무관청의 관리 감독을 받고 싶지 않

---

54) 이에 대해 자세한 것은 제2장 5절의 손원익, "공익법인과 조세"를 참조할 것.

은 종교 단체 등에서는 구태여 법인을 설립을 하지 않고 있다. 즉 세법상의 권리를 누리면서 관리나 감독을 받지 않고 있는 것이다. 이같은 부작용 중의 하나가 세월호사건의 배경이 된 소위 구원파사건이라 할 수 있다.

우리나라가 경제적으로는 세계 10위권에 육박하는 등 선진화되었다고 할 수 있는데, 삶의 질적인 측면에서는 아직도 다른 선진국과 많은 거리가 있음은 주지의 사실이다. 특히 교육이나 보편적인 복지 및 문화 등에서는 더욱 그러하다. 국가에서 교육이나 복지 등에 대한 집중적으로 투자를 할 수 없는 이유야 충분히 존재할 것이다. 따라서 국가가 담당할 수 없거나 할 필요가 없는 분야에서는 과감한 정책적인 결단이 필요하다고 여겨진다. 그러한 분야 중의 하나가 바로 제3섹터에 속하는 민간단체, NGO, NPO의 사업 등이라 할 수 있다. 이러한 제3섹터의 활동을 장려하기 위해서는 규제완화 차원에서 정책적 배려나 결단이 필요하다고 생각한다. 그 중 하나가 바로 공익법인 등을 포함한 비영리법인의 설립을 세계적인 추세에 맞추어 허가주의를 포기하고 최소한 인가주의로 개정해야 한다는 점이다.[55] 특히 현행법상 허가주의에 따라 행정관청이 법인격 취득 자체를 결정하는 결정권을 가지고 있는 점이 문제이다. 국가의 태도에 따라 법인설립 여부가 결정된다는 것은 결사의 자유와 재산권 행사의 자유에 반하는 등 시대 추세에 맞지 않기 때문이다. 물론 다른 선진국에서는 이미 준칙주의나 신고주의로 개정한 나라도 있을 정도이지만, 아직도 우리 사회는 법인의 남설이나 악용을 우려하는 분위기가 존재하기 때문에, 최소한 인가주의로 개정을 하면서 인가요건을 통해 남설을 방지하는 동시에 관리나 감독을 강화하는 방식이 바른 방

---

55) 이에 대해 자세한 것은 윤철홍, "비영리법인의 설립요건에 관한 입법론적 검토", 「민사법학」 제50호(2010.9), 5면 이하 참조.

향이라 여겨진다. 이러한 인가주의에 따른 법인의 설립을 통해 공익
법인으로서 권리를 향유하고, 관리와 감독을 받는 등 의무를 이행하
는 것이 법인제도의 바람직한 운용 방식이라 할 수 있을 것이다.

현행 공익법인법은 공익법인의 폐해를 우려하여 상당히 강한 규
제 조항들을 규정하고 있다. 그러나 공익법인의 역기능을 강조하기
보다는 순기능에 역점을 두어 공익법인의 설립은 자유롭게 하면서,
그 운영은 원래 입법 취지에 부합하도록 감독을 철저히 하는 방향으
로 개선되어야 할 것이다. 공익재단의 폐해를 줄이기 위해 규제와
감독은 불가피하겠지만 현행법은 그 정도가 너무 과도하다고 여겨
진다. 따라서 이것을 완화시키는 작업이 필요하다. 우선 임원이 선
임되기 위한 자격을 규정해 놓고, 다시 임원을 승인하는 방법을 취
하고 있는데 이 중 하나는 폐지되어야 할 것이다. 또한 주무관청에
서 직접 감사를 추천하기도 하는데, 개인들이 설립하는 법인에 관청
에서 감사를 추천하는 것은 국민을 신뢰하지 못하고 있다는 징표로
서 바람직하지 못하다. 또한 감사들의 고의나 과실에 의한 불법행위
책임을 공익법인이 공동으로 지는 쌍벌죄를 규정하는 것도 불합리
한 것으로 폐지되어야 한다. 예컨대 주무관청이 추천한 감사가 불법
행위를 한 경우에도 법인이 책임을 진다는 것은 불합리하다. 공익법
인의 감독과 관련하여 모든 것을 완벽하게 법으로 규제하려는 발상
을 버리고, 공익법인의 실립은 준칙주의나 최소한 인가주의에 입각
하여 진입 장벽을 낮추면서, 내실 있는 감사를 통해 효율적인 운영
이 될 수 있도록 감독해야 할 것이다.

참고문헌

〈단행본〉

강형기/이상 공역, 공익과 사익, 박영사, 1986.

곽윤직/김재형, 민법총칙, 박영사, 2013.

국세청, 공익법인의 세무안내, 2007.

김대정, 민법총칙, Fides, 2012.

김상용, 민법총칙, 화산미디어, 2012.

명순구, 민법총칙, 법문사, 2007.

백태승, 민법총칙, 법문사, 2008.

법무부, 2013년 법무부 민법개정시안: 총칙편(민법개정총서7).

손원익, 공익법인과 조세, 공익법인제도, 경인문화사, 2015.

송호영, 법인론, 신론사, 2014.

이영준, 민법총칙, 박영사, 2007.

이은영, 민법총칙, 박영사, 2004.

최송화, 공익론, 서울대학교 출판부, 2002.

Bamberger/Roth-Schwarz, §21 BGB, 2003, Rn.13 usw.

Mugdan I, S.604=Protokolle I, S.499.

Münchener/Reuter, 4. Aufl., §21, 22 BGB, Rn. 5.

Theodore Levitt, The Third Sector: New Tactics for a Responsive Society, Not Avail, 1974.

Virginia Held, The Public Interest and Individual Interests, New York&London: Basic Books Inc. Publishers, 1970.

〈논문〉

권철, 일본의 새로운 비영리법인 제도에 관한 연구, 비교사법 14권 제4호,

2007.

김유한, 영미에서의 공익개념과 공익의 법문제화, 서울대 법학 47권 제3호, 2006.

김진우, 영리법인과 비영리법인의 구별에 관한 법 비교적 고찰, 비교사법 제 10권 3호, 2003.

윤철홍, 공익법인의 설립·운영에 관한 법률의 주요내용과 문제점, 연세대 동 서문제 제8권, 1996.

윤철홍, 비영리법인설립에 관한 입법론적 고찰, 민사법학, 제47호, 2009.

윤철홍, 비영리법인의 설립요건에 관한 입법론적 검토, 민사법학 제50호, 2010.

윤철홍, 종교단체의 종교의 자유와 그 사회적 책임, 시대정신, 2014.

최성경, 일본의 공익법인제도 개혁: 공익사단법인 및 공익재단법인의 인정 등에 관한 법률을 중심으로, 민사법학 제41호, 2008.

〈판례〉

대법원 1978. 6. 13. 선고 77도4002 판결.

대법원 1996. 5. 16. 선고 95누4810 전원합의체 판결.

대법원 2010. 9. 30. 선고 2010다43580 판결.

대법원 2012. 4. 13. 선고 2010다10160 판결.

〈기타자료〉

교육부, http://www.moe.go.kr/web/100063/ko/board/view.do?bbsId=349&pageSize= 10&currentPage=0&encodeYn=Y&boardSeq=51764&mode=view

문화체육관광부, http://www.mcst.go.kr/web/s_data/corporation/corpList.jsp? pSearchMenuCD=0414000000&pCurrentPage=10&pCoType=&pSidoType=&pSear chType=01&pSearchWord=종무

통계청, http://kosis.kr/statHtml/statHtml.do?orgId=133&tblId=DT_133N_863&conn_path=I3

제2장

우리나라 공익법인제도의
현황과 문제점

제1절 공익법인제도

공익법인의 설립*

고상현**

Ⅰ. 서론

　사람은 각자의 의사에 따라 자유로이 법률관계를 형성할 수 있는 고유한 권리 주체이다. 근대 시민법은 생존한 사람인 자연인 외에도 공통의 목적을 가진 사람들의 결합체와 일정한 목적에 수여된 재산의 집합체에 인격성을 부여하여, 독립적인 권리와 의무의 보유자로서 법적 지위를 인정하였다. 이것이 곧 법인이다. 법인은 권리능력을 향유하며 사회의 제 영역에 다양한 역할을 수행한다. 법인은 여러 가지 형태로 존재하는데, 주로 공법인과 사법인, 영리법인과 비영리법인, 사단법인과 재단법인, 내국법인과 외국법인 등으로 분류될 수 있다. 한편 근래에는 정부와 시장의 영역이 아닌, 시민사회의 자발적인 동기에 따라 비영리 부문에서 활동하는 법인이 증가하고 있다. 특히 이들 가운데 사회 일반의 이익 증진에 기여하는 공익법인의 역할이 중요하게 부각되고 있다. 공익법인이란 불특정 다수의 이익을 목적으로 하는 법인이라고 일반적으로 관념할 수 있다. 그러나

---

　* 이 논문은 2014년 한국민사법학회 동계학술대회에서 발표된 원고 및 민사법학 제70호에 게제된 논문의 일부를 편집·각색하여 작성한 것임.
** 대구대학교 법과대학 조교수

공익법인은 해당 법률에 따라 상이하게 정의된다. 먼저 공익법인의 설립·운영에 관한 법률(이하 공익법인법)[1] 제2조에 따르면, "재단법인이나 사단법인으로서 사회 일반의 이익에 이바지하기 위하여 학자금·장학금 또는 연구비의 보조나 지급, 학술, 자선(慈善)에 관한 사업을 목적으로 하는 법인"이라고 한다. 한편 상속세 및 증여세법(이하 상증법) 제16조에서는 "종교·자선·학술 또는 그 밖의 공익을 목적으로 하는 사업을 하는 자"는 '공익법인등'이라고 하여 공익목적(사업)의 범위를 보다 폭넓게 규율하고 있다고 할 수 있으며,[2] 공익목적 사업을 수행하는 '자'로서는 반드시 '법인'에만 한정되는 것은 아니다.[3] 공익법인에 대한 법적 정의를 달리 하는 것은 당해 법률의

---

1) 법률 제12185호. 2014.1.17., 일부개정; 동 법률은 법률 제2814호, 1975.12.31 제정되었고, 1976.4.1 시행되었다. 제정 이후 5차례의 부분적인 개정이 이루어졌다.

2) 마찬가지로 동 법 시행령 제12조는 '공익법인등'이라 함은 다음 각 호의 어느 하나에 해당하는 사업을 영위하는 자라고 정하고 있는데, 이 중 제5호는 「공익법인의 설립·운영에 관한 법률」의 적용을 받는 공익법인이 운영하는 사업'이라 하여 공익법인법상의 공익법인을 포괄하고 있다; 국세청이 발간한 '2014년 공익법인 세무안내'에 따르면, 공익법인법에 의한 공익법인은 "상속세 및 증여세법" 상의 공익법인 중 일부 유형이라고 한다. 세법상의 공익법인은 법인세법상 비영리법인 중 상속세 및 증여세법 시행령 제12조 각호에 열거된 공익사업을 영위하는 법인을 말하며, 법인세법에 의한 비영리법인은 민법 제32조에 따라서 설립된 법인, 사립학교법이나 그 밖의 특별법에 따라 설립된 법인으로서 민법 제32조에 규정된 목적과 유사한 목적을 가진 법인, 국세기본법 제13조 제4항의 법인으로 보는 단체를 말한다(동법 제1조 제2호); 한편 2014년 국세통계연보(http://stats.nts.go.kr/)에 따르면 2013년도말 기준으로 종교보급(17,629), 사회복지(3,135), 교육사업(1,704), 학술·장학(3,510), 예술문화(783), 의료목적(817), 기타(2,271)로 총 29,849의 공익법인이 있다고 한다. 통계연보에서 분류된 공익 법인의 유형은 상속 및 증여세법상의 기준에 따르는 것으로 이해된다.

3) 공익사업을 하는 법인 아닌 사단이나 재단을 포함할 것이다. 법인세법 제1조 제2호에서 규정한 국세기본법 제13조의 '법인으로 보는 단체'는 법인이 아닌 사단, 재단, 그 밖의 단체('법인 아닌 단체') 중 1. 주무관청의 허가 또

규율 목적을 실현하기 위한 필요성의 차이에서 연유한다. 본고에서 다루고자 하는 법인은 공익법인법의 규율을 받는 공익법인이다. 공익법인법은 "법인의 설립·운영 등에 관한 「민법」의 규정을 보완하여 법인으로 하여금 그 공익성을 유지하며 건전한 활동을 할 수 있도록 함을 목적으로" 한다(동법 제1조).[4] 공익법인법은 민법의 특별법으로서, 이 법에서 정하고 있지 않는 사항에 대해서는 민법의 규정이 적용된다. 이처럼 비영리법인은 법인에 관한 일반법인 민법에서 규율하고, 비영리법인 중에서 공익법인은 민법의 특별법인 공익법

는 인가를 받아 설립되거나 법령에 따라 주무관청에 등록한 사단, 재단, 그 밖의 단체로서 등기되지 아니한 것 또는 2. 공익을 목적으로 출연된 기본재산이 있는 재단으로서 등기되지 아니한 것으로서 수익을 구성원에게 분배하지 아니하는 것(동조 제1항)과 그 밖의 일정한 요건을 갖추어 대표자나 관리인이 관할 세무서장에게 신청하여 승인을 받은 것(동조 제2항)을 법인으로 보아 국세기본법과 세법을 적용한다고 규정한다. 이처럼 민법상 법인 아닌 사단 또는 재단 그 밖의 단체를 법인과 같이 다루는 것은 공정 과세와 납세의무의 원활한 이행이라는 세법의 목적을 실현하기 위한 것이다.

[4] 동법의 제정 이유에는 "오늘날 경제의 성장과 사회의 발달에 따라 공익법인의 수도 증가하거니와 그 규모도 커지고 있는 실정에 있습니다. 사립학교법에 의한 학교법인 종교 언론과 기타 특별법에 의해 설립된 법인을 제외한 민법에 의한 공익법인은 자선, 장학 등 공익활동으로 사회에 공헌하는 바가 크다고 하겠습니다. 그러나 반면 공익법인에 대하여는 국가의 면세조치, 공과금면제 등 여러 가지 혜택이 주어지는 것을 기화로 설립자가 이를 사적 목적에 이용함으로써 공익법인을 통한 각종탈법행위가 이루어져 도리어 사회에 폐해를 끼치는 사례도 없지 않습니다. 민법에는 공익법인의 설립허가제, 감독청에 의한 검사, 감독권, 설립허가의 취소 등 몇가지 사항에 관한 규제가 있습니다만, 이러한 규정만으로서는 새로운 양상의 공익법인의 공익성을 유지시키기가 극히 어려운 실정이라 하겠습니다. 따라서 공익법인에 관하여 민법에 대한 특별규정을 마련함으로써 사적자치의 원칙아래 공익성을 보장하여 그 본래의 목적사업에 충실하게 함으로써 복지사회건설에 공헌하게 하기 위하여 제안하는 것임"이라고 한다. 공익법인의 설립·운영에 관한 법률안(수정안)심사보고서, 제94회 국회회의록 제20호 부록, 2-3면,

인법을 별도로 마련하고 있는 점은 우리 법제가 갖는 나름의 특색이라 할 수 있다.[5] 이에 따라 공익법인의 법적 문제를 다루고자 할 때에는 공익법인법과 민법 양자의 체계적이고 종합적인 검토가 요구된다. 이하에서는 공익법인의 성립이 갖는 의미와 그 절차를 간략하게 개관하고, 공립법인의 설립을 위한 요건을 각각 살펴보고자 한다.

---

5) 독일의 경우, 공익법인을 위한 별도의 법률을 두고 있지 않으며, 다만 국세기본법(Abgabenordnung, 'AO')에 의해 공익성(Gemeinnützigkeit)을 갖춘 단체세법(Körperschaftsteuergesetz) 제1조의 단체(재단을 포함, 동조 제1항 제4호와 제5호) 세제상의 혜택을 부여하고 있다. Wallenhorst/Wallenhorst, S.78 f.; 프랑스에서는 1901.7.1.법률(Code des associations et fondations)에 의해 비영리사단법인을 설립할 수 있고, 법인격이 취득된 공시된 비영리사단 중에서 국사원의 결정에 의해서 공익성(utilité publique)을 인정받아야 공익사단법인이 될 수 있다. 재단법인의 경우 1987.7.23.법률(문예진흥발전법)에 의해 비로소 재단과 관련된 법률규정이 도입되었고, 1990.7.4.법률에 의해서 재단법인은 공익성이 인정된 후 허가를 얻어서 관보에 공시되어야 설립될 수 있다, 재단법인은 원칙적으로 공익법인이라고 볼 수 있다. 남효순, 프랑스법에서의 법인의 역사, 서울대학교 법학 제40권 3호, 1999, 179면 이하; 박수곤, 프랑스법에서의 민사법인에 대한 규율, 경희법학 제45권 제1호, 2010, 85면 이하; 일본의 경우, 2006년 5월 26일 개정에 의해 민법의 법인관련 규정이 대폭 삭제되고, '일반사단법인 및 일반재단법인에 관한 법률'(일반법인법), '공익사단법인 및 공익재단법인의 인정 등에 관한 법률'(공익인정법), '일반사단법인 및 일반재단법인에 관한 법률 및 공익사단법인 및 공익재단법인의 인정 등에 관한 법률의 시행에 따르는 관계법률의 정비 등에 관한 법률'(정비법)이 도입되었다. 이에 따라 준칙주의에 의한 법인격 이 취득되는 일반법인(단, 특정비영리활동촉진법(NPO법)은 존치되고 있는 상태이다)과 독립된 공익인정위원회의 관여하에 내각총리대신 또는 군도부락지사가 공익성을 인정하고 감독하는 체제로 나뉘게 된다. 권철, 일본의 새로운 비영리법인제도에 관한 소고, 비교사법 제14권 4호, 2007, 117면.

Ⅱ. 공익법인성립의 의의 및 절차의 개관

1. 공익법인성립의 의의

공익법인이 성립된다는 것은 공익을 목적으로 하는 사람의 결합체나 재산의 집합체에 권리와 의무의 주체가 될 수 있는 자격, 즉 법인격이 취득된다는 것이다. 법인격을 갖추게 되면, 법인의 구성원과 별개로 법인 자신에게 독립된 권리와 의무를 귀속시킬 수 있게 되므로 법률관계의 처리를 간명하게 할 수 있다.[6] 가령 회원들로부터 회비를 모아 장학 사업을 수행하는 모임이 있다고 하자. 이들이 납부하는 회비는 회원 전원이 가지는 것으로 할 수밖에 없다. 또 모임의 가입 및 탈퇴로 그와 관련한 권리관계가 매번 변경되어 번거롭다. 만약에 이 모임이 사무실을 임차하고자 한다면, 회원 전원이 임대차계약의 당사자가 되고, 임대인과의 분쟁 시 회원 전체가 소송의 당사자가 되어야 한다는 불편함이 초래된다. 이 모임에 마치 자연인과 유사하게 하나의 독립된 권리능력을 승인하여 법인이 된다면 어떠한가. 그렇게 되면 회원들로부터 독립하여 법인의 이름으로 계약을 체결할 수 있고, 부동산을 등기하거나, 계좌를 개설하거나, 소송을 제기하는 것이 한층 수월해진다. 상대방의 입장에서도 회원의 변동여부에 상관없이 해당 법인과 안심하고 거래할 수 있다. 한편 이 모임이 법인이 되면, 위 회비는 법인의 고유한 재산이 되고, 회원 개인의 재산과 엄격하게 분리된다(Trennungsprinzip). 따라서 법인이 부담하는 채무는 법인의 재산으로 책임을 지고, 법인의 채권자가 회원 개인의 재산을

---

6) 송호영, 법인론, 신론사, 2013, 8면; 이은영, 민법총칙, 제5판, 박영사, 214면; 곽윤직·김재형, 민법총칙, 제9판, 박영사, 2013, 155면; 양창수·김형석, 민법(Ⅲ), 박영사, 2012, 15면; 이주흥 집필부분, 민법 주해(제1권), 총칙(1), 박영사, 1992, 430면; 정종휴 집필부분, 주석 민법, 총칙(1), 한국사법행정학회, 2002, 474면.

강제 집행할 수 없다(유한책임). 반대로 회원의 채권자는 자기 채권의 만족을 위해서 법인의 재산을 압류할 수 없다. 이처럼 법인이 성립되면, 법인은 자신의 고유한 명의와 재산으로 직접 거래의 당사자가 될 수 있다. 법인격을 갖춘 공익단체는 구성원의 변동과 관계없이 또는 설립자의 영향으로부터 독립하여 책임감 있는 공익 목적 수행이 지속적으로 가능하게 된다.

2. 공익법인설립절차의 개관

공익법인을 설립하려면, 먼저 둘 이상의 사람이 모여 학술이나 자선사업을 목적으로 법인을 설립하기로 하는 약속을 하게 된다. 이들은 나름의 조직을 갖추고 장차 설립될 법인을 위해 이 모임의 내부질서를 규율하는 근본규칙, 즉 정관을 작성하게 된다. 한편 공익법인은 일정한 공익 목적을 위해서 설립자가 재산을 출연하고 정관을 작성함으로써 만들어질 수 있다. 이 경우, 설립자의 생존 중에 뿐만이 아니라, 유언의 방식으로 설립자의 사후에 공익법인을 설립하는 것이 가능하다. 사람들은 각자의 자율적인 결정에 따라 일정한 목적을 수행하는 단체를 형성하거나 재산을 처분함으로써 새로운 권리주체를 창설할 수 있는 자유를 가진다.[7]

그러나 공익을 목적으로 하는 단체를 구성했다고 하여, 곧바로 공익법인이 성립되는 것은 아니다. 공익단체가 법적 생명력을 부여받기 위해서는 법의 승인 내지 국가의 조력이 필요로 한다.[8] 우리

---

7) 사적자치에 속한 사항이다. 헌법상 결사의 자유(제20조) 헌법적 차원에서 일례로 든다면, 전자는 결사의 자유가 후자는 재산권의 행사가 보장된다.
8) 법인의 설립은 통상 두 가지 단계를 통해서 이루어진다. 하나는 설립행위를 통해서 설립중인 법인을 만들고(설립단계), 그 다음 단계에서는 설립중인 법인이 국가의 조력을 통해서 권리능력이 취득되는 단계(완성단계)로 구별할 수 있다. 송호영, 위의 책, 61면 이하.

민법 제31조는 "법인은 법률의 규정에 의함이 아니면 성립하지 못한
다."고 규정한다. 어떠한 형태의 단체에 법인으로서의 자격을 인정
할지 그리고 어떠한 요건이 필요할지의 여부는 법률에 의해서 정하
여진다(법인성립법정주의).[9] 따라서 공익법인은 '재단법인이나 사단
법인'(공익법인법 제2조)으로서, 공익사단법인과 공익재단법인의 두
유형만이 존재하며, 그 설립요건은 공익법인법과 민법에 따라 정하
여 진다. 민법은 단체의 실질을 갖추고 있다 하여 당연히 법인격이
취득되는, 이른바 자유설립주의를 인정하지 않는다.[10] 법인격의 수
여에는 국가의 조력이 요구되고, 그 관여 정도에 따라 준칙주의, 인
가주의, 허가주의, 특허주의 등으로 법인성립의 입법주의를 분류할

---

9) 법인설립의 준칙을 정한 민법 제31조가 민법 이전부터 존속하였던 단체들
을 법인설립의 절차를 밟거나 특별법적 근거를 갖지 않으면 법인이 될 수
없도록 하는 것을 선언하는 것이라고 한다. 법인설립에 대한 일반적 법률
근거조항을 둔 것은 단체금압적 정책의 방향을 확연하게 나타낸 것으로
서, 헌법상 기본권보장의 정신에 반할 뿐만 아니라, 단체입법의 경향에 반
하는 것으로 일제입법의 잔재 내지 맹목적 계수의 결과로 입법론적 재평
가가 요구된다고 한다. 정환담 집필부분, 위의 책, 587면; 이러한 비판에 대
하여 법인성립법정주의는 단체가 법인으로 승인받기 위해서 필요한 요건
과 형식을 미리 정하고, 그러한 법정의 요건을 충족한 법인에게 권리주체
로서 독자적인 법인격을 부여함으로써 법적 안정성 및 거래안전을 확보한
다는 것으로 이해한다. 송호영, 위의 책, 73면 이하; 물권법정주의(민법 제
185조)와 유사하게 거래질서의 안전과 법인의 공시를 위해서 법인의 종류
및 설립요건을 법률로 정한 것이다. 이은영, 위의 책, 214면; 단체의 구성원
이나 제3자의 이익을 보호하기 위하여 법률에 의한 유형강제가 이루어진
것이다. 즉 설립자가 임의로 법인의 유형을 창설할 수 없으며, 법률의 규
정에 의해 정해진 법인에 한하여 설립할 수 있다. Larenz/Wolf, AT des BGB,
§ 9, Rn. 4.
10) 민법 제31조의 규정은 법인의 자유설립을 부정하는 것이라고 판시하고 있
다. 대법원 1996. 9. 10. 선고 95누18437 판결; 그러나 민법 제31조는 자유설
립주의의 배제를 명확히 하기 위한 것이라기보다는 법인성립법정주의를
선언한 조문이라고 보아야 한다. 송호영, 위의 책, 75면.

수 있다. 공익법인법은 공익법인의 성립요건에 관하여 완결된 혹은 체계적인 규정을 두고 있지 않다("민법의 규정을 보완하여"(공익법인법 제1조)). 공익사단법인 및 공익재단법인의 설립은 민법상 비영리법인의 설립절차에 준하여 취급된다. 따라서 공익법인을 설립하기 위해서는 '주무 관청의 설립허가'를 받아야 한다(민법 제32조). 설립자는 주무관청에 설립허가를 신청하고, 주무관청은 출연재산이나 재원의 수입 등 목적달성 여부를 심사하여 설립허가를 한다(공익법인법 제4조 참조). 나아가 설립허가를 받은 단체는 그의 주된 사무소의 소재지에 '설립등기'를 하여야 한다(민법 제33조). 설립등기를 통해 법인의 탄생이 대내외적으로 공시되면, 이로써 공익법인의 성립이 마무리된다.[11] 이하에서는 공익법인을 설립하기 위한 요건 및 절차를 각각 살펴보도록 한다.

III. 공익법인의 설립행위

1. 설립행위의 의의

공익법인을 설립하기 위해서는 먼저, 설립자들의 공익법인설립행위가 필요하다. 법인설립행위는 일정한 목적을 가진 사람들의 결합체나 일정한 목적을 위해 출연된 재산에 대하여 독립적인 법인격을 갖춘 조직을 창설하겠다는 의사표시를 포함하는 법률행위이다.[12] 그

---

11) 이러한 절차를 모두 구비하지 못하면, 공익단체는 법인격을 취득하지 못하고 권리능력 없는 사단이나 재단으로 머무르게 된다. 비법인사단이나 비법인재단의 경우에도, 소송상 당사자능력(민사소송법 제52조)이나 등기능력(부동산등기법 제26조), 조세능력(국세기본법 제13조 제1항 및 제2항; 소득세법 제2조 제3항; 법인세법 제1조 제2호 다목) 등이 인정되고 있다. 권리능력 없는 사단도 부분적 권리능력(Teilrechtsfähigkeit) 또는 제한된 권리능력(beschränkte Rechtsfähigkeit)을 가지고 있다고 한다. 송호영, 위의 책, 66면.

리고 공익법인의 설립행위에서는 그 '일정한 목적'이 바로 '공익'이다. 공익법인은 민법상 비영리법인의 구분 방식과 마찬가지로 공익사단법인과 공익재단법인으로 나눌 수 있다. 양자의 설립행위는 그 요건과 내용면에서 상호 다른 점이 있다.[13] 사단법인의 경우, 2인 이상의 설립자가 법인의 근본규칙을 정하여 이를 서면(정관)에 기재하고 기명날인하는 것이다(민법 제40조). 반면 재단법인의 설립행위는 설립자가 일정한 재산을 출연하고, 정관을 작성하여 기명날인하여야 한다(동법 제43조). 즉, 전자는 2인 이상의 설립자(사원)의 존재가 전

---

12) 법인설립행위는 권리능력 있는 법인을 설립하고자 하는 행위이다. 그러므로 법인의 설립을 의욕하는 설립자의 의사표시가 본질을 이루며, 의사표시 이외에도 일정한 사실행위, 즉 설립등기와 같은 공법상의 행위도 법인을 설립하기 위한 법률행위의 구성요소가 된다; 이은영, 위의 책, 253면에서는 등기신청 및 허가신청도 설립행위의 구성요소를 이룬다고 한다. 왜냐하면 설립자가 설립의 의사만을 표시할 뿐 등기신청이나 허가신청을 의욕하지 않은 경우, 법인격 있는 단체를 설립하려는 의사가 없다고 보아야 하기 때문이다; 법인설립행위에 설립등기를 포함하는 견해에 대해서는 찬동한다. 부동산등기를 물권행위에 구성부분으로 이해하는 사견(독일의 다수설도 마찬가지이다)과 마찬가지로 법인설립등기라는 공법상의 행위도 의사표시 이외의 법률사실로써 법인설립행위에 포함될 수 있다. 설립등기가 없으면 결과적으로 법인설립행위가 의욕한 법적효력, 즉 법인격을 갖는 법인이 성립하지 않기 때문이다. 다만 주무관청의 허가는 공익의 차원에서 법인설립행위와는 독립된 별개의 유효요건이라고 이해하여야 한다(토지거래에서 관청의 허가와 유사하다). 이러한 이론적 난망은 법인설립에 있어 관청의 허가와 설립등기라는 두 개의 공적절차를 요구하는 우리 법인법의 한계를 반영하고 있다. 이에 대한 상세는 고상현, 재단법인설립행위의 개념, 구조, 법적 성질, 민사법학 제50호, 2010, 297면 이하; 본고에서는 편의상 설립행위와 등기를 각각 별도의 장으로 다룬다. 무엇보다 설립등기신청서에는 주무관청의 허가서가 포함되어야 한다.

13) 민법 제1편 제3장은 제1절 총칙, 제2절 설립, 제3절 기관, 제4절 해산, 제5절 벌칙으로 구성되어 있다(이는 일본민법의 영향으로 보인다). 그러나 사단법인과 재단법인은 그 본질과 기능에 있어서 엄연히 분리되어 다루어져야 하는 것이다.

제가 되고, 후자는 재산의 출연을 그 기초로 한다는 점에서 본질적인 차이가 있다. 따라서 양자의 설립행위의 내용을 각각 구분하여 다룰 필요성이 있다. 이에 앞서 이들에 공통된 요건인 공익성의 목적에 대해서 살펴보고자 한다.

2. 설립행위의 내용

가. 공익성의 목적

공익법인을 설립하기 위해서는 법인설립의 목적이 공익이어야 한다. 공익은 일반적으로 사회 일반의 이익이나 불특정 다수의 이익의 실현과 관련되어 있다고 할 수 있으나, 어떠한 목적이 공익에 해당하는지는 일률적으로 평가하기 쉽지 않다.[14] 공익법인법에 따르면 공익법인은 "재단법인이나 사단법인으로서 사회 일반의 이익에 이바지하기 위하여 학자금·장학금 또는 연구비의 보조나 지급, 학술, 자선(慈善)에 관한 사업을 목적으로 하는 법인"이라고 한다(공익법인법 제2조). 동 규정을 공익법인의 요건이라는 측면에서 분설하자면, (1) 재단법인이나 사단법인, 즉 민법상 비영리법인임(민법 제32조)을 전제로 한다.[15] (2) 사회 일반의 이익에 공여(사회일반성 내지

---

14) 공익법인법 외에도, 공익신탁법, 상속세 및 증여세법, 기부금품모집법, 비영리민간단체지원법 등에서는 공익 및 공익사업에 대한 내용을 규율하고 있다. 각 법률의 공익에 대한 이해와 구분은 통일되어 있지 않다. 이와 관련하여, 이중기, 공익단체의 공익성 인정기준 등의 다양성과 통합필요성, 홍익법학 제15권 제2호, 2014, 385면 이하; 공익성에 대한 통일적 기준의 마련과 검증기관의 설치를 주장하자는 제안은 김진수·김태훈, 공익법인에 대한 공익성 검증제도의 개선방안에 관한 연구, 세무학연구 제28권 제4호, 2011, 267면, 273면.
15) 회사와 같은 영리법인이 자선, 장학 등의 공익 목적 사업을 수행한다든지 반대로 비영리법인의 주된 사업이 공익성을 목적으로 하지 않는 경우도

공중이익성)와 (3) 장학, 학술, 자선에 관한 사업(공익사업성)을 목적으로 하여야 한다.[16] 먼저 공익법인은 영리 아닌 사업을 목적으로 하여야 한다. 비영리법인과 영리법인을 구별하는 기준은 여러 가지가 있는데, 지배적인 견해는 비영리 법인은 법인의 사업으로부터 발생한 이익이 구성원에게 분배되지 않는 것을 목적으로 하는 법인이라고 한다(이익분배목적설).[17] 반면 법인의 주관적 목적과 객관적 활동의 양 측면을 실질적으로 고려하여, 영업 및 경제활동을 하지 않는 법인으로 이해하여야 한다는 입장(절충설)도 있다.[18] 판례는 건설공제조합, 농업협동조합, 수산업협동조합 등은 각기 그 사업에서 얻은 이익을 구성원에 분배하여 경제적 이익을 줄 수 있도록 되어 있다면 비영리법인에 해당되지 않는다고 하여 전자의 취지에 입각한 것으로 보인다.[19] 근래에는 설립허가의 단계와 설립 이후의 단계를

있을 수 있다; 판례는 공익법인상의 공익법인은 '민법 제32조 소정의 비영리법인 중' 순수한 학술, 자선 등의 사업을 목적으로 하는 법인이라 하여, 비영리법인일 것을 전제로 하고 있다. 대법원 1978.6.13. 선고 77도4002 판결; 대법원 2010.09.30. 선고 2010다43580 판결 등.

16) 이중기, 위의 글, 391면 이하에서는 '장학, 학술, 자선 사업'이라는 사업성 요건(charitable business requirement)과 '공중의 이익'(public benefit requirement)의 요건을 대별하고 있다.

17) 홍일표 집필부분, 위의 책(민법주해), 549면; 곽윤직·김재형, 위의 책, 2013, 160면; 송호영, 위의 책, 44면 이하.

18) 이은영, 민법총칙, 박영사, 2009, 223면; 다소 다른 맥락이나 영리는 법인의 활동이나 행위에 대해서 정당한 대가 이외의 이윤을 포함하고 있는지의 여부로 판단해야 할 것이라는 입장은, 정종휴 집필부분, 위의 책, 594면.

19) 대법원 1975.1.14. 선고 74누252 판결(건설공제조합); 대법원 1983.12.13. 선고 80누496 판결(건설공제조합); 대법원 1978.2.14. 선고 77누250 판결(농업협동조합); 대법원 1978.3.14. 선고 77누246 판결(수산업협동조합); 한편, "병원의 개설과 경영이 비영리적이라고 하려면 경영자의 개설목적에 의하여 추상적으로 형식적인 판단에 의해서뿐만 아니라 개별적으로 그 경영의 현실태를 구체적으로 심사해서 실질적으로 그의 현실적인 실체가 영리성을 띤 것이 아니라고 인정되는 경우에 비로소 해당 병원의 경영이 비영리사업에

각각 구분하여 영리/비영리성을 판단하자는 견해가 주목된다.[20]

공익성과 관련해서는 뒤의 두 가지 요건(공중이익성과 공익사업
성)을 각각 갖추어야 한다.[21] 한편 동법 시행령 제2조에 따르면, 위
공익법인의 사업 목적을 보다 구체적으로 명시하고 있는데, 이를 요
약하자면, 1. 장학 목적의 금전 지급 기타 대체 급부의 제공, 2. 학술
목적의 금전의 지급 기타 대체 급부의 제공, 3. 학술 목적 사업 및 도
서관 등의 시설 설치운영, 4. 자활할 수 없는 자를 돕기 위한 자선 사
업, 5. 위의 각 사업의 유공자에 대한 시상을 행하는 사업을 목적으
로 한다(동 시행령 제2조 제1항).[22] 이처럼 공익법인법의 적용을 받
는 공익 목적은 동법 제2조와 동시행령 제2조에 규정된 사회 일반의

해당된다."고 판시한 경우도 있다. 대법원 1976.05.25. 선고 76누42 판결.

20) 영리 개념을 구성원에 대한 이익분배로 이해할 경우, 법인설립 이후에 실
질적인 이익분배가 이루어질 수 있고, 구성원은 아니지만 법인과 일정한
특수한 관계에 있는 자에게 이익이 귀속될 수도 있으며, 이익분배의 모습
이 순이익의 취득이 아닌 다른 형태로 나타날 수 있는 등의 문제점이 발생
하기도 한다. 따라서 구성원의 영역을 실질적으로 이해하고, 법인의 설립
단계와 설립 이후의 단계로 구별하여 각기 다른 기준을 적용하자는 입장
은, 김진우, 최근 외국 법인법제의 입법동향, 법무부연구용역과제보고서,
2009, 44면 이하; 법인의 설립단계에서는 정관에 나타난 단체의 설립목적,
사업내용, 자산상태 등을 종합적으로 고려하여 영리성 여부를 판단하고,
설립허가 이후에는 법인의 실제적인 활동을 통해서 객관적으로 판단되어
야 한다는 입장은 송호영, 위의 책, 45면.

21) 공익사업성의 요건을 충족한다고 하여 공중의 이익성이 추정되지는 않는
다. 영국의 Charity Act 2011, section4(2)도 사업성 요건을 충족한다고 해서, 사
회일반의 이익이 추정되지 않는다고 한다. 이중기, 위의 글, 393면 이하.

22) 동법 시행령 제2조 제1항은 "사회일반의 이익에 공여하기 위하여(…) 학술·
자선에 관한 사업을 목적으로 하는 법인"이라 함은 다음의 사업을 목적으
로 하는 법인이라 하며, 제1호 내지 제5호의 사업을 열거하고 있다. 일정한
사업성 요건만을 제시하고 사회일반의 이익에 공여라는 동법 제2조의 적
용 요건을 고려하지 않는 태도로 보인다.

이익을 위한 학술 및 자선에 관한 목적에 한정된다. 동법 시행령 제2조 제2항에 따르면, 공익법인에는 상기 열거된 사업과 '그 외의 사업을 함께 수행하는 법인을 포함한다'고 한다.[23] 동법 시행령 제2조 제2항의 의미는 법문으로만 볼 때, 공익사업과 그 외의 사업을 병행적으로 수행하는 법인도 공익법인에 포함될 수 있다고 해석될 수 있으나, 대법원은 "위 법 시행령 제2조는 제1항과 제2항에서 법 제2조의 공익법인의 범위를 구체적으로 한정하고 있는바, 위 각 법률의 규정에 의하면 공익법인의 설립·운영에 관한 법률이 규제대상으로 하는 위 법 제2조 소정의 공익법인은 민법 제32조 소정의 비영리법인 중 순수한 학술, 자선 등 공익법인의 설립·운영에 관한 법률 시행령 제2조 제1항 각호 소정 사업을 목적으로 하는 법인이거나 주로 위와 같은 학술, 자선 등의 사업을 목적으로 하면서 그와 함께 부수적으로 그 이외의 사업을 함께 수행하는 법인만을 말하는 것"이라하면서 의료기관의 설치 운영하고 보건의료에 관한 연구 개발 등을 하는 의료재단에 관하여 공익법인이 아닌, 의료기관의 설치 운영을 목적으로 하면서 그 목적 등을 위하여 부수적으로 보건의료에 관한 연구개발을 하는 비영리 법인이라고 판시하였다.[24] 동 판결에서는 공익법인

___

23) 비영리법인에서 마찬가지로 공익법인의 경우에도 일종의 부수목적의 특전이 인정된다; 부수목적의 특전(Nebenzweckprivileg)은 비영리법인이 비영리사업이라는 주된 사업목적을 달성하기 위한 방편으로 부수적인 수익사업을 할 수 있다는 것이다. 송호영, 위의 책, 45면 이하; 법인의 주된 목적의 달성에 직접적인 관련성을 가져야 하며, 당해 법인의 일반적 제정상태를 개선하기 위한 수단으로 남용되어서는 안될 것이다. 김진우, 위의 글, 48면 이하.

24) 대법원 2010.09.30. 선고 2010다43580 판결; 같은 취지에서, 대법원 2012.4.13. 선고 2010다10160 판결에서는 의료법인의 정관 등을 심사하면서, 해당 의료재단은 병원의 설치운영을 목적으로 하면서 부수적으로 보건의료에 관한 연구 개발을 추구하는 비영리법인이라고 하였다; 의료법인은 민법 중 재단법인에 관한 규정이 준용된다(의료법 제50조)는 점에서 성질상 비영리

은 공익사업을 목적으로 하면서, 그와 함께 '부수적으로' 그 이외의
사업을 수행할 수 있다는 점과 주된 목적이 학술이나 자선 등의 공
익목적 사업에 해당하는가에 따라 공익법인과 비영리법인을 판별하
고 있다.[25]

현행 공익법인법의 공익성에 대해서 살펴볼 때, 두 가지 측면에
서 좀 더 고찰해 볼 필요성이 제기된다. 하나는 공익성의 규준이 모
호하다는 점이고, 다른 하나는 공익사업으로 열거된 범위가 협소하
지 않은가라는 점이다. 공익은 시대나 장소적 상황에 따라 달리 이
해될 수 있는 불확정한 가치 개념이나, 법률관계의 명확성의 확보나
예측 가능한 승인 기준의 제시라는 점에서 그 내용을 구체화할 필요
가 있다. 독일법의 경우, 공익성의 판단에 1) 사회 일반의 이익(수혜
자의 범위와 공익사업성)을 추구하고 2) 자기 이익의 금지(주된 영역
이 자기경제적이지 않을 것, 구성원이익배제) 3) 배타성(정관에 부합
하는 공익목적을 원칙으로) 및 4) 직접성(직접 목적을 수행)을 기준
으로 제시하고 있다.[26] 일본의 공익인정법에서도 23개 항목의 일정

재단법인이라고 할 수 있다. 전경근, 의료법인의 설립과 해산, 법학연구
제13집 제3호(2010), 252면 이하; 다만, 상속세 및 증여세법 시행령 제12조
제4호는 '의료법 또는 정신보건법의 규정에 의한 의료법인 또는 정신의료
법인이 운영하는 사업'을 영위하는 자를 동법 제16조 제1항의 '공익법인등'
에 해당된다고 하여 의료법인는 상증법상의 공익법인등에 해당된다고 할
것이다.

25) 공익신탁법의 경우, 공익사업의 수행을 "주된 목적으로" 할 것을 명시적으
로 요구하고 있다. 동법 제4조 제1호 참조.

26) 독일의 국세기본법(AO) 제52조는 '공익의 목적들(Gemeinnützige Zwecke)'이
라는 표제 하에 제1항에서 "단체는 그의 행위가 물질적, 정신적 또는 윤리
적 영역에서 사회 일반을 자기 이익 없이 수익시키는 것을 목적으로 할 때
에 공익적 목적을 따른다. 이익을 수혜받는 인적 범위가 가령 기업의 가족
또는 직원에 소속되어 확정적으로 배제되거나, 또는 그러한 한정의 결과
특히 공간적 또는 직업적 특징에 따라, 지속적으로 좁은 범위라 할 수 있

한 공익목적사업을 열거하며, 공익성의 인정에 관한 구체적인 요건
을 제시하고 있다.[27] 영국의 경우에도 수혜범위와 관련된 공중성에
대한 판단을 일정한 범주에 해당하는 보호되는 특징과 연계시키고
있고,[28] 미국에서는 면세단체가 되기 위해서는 일정한 조직을 갖추
어야 하고, 연방세법(IRC)에 제시된 일정 범위의 비영리 면세목적을

을 때에는 사회 일반의 이익이 주어지지 않는다."고 하여 1) 일정한 영역에
대한 사회 일반의 이익(장려) 2) 자기 이익이 없는(타익적) 이익(장려)라는
요건을 함께 요구한다. Pues/Scheerbarth, S. 115 f.; Wallenhorst/ Wallenhorst, S.
98 f; 동 조 제2항 제1문에서는 이하 각 호에서 일정한 공익사업을 열거하
고 "제1항의 요건 하에 사회 일반의 이익으로서 승인될 수 있다."고 한다.
동 조항은 특별히 장려되는 공익 목적을 구체적으로 나열함으로써 해석상
의 도움을 주고 있다. 제2문은 "단체에 의해 추구된 목적이 제1문에 해당
되지 않는 때에도, 물질적, 정신적, 윤리적 영역에서 사회 일반을 자기 이
익 없이 수익시킨다면, 이러한 목적은 공익적으로 해명될 수 있다. 각 주
의 상급 재무관청은 제2문에 의한 결정을 위해 재무행정법률에 따르는 권
한이 있는 재무관청을 각각 정하여야 한다."고 하여 제1문 각 호에 제시된
공익사업을 수행하지 않는 경우에도 공익법인이 될 수 있는 방법을 열어
두고 있다.

27) 공익인정법 제2조 제4호에 의하여 별표 각호에서 23항목의 공익목적사업
을 규정하고, 동법 제5조에서는 18개의 적극적인 요건을 규정하고 있다고
한다. 주된 목적의 수행, 재산관리, 법인관계자에 대한 특별이익부과 금지,
영리사업자 등에 대한 특별이익부과 금지, 공서양속위반사업의 금지, 목적
사업의 수입, 공익목적사업의 비율, 기타 법인기관에 대한 요건 등, 자산의
보유 등으로 영리기업지배 금지, 재산처분제한, 법인의 소멸 시 공익단체
에의 재산귀속 등을 규정하고 있다. 자세한 것은 최성경, 일본의 공익법인
제도 개혁, 민사법학 제41호, 2008, 539면 이하; 또한 배원기, 일본의 비영리
법인(공익법인)제도의 개혁과 시사점, 한국비영리연구 제11권 제1호, 2012,
13면 이하.

28) 영국 Charity Commission은 영국평등법(Equality Act 2010)의 보호되는 특징
(protected characteristics)에 따라 정의된 '공중의 일부'를 수익시키는 자선단
체도 공익단체로 인정된다. 여기에는 나이, 장애, 성전환, 혼인 및 사적배
우자관계, 임신 및 모성, 인종, 종교 혹은 신념, 성별, 성적 경향을 포함하
고 있다. 이중기, 위의 글, 393면 이하.

포함하여야 하며, 자산은 그 목적을 위해서 사용되어야 하고, 활동사업이 정관에 규정된 면세목적의 달성과 연관되어야 한다는 등의 기준을 제시하고 있다.[29] 공익성의 판단 기준에 대한 각국의 입법례는 유사 혹은 상호 접근하는 추세로 보인다. 우리의 공익법인법은 제2조에 따르면 공익법인은 사회 일반의 이익에 공여하기 위한 장학, 학술, 자선에 관한 사업 목적의 비영리법인이라는 점에서, 사회일반성, 공익사업성, 비영리성을 갖출 것을 그 요건으로 한다. 그러나 사회일반성은 모호하고, 공익사업성은 협애하다는 점에서 공익성의 설정 기준이 재고될 필요가 있다.[30]

나. 공익사단법인의 설립행위의 내용

(1) 의의

공익사단법인의 설립과정은 ① 사람들이 모여 공익목적의 법인을 설립하기로 계획을 세우고 서로 약속하여 결합한다(발기인조합). 그리고 법인 설립에 필요한 여러 가지 준비행위를 하게 되는데, 가령 정관의 원안을 작성하거나, 중요한 서류의 작성, 단체의 기금 등을 모금하거나 사무소를 임차한다. ② 이들 설립자가 모여 그 이행으로서 정관을 작성하고, 이사 등을 법인의 최초의 구성원을 확정한다(설립중인 법인). 이후 주무관청의 허가를 통해 법인의 설립을 공적

---

29) 김진수·김태훈, 위의 글, 279면 이하.
30) 외국의 법제와 비교할 때, 우리의 공익법인법상 공익법인이 일정한 목적에 한정하고, 또한 개방적인 개념을 설정하지 않음으로써, 환경보호나 스포츠 진흥 등 다양한 목적의 공익사업의 주체는 공익법인으로 인정될 여지를 박탈하고 있다. 따라서 공익목적사업의 개념을 확정하고, 다양한 목적의 공익사업을 포섭할 수 있는 포괄성을 갖추어야 하며, 구체적인 판단은 공익위원회에 위임한다는 것이 타당하다는 입장은, 이중기, 공익단체의 규제와 공익위원회의 설립, 홍익법학 제11권 제3호, 2010, 492면 이하.

으로 확인받고, 등기를 통해 새로운 법인의 존재를 공시하면 ③ 법인의 성립이 완료된다.[31] 공익사단법인의 설립을 위해서는 2인 이상의 사람(설립자)이[32] 사회 일반의 이익을 위한 장학, 학술, 자선사업을 목적으로 사단법인을 설립하고자 하는 공동의 의사표시를 포함하는 법률행위가 있어야 한다(공익법인설립행위). 사단법인의 설립행위는 정관을 작성하여 기명날인하는 요식행위로 이루어진다(민법 제43조 참조).[33] 정관을 작성한다는 것은 법인의 목적이나 기관, 회원구성, 자산 등 장차 독자적인 권리주체가 될 수 있는 법인의 기본적인 골격의 형성이 마무리되었음을 의미한다.[34]

---

31) 이은영, 위의 책, 254면; 곽윤직·김재형, 위의 책, 175면; 첫 번째 단계에서는 설립자(발기인) 상호간에 법인 설립을 목적으로 하는 법률관계가 성립하고(발기인조합 또는 설립자조합; 설립전단계 Vorgründungsgesellschaft), 둘째 단계에서는 그 이행으로서 정관의 작성, 구성원의 결정 기타 법인의 설립을 위한 여러 가지 행위들을 하며(설립중인 사단법인 Vorverein), 셋째 단계에서 법인이 설립한다(완성단계). 발기인조합과 설립중인 사단법인은 단체의 동일성이 존재하지 않는다고 한다. 발기인들이 법인정관의 작성을 완료하게 되면 설립중인 사단법인이 된다. 송호영, 위의 책, 62면 이하.

32) 사단은 그 성질상 반드시 복수이어야 하는데, 민법은 이에 관하여 아무런 규정을 두고 있지 않으므로 설립자는 적어도 2인 이상이어야 한다. 곽윤직·김재형, 위의 책, 172면; 홍일표 집필부분, 위의 책, 550면; 정환담 집필부분, 595면.

33) 사단법인의 설립행위는 2인 이상의 설립자가 서면에 의한 정관작성이라는 요식행위를 통해서 설립자로부터 독립한 별개의 권리주체의 생성을 의욕하는 수개의 의사표시의 합치로 이루어진 법률행위이다. 송호영, 위의 책, 80면; 정관작성이라는 사단법인 설립행위는 서면작성이 필요한 요식행위이며, 그 실질은 장래에 성립할 사단에 법인격 취득의 효과를 발생시키려는 의사표시를 요소로 하는 법률행위라고 한다. 곽윤직·김재형, 위의 책, 173면; 설립행위와 정관작성이 동일한 것은 아니나 설립행위에는 정관작성이 반드시 포함되어야 한다. 이은영, 위의 책, 255면; 한편 민법안심의록에서는 "정관의 작성과 그 내용의 정확성은 법인에 있어서는 지극히 중대한 것임으로 법률상의 형식요건으로 명확히 규정하는 것이 가하다."고 한다. 민법안심의록(상), 35면.

(2) 법적 성질

사단법인의 설립행위는 어떠한 성질을 갖는가. 사단법인의 설립행위는 2인 이상의 설립자를 필요로 히는 점에서 계약과 유사하다. 그러나 설립행위는 설립자 모두가 법인의 설립이라는 목적에 협력하는 것이므로, 상호 대립하는 둘 이상의 의사표시의 합치인 계약과는 구별된다. 이에 따라 사단법인의 설립행위는 계약이나 단독행위가 아닌, 특수한 법률행위로 분류하여 이를 합동행위라고 하는 견해가 종래에 지배적이었다.[35] 그러나 합동행위의 관념을 부정하는 태도가 점차 우세해지고 있다. 이 입장에서는 사단법인의 설립행위는 사단법인의 설립이라는 법률효과의 발생을 목적으로 하는 특수한 계약이라고 설명한다.[36] 다만 일반적인 계약과는 달리 자기계약 및

---

34) 송호영, 위의 책, 64면.

35) 계약을 구성하는 복수의 의사표시는 대립적·교환적인데 반하여, 합동행위에서는 복수의 의사표시가 평행적·구심적이어서 동일한 법률효과를 가져온다. 사단법인설립행위를 합동행위로 볼 경우, 설립행위는 계약이 아니므로 민법 제124조의 쌍방대리금지에 관한 규정이 적용되지 않는다고 한다. 설립행위에는 의사표시의 흠에 관한 일반원칙이 적용되지 않는다. 따라서 설립자 중의 한 사람이 행위제한능력이나 의사흠결에 따른 무효·취소의 사유(민법 제107조, 제109조, 제110조)가 있더라도 다른 의사표시의 효력에 당연히 영향을 미치지 않는다. 허위표시에 관한 민법 제108조의 규정도 상대방이 없는 사단법인의 설립행위에는 그 적용이 없다. 이 견해를 지지하는 입장은 곽윤직, 민법총칙, 199면 합동해위라는 관념을 인정한다면 사단법인의 설립행위는 합동행위라고 한다. 같은 책, 285면은 합동행위의 구별실익이 있다고 한다; 고상룡, 민법총칙, 제3판, 법문사, 2003, 186면; 김상용, 민법총칙, 화산미디어, 2009, 227면; 백태승, 민법총칙, 제5판, 집현재, 2011, 230면.

36) 사단법인설립행위를 계약의 범주에서 벗어난 것으로 볼 필요가 있는지 의문이며, 조합계약과 마찬가지로 계약의 범주에 속한 것으로 보아야 한다. 곽윤직·김재형, 위의 책, 174면; 계약의 일반범주로부터 분리시켜야 할 필요성이 크지 않다. 사단법인설립행위 등도 계약에 속한다고 보아야 한다. 양창수·김재형, 민법(Ⅰ), 박영사, 2010, 4면; 김증한·김학동, 민법총칙, 제9판,

쌍방대리가 허용되며, 설립행위를 구성하는 의사표시의 일부가 의사의 흠결로 무효 또는 취소되더라도 다른 의사표시의 효력에는 영향을 미치지는 않는다.[37] 법인의 설립을 위한 행위인 정관작성행위와 단체의 내부를 규율하는 근본규칙 또는 그러한 근본규칙을 기재한 서면인 정관은 상호 구별된다. 정관의 법적 성격에 대해서는 규범설, 계약설, 수정규범설의 대립이 있다. 판례는 "사단법인의 정관은 이를 작성한 사원뿐만 아니라 그 후에 가입한 사원이나 사단법인의 기관 등도 구속하는 점에 비추어 보면 그 법적 성질은 계약이 아니라 자치법규로 보는 것이 타당"하다고 한다.[38] 그러나 기관 및 장래의 구성원이 정관의 규칙을 준수한다고 하여 정관 자체가 법률과 같은 규범적 성질을 지닌다고 보는 것은 적절치 않으며, 정관은 엄연히 계약이라는 주장도 제기된다.[39]

박영사, 1995, 175면; 이영준, 위의 책, 810면; 이은영, 위의 책, 258면; 사단법인설립행위의 법적 현상을 설명하기 위해서 구태여 합동행위의 개념을 상정할 필요는 없고, 다수당사자의 다면적인 합의의 결과로 단체가 탄생하는 특수한 계약으로 이해하면 충분하다고 한다. 송호영, 위의 책, 83면.

37) 설립행위가 허위표시에 해당하는 경우, 선의의 제3자를 보호할 필요성이 있으므로 민법 제108조의 적용을 긍정한다. 곽윤직·김재형, 위의 책, 174면; 실질적으로 단체 활동을 할 목적은 없으나 재산은닉 등의 목적으로 단체설립행위를 하여 기부하였다면 그 설립행위는 무효이다. 이은영, 위의 책, 260면; 동법 제108조의 적용과 관련하여 의사표시흠결에 관한 다른 제도들과 달리 취급할 필요는 없다. 설립행위의 하자로 인한 의사표시의 무효나 취소는 단체의 설립자체를 소급적으로 부인하는 효력은 없으며, 장래에 향하여 단체설립의 의사표시를 거두어들이는 것(즉 탈퇴나 해산주장)으로 보면 된다. 송호영, 위의 책, 83면.

38) 대법원 2000.11.24. 선고 99다12437 판결; 대법원 1995.12.22. 선고 93다61567 판결.

39) 사단구성원이 정관을 변경할 수 있다고 하더라도 이것이 입법자와 같은 법제정권한이 부여되는 것은 아니기 때문이다. 송호영, 위의 책, 87면; 정관은 계약이라 하더라도 계약의 보충적 해석을 통해서도 동일한 결론을 도출할 수 있다고 한다. 이영준, 위의 책, 810면.

(3) 정관의 기재사항

㈎ 필요적 기재사항

민법 제40조에 따르면, 사단법인의 실립자는 동조 제1호 내지 제7호의 사항을 기재한 정관을 작성하여 기명날인하여야 한다고 규정한다.[40] 공익법인법 제3조 제1항은 "공익법인은 정관에 다음의 사항을 적어야 한다."고 하여 정관의 필요적 기재사항을 보다 세분화하고 있다.[41] 이를 정리하면 다음과 같다. ① 목적: 사회 일반의 이익에 공여하기 위한 학자금·장학금 또는 연구비의 보조나 지급, 학술, 자선에 관한 사업을 목적으로 하여야 한다. ② 명칭: 명칭사용에 대한 특별한 제한은 없다.[42] ③ 사무소의 소재지: 사무소가 둘 이상인 때에는 이를 모두 기재하고 주된 사무소를 정하여야 한다(민법 제36조 참조). ④ 설립 당시의 자산의 종류·상태 및 평가액 ⑤ 자산의 관리방법과 회계에 관한 사항 ⑥ 이사 및 감사의 정수(定數)·임기 및 그 임면(任免)에 관한 사항: 이사 및 감사의 정수와 관련하여 공익법인법 제5조 제1항은 "공익법인에는 5명 이상 15명 이하의 이사와 2명의 감

---

40) 동 조에 따르면, 정관은 "1. 목적 2. 명칭 3. 사무소의 소재지 4. 자산에 관한 규정 5. 이사의 임면에 관한 규정 6. 사원자격의 득실에 관한 규정 7. 존립시기나 해산사유를 정하는 때에는 그 시기 또는 사유"가 기재되어야 한다.

41) 동법 제3조는 정관을 작성한 다음 당연히 있어야 할 기명날인에 대한 규정이 없다. 자의적으로 변조가 가능할 수 있다는 점에서 입법의 불비이다. 윤철홍, 민사특별법연구, 법원사, 2003, 20면; 각 주무관청마다 정관준칙 및 정관례를 작성하여 비치하고 있다. 이 때 유의할 것은 발기인의 기명날인이 있어야 하고, 서명으로 대체할 수 없다(민법 제40조).

42) 곽윤직·김재형, 위의 책, 173면; 사단법인이라는 명칭을 쓰지 않아도 무방하다. 송호영, 위의 책, 88면; 사단법인 정관준칙에서는 "법인의 명칭을 정하되, 명칭 앞에 사단법인이라는 문구를 넣어야 한다"고 권고한다. 또한 주무관청의 정관례에서는 정관본문의 기재사항에서 기존의 법인과 유사 명칭의 사용을 금지하고 있다. 대법원인터넷등기소에서 법인의 열람이 가능하다. 보건복지부, 비영리사단·재단법인 업무편람, 2014, 12면, 90면.

사를 두되, 주무 관청의 승인을 받아 그 수를 증감할 수 있다.”고 하여, 공익법인의 임원에 관하여는 이사의 최소 및 최대 인원을 규제하고, 2인 감사를 필요적 기관으로 정하고 있다.[43] 그 임기는 정관으로 정하되, 이사는 4년, 감사는 2년을 초과할 수 없다(동법 동조 제3항). 공익법인법과 민법에는 정관의 필요적 기재사항으로 이사 및 감사의 임면 방법에 대해서는 별도의 제한규정을 두고 있지 않다. 따라서 총회의 결의에 의하지 않는 선임방법을 정하여도 되고, 사원이 아닌 자를 선임할 수 있도록 규정하여도 상관없다.[44] ⑦ 이사의 결의권 행사 및 대표권에 관한 사항 ⑧ 정관의 변경에 관한 사항 ⑨ 공고 및 공고 방법에 관한 사항 ⑩ 존립시기와 해산사유를 정한 경우에는 그 시기와 사유 및 잔여재산의 처리방법: 이에 관한 사항은 반드시 정해야 하는 것은 아니므로, 특별히 정하고 있는 때에만 기재하면 된다. ⑪ 업무감사와 회계검사에 관한 사항을 정하여야 한다. 또한 동법 동조 제2항은 “제1항에 따른 정관의 기재 사항과 그 밖에 필요한 사항에 관하여는 대통령령으로 정한다”고 하며, 동 시행령 제3조 제1항은, “1. 사업에 관한 사항 2. 사단법인인 경우에는 사원 및 사원총회에 관한 사항 3. 기타 공익법인의 운영에 관한 기본적 사항”을 ‘정관’에 기재하도록 하고 있고, 특히 공익법인의 사업은 구체적으로 명확하게 정하여야 한다(동 시행령 동조 제2항). 이러한 정관의 필요적 기재사항에 대해서 어느 하나라도 누락되면 정관으로서 효력이 없다.

---

43) 민법상 비영리법인에서 이사에 대한 감독기관인 감사는 임의기관이며, 정관 또는 총회의 결의로 1인 이상의 감사를 둘 수 있다. 공익법인의 설립에서 감사를 두어야 하며 그 감사의 임기를 정관으로 정하도록 하고 있다(공익법인법 제5조 제3항 참조); 감사의 직무에 대해서는 동법 제10조.

44) 곽윤직·김재형, 위의 책, 173면; 송호영, 위의 책, 88면.

(내) 임의적 기재사항

임의적 기재사항은 사단의 근본규칙인 정관에 기재되어 있으나, 필요적 기재사항에 해당되지 않는 사항을 말한다. 임의적 기재사항에는 특별한 제한이 없다. 임의적 기재사항이라고 하여도 일단 기재되면, 필요적 기재사항과 동일한 효력을 가지며, 그 변경도 통상의 정관의 변경절차에 의하여야 한다.

다. 공익재단법인의 설립행위의 내용

(1) 의의

공익사단법인의 설립행위와 마찬가지로 공익재단법인을 설립하기 위해서는 먼저 설립자의 공익재단설립을 목적으로 하는 법률행위가 요구된다. 공익재단설립행위는 사회 일반의 이익을 위한 장학, 학술, 자선사업을 목적의 수행을 위해서 일정한 재산을 출연하고 정관을 작성함으로써 재단법인을 설립하고자 하는 설립자의 의사표시를 요소로 하는 법률행위라고 할 수 있다. 민법 제43조는 "재단법인의 설립자는 일정한 재산을 출연하고 제40조 제1호 내지 제5호의 사항을 기재한 정관을 작성하여 기명날인하여야 한다."고 규정하고 있다. 즉, 재단법인설립행위는 재산출연의 약속과 정관의 작성을 포함하여야 한다.

(2) 법적 성질

재단법인설립행위는 계약을 원인으로 하지 않으므로 상대방 없는 단독행위이다.[45] 생전처분의 재단법인설립행위는 설립자의 단독

---

45) 재단법인설립행위는 의사표시의 수령을 요하는 상대방이 없다. 설립자와 허가관청 사이의, 설립자와 장래에 성립되는 재단, 설립자와 제3자(공동설립자 및 수혜자) 등과의 계약이 아니다. 설립자가 여러 사람인 경우, 단독

의 무상출연약속을 통해 법인격을 창설하는 행위로 계약인 증여와 구분되며, 마찬가지로 유언에 의한 재단법인설립행위도 유증과 구분되는 독자적인 사인처분 유형이다. 재단법인설립행위는 법률행위이므로, 이에 관한 일반규정이 적용된다. 설립자는 행위능력자이어야 하며, 대리인을 통해서도 설립될 수 있다. 설립자의 의사표시의 흠결이 있는 경우, 민법 제107조 이하의 규정에 의해 설립행위를 취소, 무효로 할 수 있다.[46] 설립자는 법인성립 이전, 즉 설립등기 시점까지는 재단법인설립행위를 철회할 수 있다.[47] 재단법인설립행위의 내용인 재산출연의 약속은 일정한 방식을 요구하지 않으나, 정관을 작성하고 기명날인해야 하는 요식행위이다.

(3) 내용

(가) 정관의 작성

재단법인의 정관은 재단법인의 근본규칙을 기재한 서면이다. 공익재단법인의 정관 작성 사항도 앞서 살펴본 공익사단법인의 그것과 크게 다르지 않다. 다만 공익법인법 제3조 제1항 제10호의 '존립

행위의 경합설, 합동행위설, 계약설이 있다. 계약의 형태로 재단법인이 설립되는 경우라고 하여도 그 성질은 상대방 없는 단독행위라고 할 것이다. 졸고, 위의 글, 294면; 단독행위의 경합이라는 견해는 김증한·김학동, 위의 책, 179면; 이영준, 위의 책, 816면; 백태승, 위의 책, 226면; 송호영, 위의 책, 94면.

46) 고상현, 위의 글, 283면.

47) 우리 민법은 재단법인설립행위의 철회에 관하여 명문의 규정을 두고 있지 않으나, 법률행위의 일반원칙에 따라 법률행위의 효력의 발생 이전, 즉 법인의 성립 시까지 원칙적으로 의사표시의 변경 혹은 철회의 자유가 보장된다고 할 수 있다. 재단법인의 설립자가 철회의 의사표시로서 출연하기로 약속한 일정한 재산을 처분한다고 하여도, 이러한 처분이 무효로 되거나, 장래의 재단법인에 대하여 어떠한 사법상의 책임을 부담하는 것은 아니다. 고상현, 재단설립행위의 철회에 관한 소고, 비교사법 제16권 3호(통권 46호), 2009, 227면.

시기와 해산사유를 정한 경우에는 그 시기와 사유 및 잔여재산의 처리방법'과 동 시행령 제3조 제1항 제2호의 '사단법인인 경우에는 사원 및 사원총회에 관한 사항'은 기재하지 않는나고 할 것이다. 민법 제43조에서 규정하고 있듯이, 재단법인의 정관은 동법 제40조 제1호 내지 제5호의 사항만을 필요적 기재사항으로 규정하고 있다. 그 밖의 '사원자격의 득실에 관한 규정'이나 '존립 시기나 해산사유를 정하는 때에는 그 시기 또는 사유'에 대해서는 재단법인의 성질상 기재하여야 하는 내용에 해당되지 않는다. 왜냐하면, 재단법인은 사원이 존재하지 않으며, 재단법인은 그 본질에 있어서 지속적 존립을 목적으로 하기 때문이다. 이러한 관점에서 또한 민법 제43조의 규정 체계상, 공익법인법 제3조 제1항 제10호의 사유는 공익재단과 공익사단에 공통되는 정관의 기재사항이라기 보다는 공익사단의 경우에만 적용되는, 따라서 동 시행령 제3조 제1항에서 규율하는 것이 타당할 것이다. 재단법인의 정관에서 필요적 기재사항이 누락되면 그 정관은 효력이 없다.[48] 설립자가 필요적 기재사항 중 재단의 본질을 구성하는 '목적과 자산'만을 정하고, 그 밖의 명칭, 사무소의 소재지, 이사의 임면방법을 정하지 않고 사망한 때에는 이해관계인 또는 검사의 청구에 의하여 법원이 정관을 보충하여 이들 사항을 정할 수 있다(민법 제44조). 유언에 의해서 재단법인을 설립하는 경우, 공익재단법인정관의 필요적 기재사항을 포함하여, '유언의 방식'(민법 제1060조, 동법 제1065조 내지 제1072조)에 따라 정관이 작성되어야 한다(동법 제47조 제2항).

(나) 재산의 출연

공익재단법인의 설립자는 일정한 재산을 출연하여야 한다(민법

---

48) 곽윤직·김재형, 위의 책, 179면; 송호영, 위의 책, 89면.

제43조). 재산의 출연은 일반적으로 자기의 재산을 감소시키고 상대
방의 재산을 증가하게 하는 행위라고 할 것이다. 출연재산은 부동산,
동산의 소유권은 물론, 각종의 채권 및 지식재산권도 가능하다고 할
것이다. 설립자의 재산출연은 재단법인의 본체를 이루는 기본 재산
이므로 사업의 목적과 함께 중요한 설립요건으로 다루어진다.

　재단법인의 설립이 생전처분에 의한 때에는, 출연재산은 법인의
성립된 때로부터 법인의 재산이 된다(민법 제48조 제1항). 이와 관련
하여 출연재산은 민법 제187조에 의해서 등기 없이도 법률상 당연히
재단법인에 귀속된다는 견해와,[49] 재단법인의 설립행위는 법률행위
이므로, 민법 제186조에 물권변동에 관한 일반원칙에 따라 출연재산
이 부동산인 경우, 등기를 하여야만 재단법인에 귀속된다는 견해
로[50] 나뉜다. 판례는 출연자와 법인 간에는 등기 없이도 법인성립과
동시에 부동산의 소유권이 재단법인에게 귀속하지만, 이를 제3자에
게 대항하기 위해서는 등기를 하여야 한다는 입장이다.[51] 그러나 재
단법인이 성립하게 되면, 출연자는 설립행위에서 약속한 재산을 출
연해야 하는 이전의무가 발생하며, 출연재산의 현실적인 귀속은 그
재산의 성질에 따라 공시방법을 갖춘 후에 개별적으로 이루어 질 것
이다.[52] 공익법인법은 출연재산과 관련하여 일정한 요건을 제시하고

49) 곽윤직, 위의 책, 204면; 곽윤직·김재형, 위의 책, 177면; 고상룡, 위의 책,
　　192면; 김상용, 위의 책, 225면 이하.
50) 김증한·김학동, 위의 책, 180면; 이영준, 위의 책, 815면; 백태승, 위의 책,
　　229면 이하; 이은영, 위의 책, 267면; 송호영, 위의 책, 99면 이하.
51) 대법원 1979.12.11. 선고 78다481,482 전원합의체 판결; 그러나 이러한 판례
　　의 태도는 현행 민법의 체계에서 소유권의 상대적 귀속을 인정할 수 없기
　　에 부당하다는 비판이 제기된다. 양창수, 부동산물권변동에 관한 판례의
　　동향, 민사판례연구(X), 박영사, 1988, 372면.
52) 재단법인설립행위는 법률행위이므로, 법률의 규정에 의한 물권변동이 이
　　루어지지 않는다. 또한 설립자가 출연하기로 약속한 재산이 이전될 법률

있지는 않으나, 동법 제4조 제1항에서는 주무관청은 재단법인의 출연재산의 수입('기본재산'이라고 한다[53])으로 목적사업을 원활히 수행할 수 있다고 인정되는 경우에만 설립허가를 한다고 규정하여, 목적수행에 필요한 재산의 출연 여부가 설립허가의 중요한 기준으로 정하고 있다. 한편, 동법 제11조 제2항은 기본재산의 목록과 평가액을 정관에 기재하여야 하며, 평가액에 변동이 있을 때에는 지체 없이 정관 변경 절차를 밟아야 한다고 한다.[54]

공익법인도 유언에 의해 설립될 수 있다. 유언에 의한 재단법인 설립은 유언에 의하여 이루어지는 유증과는 구별되는 독자적인 사인처분의 유형이다. 그러나 무상의 재산처분이라는 점에서 유증과 유사하므로, 유증의 규정이 준용된다(민법 제47조 제2항). 재산의 이전 방식은 설립자에 의해 작성된 유언의 해석문제인데, 설립자가 지분처분의 방식으로 재산의 전부나 일부를 포괄적으로 이전함으로써, 아니면 설립자의 특정한 재산을 수여함으로써 법인을 설립하고자 하였는가에 따라 달리 다루어져야 한다.[55] 전자의 경우, 포괄유증이

적 주체가 없기 때문에, 재단이 성립과 함께 출연재산의 이전이 가능한데, 출연재산의 이전의무는 채권적 의무로써 각각의 공시방법을 갖추어야 비로소 이전된다고 보아야 한다.

53) 동 시행령 제16조 제1항에 의하면, 공익법인의 기본재산에는 '1. 설립시 기본재산으로 출연한 재산 2. 기부에 의하거나 기타 무상으로 취득한 재산. 다만, 기부목적에 비추어 기본재산으로 하기 곤란하여 주무관청의 승인을 얻은 것은 예외로 한다. 3. 보통재산 중 총회 또는 이사회에서 기본재산으로 편입할 것을 의결한 재산 4. 세계잉여금중 적립금'이 포함된다.

54) 이것은 사단법인의 경우에도 공통되는 사항이다. 앞서 본 공익법인법 제4조 제1항은 사단법인의 회비·기부금 등으로 조성되는 재원의 수입을 마찬가지로 기본재산이라 하며, 목적 사업의 원활한 수행을 가능하게 하는 기본재산의 존부를 공익법인의 설립허가의 요건으로 정하고 있다.

55) 고상현, 독일민법 제84조와 우리 민법 제48조 제2항의 비교법적 고찰, 민사법학 제46호, 2009, 459면 이하.

상속과 동일한 효과를 가지므로(동법 제1078조), 재단법인은 유언자의 포괄적 권리의무를 승계하게 되며(동법 제1005조), 재산의 이전에 별도의 공시방법을 갖출 필요가 없다(민법 제187조 등 참조). 후자의 경우 재단법인은 상속인을 상대로 출연재산에 대한 이행청구권을 갖게 되며, 그 재산이 부동산인 경우 등기(민법 제186조), 동산인 경우 인도(동법 제188조), 지시채권은 배서와 교부(동법 제508조), 무기명채권은 교부(동법 제523조)의 공시방법을 갖추어야 비로소 재단법인에 재산이 이전된다.[56] 한편 유언에 의한 재단법인은 설립자의 사망 후, 주무관청의 허가를 얻어 법인설립등기가 경료된 때에 법인이 성립되므로, 설립자의 사망 당시 출연재산이 귀속되는 법적 주체가 존재하지 않는다는 문제가 발생한다. 그러므로 아직 출생하지 않은 태아를 위해서 상속 및 유증 관계에서 동시존재의 원칙에 예외를 두는 것(민법 제1000조 제3항 및 동법 제1064조)과 유사하게, 출연재산의 귀속 문제를 입법적으로 해결하고 있다(민법 제48조 제2항). 동 규정에 따르면, "유언으로 재단법인을 설립하는 때에는 출연재산은 유언의 효력이 발생한 때로부터 법인에 귀속한 것으로 본다."고 하여 설립자와 재단 사이에 직접적인 재산이전이 법률상 가능하게 하였다.[57] 한편 생전처분에 의한 재단설립행위 이후, 설립자가 재단법인의 성립 즉, 관청의 허가 및 설립등기 이전에 사망한 경우에는 어떠한가? 독일민법은 이 경우에도 재단법인의 성립을 소급적으로 의

---

56) 지명채권의 양도에서 채무자에의 통지나 채무자의 승낙은 제3자 대항요건에 불과하므로(제450조), 유언자의 효력발생시기에 채권은 재단법인의 재산이 된다(제48조 제2항).

57) 동 규정에 의해서 유언자의 사망 이후에 관청의 허가를 얻어 설립등기를 경료함으로써 성립된 재단법인은, 포괄유증의 경우 유언자가 사망한 때에 소급하여 수증분에 상당하는 상속재산을 법률상 당연히 포괄적으로 승계하며, 특정유증에서는 유언자의 사망 시점에 유증목적물에 대한 이행청구권 및 과실취득권을 보유하는 것을 가능케 한다. 고상현, 위의 글, 465면.

제함으로써, 설립자의 재산이 사망 전에 재단법인에 이미 귀속하게 된다(독일민법 제84조). 그러나 이 경우에는 생전처분에 의한 재단설립행위이므로, 제48조 제1항을 적용하여 설립자가 사망한 때가 아닌, 재단이 성립한 때에 출연재산이 귀속된다고 보는 것이 합리적이다.[58]

Ⅲ. 공익법인의 설립허가

1. 설립허가의 의의 및 법적 성질

일정한 단체 또는 재산의 집합체에 대해가 권리능력이 취득되는 과정에는 국가의 개입이 수반되는 것이 대부분이다. 우리 민법 제32조는 비영리 목적의 사단 또는 재단은 주무관청의 허가를 얻어 법인으로 할 수 있다고 규정한다. 마찬가지로 공익법인의 설립은 주무관청의 허가를 요건으로 하고 있다(공익법인법 제4조 참조). 판례는 비영리법인의 설립에서 요구되는 민법 제32조의 허가에 관하여 주무관청의 재량행위라고 이해하고 있다.[59] 그리하여 주무관청의 불허가처분에 대해서 재판에 의해 이를 다툴 수 없다.[60] 비영리 법인의 설립

---

58) 고상현, 위의 글, 467면 이하 참조.
59) "비영리법인의 설립에 관하여 허가주의를 채용하고 있으며, 현행 법령상 비영리법인의 설립허가에 관한 구체적인 기준이 정하여져 있지 아니하므로, 비영리법인의 설립허가를 할 것인지 여부는 주무관청의 정책적 판단에 따른 재량에 맡겨져 있다. 따라서 주무관청의 법인설립 불허가처분에 사실의 기초를 결여하였다든지 또는 사회관념상 현저하게 타당성을 잃었다는 등의 사유가 있지 아니하고, 주무관청이 그와 같은 결론에 이르게 된 판단과정에 일응의 합리성이 있음을 부정할 수 없는 경우에는, 다른 특별한 사정이 없는 한 그 불허가처분에 재량권을 일탈·남용한 위법이 있다고 할 수 없다." 대법원 1996.09.10. 선고 95누18437 판결.
60) 비영리법인의 설립에서 요구되는 허가의 법적 성질에 대해서 견해가 대립

에서 허가주의의 입법태도는 설립자의 단체설립의 자유를 지나치게 제한하는 규정으로서 여러 차례 비판의 대상이 되었다.[61]

2. 설립허가의 신청

공익법인 설립허가의 신청을 위해서는 설립허가를 받고자 하는 자(설립발기인)가 법인설립허가신청서에 다음의 서류를 첨부하여 주무관청에 제출하여야 한다(동법 시행령 제4조 제1항). 신청서에 첨부되는 서류에는 1. 설립발기인의 성명·주소·약력(설립발기인이 법인인 경우에는 그 명칭, 주된 사무소의 소재지, 대표자의 성명·주소·

되고 있다; 허가는 법규에 의한 일반적 금지를 특정한 경우에 해제하여 적법하게 일정한 사실행위 또는 법률행위를 할 수 있게 하는 행정행위이다. 김동희, 행정법(Ⅰ), 박영사, 2005, 271면; 김남진·김연태, 행정법(Ⅰ), 법문사, 2008, 214면. 이러한 허가는 기속행위 내지 기속재량행위인 것이 일반적이나, 재량행위인 경우도 있을 수 있다. 김철용, 행정법(Ⅰ), 박영사, 2009, 198면. 반면 인가는 제3자의 법률행위를 보충하여 법률행위의 효과를 완성시키는 행정행위이다. 행정법학계에서는 비영리법인의 설립에 필요한 관청의 행위를 인가로 이해하는 견해가 다수이다. 김동희, 위의 책, 279면; 김철용, 위의 책, 205면; 사권형성적 행위라는 측면에서 인가로 볼 수 있는 여지가 다분하다. 졸고, 민법상 비영리법인의 설립에서 인가주의와 준칙주의에 관한 시론, 서울대학교 법학 제51권 제2호, 2010, 109면 이하.
61) 김증한·김학동, 위의 책, 171면; 이은영, 위의 책, 261면; 김진우, 공익신탁법리와 법정책적 제언, 비교사법 제8권 1호, 2001, 91면; 동, 비영리법인의 설립에 있어 허가주의에 관한 연혁적 고찰, 인권과 정의, 2008, 94면; 정당한 이유 없이 법인의 설립을 허가하지 않는 것은 단체의 자유에 대한 침해가 될 소지가 많다. 윤진수, 사법상의 단체와 헌법, 비교사법 제15권 4호, 2008, 12면 이하; 윤철홍, 비영리법인설립에 관한 입법론적 고찰, 민사법학 제47호, 2009, 737면 이하; 이중기, 위의 글, 487, 489면; 정환담, 민사법인설립에 관한 비교법적 고찰, 비교사법 제5권 1호, 1998, 94면; 강태성, 법인에 관한 민법개정방향, 법조, 2001, 182면; 헌법 제21조 제1, 2항 및 제10조에 위반된다. 김교창, 민법총칙 중 법인에 관한 개정의견, 법조, 2002, 152면 이하.

정관 및 최근의 사업활동)을 기재한 서류 1부, 2. 설립취지서 1부, 3. 정관 1부, 4. 재단법인인 경우에는 출연재산의 종류·수량·금액 및 권리관계를 명확하게 기재한 재산목록(기본재산과 보통재산으로 구분하여 기재하여야 한다) 및 기부신청서 1부, 사단법인인 경우에는 회비징수예정명세서 또는 기부신청서 1부 5. 부동산·예금·유가증권등 주된 재산에 관한 등기소·금융기관등의 증명서 1부 6. 사업개시예정일 및 사업개시이후 2 사업연도분의 사업계획서 및 수지예산서 1부 7. 사단법인인 경우에는 창립총회회의록 및 사원이 될 자의 성명 및 주소를 기재한 사원명부(사원명부를 작성하기 곤란한 때에는 사원의 총수를 기재한 서류) 각 1부이다.[62] 공익법인의 사업이 2이상의 주무관청의 소관에 속하는 경우에는 그 주된 사업을 주관하는 주무관청에 법인설립허가를 신청하여야 하고(동법 동조 제2항; 동시행령 제5조 제2항 참조) 법인이 목적사업이 수개의 주무관청에서 관할하는 경우에는, 각각의 주무관청에 대해서 허가를 받을 필요는 없을 것이다.[63]

3. 설립허가의 기준

공익법인법 제4조는 설립허가의 기준이라는 표제 하에 다음과 같

---

[62] 법인설립허가신청서에 첨부되는 서류와 관련하여, 설립발기인이나 임원의 인감증명서가 필요하며, 재단법인의 설립 발기인은 재산출연자이다. 창립(발기인)총회 회의록에는 설립 발기인 전원이 기명 및 인감 날인하고, 회의록 각 면과 면 사이에 인감 간인해야 한다. 재단법인의 경우, 출연자확인서와 재산출연증서(기본재산 및 보통재산 기증승낙서)를 제출하되, 출연행위에 대해서는 공증인의 공증을 받도록 하는 것이 실무이다. 보건복지부, 비영리사단·재단법인 업무편람, 2014. 13면 이하.
[63] 같은 취지, 송호영, 위의 책, 91면; 그러나 종래의 다수설은 두 개 이상의 행정관청이 주무관청인 경우 이들 모두 허가를 받아야 한다고 한다. 정환담 집필부분, 위의 책, 559면; 홍일표 집필부분, 위의 책, 555면.

이 규정하고 있다. "① 주무 관청은 「민법」 제32조에 따라 공익법인의 설립허가신청을 받으면 관계 사실을 조사하여 재단법인은 출연재산의 수입, 사단법인은 회비·기부금 등으로 조성되는 재원(財源)의 수입(이하 각 '기본재산'이라 한다)으로 목적사업을 원활히 수행할 수 있다고 인정되는 경우에만 설립허가를 한다. ② 주무 관청은 공익법인의 설립허가를 할 때 대통령령으로 정하는 바에 따라 회비 징수, 수혜(受惠) 대상에 관한 사항, 그 밖에 필요한 조건을 붙일 수 있다. ③ 공익법인은 목적 달성을 위하여 수익사업을 하려면 정관으로 정하는 바에 따라 사업마다 주무 관청의 승인을 받아야 한다. 이를 변경하려는 경우에도 또한 같다." 동 규정은 우선, 목적 사업의 원활한 실현을 위한 재정적 기초의 확보 가능성을 심사하고 있다.[64] 그러나 목적 사업의 원활한 달성이라는 모호한 허가기준이어서, 각 주무관청에 따라 달리 판단할 수 있다.[65] 마찬가지로 동법 시행령 제5조 제1항은 설립허가의 기준을 정하고 있는데, "1. 목적사업이 구체적이며 실현가능하다고 인정되는 경우 2. 재단법인에 있어서는 출연재산의 수입, 사단법인에 있어서는 회비·기부금등으로 조성하는 재원의 수입으로 목적사업을 원활히 달성할 수 있다고 인정되는 경우 3. 목적사업이 적극적으로 공익을 유지·증진하는 것이라고 인정되는 경우"에 한하여 주무관청의 허가를 얻을 수 있다고 한다. 이는 목적 사업의 구체성과 실현가능성, 목적 달성을 위한 재산 및 재원의 수입, 목적의 공익성과 같이 공익법인의 설립허가의 기준에서는 무엇보다도 설립의 '목적'이 중심적 요소가 된다고 볼 수 있다.[66]

---

64) 동조 제1항에 설립허가 신청에 대하여 '관계 사실을 조사하여'라는 문언으로 미루어 볼 때, 등기에서와 같이 형식적 심사만을 하지는 않는 것으로 보인다.

65) 공익법인법 제4조 제1항과 동법 시행령 제5조 제1항의 설립허가의 기준이 추상적이고 주무관청의 자의가 개입할 여지가 커서 문제라고 한다. 송호영, 위의 책, 50면.

일정한 경우, 주무관청은 회비징수나 수혜대상 등에 대해 필요한 조건을 붙여 허가할 수도 있다. 동법 시행령 제6조 제1항은 "1. 사단법인의 경우에 회비에 의하여 경비에 충당할 비율과 회비징수방법 기타 회비징수에 관하여 필요한 사항 2. 수혜사의 출생지·출신학교·직업·근무처 기타 사회적 지위나 당해 법인과의 특수 관계 등에 의하여 수혜자의 범위를 제한할 수 없다는 뜻 3. 목적사업의 무상성 기타 목적사업의 운영에 관한 사항 4. 기타 목적사업의 원활한 달성을 위하여 필요한 사항"에 대해서 조건을 붙일 수 있다고 한다. 특히 동조 제1항 제2호의 조건은 설립허가 시에 반드시 붙이되, 주무관청이 수혜자의 범위를 특히 한정할 필요가 있다고 인정되는 때에는 그 한정할 범위에 관하여 미리 기획재정부장관(행정권한의 위임 및 위탁에 관한 규정에 의하여 공익법인의 설립허가에 관한 권한이 지방자치단체의 장등에게 위임된 경우에는 설립이 허가되는 공익법인의 주된 사무소의 소재지를 관할하는 세무서장을 말한다)과 합의하여야 한다고 한다(동조 제2항).[67]

공익법인도 비영리법인과 마찬가지로 목적 달성을 위한 수익사업을 할 수 있는데, 이 경우 주무관청의 허가를 받도록 하고 있다(제

---

66) 법인의 목적과 사업이 실현가능하고, 재원의 확보는 목적하는 사업을 수행할 충분한 능력이 있고, 재정적 기반이 확립되어 있어야 하며, 다른 법인과 동일한 명칭이 아니어야 한다고 한다(가령, 교육부 소관 비영리법인의 설립 및 감독에 관한 규칙 제4조 제1항). 한편 서울시교육청에 따르면 기본재산 출연기준에 관하여 비영리 사단법인은 1년 이상의 사업실적, 재단법인은 5억 원 이상, 공익법인이 사단법인 경우, 3억 원 이상, 재단법인의 경우 5억 원 이상이라고 한다. 서울시교육청, 공익법인 업무편람, 2009, 15면.

67) 공익법인의 설립허가 시 수혜대상과 관련하여 필요한 조건을 붙이는 것은, 법인의 '공중성'요건을 실현하기 위한 장치라고 이해한다. 이중기, 위의 책, 398면 이하.

4조 제3항).[68] 판례에 따르면, "공익법인법 제4조 제3항의 수익사업 승인 제도는 공익법인의 수익사업을 사전에 심사·관리함으로써 공익법인이 무분별하고 부적절한 수익사업에 나서는 것을 억제하고 공익법인으로 하여금 본래의 설립 목적인 공익성을 유지하며 건전한 활동을 계속할 수 있도록 하기 위한 것으로, 공익법인의 기본재산 처분이 수반되지 않는 사업도 규제의 대상으로 삼는다"고 한다.[69] 공익법인의 설립허가를 받고자 하는 경우, 그 신청일로부터 실제로 허가를 받을 때까지 일정한 시일이 소요된다. 설립허가가 되면 관보에 공고되고 당사자에게는 '설립허가서'라는 문서가 교부된다.[70]

Ⅳ. 공익법인 설립 등기 및 이후 절차

1. 공익법인 설립허가 이후의 절차 개관

주무관청의 허가를 받은 이후에도 설립등기를 하지 않으면, 공익법인은 성립하지 않으며, 권리능력 없는 사단 또는 재단으로서 법인격을 취득하지 못한다. 법인설립허가가 이루어진 이후에는 먼저 설립허가서가 도달한 날로부터 3주간 내에 주된 소재지의 관할 등기소

---

68) 비영리법인도 예외적으로 법인의 목적에 반하지 않는 범위 내에서는 부수적으로 영리사업을 할 수 있다는 것이 지배적인 견해이다; 공익성과 수익성이 반드시 대립하는 것은 아니며, 수익사업은 공익법인의 목적을 실현하기 위한 부수적인 수단이다. 최현태, 공익법인의 본질 재고를 통한 활성화에 대한 일고찰, 사회과학연구 제15권 제2호, 2009, 450면.

69) 대법원 2006.09.22. 선고 2004도4751 판결.

70) 교육부 소관 비영리법인의 설립 및 감독에 관한 규칙 제4조 제2항에 따르면 주무관청은 법인설립허가신청을 받은 때에는 특별한 사유가 없는 한 14일 이내에 이를 심사하여 허가 또는 불허가의 처분을 하고, 그 처분내용을 서면으로 신청인에게 통지하여야 한다. 이 경우 법인설립허가증을 교부하여야 한다고 규정한다.

에 설립등기를 하여야 한다(민법 제49조 제1항, 제53조). 이 기간 내에 등기를 하지 않으면 행정상의 과태료가 부과된다(동법 제97조). 또한 법인의 설립허가를 받은 자는 설립등기를 한 날로부터 2개월 이내에 소재지 관할 세무서에 법인설립신고를 하여야 한다(법인세법 제109조 제1항).[71] 공익재단법인의 설립허가를 받은 자는 그 허가를 받은 후 지체 없이 출연재산을 법인에게 이전하고, 3개월 내에 주무관청에 증빙서류를 첨부하여 재산이전보고서를 제출한다(공익법인법 시행령 제8조). 그리고 설립등기를 한 경우에는 등기를 완료한 날로부터 7일 이내에 등기보고서를 주무관청에 제출하여야 한다(동법 시행령 제9조).

2. 설립등기

민법 제33조는 법인은 그 주된 사무소의 소재지에서 설립등기를 함으로써 성립한다고 규정한다. 설립등기는 구민법과 다르게 법인의 성립요건으로서, 법인의 설립이라는 창설적 효력을 지닌다.[72] 주무관청의 설립허가를 받은 경우에도, 법인설립의 등기가 경료되지

---

71) 관할세무서에의 설립신고 및 사업자 등록이 필요하다. 부가가치세법 제5조에 의하면, 법인이 일정한 수익사업을 실시할 경우, 신규로 사업을 개시하는 자는 사업개시일로부터 20일 이내에 사업장 관할세무서장에게 등록하여야 한다.

72) 우리 민법의 제정자는 "심의된 사항에 의하면, "등기의 효력에 관하여 대항요건주의는 법률관계의 불안정(등기 전의 법인에 대한 법률관계의 착잡)을 초래함으로 이를 피하고 성립요건주의를 취함이 타당하다. 물권에 관하여서도 의사주의는 당사자의 편의를 도모하는 의미에 있어서는 의의가 있으나 형식주의가 결국 거래의 안전을 기하는 동시에 법률관계를 착잡화하지 않고 간단명료화하기 위하여는 절대 필요한 것으로 생각한다. 뿐만 아니라 회사법은 이미 성립요건주의를 취하고 있기 때문에 법체계의 균형상으로 보더라도 성립요건주의가 타당한 것이다." 민법안심의록(상), 29면.

않은 공익사단법인이나 공익재단법인은 종국적으로 법인격을 취득하지 못한다. 법인설립의 허가가 있는 때에는 3주간 내에 주된 사무소소재지에서 설립등기를 하여야 한다(동법 제49조 제1항).[73] 등기사항은 "1. 목적 2. 명칭 3. 사무소 4. 설립허가의 연월일 5. 존립시기나 해산이유를 정한 때에는 그 시기 또는 사유 6. 자산의 총액 7. 출자의 방법을 정한 때에는 그 방법 8. 이사의 성명, 주소 9. 이사의 대표권을 제한한 때에는 그 제한"이다(동조 제2항). 민법법인의 등기는 비송사건절차법 제2편 제1장에서는 법인에 관한 사건을 규율하고 있고, 제5장에서는 법인의 등기를 다루고 있다.[74] 동법 제60조는 법인등기에 관하여는 법인의 사무소 소재지를 관할하는 지방법원, 그 지원 또는 등기소를 관할등기소로 한다고 규정한다. 동법 제63조는 법인설립의 등기는 법인을 대표할 사람이 신청하고(동조 제1항), 등기신청서에서는 다음 각 호의 서류를 첨부하여야 한다(동조 제2항)고 한다. 이에 따르면, "1. 법인의 정관 2. 이사의 자격을 증명하는 서면 3. 주무관청의 허가서 또는 그 인증이 있는 등본 4. 재산목록"에 관한 사류이다. 한편 위 비송사건절차법에서 위임된 사항과 그 시행에 필요한 사항에 대해서는 민법법인 및 특수법인 등기규칙(대법원 규칙 제2560호)에 의한다.

---

[73] 민법 제97조는 법인의 이사, 감사 또는 청산인이 '본장에 규정한 등기를 해태한 때'(동조 제1호)에는 500만 원이하의 과태료에 처한다고 하는 공법적 성격의 규정을 두고 있다. 설립등기의 경우에도 마찬가지라 할 것이다.

[74] 제2장에서는 재단법인의 정관 보충 사건, 임시이사 또는 특별대리인의 선임 및 법인의 해산 및 청산의 감독 등에 관한 관할, 법인에 대한 검사인의 선임, 청산인 등을 다루고 있고, 제5장에서는 민법법인의 각종 등기(관할등기소, 이사·청산인의 등기, 설립등기, 변경등기, 해산등기, 등기사항의 공고 등), 특수법인 그리고 외국회사를 제외한 외국법인의 등기절차를 규율하고 있다.

3. 주무관청에 보고

공익법인법 제8조와 제9조는 각각 재산이전의 보고와 설립등기 등의 보고에 대해 규정하고 있다. 먼저 동법 제8조는 "공익법인(재단 법인에 한한다)의 설립허가를 받은 자는 그 허가를 받은 후 지체없 이 출연재산을 법인에 이전하고 3개월 내에 그 이전을 증명하는 금 융기관의 증명서(부동산등기부 등본으로 확인할 수 없는 경우로 한 정한다)를 재산이전보고서(전자문서로 된 보고서를 포함한다)에 첨 부하여 주무관청에 제출하여야 한다. 이 경우 주무관청은 「전자정부 법」 제36조제1항에 따른 행정정보의 공동이용을 통하여 부동산등기 부 등본을 확인하여야 한다."고 규정한다. 또한 동법 제9조는 "공익 법인은 민법 제49조 내지 제52조의 규정에 의하여 법인설립등기 등 을 한 때에는 등기를 완료한 날로부터 7일 이내에 등기보고서를 주 무관청에 제출하여야 한다. 이 경우 주무관청은 「전자정부법」 제36 조제1항에 따른 행정정보의 공동이용을 통하여 법인 등기사항증명 서를 확인하여야 한다."고 한다.[75]

4. 조세의 감면

공익법인은 세법상의 다양한 세제혜택을 받을 수 있다. 공익법인 법 제15조에 따르면, 공익법인에 출연하거나 기부한 재산에 대한 상 속세·증여세·소득세·법인세 및 지방세는 「조세특례제한법」으로 정 하는 바에 따라 감면할 수 있다. 먼저 공익법인은 상속세 및 증여세 법(이하 상증법)의 '공익법인등'(동법 시행령 제12조 제5호)으로서 동

---

75) 각 주무부처 규칙에 따라 달리 규정하기도 한다. 예컨대 교육부의 경우, 재 산이전 보고를 1월 내에 하여야 하고, 법인설립등기의 보고는 10일 이내로 정하고 있다. 교육부 소관 비영리법인의 설립 및 감독에 관한 규칙 제5조.

법 제16조 제1항에 따라 "상속재산 중 피상속인이나 상속인이 종교·
자선·학술 또는 그 밖의 공익을 목적으로 하는 사업을 하는 자(이하
'공익법인등'이라 한다)에게 출연한 재산의 가액으로서 제67조에 따
른 신고기한(상속받은 재산을 출연하여 공익법인등을 설립하는 경
우로서 부득이한 사유가 있는 경우에는 그 사유가 없어진 날이 속하
는 달의 말일부터 6개월까지를 말한다) 이내에 출연한 재산의 가액
은 상속세 과세가액에 산입하지 아니한다."[76] 마찬가지로 '공익법인
등'이 출연 받은 재산의 가액은 증여세 과세가액에 산입하지 않는다
(동법 제48조 제1항). 그러나 상증법인 공익법인 등이 공익사업을 빙
자하여 조세회피나 변칙적인 부의 증식수단으로 악용되는 것을 방
지하기 위해 여러 가지 엄격한 조건을 부가하고 있다. 가령 공익법
인이 지주회사화 함으로써 상속·증여세의 부담 없이 계열회사를 지
배하는 것을 막고 있으며,[77] 또한 공익법인 출연을 통해 상속세를 회
피한 뒤, 상속인이나 특수관계자가 공익법인으로부터 이익을 받는다
면 상속세를 부과하고,[78] 공익법인에 재산을 증여한 사람이 그 법인

---

76) 이 규정의 취지는 공익사업은 국가나 지방재정을 대신하는 것으로 이를
   장려·촉진하는 의미에서 그 출연재산을 과세가액에서 불산입하도록 한 것
   이다. 공익사업에의 출연재산에 대하여 그 범위에 제한 없이 과세 가액에
   산입하지 않는 것은 소득세법이나 법인세법에서 공익사업에의 기부금을
   일정한 한도 내에서만 손금불산입하는 것과 대비된다. 임승순, 조세법, 박
   영사, 2014, 811면; 상증법상의 공익법인 등의 범위는 법인세법이나 소득세
   법 상 지정기부금 단체보다 넓으며, 법인세법이나 소득세법의 지정기부금
   과는 달리 공익 출연재산에 대하여 한도 없이 전액을 과세가액에서 공제
   한다. 이창희, 세법강의, 박영사, 2014, 1071면.
77) 공익사업을 영위하는 자에게 내국법인의 주식 또는 출자지분을 출연하는
   경우, 출연하는 주식 등과 출연당시의 주식이나 그의 특수관계자의 주식
   등을 합하여 내국법인의 의결권 있는 발행주식총수 또는 출자총액의 100
   분의 5(성실공익법인의 경우 100분의 10)를 초과하는 경우에는 그 초과액을
   상속세 과세가액에 산입한다(동법 제16조 제2항)고 하며, 또한 증여세 과세
   와 관련하여서도 이러한 제한을 두고 있다(동법 제48조 제1항 단서 참조).

에서 이득을 얻는 다면 공익법인에게서 증여세를 추징한다.[79] 공익
법인은 출연 받은 재산을 공익목적사업에 적절하게 사용하고 있는
지 등에 관하여 변호사, 공인회계사나 세무사로부터 확인을 받아 관
할세무서장에게 보고하여야 한다.[80]

공익법인은 비영리법인으로서 법인세법상의 혜택을 받을 수 있
다.[81] 비영리법인은 일반영리법인의 경우처럼 모든 소득을 과세대상
으로 하는 것이 아니라, 법인세법 제3조 및 동법 시행령 제2조에 열
거하는 수익사업으로부터 발생한 소득 및 수입에 대해서만 과세하
고 있다.[82] 과세대상의 소득이라고 하여도, 비영리법인이 각 사업연

---

78) 동법 제16조 제3항은 "제1항에 따라 상속세 과세가액에 산입하지 아니한
재산과 그 재산에서 생기는 이익의 전부 또는 일부가 상속인 및 그의 특수
관계인에게 귀속되는 경우에는 대통령령으로 정하는 가액을 상속인 및 그
의 특수관계인이 상속받은 것으로 보아 상속세 과세가액에 산입하여 즉시
상속세를 부과한다."고 규정한다.

79) 동법 제48조 제2항; 판례는 "상증세법 제48조가 규정한 공익법인 등이 출연
받은 재산에 대한 증여세 과세가액 불산입제도의 입법 취지는 공익사업을
앞세우고 변칙적인 재산출연행위를 하여 탈세나 부의 증식수단으로 악용하
는 것을 방지하기 위하여 공익법인 등에 출연된 재산에 대하여는 공익법인
등이 해당 재산이나 그 운용소득을 출연목적에 사용할 것을 조건으로 증여
세 과세가액에 정책적으로 산입하지 아니하는 데 있다"고 한다. 대법원
2013.06.27. 선고 2011두12580 판결; 대법원 2010.5.27. 선고 2007두26711 판결.

80) 외부전문가에 의한 세무확인(동법 제50조), 전용계좌의 개설·사용의무(동
법 제50조의2), 결산서류 등의 공시의무(동법 제50조의3), 장부의 작성 및
비치의무(동법 제51조)를 규정하고 있다.

81) 자세한 것은, 2014 공익법인 세무안내, 18면에서 53면; 법인세의 납세의무
자는 사법상의 법인이다. 다만 법인격이 없는 사단·재단 기타 단체 중 당
연의제법인(국세기본법 제13조 제1항) 및 승인의제법인(동법 제13조 제2항)
을 포괄한다. 이태로·한만수, 박영사, 2014, 383면.

82) 비영리법인이 수익사업을 하는 경우, 자산·부채 및 손익을 해당 수익사업
에 속하는 것과 수익사업이 아닌 그 밖의 사업에 속하는 것을 각각 다른
회계로 구분하여 경리하여야 한다(동법 제113조 제1항). 비영리 내국법인

도에 그 법인의 고유목적사업이나 지정기부금('고유목적사업등')에 지출하기 위하여 준비금을 설정하여 손금산입하고 일정 기간 내에 이를 사용한다면, 그 부분에 대해서는 세금의 전부 또는 일부를 감면한다.[83]

한편 "종교, 자선, 학술, 구호, 그 밖의 공익을 목적으로 하는 단체가 공급하는 재화 또는 용역"에 대하여는 부가가치세를 면제한다(부가가치세법 제26조에 제1항 18호).[84] 여기서 부가가치세가 면제되는

_____

과 국내사업장을 가진 비영리 외국법인이 새로 수익사업을 개시한 때에는 개시일로부터 2월 이내에 소정의 서류를 갖추어 납세지 관할세무서장에게 신고하여야 한다(동법 제110조).

83) 동법 제29조 제1항; 고유목적사업준비금을 손금으로 계상한 사업연도의 종료일 이후 5년이 되는 날까지 고유목적사업등에 사용하지 아니한 경우(동조 제3항 제4호), 고유목적사업준비금을 손금으로 계상한 사업연도의 종료일 이후 5년 이내에 고유목적사업준비금의 잔액 중 일부를 환입하여 익금으로 계상한 경우(동조 제3항 제5호), 대통령령으로 정하는 바에 따라 계산한 이자 상당액을 해당 사업연도의 법인세에 가산하여 납부하여야 한다(동조 제4항).

84) 부가가치세법 시행령(대통령령 제26071호) 제45조는 이를 구체화하고 있는데, 이에 따르면, "제45조(종교, 자선, 학술, 구호 등의 공익 목적 단체가 공급하는 재화 또는 용역으로서 면세하는 것의 범위) 법 제26조제1항 제18호에 따른 종교, 자선, 학술, 구호(救護), 그 밖의 공익을 목적으로 하는 단체가 공급하는 재화 또는 용역은 다음 각 호의 재화 또는 용역으로 한다. 1. 주무관청의 허가 또는 인가를 받거나 주무관청에 등록된 단체로서 「상속세 및 증여세법 시행령」 제12조 각 호의 어느 하나에 따른 사업 또는 기획재정부령으로 정하는 사업을 하는 단체가 그 고유의 사업목적을 위하여 일시적으로 공급하거나 실비(實費) 또는 무상으로 공급하는 재화 또는 용역 2. 학술 및 기술 발전을 위하여 학술 및 기술의 연구와 발표를 주된 목적으로 하는 단체(이하 "학술등 연구단체"라 한다)가 그 연구와 관련하여 실비 또는 무상으로 공급하는 재화 또는 용역 3. 「문화재보호법」에 따른 지정문화재(지방문화재를 포함하며, 무형문화재는 제외한다)를 소유하거나 관리하고 있는 종교단체(주무관청에 등록된 종교단체로 한정한다)의

공익을 목적으로 하는 단체란 "사회일반의 복리증진을 그 고유의 직접목적으로 하는 단체"를 말하고, 특정 계층이나 지위 또는 일정한 자격을 가진 자나 특정 업종에 종사하는 자들만의 이익증진 내지 권리보호를 그 "고유의 목적"으로 하는 단체는 이에 해당하지 않는다.[85] 나아가 "종교의식, 자선, 구호, 그 밖의 공익을 목적으로 외국으로부터 종교단체·자선단체 또는 구호단체에 기증되는 재화의 수

경내지(境內地) 및 경내지 안의 건물과 공작물의 임대용역 4. 공익을 목적으로 기획재정부령으로 정하는 기숙사를 운영하는 자가 학생이나 근로자를 위하여 실비 또는 무상으로 공급하는 음식 및 숙박 용역 5.「저작권법」제105조 제1항에 따라 문화체육관광부장관의 허가를 받아 설립된 저작권위탁관리업자로서 기획재정부령으로 정하는 사업자가 저작권자를 위하여 실비 또는 무상으로 공급하는 신탁관리 용역 6.「법인세법」제24조 제2항 제4호 나목에 따른 비영리 교육재단이「초·중등교육법」제60조의2 제1항에 따른 외국인학교의 설립·경영 사업을 하는 자에게 제공하는 학교시설 이용 등 교육환경 개선과 관련된 용역"을 포함한다.

85) 대법원 1996. 6. 14. 선고 95누14428 판결. 따라서 음악저작권자의 권익을 보호하기 위하여 그 저작권의 신탁관리를 목적으로 설립된 음악저작권협회는 위 취지에 비추어 부가가치세법 제12조 제1항 제16호(현행 부가가치세법 제26조에 제1항 18호) 소정의 공익을 목적으로 하는 단체에 해당된다고 할 수 없다; 다만, 그 단체가 수행하는 '개별적인 업무'가 특정인을 상대로 하는지 불특정인을 상대로 하는지에 따라 판단할 것은 아니다. 대법원 1997.08.26. 선고 96누17769 판결; 농지개량조합연합회가 지방자치단체와 회원조합으로부터 실비상당의 수수료를 받고 환지조사설계 및 관급자재의 알선업무 등을 수행하는 용역의 공급은 농지개량이라는 공익을 목적으로 하는 농지개량조합연합회가 그 고유의 목적사업인 농지개량을 위하여 실비로 공급하는 것으로 부가가치세가 면제된다고 할 것이다. 대법원 1984.06.26. 선고 84누100 판결; 부가가치세가 면제되는 '학술연구단체 또는 기술연구단체가 학술연구 또는 기술연구와 관련하여 공급하는 용역'의 범위에는 새로운 학술 또는 기술을 개발하기 위한 새로운 이론·방법·공법 또는 공식 등의 연구용역뿐만 아니라, 기존의 학술연구나 기술연구 결과의 타당성을 검토하고 그 내용을 수정·보완하기 위한 연구용역 등도 포함되지만, 단순히 기존의 학술연구나 기술연구 결과를 응용 또는 이용하는 용역은 포함되지 않는다. 대법원 2012.12.13. 선고 2011두3913 판결.

입"에 대해서도 부가가치세가 면제된다(동법 제27조 제1항 제4호).

5. 설립허가의 취소

민법 제38조는 "법인이 목적 이외의 사업을 하거나 설립허가의 조건에 위반하거나 기타 공익을 해하는 행위를 한 때에는 주무관청은 그 허가를 취소할 수 있다."고 규정한다.[86] 공익법인법 제16조 제1항은 설립허가 취소의 사유를 상당히 폭넓게 인정하고 있는데, "1. 거짓이나 그 밖의 부정한 방법으로 설립허가를 받은 경우 2. 설립허가 조건을 위반한 경우 3. 목적 달성이 불가능하게 된 경우 4. 목적사업 외의 사업을 한 경우 5. 이 법 또는 이 법에 따른 명령이나 정관을 위반한 경우 6. 공익을 해치는 행위를 한 경우 7. 정당한 사유 없이 설립허가를 받은 날부터 6개월 이내에 목적사업을 시작하지 아니하거나 1년 이상 사업실적이 없을 때"에 이들 각 호의 어느 하나의 사유가 있다고 인정되는 때에는 설립허가를 한 주무관청은 그 공익법인에 대한 설립허가를 취소할 수 있다. 다만, 위 사유에 의한 설립허가의 취소는 다른 방법으로는 감독목적을 달성할 수 없거나 감독청이 시정을 명령한 후 1년이 지나도 이에 응하지 않은 경우에 한다고 하며(동조 제2항), 또한 주무관청이 설립허가를 취소하고자 하는 경

---

86) 민법 제38조는 법인이 「공익을 해하는 행위를 한 때」를, 비영리법인(공익법인)의 설립허가를 취소할 수 있는 사유의 하나로 규정하였으나, 원래 법인은, 목적의 범위 내에서만 존립할 수 있는 것이고, 법인의 행위란 그 기관의 행위를 이르는 것이니 만큼, 주무관청의 허가에 의하여 설립되는 비영리법인의 이사 기타 기관은, 그 본질상 공익을 해하는 행위를 할 수 없을 것이므로, 위 규정은 법인이 설립될 당시에는, 그가 목적하는 사업도 공익을 해하는 것은 아니었으나, 그 후의 사정변동에 의하여 그것이 공익을 해하는 것으로 되었을 경우에, 대처하기 위한 것이라고 해석된다. 대법원 1966.06.21. 선고 66누21 판결; 대법원 2014.1.23. 선고 2011두25012 판결.

우, 청문을 하여야 한다고(동법 제16조의2) 규정하여 시정이나 청문의 기회를 부여하고 있다.

설립허가의 취소요건과 관련하여 대법원은 이를 가급적 엄격하게 해석하는 태도를 보이는데, 가령 민법 제38조에 규정된 '공익을 해하는 행위를 한 때'는 '법인의 기관이 공익을 침해하는 행위를 하거나 그 사원총회가 그러한 결의를 한 경우를 의미'하며,[87] "민법 제38조에 정한 '공익을 해하는 행위'를 한 때에 해당된다고 하기 위해서는, 당해 법인의 목적사업 또는 존재 자체가 공익을 해한다고 인정되거나 당해 법인의 행위가 직접적이고도 구체적으로 공익을 침해하는 것이어야 하고, 목적사업의 내용, 행위의 태양 및 위법성의 정도, 공익 침해의 정도와 경위 등을 종합해 볼 때 당해 법인의 소멸을 명하는 것이 그 불법적인 공익 침해 상태를 제거하고 정당한 법질서를 회복하기 위한 제재수단으로서 긴요하게 요청되는 경우"이어야 한다.[88] 또한 동조에서 정하는 설립허가취소사유 중 하나인 '목적 이외의 사업'을 한 때란 "법인의 정관에 명시된 목적사업과 그 목적사업을 수행하는 데 직접 또는 간접으로 필요한 사업 이외의 사업을 한 때를 말하고, 이때 목적사업 수행에 필요한지는 행위자의 주관적·구체적 의사가 아닌 사업 자체의 객관적 성질에 따라 판단하여야 한다."고 판시하였다.[89] 그밖에도 목적달성의 불능이라는 사유의

---

87) 회장선거 및 운영을 둘러싼 회원 사이의 다툼은 설립허가의 취소사유 및 해산명령 사유가 되지 않는다고 한다. 대법원 1982.10.26. 선고 81누363 판결; 같은 취지, 대법원 2014.1.23. 선고 2011두25012 판결; 비영리법인의 이사장 개인의 행위이었을 뿐, 원고의 기관으로서 한 행위라고는 볼 수 없어 (…) 비영리법인에게 공익을 해하는 행위가 있었다고 볼 수 없다는 사례(대법원 1966.06.21. 선고 66누21 판결)도 같은 맥락이라 볼 수 있다.
88) 대법원 2014.01.23. 선고 2011두25012 판결.
89) 대법원 2014.01.23. 선고 2011두25012 판결.

발생 자체만으로는 민법 제38조의 설립허가 취소 사유에 해당된다고
보기 어렵다고 하며,[90] 설립자의 위임을 받은 자가 설립목적의 범위
를 넓히거나 임원구성을 함부로 하는 등의 배임적인 행위를 하였다
고 하더라도 "이미 재산의 출연과 정당한 절차를 밟아 설립되어 활
동 중인 재단법인의 설립행위 자체를 무효로 할 사유가 될 수는 없
다"고 한다.[91] 이상과 같이 설립허가의 취소에 신중을 기하는 대법원
의 태도는 정당하다. 민법 제38조의 '공익을 해하는 행위'는 추상적
이고, 모호한 개념이고, '목적 이외의 사업'에 대한 판단도 주무관청
의 남용의 우려가 있으며, 나아가 정당한 절차에 의해 이미 설립되
어 활동 중인 법인의 설립을 주무관청의 일방적 취소로 무효로 하는
것은 법인의 존립을 지나치게 제약하는 것으로 입법 정책적 관점에
서 볼 때 심히 의문스러운 규정이다. 가급적 제한적으로 해석되어야
할 것이다.[92]

---

90) 대법원 1968.5.28. 선고 67누55 판결, 다만 법인 운영의 잘못으로 인한 재정
   위기로 설립목적달성이 불능하다면, 민법 제77조의 소정의 당연해산 사유
   로 될 수도 있다고 한다.

91) 대법원 1993.04.13. 선고 91다29064 판결.

92) 개정 이전의 독일민법 제43조는 권리능력의 박탈(Entziehung der Rechtsfähigkeit)
   을 규정하고 있는데, 그 요건 사유가 우리 민법의 경우와 매우 흡사하다.
   이에 따르면 "① 사단이 법률에 반하는 사원총회결의 또는 이사회의 법률
   에 반하는 행위에 의해서 공공복리를 위태롭게 한 경우에는, 권리능력이
   박탈될 수 있다. ② 정관에 의해 영리사업을 목적으로 하지 않는 사단이
   그러한 목적을 추구하는 경우, 권리능력이 박탈될 수 있다. ③ 삭제 ④ 권
   리능력이 허가에 의해 취득되는 사단이 정관에 정해진 목적과 다른 목적
   을 추구한 경우, 권리능력이 박탈될 수 있다"; 동 조 제1항의 공공법리의
   위협이라는 모호한 개념은 사단법인의 행위에 대한 국가정치적 규제를 가
   능하게 하는 것이 본래의 주목적이라고 한다. Soergel/Hadding, § 43, Rn. 3;
   동 조 제1항은 법체계적으로 볼 때, 실패한 것이다. 이는 사적이 아닌 공적
   인 사단법이 민법에 삽입된 규정으로 삭제되어야 한다. 공공복리의 위협
   의 경우에서 권리능력이 박탈은 부적절하다. 동조 제2항의 제재의 방법도
   적절하지 않은데, 등기에 의해서 과도한 권리능력을 취득했다면, 행정행위

설립허가의 취소는 허가 자체에 위법이 있음으로 말미암아 허가가 취소되는 경우와는 구분되는 것으로서, 그 법적 성격은 "장래에 대하여서만 효력발생케 하는 행정처분"이다.[93] 설립허가가 취소되는 경우, 공익법인의 운명은 어떻게 되는가? 공익법인법에는 이에 관한 명문의 규정이 없으므로 민법에 의해서 처리할 수 있을 것이다. 민법 제77조는 비영리법인의 해산사유로써, 법인의 '설립허가의 취소'를 포함하고 있다.[94] 판례도 "법인 설립허가취소는 법인을 해산하여 결국 법인격을 소멸하게 하는 제재처분"[95]이라고 하여 설립허가취소를 법인의 해산과 연결시키고 있다. 그런데 설립허가가 취소되면, 사단법인 자체가 소멸하는 것인지, 아니면 법인격만이 상실되는 것인지 그리고 해산된 법인은 필연적으로 청산절차로 이행되어야 하

에 의해서 권리능력을 박탈하는 것이 아니라, 사단등기부에서의 말소를 통해서 이를 상실하게 했어야 한다. Karsten Schmidt, S. 723; 동 규정은 2009년 독일사단법인법의 개정을 통해 구법의 제4항만(공적인 허가를 얻어서 권리능력을 취득하는 영리사단의 경우에 해당한다)을 제외하고 모두 삭제되었다; 개정 입법자의 의사에 따르면, 권리능력의 박탈은 사단법인에 의해서 공공복리의 위협을 실효적으로 저지하기 위한 적절한 수단이 아니라고 한다. 권리능력의 박탈 이후에도 사단의 구성원이 권리능력 없는 사단으로서 사단을 계속 운영한다면, 공공복리를 위태롭게 하는 행위를 계속할 수 있다. 구성원의 의사에 반하여 사단법인의 공공복리를 위태롭게 하는 행동을 단지 공공사단법의 수단을 통해서만 유효하게 중단될 수 있다. 행정관청은 비영리사단법인이 허용되지 않는 영리적 행위를 한 때에만, 권리능력을 박탈할 수 있다. 영리사단에서는 정관에 정하여진 목적 외에 다른 목적을 수행한 경우에만 권리능력의 박탈이 가능하다. BT-Drs.16/12813, S. 11.

93) 대법원 1968.5.28. 선고 67누55 판결; 장래에 대해서만 효력이 발생한다. 홍일표 집필부분, 위의 책, 609면; 정환담 집필부분, 위의 책, 644면, 778면.

94) 민법 제77조는 비영리해산사유로써, ① 존립기간의 만료 ② 목적의 달성 또는 달성의 불능 ③ 정관에 정한 해산사유의 발생 ④ 파산 ⑤ '설립허가의 취소'(이상의 사유는 동조 제1항) 및 ⑥ 사단법인의 특유한 해산사유로써, 사원의 부재 및 총회의 결의(동조 제2항)를 규정하고 있다.

95) 대법원 2014.01.23. 선고 2011두25012 판결.

는가라는 문제도 제기된다. 우리의 학설은 설립허가가 취소된 공익
법인은 해산되어 청산절차에 들어간다고 한다.[96] 한편 독일의 경우,
권리능력의 박탈에 있어서는(독일민법 제43조) 사단의 존재가 전적
으로 종지되는 것이 아니라, 단지 법인격의 존속이 중지된다는 것,
즉 권리능력 없는 사단으로 변형된다는 것이 지배적인 입장이다.[97]
또한 법인의 해산으로 청산을 할 수 있으나 반드시 청산절차로 진행
되는 것은 아니며, 필요한 경우 청산의 목적범위 내에서 존속한다.[98]
우리 민법의 설립허가 취소 사유가 명확하지 않아 남용의 우려가 있
다는 점, 설립허가의 취소가 사단의 활동을 현실적으로 저지하기 어
렵다는 점,[99] 해산과 관련이 없는 법인소멸 사유가 해산에 포괄적 획
일적으로 규정되어 있다는 점,[100] 해산 이후에도 청산의 목적 범위 내
에서 법인이 존속한다는 민법 제81조의 체계적 해석 등을 종합적으로
고려할 때 이러한 해석 방향은 전향적으로 검토되어야 할 것이다.

---

96) 홍일표 집필부분, 위의 책, 609면; 정환담 집필부분, 위의 책, 644면, 해당
   법인은 청산법인으로서 청산목적의 범위 내에서 존속하게 된다. 위의 책,
   778면.
97) MünchKomm/Reuter, § 41, Rn. 1, 3; Soergel/Hadding, vor § 41, Rn. 1; 해산이
   없이는 청산도 없고, 권리능력의 상실은 사단법인의 해산과 곧바로 동일
   한 것이 아니다. 해산은 권리능력의 박탈로부터 간접적으로 발생하는 것
   이라고 한다. Karsten Schmidt, S. 725; 이와 관련한 국내의 상세한 문헌은
   송호영, 위의 책, 346면 이하.
98) MünchKomm/Reuter, § 41, Rn. 3; Soergel/Hadding, vor § 41, Rn. 4; Staudinger/
   Weick, § 41, Rn. 1, 20; 송호영, 위의 책, 346면.
99) 독일 사단법의 개정 이유도 이를 언급하고 있다; 권리능력이 없는 사단은
   소송법상 당사자능력이나 등기능력 등 각종의 특별법에 의해서 상당히
   넓은 범위의 능력이 인정되고 있다. 또한 설립허가의 취소 이후에도 여
   전히 공익목적의 활동을 수행할 경우, 법인세법의 법인으로는 보는 단체
   가 되어 일정한 세제 조치를 받을 수 있는가라는 의문이 제기된다.
100) 송호영, 위의 책, 346면.

V. 현행 공익법인법의 문제점 및 개선방향

1. 설립허가에서 설립인가로

공익법인법은 공익법인의 설립에 주무관청의 허가를 받도록 규정하고 있다. 현행 법규정의 해석상, 그리고 판례의 입장에 따르면 법인설립의 허가는 주무관청의 정책적 판단에 따른 재량으로서 불허가처분에 대하여는 이를 재판에 의해 다툴 수 없다.[101] 법인설립주의에 대한 제도적 설계방향이라는 차원에서 제언하자면, 궁극적으로는 비영리법인은 준칙주의에 입각하여 설립할 수 있도록 하는 것을 전제로[102] 공익법인 역시 준칙주의에 의한 설립이 가능하게 하되, 다만 민간이 참여하는 공익인정위원회를 통한 공익의 승인을 얻을 것을 필요적 요건으로 규율하는 방식이 개인적으로는 가장 이상적인 대안이라 생각한다.[103] 그러나 현재 입법예고된 민법의 법인편 개정의 핵심이 법인설립의 허가주의에서 인가주의로의 전환이며,[104] 나

---

101) 대법원 1979.12.26. 선고 79누248 판결; 대법원 1996.9.10. 선고 95누18437 판결 등.

102) 고상현, 위의 글, 126면.

103) 공익단체는 일정한 조세혜택이 부여되고, 자율적인 감시 장치가 부재하므로, 공적 규제의 개입이 필요할 수 있다. 제3영역에 대한 규제는 정부의 행정력을 동원하는 것보다 민간의 자발적이고 창의적인 문제해결의 방식이 바람직하다. 정부는 민간공익기관의 자발적 참여를 장려하고 세제혜택 등을 통해서 공익활동을 배후에서 지원하는 역할을 담당하는 것이 효율적일 것이다. 이중기, 위의 글, 484, 496면.

104) 법무부공고 제2014-135호(2014년 6월 14일); 민법 일부개정법률안과 관련한 주요 문헌은 김대정, 민법개정시안에서의 법인설립에 관한 입법주의의 전환, 법학논문집 제34집 제2호, 2010, 5면 이하; 윤철홍, 비영리법인의 설립요건에 관한 입법론적 검토, 민사법학 제50호, 2010, 3면 이하; 송호영, 민법상 법인편 개정의 주요 쟁점에 관한 고찰, 법학논고 제34집, 2010, 1면 이하; 권철, 민법의 관점에서 바라본 민법 개정안의 법인제도, 비교사법 제17권 4호, 2010, 37면 이하 등

아가 공익신탁법이 공익신탁의 인수에 법무부장관의 인가를 받아야 하는 것으로 규정한 점 등을 비교할 때,[105] 민사법제 상호간의 통일성과 공익의 증진이라는 공통된 입법목적을 고려한다면, 공익법인법 또한 그 설립방식에서 허가주의에서 인가주의로의 전환하는 것이 현실적인 대안이라 할 것이다.[106] 물론 공익법인의 경우, 법인설립에 의한 탈세 등의 폐해를 방지하기 위해서 좀 더 강화된 요건이나 엄격한 심사가 필요하고 따라서 기존의 허가주의를 유지하자는 반론도 가능할 것이다. 그러나 주무관청의 재량에 따르는 허가의 남용이 법인설립의 투명성을 저하시키고 오히려 부실한 공익법인의 설립을 가능하게 할 우려도 있다. 반면 법률에 의해 인가요건을 구체적이고 명확히 규정함으로써 법인설립의 건전성을 도모할 수 있다.[107] 한편

---

105) 공익신탁법은 2014년 2월 28일 국회 본회의를 통과하여 3월 18일에 공포, 2015년 3월 19일 시행되는 법률이다. 2010년 3월부터 법무부(상사법무과)에서 제정 작업을 시작하였다. 동법은 주무관청제를 폐지하고, 공익성을 심사하는 인가절차로 전환하였고, 공익인가위원회를 설치하였다.

106) 공익법인과 관련해서는, 민법의 비영리법인은 널리 법인격 취득을 인정하고, 기존의 공익법인법을 손질하여 공익인가를 통한 공익법인의 설립을 인정하자는 방안은 권철, 위의 글, 49면; 민법이 법인설립의 기본법으로써 제자리를 견고히 하기 위해서는 공익법인법을 민법전 안으로 수용하는 것이 바람직하다는 견해는 송호영, 위의 글, 40면; 허가주의의 폐지와 함께 공익단체의 설립법을 유연화할 필요가 있다. 공익목적사업의 영위 여부에 대해 법이 정한 공익성 인정기준에 따라 공익단체성을 인정하는 인가주의 내지 준칙주의로 전환하자는 입장은, 이중기, 위의 글, 491면.

107) 공익법인의 설립허가권은 주무관청이 갖고 있는데 실무상으로는 이 허가권을 하부기관에 위임시켜 운영하고 있다. 따라서 허가권을 가지고 있는 부서들이 각기 나뉘어 있고, 공익법인법 제3조의 문언의 불명확성으로 말미암아 행정기관에 의한 설립허가기준이 통일될 수 없다. 그 결과 유사 공익법인이 발생할 우려가 있으며, 행정기관의 자의적이고 독단적인 법집행이 발생할 소지가 있다. 설립허가 기준 자체가 '목적사업을 원활히 달성될 수 있다고 인정되는 경우'와 같이 애매모호하고 추상적이며, 허가권이 관청의 재량으로 해석되고 있기 때문에 남용의 위험성이 항상 내재

인가기관을 비영리법인의 경우와 같이 소관 주무관청으로 할 것인가 아니면 공익신탁에서처럼 획일적으로 통일할 것인가? 이에 대해서는 별도의 심도 깊은 고찰이 필요하겠으나, 인가 질차상의 일관성과 효율성을 확보하기 위해서, 적어도 설립신청 접수기관을 원칙적으로 일원화하고, 위 기관이 관련 주무관청이나 전문 민간기관의 의견을 청취하여 심사하는 것도 일종의 방편일 것이다.[108]

2. 공익성 인정 기준의 통일성

공익법인법의 적용을 받는 공익 목적은 사회 일반의 이익을 위한 학술 및 자선에 관한 목적에 한정된다. 사회 일반의 이익과 관련된 다른 공익 목적은 동법의 적용을 받지 않는다. 이 점은 공익신탁법 제2조 제1항이 14개의 사업을 공익범위에 포괄하고 있는 것과 비교해 볼 때, 그리고 국외의 여러 법제에 비추어 본다면 공익사업의 범위가 지극히 협소하다. 공익법인법의 규율 대상이 학술 및 자선이라는 전형적인 공익사업에만 머무르는 것이 아니라, 공익 일반을 위한 일반공익법인법으로 새롭게 재정립하여야 할 것이다.[109] 그렇다면

되어 있다고 한다. 공익법인의 폐단을 우려하여 사전적 통제로 일관하기보다는 가급적 공익법인의 설립은 자유롭게 하되 그 운영에서는 본래의 취지에 맞게 감독을 강화하는 방향으로 개선되어야 할 것이다. 윤철홍, 위의 책, 23-25면.

108) 우리와는 상황이 다르겠으나 일본의 경우, 내각총리대신 및 도도부현지사가 민간에 의한 공인인정등 위원회의 의견에 기하여 일반사단법인이나 일반재단법인의 공익성을 인정함과 동시에 인정을 받은 법인을 감독하는 제도를 만들어 내었다고 한다. 권철, 위의 글, 145면 이하; 최성경, 위의 글, 553면 이하; 우리 민법의 경우, 공익활동의 종류에 따라 공익단체의 규제기관이 다원화 되어 있으므로, 주무관청마다 다르게 적용될 여지가 있으며, 이 경우 규제의 형평성 내지 규제차익의 문제가 발생될 수 있다. 이중기, 위의 글, 490면.

공익성의 인정범위와 관련하여, 한정적 열거주의를 취할 것인가? 아니면 추상적 포괄주의를 취할 것인가? 공익사업을 구체적으로 열거하여, 공익사업의 내용을 명시적으로 제시하되 '그밖에 공익의 증진을 목적으로 하는 사업'이라는 내용을 포함하여 시대의 변화에 따르는 공익목적에 열려진 태도를 취하는 것이 타당할 것이다. 그리고 공익성 인정 기준을 명확히 할 필요가 있다. 독일이나 일본 등의 입법례에서 확인할 수 있듯이, 구체적인 공익기준을 설정함으로써 설립자로 하여금 공익성 인정 여부에 대한 예측가능성을 높여야 할 것이다. 한편, 공익성 심사에 대한 주무관청별 이해관계가 달라 일관성 있는 평가가 이루어지지 않는다는 문제도 있다. 따라서 주무관청과는 별도의 공익성 검증기관을 설치할 필요가 있다는 주장이 제기되고 있다.[110] 이와 관련하여 공익신탁법이나, 일본의 공익사단법인 및 공익재단법인의 인정 등에 관한 법률이 좋은 참조가 되리라 사료된다.

---

109) 다양한 공익영역을 포괄할 수 있는 공익법인 자체의 일반법으로서 공익법인법의 위상을 확보하도록 공익범주를 확대하여 규율하자는 의견은, 최성경, 위의 글, 567면 이하; 공익신탁법과 공익법인법이 규정한 공익성 인정기준을 통일함으로써 양 공익단체에 대한 규제차익을 제거할 수 있다. 공익범위는 광의로 정하는 것이 타당하므로 공익신탁법의 범위를 기준으로 통합하자는 의견은, 이중기, 위의 글, 409면.

110) 주무관청과 과세관청 기타 외부기관이 검증할 경우, 각각 관점과 이해를 달리하므로, 미국의 면세단체인증이나 일본의 공익법인 인증제도와 유사한 독립적 검증기관을 설치하자고 주장한다. 김진수·김태훈, 위의 글, 267면, 287면 이하; 같은 취지, 이중기, 위의 글, 410면 이하; 공익위원회 설치의 정당화와 관련해서 상세한 서술은, 이중기, 위의 글, 498면; 영국의 공익위원회와 같은 통일적이고 전문적인 독립기구의 신설, 김진우, 위의 글, 108면; 일본의 공익인정등 위원회가 우리의 공익법인제도가 공익법인법 규정의 간략함이나 불명확함으로 인하여 발생할 수 있는 권위적, 자의적 판단의 오류를 감소시킬 하나의 제안이 될 수 있다고 한다. 최성경, 위의 글, 566면.

3. 과도한 규제의 폐지

그밖에도 공익 법인 설립의 신청 요건이 지니치게 까다롭고 복잡하다. 공익 목적을 실현하고자 하는 다양한 요구에 대해 '공익사업을 쉽고 편리하게 할 수 있도록'(공익신탁법 제1조) 주무관청 및 관련 기관이 협력하는 방향으로 나아가야 할 것이다. 공익법인법의 개정 뿐만이 아니라, 공익법인을 수월하게 설립하기 위한 주무관청의 안내서나 지침서의 발간도 유익할 것이다. 민법 제38조 및 공익법인법 제16조의 설립허가의 취소에 관한 규정은 법인설립의 자유를 지나치게 제약하는 조항으로서 개정의 대상이 된다. 동 조의 목적 이외의 사업, 설립허가조건의 위반이나 공익을 해하는 행위에 대한 판단 기준이 명료하지 않아, 주무관청의 자의적 법인 통제의 수단으로 악용될 우려가 있기 때문이다. 또한 공익법인법 제16조 제1항의 사유도 지나치게 광범위하며, 무엇보다도 동 조항 각호의 열거된 사유 중 어느 하나라도 해당되면 설립허가를 취소할 수 있다고 규정한 점은 공익법인에 대한 과잉규제라는 비판을 면치 못할 것이다.[111]

---

111) 수개의 사업 중에 1개의 사업만이 목적을 달성할 수 없게 된 경우에도 동 조항에 의해서 공익법인의 설립을 취소하게 되어 부당하며 본래 민법상 일부무효이론은 일부의 무효에 의해 법률행위의 목적을 달성할 수 없는 경우에 한하므로, 일부사업에 의해 공익법인의 목적을 달성할 수 없는 경에 한해서만 설립 취소를 할 수 있다. 윤철홍, 위의 책, 23면 이하; 특히 공익법인법 제16조 제1항 제6호의 '공익을 해치는 행위'는 삭제하여야 할 것이라고 한다. 공익법인의 설립 당시 그 목적은 정관에 규정되어 있고, 운영은 정관에 따르게 되어 있으며, 나아가 공익의 범위가 너무 광범위하여 일반적인 모든 법률행위가 공익의 범주에 포함될 수 있다. 그 결과 이 조항으로 주무관청은 마음만 먹으면 공익법인의 설립을 언제든지 취소할 수 있다는 의미가 된다. 같은 책, 24면.

VI. 결론

이제까지 공익법인의 설립방법에 대하여 살펴보았다. 사회 일반의 이익을 증진시키고자 하는 소명을 가지고 독립적인 권리주체로서 탄생하기까지는 복잡하고 지난한 과정이 요구됨을 확인할 수 있었다. 한편 공익목적은 비조직적 신탁의 방법으로도, 공익법인에 비해 상대적으로 수월한 비영리법인의 형태로도 실현시킬 수 있다. 그리고 공익신탁이나 민법상 비영리법인 또는 공익목적인 법인 아닌 사단이나 재단의 경우에도 일정한 세제상의 감면 혜택을 누릴 수 있다. 그렇다면 설립 신청의 요건이 다른 공익실현 수단에 비해 상대적으로 까다롭고 복잡한 공익법인을 설립하고자 하는 이유는 무엇일까라는 의문도 제기된다. 공익법인법상의 공익법인은 고유목적사업에 대해서는 법인세가 면세되고, 공익법인 등에 상속·증여한 재산은 과세가액에 불산입되며, 또한 공익법인 등에 포함되는 지정기부금단체에 대해서는 기부금의 손금산입 특례가 적용됨으로서 보다 포괄적인 세제지원이 가능하다는 것이 매력적인 요인이 되겠으나, 법인격을 갖춘 조직의 형태로 독립적이고 지속적으로 공익목적 사업을 수행할 수 있다는 점, 설립허가 신청의 단계에서 엄격한 공익성의 심사를 받고 법률에 의한 특별한 감독과 통제로서 공익성의 유지가 확보된다는 점, 공익법인이 획득하는 사회적 표식이 선호된다는 점 등이 공익법인의 설립을 유인하는 궁극적인 계기라고 할 것이다.

참고문헌

〈단행본〉

고상룡, 민법총칙, 제3판, 법문사, 2003.

곽윤직 대표집필/이주흥, 홍일표 집필부분, 민법 주해(제1권), 총칙(1), 박영
　　　사, 1992.

곽윤직·김재형, 민법총칙, 제9판, 박영사, 2013.

김남진·김연태, 행정법(Ⅰ), 법문사, 2008.

김동희, 행정법(Ⅰ), 박영사, 2005.

김상용, 민법총칙, 화산미디어, 2009.

김진우, 최근 외국 법인법제의 입법동향, 법무부연구용역과제보고서, 2009.

김철용, 행정법(Ⅰ), 박영사, 2009.

백태승, 민법총칙, 제5판, 집현재, 2011.

송호영, 법인론, 신론사, 2013.

양창수, 부동산물권변동에 관한 판례의 동향, 민사판례연구(X), 박영사, 1988.

양창수·김재형, 민법(Ⅰ), 박영사, 2010.

양창수·김형석, 민법(Ⅲ), 박영사, 2012.

윤철홍, 민사특별법연구, 법원사, 2003.

이영준, 한국민법론(총칙편), 박영사, 2004.

이은영, 민법총칙, 제5판, 박영사, 2009.

이창희, 세법강의, 박영사, 2014.

이태로·한만수, 박영사, 2014.

임승순, 조세법, 박영사, 2014.

한국사법행정학회(정종휴 집필부분/정환담 집필부분), 주석 민법, 총칙(1), 한
　　　국사법행정학회, 2002.

〈논문〉

강태성, 법인에 관한 민법개정방향, 법조 제50권 제7호, 538호, 2001.

고상현, 독일민법 제84조와 우리 민법 제48조 제2항의 비교법적 고찰, 민사법학 제46호, 2009.

고상현, 민법상 비영리법인의 설립에서 인가주의와 준칙주의에 관한 시론, 서울대학교 법학 제51권 제2호, 2010.

고상현, 재단법인설립행위의 개념, 구조, 법적 성질, 민사법학 제50호, 2010.

고상현, 재단설립행위의 철회에 관한 소고, 비교사법 제16권 3호(통권46호)

권철, 민법의 관점에서 바라본 민법 개정안의 법인제도, 비교사법 제17권 4호, 2010.

권철, 일본의 새로운 비영리법인제도에 관한 소고, 비교사법 제14권 4호, 2007.

김교창, 민법총칙 중 법인에 관한 개정의견, 법조 제51권 제5호 제548호, 2002.

김대정, 민법개정시안에서의 법인설립에 관한 입법주의의 전환, 법학논문집 제34집 제2호, 2010.

김진수·김태훈, 공익법인에 대한 공익성 검증제도의 개선방안에 관한 연구, 세무학연구 제28권 제4호, 2011.

김진우, 공익신탁법리와 법정책적 제언, 비교사법 제8권 1호, 2001.

김진우, 비영리법인의 설립에 있어 허가주의에 관한 연혁적 고찰, 인권과 정의, 2008.

남효순, 프랑스법에서의 법인의 역사, 서울대학교 법학 제40권 3호, 1999.

박수곤, 프랑스법에서의 민사법인에 대한 규율, 경희법학 제45권 제1호, 2010.

배원기, 일본의 비영리법인(공익법인)제도의 개혁과 시사점, 한국비영리연구 제11권 제1호, 2012.

송호영, 민법상 법인편 개정의 주요 쟁점에 관한 고찰, 법학논고 제34집, 2010.

윤진수, 사법상의 단체와 헌법, 비교사법 제15권 4호, 2008.

윤철홍, 비영리법인설립에 관한 입법론적 고찰, 민사법학 제47호, 2009.

윤철홍, 비영리법인의 설립요건에 관한 입법론적 검토, 민사법학 제50호, 2010.

이중기, 공익단체의 공익성 인정기준 등의 다양성과 통합필요성, 홍익법학
    제15권 제2호, 2014.

이중기, 공익단체의 규제와 공익위원회의 설립, 홍익법학 제11권 제3호, 2010.

전경근, 의료법인의 설립과 해산, 법학연구 제13집 제3호, 2010.

정환담, 민사법인설립에 관한 비교법적 고찰, 비교사법 제5권 1호, 1998.

최성경, 일본의 공익법인제도 개혁, 민사법학 제41호, 2008.

최현태, 공익법인의 본질 재고를 통한 활성화에 대한 일고찰, 사회과학연구
    제15권 제2호, 2009.

Heise, Arnold: Grundriss eines Systems des Gemeinen Civilrechts zum Behuf von
    Pandecten-Vorlesungen, Nachdr. der 3. Aufl., Heidelberg 1819, Hildesheim
    u.a. 1989.

Historisch-kritischer Kommentar zum BGB, Band I Allgemeiner Teil §§ 1-240, Mohr
    Siebeck 2003.

Larenz, Karl/Wolf, Manfred: Allgemeiner Teil des Bürgerlichen Rechts, 9. Aufl. München
    2004.

Münchener Kommentar zum Bürgerlichen Gesetzbuch: Rebmann, Kurt/Säcker, Franz
    Jürgen (Hrsg.), Bd. 1 Allgemeiner Teil §§ 1-240, 4. Aufl., München 2001.

Pues, Lothar: Gemeinnützige Stiftungen im Zivil- und Steuerrecht, 3. Aufl. München
    2008.

Schmidt, Karsten: Gesellschaftsrecht, 4 Aufl. Köln, Berlin, Bonn, München 2002.

Sorgel, Hans Theodor: Kommentar zum Bürgerlichen Gesetzbuch mit Einführungsgesetz
    und Nebengesetzen, Bd. 1 §§ 1-103, Stuttgart u.a. 2002.

von Staudinger, Julius: Kommentar zum Bürgerlichen Gesetzbuch mit Einführungsgesetz
    und Nebengesetzen, Erstes Buch. Allgemeiner Teil §§ 21-103, 13.
    Bearbeitung, Berlin 1995.

Wallenhorst, Rolf/Halaczinsky, Raymond: Die Besteuerung gemeinnütziger Vereine,

Stiftungen und der juristischen Personen des öffentlichen Rechts, 6. Aufl. München 2009.

〈기타자료〉

공익법인의 설립·운영에 관한 법률안(수정안)심사보고서, 제94회 국회회의록 제20호 부록.

국세청, 2014년 국세통계연보, 2014.

보건복지부, 비영리사단·재단법인 업무편람, 2014.

서울시교육청, 공익법인 업무편람, 2009.

민의원법제사법위원회 민법안심의소위원회, 민법안심의록 상권, 1957.

공익법인의 조직과 운영

박수곤*

I. 들어가며

공익법인은 자선이나 장학사업 등 공익성을 갖는 비영리사업을 목적으로 한 법인으로서, 주로 「공익법인의 설립운영에 관한 법률」 (이하 '공익법인법'이라 칭함)에 의해 설립된 사단법인 또는 재단법인을 가리킨다. 동법 제1조에서는 공익법인을 '재단법인이나 사단법인으로서 사회 일반의 이익에 이바지하기 위하여 학자금·장학금 또는 연구비의 보조나 지급, 학술·자선에 관한 사업을 목적으로 하는 법인'으로 개념정의하고 있다.

그러나 공익법인에는 공익법인법에서 규정하는 법인 이외에도 기타 관련 특별법에 의해 설립된 법인이나 주무부처에 등록인가된 단체로서 공익성을 유지하며 학술·종교·자선·기예·사교, 기타 영리가 아닌 사업을 목적으로 하는 법인 등도 포함된다고 할 것이다. 그런데 이러한 공익법인들에 대해서는 그 목적의 공익성으로 인하여 각종의 세제혜택이 부여되는 한편(예컨대, 상속세법 제8조 등 참조), 법인의 조직 및 운영의 면에서는 상당한 규제가 수반되고 있다. 이하에서는 이러한 공익법인의 조직과 운영에 관한 공익법인법 및 관련 특별법의 규정내용을 개관하기로 한다.

---

* 경희대학교 법학전문대학원 부교수

II. 공익법인의 조직

1. 개설

공익법인의 경우에도 일반적인 법인과 마찬가지로 그 목적수행을 위하여 일정한 의사를 결정하고 그 의사에 의거하여 외부에 대해 행동하며, 내부의 사무를 처리하기 위해서는 일정한 조직이 필요하다. 그리고 이러한 조직을 이루는 것이 법인의 기관이다. 법인의 기관은 법인의 외부에서 법인과 대립하는 별개의 인격이 아니라 법인의 구성부분에 해당한다. 법인의 기관은 법인의 종류에 따라 다소 다르나 업무집행기관, 의사결정기관 및 감독기관의 3종류가 있다. 또한, 법인의 기관에는 반드시 두어야 하는 필수기관과 둘 수도 있고 두지 않을 수도 있는 임의기관이 있다.

업무집행기관은 이사로서 민법상 사단법인이나 재단법인 모두에 필수적으로 두어야 하는 기관이며, 공익법인법에 의한 공익법인의 경우에도 마찬가지이다(공익법인법 제5조 제1항).[1] 이사는 대내적으로는 법인의 사무를 집행하며, 대외적으로는 법인을 대표한다. 의사결정기관은 사단법인에만 인정되는 사원총회로서 사단법인의 필수적 기관이다. 사원이 없는 타율적 법인인 재단법인에는 의사결정기관이 없다. 그리고 이사의 감독기관은 감사로서, 민법상 법인의 경우에는 사단법인이든 재단법인이든 임의기관이지만, 공익법인법에 의한 공익법인의 경우에는 필수기관이다. 공익법인법에서는

---

1) 한편, 공익법인의 일종인 학교법인의 경우에는 사립학교법 제14조에서, 사회복지법인의 경우에는 사회복지사업법 제18조에서 각각 이사, 이사회 및 감사에 관한 규정을 두고 있다. 또 다른 한편, 비록 의료법에서는 의료법인의 임원과 이사회에 관하여 특별한 규정이 없으나 보건복지부에서 제시한 '의료법인 표준정관'에 따르면, 의료법인의 경우에도 이사와 감사를 두어야 한다(표준정관 제11조 참조).

이사회 또한 필수기관으로 규정하고 있다. 이하에서는 공익법인법상 공익법인에서의 필수기관인 이사, 이사회, 감사에 대해 먼저 살핀 뒤, 민법이 보충적으로 적용되는 영역인 사원총회 등에 대해서도 언급한다.

2. 이사

가. 의의

이사(Vorstandsmitglied)는 대외적으로 법인을 대표하고(대표기관), 대내적으로 법인의 업무를 집행하는(업무집행기관) 상설의 필수기관이다. 즉, 사단법인이든 재단법인이든 불문하고 모두 이사를 두어야 한다. 따라서 정관이나 사원총회 등의 결의로 이사를 두지 않는 것으로 할 수는 없다.[2] 다만, 이사의 존재여부가 법인의 성립 또는 존속요건은 아니며, 이사가 일시적으로 결원이 되더라도 법인이 권리능력을 상실하거나 해산되는 것은 아니다.[3] 즉, 집행기관인 이사가 없는 법인은 관념하기 어려우며, 사원총회나 이사 이외의 기관이 법인을 대표할 수 없다는 것이다. 민법상 법인의 경우, 이사의 수 및 임기에는 제한이 없으므로(민법 제58조 제2항), 정관에서 이를 임의로 정할 수 있으나, 공익법인의 경우에는 이하에서 살피는 바와 같이 이사의 수 이외에 그 자격에 있어서도 일정한 제한이 따른다.

---

2) 곽윤직 편집대표, 민법주해 제1권, 총칙(1), 박영사, 1992, 최기원 집필부분, 656면.
3) 박준서 편집대표, 주석 민법 총칙(1), 제3판, 한국사법행정학회, 1999, 주기동 집필부분, 57면.

나. 이사의 임면

(1) 선임행위의 법적 성질

이사 선임행위는 법인과 이사 사이의 위임계약에 유사한 계약이라고 이해함이 일반적이다.[4] 그리고 이 계약에 의하여 이사는 법인의 기관의 지위를 취득하게 된다. 다만, 때로는 이사의 선임행위가 묵시적으로 행하여진 것으로 인정하여야 할 때도 있다. 즉 법인대표자의 임기만료 후에 대표자의 개임(改任)이 없는 경우에는 법인의 대표자의 유임이나 중임을 금하는 정관의 규정이 없는 한, 그 대표자를 묵시적으로 다시 선임하였다고 해석되기도 한다.[5]

(2) 선임방법

이사의 임면방법은 정관의 필요적 기재사항이므로 정관에 의하여 정하여진다.[6] 다만, 민법상으로는 임원 특히 이사의 임면방법에 대해 침묵하고 있으므로, 누가 선임권을 행사할 것인지가 의문일 수 있는데, 사단법인의 경우에는 사원총회의 의결에 의해 그리고 재단법인의 경우에는 이사회의 결의에 의해 이사장이 이사를 위촉한다고 정관에 규정하는 것이 일반적이다.[7] 그러나 정관에서 이사의 선임기관을 달리 정한 경우에는 당연히 그에 따라야 할 것이며, 예컨대 감사를 선임권자로 정하거나 법인과 무관한 제3자를 이사의 선임

---

4) 박준서 편집대표, 위의 책, 687면; 곽윤직 편집대표, 위의 책, 659면. 우리 대법원도 "민법상 법인과 그 기관인 이사와의 관계는 위임자와 수임자의 법률관계와 같은 것"이라고 함으로써 마찬가지의 태도를 취한다고 할 수 있다(대법원 2007.06.15. 선고 2007다6291 판결 등 참조).
5) 대법원 1970.9.17. 선고 70다1256 판결 등 참조.
6) 민법 제40조 및 제43조, 공익법인법 제3조, 사립학교법 제10조, 사회복지사업법 제17조, 의료법인 표준정관 제12조 참조.
7) 박준서 편집대표, 위의 책, 689면; 곽윤직 편집대표, 위의 책, 659면.

기관으로 정관에서 정하였더라도 그에 따라야 한다. 다만, 이와 같이 너그럽게 선임권자의 범위를 이해할 경우, 법인의 특성이 무시되고 '제3자의 특별관리'를 허용하는 방식으로 선임권이 남용되는 폐해가 있을 수 있다.[8] 따라서 그와 같은 제도남용을 방지하기 위해서는 법인의 특성에 따라 선임권자를 제한할 필요도 있을 것이며, 공익법인의 경우에는 이와 같은 배려가 특별히 관철될 필요도 있다.

한편, 공익법인법 제3조에서도 이사의 임면방법이 정관의 기재사항이라는 점은 밝히고 있으나, 선임권을 누가 가지는지에 대해 구체적인 언급은 없다. 다만, 공익법인법 제5조 제2항에서는 공익법인의 임원은 주무관청의 승인을 얻어야 취임할 수 있는 것으로 하는 한편, 동법 시행령 제7조[9]에서는 임원취임의 승인신청을 위한 첨부서류로서 '임원의 선임을 결의한 총회 또는 이사회의 회의록 사본'을 요구하고 있다. 따라서 법령의 규정을 엄격히 해석할 경우, 공익사단법인의 경우에는 사원총회나 이사회, 공익재단법인의 경우에는 이사회에서 선임한 자를 주무관청의 승인을 얻어 이사로 삼을 수 있게 된다. 다만, 공익법인법에서는 후술하는 바와 같이 임원의 자격을

---

8) 곽윤직 편집대표, 위의 책, 659면에서는 "법인이 이사선임권 있는 제3자의 특수한 목적만을 위하여 이용되고 사원총회의 영향력은 사실상 배제하기 위한 경우"를 예시하고 있다.

9) 제7조(임원취임승인신청) ① 공익법인이 법 제5조제2항의 규정에 의하여 임원취임승인을 신청할 때에는 임원취임승인신청서(전자문서로 된 신청서를 포함한다)에 다음 각 호의 서류(전자문서를 포함한다)를 첨부하여 주무관청에 제출하여야 한다. 다만, 제3호 및 제5호의 서류는 주무관청이 보안상 필요하다고 인정하는 경우에 한하여 제출하고, 연임되는 임원에 대한 취임의 승인을 신청하는 경우에는 제2호·제3호·제5호 및 제7호의 서류는 이를 제출하지 아니한다. 1. 임원의 선임을 결의한 총회 또는 이사회의 회의록 사본 1부; 2. 이력서 1부; 3. 임원으로 취임하려는 사람의 가족관계기록사항에 관한 증명서; 4. 취임승낙서 1부; 5. 민간인 신원진술서 4부; 6. 삭제 〈2006.6.12.〉; 7. 제12조의 규정에 의한 당해 임원의 특수관계부존재각서.

제한하고 있음에도 불구하고, 이와 같이 또 다시 주무관청의 승인을 요구하는 것은 과도한 규제라는 비판도 있다.[10] 그러나 공익법인법의 이와 같은 태도는 임원의 선임권이 남용되는 상황을 예방하기 위한 조치로 이해할 수도 있을 것이다.

다른 한편, 사립학교법에서는 임원의 선임에 있어서 정관에서 정한 방법에 따라 이사회가 선임하는 것으로 규정하고 있다. 공익법인법과 마찬가지로 임원은 관할청의 승인을 얻어 취임하며, 임원의 인적 사항은 공개하여야 한다.[11] 다만, 공익법인법과 비교할 때의 특이사항은, 이사정수의 1/4에 해당하는 이사는 개방이사추천위원회에서 2배수 추천한 사람 중에서 선임하여야 한다는 것이다.[12] 아울러, 사립학교법 시행령 제7조의2에 의하면,[13] 개방이사추천위원회에서는

---

10) 윤철홍, 공익법인에 관한 소고, 숭실대학교 법학논총, 제10호, 1997, 22면 참조.
11) 사립학교법 제20조 제1항 및 제2항 참조.
12) 사립학교법 제14조 제2항.
13) 사립학교법 시행령 제7조의2(개방이사의 추천·선임 등) ① 법 제14조제3항에 따라 개방이사를 학교법인이 선임하고자 하는 때에는 선임사유가 발생한 날부터 15일(재직이사의 경우 임기만료 전 3개월) 안에 이사장이 법 제14조제4항에 따른 개방이사추천위원회(이하 "추천위원회"라 한다)에 추천을 요청하여야 한다. ② 제1항의 요청에 따라 추천위원회가 개방이사를 추천하는 때에는 해당 학교의 건학이념을 구현할 수 있는 자를 추천하여야 한다. ③ 추천위원회는 제1항에 따른 기간 안에 이사장이 개방이사의 추천을 요청하지 아니하는 경우에는 그 사실을 안 날부터 30일 안에 법 제14조제3항에 따른 추천을 할 수 있다. ④ 2 이상의 학교를 설치·경영하고 있는 학교법인의 경우에는 대학평의원회 또는 학교운영위원회가 협의하여 추천위원회를 공동으로 구성할 수 있다. ⑤ 개방이사의 자격요건은 일반이사의 자격요건을 고려하여 정관으로 정한다. ⑥ 법 제14조제4항 단서에서 "종교지도자 양성만을 목적으로 하는 대학 및 대학원 설치·경영 학교법인"이란 정관에서 그 설립목적과 해당 종교단체의 관계를 명확히 하고 있는 학교법인으로서 해당 종교단체에서 종교의식의 집행, 신도의 교육, 선교활동, 종교단체의 운영 등을 지도·담당하는 자의 양성만을 위하여 설립된

해당 학교의 건학이념을 구현할 수 있는 자를 추천하여야 하는 것으로 규정하고 있는데, 이는 위에서 언급한 바와 같이 임원의 선임에 있어서 법인의 특성이 무시되어서는 안 된다는 취지에 부합하는 조치로 평가할 수 있을 것이다. 또 다른 한편, 사회복지사업법에서도 임원의 선임에 관한 사항은 정관에 위임하는 한편 선임권에 대해서는 구체적인 언급을 하고 있지 않으나, 동법 시행규칙 제10조에서는 임원의 임면보고시 첨부서류로서 '당해 임원의 선임 또는 해임을 결의한 이사회 회의록 사본'을 요구하고 있다. 따라서 임원의 임면권은 이사회에 있다고 할 수 있다. 또한 사회복지사업법에 의하면, 사회복지법인의 이사의 선임에 있어서도 이사 정수의 1/3에 해당하는 이사는 사회복지위원회나 지역사회복지협의체에서 2배수로 추천한 사람 중에서 선임하여야 한다. 다만, 임원의 임면이 있는 경우 공익법인법이나 사립학교법에서의 태도와는 달리 이는 시·도지사의 승인사항이 아니라 시·도지사에 대한 보고사항에 불과한 것으로 규정하고 있다.[14] 그러나 사회복지사업법 시행령에서 개방형이사 또는 추천이사의 선임과 관련하여서는 법인의 설립취지를 고려하여야 하는 것으로 규정하고 있는 점은[15] 사립학교법의 규정태도와 동일한 취지

대학 및 대학원을 설치·경영하는 학교법인을 말한다. ⑦ 교육부장관은 학교법인의 설립목적과 설치·경영하는 학교의 교육과정 등을 확인하여 제6항에 따른 학교법인을 고시한다. ⑧ 이 영에서 정하고 있는 사항 외에 개방이사의 추천, 선임방법 및 기준에 관하여 필요한 사항은 정관으로 정한다.

14) 사회복지사업법 제18조 제2항, 제5항 참조.

15) 사회복지사업법 시행령 제8조의2(이사 추천의 절차 등) ① 사회복지법인은 법 제18조제2항에 따라 이사의 추천을 받으려면 이사의 선임사유가 발생한 날부터 15일 이내에 같은 항 각 호의 어느 하나에 해당하는 기관에 법인의 설립 취지, 목적사업의 내용 및 이사가 갖추어야 할 사항 등에 관한 자료를 첨부하여 서면으로 이사의 추천을 요청하여야 한다. 다만, 선임사유가 이사의 임기만료인 경우에는 임기만료 3개월 전부터 추천을 요청할 수 있다. ② 제1항에 따라 이사의 추천 요청을 받은 기관은 특별한 사유가

로 이해할 수 있을 것이다. 끝으로, 의료법인 표준정관에서는 임원은 이사회에서 선임하고 그 결과를 시·도지사에 보고하여야 하는 것으로 규정하고 있다.[16]

없으면 그 요청을 받은 날부터 30일 이내에 해당 법인의 설립 목석을 고려하여 이사를 추천하여야 하며, 필요한 경우 이사의 추천 요청을 한 자로부터 의견을 들을 수 있다. ③ 제1항에 따라 이사의 추천 요청을 받은 기관은 시·도지사 또는 시장·군수·구청장에게 제2항에 따라 이사로 추천하려는 사람이 법 제19조에 따른 결격사유에 해당하는지 확인해 줄 것을 요청할 수 있다. 이 경우 이사로 추천하려는 사람의 동의를 받아야 한다. ④ 제3항에 따라 확인 요청을 받은 시·도지사 또는 시장·군수·구청장은 특별한 사유가 없으면 이에 따라야 한다.

16) 의료법인 표준정관 제12조 제1항 참조. 한편, 여기서 의료법인의 표준정관까지 살핀다고 하여 의료법인의 경우 이를 모두 공익법인이라는 것은 아니며, 특히 공익법인법상의 공익법인이라는 것도 아니다. 우리 법원도 "민법 제32조는 "학술, 종교, 자선, 기예, 사교 기타 영리 아닌 사업을 목적으로 하는 사단 또는 재단은 주무관청의 허가를 얻어 이를 법인으로 할 수 있다."고 규정하고 있고, 공익법인의 설립·운영에 관한 법률 제1조는 "이 법은 법인의 설립·운영 등에 관한 민법의 규정을 보완하여 법인으로 하여금 그 공익성을 유지하며 건전한 활동을 할 수 있도록 함을 목적으로 한다." 위 법 제2조는 "이 법은 재단법인이나 사단법인으로서 사회 일반의 이익에 이바지하기 위하여 학자금·장학금 또는 연구비의 보조나 지급, 학술, 자선에 관한 사업을 목적으로 하는 법인(이하 '공익법인'이라 한다)에 대하여 적용한다."고 규정하고 있으며, 위 법 시행령 제2조는 제1항과 제2항에서 법 제2조의 공익법인의 범위를 구체적으로 한정하고 있는바, 위 각 법률의 규정에 의하면 공익법인의 설립·운영에 관한 법률이 규제대상으로 하는 위 법 제2조 소정의 공익법인은 민법 제32조 소정의 비영리법인 중 순수한 학술, 자선 등 공익법인의 설립·운영에 관한 법률 시행령 제2조 제1항 각호 소정 사업을 목적으로 하는 법인이거나 주로 위와 같은 학술, 자선 등의 사업을 목적으로 하면서 그와 함께 부수적으로 그 이외의 사업을 함께 수행하는 법인만을 말하는 것이라 할 것이다. 그런데 기록에 의하면, 의료재단인 피고의 정관 제2조에는 "이 법인은 비영리 의료법인으로서 의료기관을 설치 운영하고 보건의료에 관한 연구 개발 등을 통하여 국민보건향상에 이바지함을 목적으로 한다."고 규정하고 있는 사실을 알 수 있고, 이에 의하면 피고는 의료기관의 설치·운영을 목적으로 하면서 그 목적

(3) 이사의 자격

이사가 될 수 있는 자격과 관련하여 자연인 이외에 법인이 이사가 될 수 있는지가 의문일 수 있다. 즉, 우리 법에서의 해석론에 의하면, 비영리법인의 경우에는 자연인만이 이사가 될 수 있다고 이해함이 일반적이다.[17] 다만, 자연인에 한하여 비영리법인에서의 이사능력을 인정하여야 한다는 이와 같은 이해의 태도에 대해, 우리 법률이 이사능력을 자연인에 국한시키고 있지 않으며, 또한 비교법적으로도 대륙법계 국가에서는 법인의 이사능력을 인정할 뿐만 아니라, 실제적으로도 법인이 기관구성원으로 역할을 수행함에 있어서 아무런 지장이 없다고 하면서, 법인의 이사능력을 인정할 필요가 있다는 견해도 있다.[18] 그러나 이 견해에서도, 법인이 다른 법인의 이사가 되는 경우에는 그 법인과 다른 법인 사이의 이해가 충돌할 수 있으므로, 이사가 될 법인을 신중하게 물색하여야 한다고 한다.[19] 아무튼, 최근의 민법개정에 의해 법인도 성년후견인 또는 한정후견인이 될 수 있는 상황에서(민법 제930조, 제959조의3), 법인의 이사능력을 명문으로 인정할 필요가 있을 것이다.

한편, 이사가 될 수 있는 구체적 자격에 대해서 민법 기타 특별법에서 특별한 규정을 두고 있지는 않다. 따라서 정관에서 특별한 규정이 없는 한, 사원이 아닌 자도 이사가 될 수 있으나, 대체로 사단법인의 경우에는 사원 중에서 이사를 선임한다는 취지의 정관이 다

등을 위하여 부수적으로 보건의료에 관한 연구 개발 등을 하는 비영리법인일 뿐 공익법인의 설립·운영에 관한 법률 제2조 소정의 공익법인에는 해당하지 않는다고 할 것이다."(대법원 2010.9.30. 선고 2010다43580 판결; 대법원 2012.4.13. 선고 2010다10160 판결)라고 함으로써 마찬가지의 태도를 취하는 것으로 평가할 수 있다.

17) 박준서 편집대표, 위의 책, 687면; 곽윤직 편집대표, 위의 책, 656면.
18) 이에 대해서는 특히, 김진우, 재단법인의 조직과 의사결정, 법조, 통권 674호, 2012, 102-103면 참조.
19) 김진우, 위의 글, 103면.

수라고 한다. 그러므로 이와 같은 경우에는 사원인 이사가 제명 또
는 그 이외의 사유로 사원자격을 상실하면 동시에 이사의 지위도 상
실한다고 보아야 한다.[20]

다른 한편, 공익법인의 경우에는 이사 및 임원의 자격에 일정한
제한이 뒤따른다. 우선, 제한능력자는 원칙적으로 임원이 될 수 없
다고 할 것이다. 비록, 관련법상으로는 민법 개정 이전의 행위무능
력자를 그대로 상정하고 있는 경우도 있으나,[21] 더 이상 행위무능력

---

20) 박준서, 위의 책, 687면.
21) 공익법인법 제5조 제6항에서는, ① 미성년자, ② 금치산자 또는 한정치산
자, ③ 파산선고를 받은 자로서 복권되지 아니한 자, ④ 금고 이상의 형을
받고 집행이 종료되거나 집행을 받지 아니하기로 확정된 후 3년이 지나지
아니한 자, ⑤ 제14조제2항에 따라 임원 취임승인이 취소된 후 2년이 지나
지 아니한 자는 임원결격자로 규정하고 있다. 한편, 사립학교법 제22조에
서도 유사한 규정을 두고 있다. 즉, 동조 제1항에서는 ① 국가공무원법 제
33조의 규정에 해당하는 자(1. 피성년후견인 또는 피한정후견인; 2. 파산선
고를 받고 복권되지 아니한 자; 3. 금고 이상의 실형을 선고받고 그 집행이
종료되거나 집행을 받지 아니하기로 확정된 후 5년이 지나지 아니한 자;
4. 금고 이상의 형을 선고받고 그 집행유예 기간이 끝난 날부터 2년이 지
나지 아니한 자; 5. 금고 이상의 형의 선고유예를 받은 경우에 그 선고유예
기간 중에 있는 자; 6. 법원의 판결 또는 다른 법률에 따라 자격이 상실되
거나 정지된 자; 6의 2. 공무원으로 재직기간 중 직무와 관련하여 「형법」
제355조 및 제356조에 규정된 죄를 범한 자로서 300만원 이상의 벌금형을
선고받고 그 형이 확정된 후 2년이 지나지 아니한 자; 7. 징계로 파면처분
을 받은 때부터 5년이 지나지 아니한 자; 8. 징계로 해임처분을 받은 때부
터 3년이 지나지 아니한 자) 이외에도 ② 동법 제20조의2의 규정에 의하여
임원취임의 승인이 취소된 자로서 5년이 경과하지 아니한 자, ③ 동법 제54
조의2의 규정에 의한 해임요구에 의하여 해임된 자로서 3년이 경과하지
아니한 자, ④ 동법 제61조의 규정에 따라 파면된 자로서 5년이 경과하지
아니한 자, ⑤ 4급 이상의 교육행정공무원 또는 4급 상당 이상의 교육공무
원으로 재직하다 퇴직한지 2년이 경과하지 아니한 자는 학교법인의 임원
이 될 수 없다고 규정하고 있다. 다른 한편, 사회복지사업법 제19조에서도
① 동법 제7조 제3항 각 호의 어느 하나에 해당하는 자(1. 미성년자; 2. 금
치산자 또는 한정치산자; 3. 파산선고를 받고 복권되지 아니한 사람; 4. 법

자 개념이 인정되지 않는 상황 하에서는 위와 같이 해석하는 것이 합목적적일 것이며, 종국적으로는 개정의 필요가 있다.[22] 그리고 관

원의 판결에 따라 자격이 상실되거나 정지된 사람; 5. 금고 이상의 실형을 선고받고 그 집행이 끝나거나(집행이 끝난 것으로 보는 경우를 포함한다) 집행이 면제된 날부터 3년이 지나지 아니한 사람; 6. 금고 이상의 형의 집행유예를 선고받고 그 유예기간 중에 있는 사람; 7. 제5호 및 제6호에도 불구하고 사회복지사업 또는 그 직무와 관련하여 「아동복지법」 제71조, 「보조금 관리에 관한 법률」 제40조부터 제42조까지 또는 「형법」 제28장·제40장(제360조는 제외한다)의 죄를 범하거나 이 법을 위반하여 다음 각 목의 어느 하나에 해당하는 사람 :가. 100만원 이상의 벌금형을 선고받고 그 형이 확정된 후 5년이 지나지 아니한 사람; 나. 형의 집행유예를 선고받고 그 형이 확정된 후 7년이 지나지 아니한 사람; 다. 징역형을 선고받고 그 집행이 끝나거나(집행이 끝난 것으로 보는 경우를 포함한다) 집행이 면제된 날부터 7년이 지나지 아니한 사람; 8. 제5호부터 제7호까지의 규정에도 불구하고 「성폭력범죄의 처벌 등에 관한 특례법」 제2조의 성폭력범죄(「성폭력범죄의 처벌 등에 관한 특례법」 제2조제1항제1호는 제외한다) 또는 「아동·청소년의 성보호에 관한 법률」 제2조제2호의 아동·청소년대상 성범죄를 저지른 사람으로서 형 또는 치료감호를 선고받고 확정된 후 그 형 또는 치료감호의 전부 또는 일부의 집행이 끝나거나(집행이 끝난 것으로 보는 경우를 포함한다) 집행이 유예·면제된 날부터 10년이 지나지 아니한 사람) 및 ② 동법 제22조에 따른 해임명령에 따라 해임된 날부터 5년이 지나지 아니한 사람 그리고 ③ 사회복지분야의 6급 이상 공무원으로 재직하다 퇴직한 지 2년이 경과하지 아니한 사람 중에서 퇴직 전 3년 동안 소속하였던 기초자치단체가 관할하는 법인의 임원이 되고자 하는 사람도 임원이 될 수 없다고 규정함으로써 이상의 특별법과 비교하여 유사한 태도를 취하고 있다. 끝으로, 의료법인 표준정관 제14조에서도 1. 미성년자, 2. 금치산자 또는 한정치산자, 3. 파산자로서 복권되지 아니한 자 그리고4. 금고 이상의 형을 받고 집행이 종료되거나 집행을 받지 아니하기로 확정된 후 3년이 경과되지 아니한 자는 임원이 될 수 없다고 규정하고 있다.

22) 사립학교법에서는 제한능력자가 학교법인의 임원이 될 수 없음을 규정하고 있다. 아무튼, 제한능력자의 경우에는 원칙적으로 행위능력이 있으므로, 공익법인의 임원이 될 수 있다는 주장도 가능할 수는 있다. 그러나 만약, 이러한 입장이라면, 관련법상의 규정은 사문화된 것으로 이해하여야 할 것이다.

련 특별법에서는 특히, '파산선고를 받은 자로서 복권되지 아니한 자'는 임원이 될 수 없는 것으로 규정하고 있다. 그런데 민법상으로도 파산은 위임의 종료사유가 되므로(민법 제690조) 파산선고를 받은 자의 이사선임은 복권이 되지 않는 한 인정될 수 없다는 이러한 태도는 충분히 수긍할 수 있다.[23] 다만, 일본에서는 "비영리법인에서는 이사의 법인 및 제3자에 대한 금전상의 책임은 주식회사에서만큼 중시되지 않는 것이 통상이고, 이사의 자력보다는 법인의 목적달성을 위한 사무집행능력이 이사의 자질로서 특히 중요하므로, 이사의 파산은 그 종임사유가 되지만 이사로 선임된 자가 그 후에 파산한 경우와 이미 파산한 자를 그 사실을 안 이후에 이사로 선임하는 경우와는 사정이 다르다."는 점을 들어 파산선고를 받았으나 복권되지 않았다고 하여 무조건 이사로 선임할 수 없는 것은 아니라는 취지의 설명도 있다.[24] 충분히 수긍할 수 있는 면이 있으며, 특히 파산으로 인하여 반드시 신뢰관계가 파괴된다고 볼 수 없는 경우도 있음을 상정할 경우에 그러하다고 할 것이다.[25]

다음으로, 법인의 다른 기관의 구성원이 이사로 될 수 있는지가 의문일 수 있다. 예컨대, 상법에서는 감사의 겸직금지에 대해 규정하면서 이사 또는 사용인의 직무를 겸하지 못하는 것으로 규정하고 있다(상법 제411조, 제570조 참조). 그리고 비록 민법에서는 이와 관련한 직접적인 규정이 존재하지 않으나, 직무의 성질상 비영리법인

---

23) 일반론으로서 파산자는 이사가 될 수 없다는 취지로는, 곽윤직, 위의 책, 658면.
24) 이에 대해서는, 박준서, 위의 책, 688면.
25) 특히 우리 대법원의 판결 중에는 비록 사안이 같은 것은 아니지만, 위임계약의 당사자가 수인인 경우에는 그 중 1인에게 파산 등의 사유가 있다고 하더라도 위임계약이 당연히 종료되는 것은 아니라고 한 경우가 있음을 고려할 때에도 그러하다고 할 것이다(대법원 2003. 1. 10. 선고 2002다11236 판결 참조).

의 감사는 이사가 될 수 없다고 이해함이 일반적이다.[26] 더 나아가, 입법론으로서 이사는 다른 기관의 구성원이 될 수 없으며, 다른 기관의 구성원도 이사가 될 수 없음을 민법상 명시하여야 한다는 주장도 있다.[27] 그러나 민법상으로도 감사는 이사의 업무집행을 감사하는 직무를 수행하는 것으로 규정하고 있으므로(민법 제67조 제2호), 직접적인 규정이 필요한지는 의문이다. 한편, 사립학교법 제23조에서는 임원의 겸직금지라는 표제 하에 이사와 감사 그리고 학교법인의 직원의 겸직가능성을 명시적으로 제한하고 있다.[28] 사회복지사업법 제21조에서도 마찬가지의 규정을 두고 있다.[29] 반면, 공익법인법에서는 이와 관련하여 직접적인 규정을 두고 있지 않다. 그러나 공익법인법에서도 민법에서와 마찬가지로 감사의 직무가 이사의 업무집행에 대한 감사라거나[30] 감사는 이사와 특수관계인이어서는 안 된다는 규정을 고려할 때,[31] 감사와 이사는 겸직할 수 없는 것으로 이해할 수 있다. 다만, 관련법 상호간의 논리정합성 및 학교법인이나 사회복지법인 또한 대표적인 공익법인의 하나임을 고려할 때, 공익법인법에서도 사립학교법이나 사회복지사업법의 태도를 반영하여

---

26) 곽윤직, 위의 책, 657면.
27) 김진우, 재단법인의 조직, 경희법학, 제48권 제1호, 2013, 67면.
28) 사립학교법 제23조(임원의 겸직금지) ① 이사장은 당해 학교법인이 설치·경영하는 사립학교의 장을 겸할 수 없다. 다만, 유치원만을 설치·경영하는 학교법인 이사장의 경우에는 당해 유치원장을 겸할 수 있다. ② 이사는 감사 또는 당해 학교법인이 설치·경영하는 사립학교의 교원 기타 직원을 겸할 수 없다. 다만, 학교의 장은 예외로 한다. ③ 감사는 이사장·이사 또는 학교법인의 직원(당해 학교법인이 설치·경영하는 사립학교의 교원 기타 직원을 포함한다)을 겸할 수 없다.
29) 사회복지사업법 제21조(임원의 겸직 금지) ① 이사는 법인이 설치한 사회복지시설의 장을 제외한 그 시설의 직원을 겸할 수 없다. ② 감사는 법인의 이사, 법인이 설치한 사회복지시설의 장 또는 그 직원을 겸할 수 없다.
30) 공익법인법 제10조 참조.
31) 공익법인법 제5조 제8항.

이사 등 임원의 겸직금지에 관한 사항을 명시할 필요가 있다고 할 것이다.

끝으로, 후술하는 바와 같이, 공익법인 관련 법령들에서는 이사나 이사회의 구성원 중 일정비율의 수의 이사는 내국인이어야 한다거나,[32] 특수한 경력의 소유자일 것을 요구한다거나,[33] 일정범위의 특수관계인은 일정비율을 넘어 이사회의 구성원이 될 수 없는 것으로 규정하고 있는데, 이 또한 이사의 자격을 제한하는 규정으로 이해할 수 있다.

(4) 이사의 정수

민법상으로는 이사의 수에 대해 특별히 규정을 하고 있지 않으므로, 1인 또는 수인이라도 무방하다. 그러나 일반적으로는 정관에서 최저수 또는 최고수의 제한을 두는 경우가 많으나, 민법상으로는 이사의 정수는 정관의 기재사항이 아니기에 민법상 비영리법인에 있어서는 이를 반드시 정관으로 정하여야 하는 것은 아니다.

반면, 공익법인법을 위시한 관련 특별법에서는 임원의 정수를 정관의 필요적 기재사항으로 하는 한편,[34] 이사의 수를 제한하고 있다. 즉, 공익법인법에서는 5인 이상 15인 이하의 이사를 두도록 하고 있다. 다만, 주무관청의 승인을 얻어 그 수를 증감할 수는 있는 것으로 하고 있다(동법 제5조 제1항). 한편, 공익법인의 일종인 학교법인의 경우에는 7인 이상의 이사를 두어야 하며 이사 정수 중 1/4에 해당하는 수의 이사에는 개방형 이사를 선임하여야 한다(사립학교법 제14

---

32) 공익법인법 제5조 제4항에서는 이사의 과반수는 대한민국 국민이어야 한다고 규정하고 있다. 사회복지사업법 제18조 제5항에서도 마찬가지로 규정하고 있다.
33) 특히, 사립학교법 제21조 제3항에서는 이사 중 적어도 1/3 이상은 교육경험이 3년 이상 있는 자이어야 한다고 규정하고 있는 것을 예로 들 수 있다.
34) 공익법인법 제3조 제1항 제6호, 사립학교법 제10조 제1항 제6호.

조 참조). 사회복지법인에 있어서는 임원의 정수가 정관의 필요적 기재사항은 아니나, 대표이사를 포함하여 7인 이상의 이사를 두어야 하며 이사 정수의 1/3 이상은 사회복지위원회 혹은 지역사회복지협의체에서 추천한 사람으로 선임하여야 한다.[35] 그리고 보건복지부에서 제시한 '의료법인 표준정관'에 의하면, 의료법인의 경우에도 5인 이상 15인 이내의 이사를 두어야 한다(표준정관 제11조 참조).

다른 한편, 이상에서 언급한 공익법인에 있어서는 임원의 결원이 있는 경우, 대체로 그 사유가 발생한 날로부터 2월 이내에 임원을 보충하여야 한다.[36]

(5) 이사의 임기

민법에서는 이사의 임기에 대해 특별한 규정이 없으나, 실제로는 거의 예외 없이 정관에서 이를 규정하고 있다. 따라서 정관에서 정한 임기가 만료됨으로써 이사는 퇴임한다. 다만, 정관에서 이와 관련하여 규정하고 있지 않으면 법인과 이사 사이의 위임 유사의 관계가 존속하는 한 이사의 지위도 존속한다고 이해할 수 있다.[37]

한편, 공익법인 관련 법령에서는 이사의 임기에 대해 명문의 규정을 두고 있다. 우선, 공익법인법에서는 이사의 임기를 정관으로 정하되 이사의 임기는 4년을 초과할 수 없는 것으로 하고 있다. 다만, 이사의 연임은 가능한 것으로 규정하고 있다.[38] 사립학교법에서는 이사장이나 이사의 임기는 정관으로 정하되, 이사의 임기는 5년을 초과할 수 없으나 중임할 수 있는 것으로 하고 있다.[39] 다만, 공익

---

35) 사회복지사업법 제18조 참조.
36) 공익법인법 제5조 제7항, 사립학교법 제24조, 사회복지사업법 제20조, 의료법인 표준정관 제12조 제4항.
37) 박준서, 위의 책, 691면.
38) 공익법인법 제5조 제3항.
39) 사립학교법 제20조 제3항.

법인법의 적용을 받는 공익법인의 임원이 연임하거나 사립학교법의
적용을 받는 학교법인의 임원이 중임하는 경우에도 각각 주무관청
에 승인을 얻어야 할 것이다.[40] 한편, 사회복지사업법에서는 이사의
임기는 3년으로 하고 연임할 수 있는 것으로 규정하고 있다.[41] 끝으
로, 의료법인 표준정관에서는 의료법인의 이사의 임기는 3년, 감사
의 임기는 2년으로 하되, 각각 연임할 수 있는 것으로 규정하고 있다
(표준정관 제13조). 그런데 이사가 임기 중에 퇴임을 함으로써 그에
대한 보충으로 새로운 이사가 선임된 경우의 이사의 임기에 관련하
여 법령상으로는 특별한 언급이 없다. 대체로 전임자의 잔여기간을
신임이사의 임기로 한다는 취지의 정관규정이 있는 것이 일반적이
나 그와 같은 규정이 없는 경우에도 마찬가지로 해석하는 것이 관례
라고 한다.[42]

다른 한편, 이사의 임기가 만료되었으나 후임이사의 선임이 지연
되고 있는 경우, 법인의 업무집행이 중지되는 것을 방지하기 위하여
임기가 만료된 이사도 민법의 위임에 관한 규정을 준용하여 급박한
사정이 있는 때에는 법인의 사무집행을 계속할 수 있는 것으로 이해
함이 일반적이다.[43] 우리 대법원도 "민법상 법인의 이사나 감사 전원
또는 그 일부의 임기가 만료되었음에도 불구하고 그 후임이사나 감
사의 선임이 없거나 또는 그 후임이사나 감사의 선임이 있었다고 하
더라도 그 선임결의가 무효이고, 임기가 만료되지 아니한 다른 이사
나 감사만으로는 정상적인 법인의 활동을 할 수 없는 경우, 임기가
만료된 구 이사나 감사로 하여금 법인의 업무를 수행하게 하는 것이

---

40) 공익법인법 시행령 제7조 제1항 참조.
41) 사회복지사업법 제18조 제4항.
42) 박준서, 위의 책, 691면; 곽윤직, 위의 책, 661면. 한편, 의료법인 표준정관에
    서는 "보선에 의하여 취임한 임원의 임기는 전임자의 잔임기간으로 한다."
    고 명시하고 있다.
43) 박준서, 위의 책, 691면; 곽윤직, 위의 책, 661면.

부적당하다고 인정할 만한 특별한 사정이 없는 한, 구 이사나 감사
는 후임이사나 감사가 선임될 때까지 종전의 직무를 수행할 수 있
다."[44]고 하는 한편, 다만 이와 같은 경우에도 "법인의 상태가 임기만
료된 이사에게 후임 이사 선임시까지 업무수행권을 인정할 필요가
있는 경우에 해당한다 하더라도, 임기만료된 이사의 업무수행권은
급박한 사정을 해소하기 위하여 퇴임이사로 하여금 업무를 수행하
게 할 필요가 있는지를 개별적·구체적으로 가려 인정할 수 있는 것
이지 퇴임이사라는 사정만으로 당연히 또 포괄적으로 부여되는 지
위는 아니므로, 그 임기만료된 이사에게 이사로서의 지위는 인정되
지 아니한다."[45]고 하고 있다. 아울러, "사임한 이사에게 직무수행권
을 인정하는 것은 그 사임한 이사가 아니고서는 법인이 정상적인 활
동을 중단할 수밖에 없는 급박한 사정이 있는 경우에 한정되는 것이
고, 아직 임기가 만료되지 않거나 사임하지 아니한 다른 이사들로써
정상적인 법인의 활동을 할 수 있는 경우에는 사임한 이사에게 직무
를 계속 행사하게 할 필요는 없다."고 하고 있다.[46] 이사의 임기가 만
료된 이후 후임이사가 선임될 때까지의 공백을 어떻게 메울 것인지
에 대한 이상과 같은 판례 법리는 공익법인에 그대로 적용될 수 있
을 것이다.

또 다른 한편, 민법에서는 이사가 없거나 결원이 있는 경우에 임
시이사를 선임할 수 있는 것으로 규정하고 있으며(민법 제63조), 이
경우 임시이사의 임기 또한 신임이사가 선임될 때까지로 이해함이
일반적이다.[47] 그런데 공익법인법에서는 임원의 결원이 있는 경우, 2

44) 대법원 1998.12.23. 선고 97다26142 판결, 대법원 2005. 3. 25. 선고 2004다65336
　　판결 등 참조.
45) 대법원 1996.12.10. 선고 96다37206 판결 등 참조.
46) 대법원 2003.01.10. 선고 2001다1171 판결 등 참조.
47) 박준서, 위의 책, 730면; 곽윤직, 위의 책, 693면.

월 이내에 보충할 것만을 명하고 있고 2개월 내에 보충이 되지 않을 경우에 어떻게 할 것인지에 대해서는 특별한 언급이 없다. 따라서 이 경우에는 위에서 언급한 판례법리에 의하여 해결함이 타당하다 고 할 수 있다. 다만, 입법론으로는 민법 제63조와 같은 규정이나 기타 특별법에서의 태도를 참조하여 보충할 필요도 있을 것이다. 예컨대, 사립학교법에서는 이사의 결원보충이 이루어지지 않는 경우 이해관계인의 청구 또는 관할청이 직권으로 임시이사를 선임할 수 있는 것으로 규정하는 한편, 임시이사의 직무범위에 대해서도 상세히 규정하고 있다.[48] 사회복지사업법에서도 같은 취지의 규정을 두고 있다.[49] 즉, 관련법 상호간의 논리정합성 및 학교법인이나 사회복지

---

48) 사립학교법 제25조(임시이사의 선임) ① 관할청은 다음 각 호의 어느 하나에 해당되는 경우에는 이해관계인의 청구 또는 직권으로 조정위원회의 심의를 거쳐 임시이사를 선임하여야 한다. 1. 학교법인이 이사의 결원보충을 하지 아니하여 학교법인의 정상적 운영이 어렵다고 판단될 때; 2. 제20조의2에 따라 학교법인의 임원취임 승인을 취소한 때. 다만, 제18조제1항에 따른 이사회 의결정족수를 초과하는 이사에 대하여 임원취임 승인이 취소된 때에 한한다; 3. 제25조의2의 규정에 의하여 임시이사를 해임한 때. ② 임시이사는 조속한 시일 내에 제1항의 규정에 의한 사유가 해소될 수 있도록 노력하여야 한다. ③ 임시이사는 제1항에 따른 사유가 해소될 때까지 재임하되, 임시이사의 임기는 선임된 날부터 3년을 초과할 수 없다. ④ 임시이사는 제20조의 규정에 의한 임원으로 선임될 수 없다. ⑤ 관할청은 임시이사가 선임된 법인에 대하여 이사회의 소집을 요구할 수 있다. ⑥ 임시이사가 선임된 학교법인 중 재정이 열악한 학교법인의 최소한의 이사회 운영경비 및 사무직원 인건비는 국가 또는 지방자치단체에서 지원할 수 있다.

49) 사회복지사업법 제22조의3(임시이사의 선임) ① 법인이 제20조에 따른 기간 내에 결원된 이사를 보충하지 아니하여 법인의 정상적인 운영이 어렵다고 판단되는 경우 시·도지사는 지체 없이 이해관계인의 청구 또는 직권으로 임시이사를 선임하여야 한다. ② 임시이사는 제1항에 따른 사유가 해소될 때까지 재임한다. ③ 시·도지사는 임시이사가 선임되었음에도 불구하고 해당 법인이 정당한 사유 없이 이사회 소집을 기피할 경우 이사회 소집을 권고할 수 있다. ④ 제1항에 따른 임시이사의 선임 등에 필요한 사항

법인 또한 대표적인 공익법인의 하나임을 고려할 때, 공익법인법에
서도 사립학교법이나 사회복지사업법에서의 임시이사제도를 반영
하는 것이 바람직할 것이다.

(6) 이사의 사임 및 해임

㈎ 이사의 사임

법인과 이사의 관계를 위임유사의 관계로 이해할 경우, 수임인인
이사는 언제든지 위임계약을 해지하고 사임할 수 있음이 민법상의
원칙이다(민법 제689조 제1항). 그리고 이러한 위임계약의 해지는 법
인에 대한 일방적 의사표시로 족하고, 특별히 법인의 승낙을 얻어야
하는 것은 아니다.[50] 사임의 의사표시의 상대방은 그 의사표시를 수
령할 수 있는 권한을 가진 기관(예컨대, 이사장 또는 회장과 같은 지
위에 있는 자)에게 하여야 한다.[51] 다만, 이사가 부득이한 사유 없이
법인에 있어서 불리한 시기에 사임하는 때에는 법인에 대한 손해배
상책임이 발생할 수는 있다(민법 제689조 제2항).[52] 그러나 민법상의

은 보건복지부령으로 정한다.

50) 대법원 2011.09.08. 선고 2009다31260 판결 : 법인의 이사를 사임하는 행위는
상대방 있는 단독행위라 할 것이어서 그 의사표시가 상대방에게 도달함과
동시에 그 효력을 발생하고 그 의사표시가 효력을 발생한 후에는 마음대
로 이를 철회할 수 없음이 원칙이나, 사임서 제시 당시 즉각적인 철회권유
로 사임서 제출을 미루거나, 대표자에게 사표의 처리를 일임하거나, 사임
서의 작성일자를 제출일 이후로 기재한 경우 등 사임의사가 즉각적이라고
볼 수 없는 특별한 사정이 있을 경우에는 별도의 사임서 제출이나 대표자
의 수리행위 등이 있어야 사임의 효력이 발생하고, 그 이전에 사임의사를
철회할 수 있다(대법원 2006. 6. 15. 선고 2004다10909 판결 등 참조).

51) 박준서, 위의 책, 693면; 곽윤직, 위의 책, 662면.

52) 대법원 2014.01.17. 자 2013마1801 결정 : 법인과 이사의 법률관계는 신뢰를
기초로 한 위임 유사의 관계이고, 위임계약은 원래 해지의 자유가 인정되
어 쌍방 누구나 정당한 이유 없이도 언제든지 해지할 수 있으며, 다만 불
리한 시기에 부득이한 사유 없이 해지한 경우에 한하여 상대방에게 그로

동 규정은 임의규정에 불과하므로, 당사자 사이의 특약 또는 정관 등에서 사임절차를 달리 정하고 있다면 그 유효성을 인정하여야 하며, 우리 판례도 마찬가지의 태도를 취하고 있다.[53] 공익법인 관련법령에서는 임원의 사임절차와 관련하여 특별한 규정을 두고 있지 않으므로, 여기서의 설명이 임원의 사임과 관련하여 그대로 적용될 수 있을 것이다.

한편, 이사가 사임하는 경우 이는 등기사항이나(민법 제52조), 사임의 효력은 등기를 한 때가 아니라 사임의 의사표시가 효력을 발생한 때이다. 다만, 사임의 등기가 있기 전까지는 사임의 의사표시가 있었음을 이유로 제3자에게 대항하지 못한다(민법 제54조). 이 경우, 사임의 의사표시가 있었다는 것에 대해 악의의 제3자에게도 대항할 수 없을 것인지에 대해서는 견해의 대립이 있을 수 있으나, 민법 제54조의 규정취지는 등기를 강제하기 위한 것이라고 할 수 있으므로 악의의 제3자에 대해서도 대항할 수 없는 것으로 이해함이 타당하다. 다른 한편, 민법 제54조에서는 설립등기 이외의 사항은 대항요건이라고 규정하고 있으나, 그렇다고 하여 등기된 사항에 대해 반드시 실체법상의 효력이 인정되는 것은 아니다.[54]

인한 손해배상책임을 질 뿐이다.

53) 대법원 2008.09.25. 선고 2007다17109 판결 : 법인이 정관에서 이사의 사임절차나 사임의 의사표시의 효력발생시기 등에 관하여 특별한 규정을 둔 경우에는 그에 따라야 하는바, 위와 같은 경우에는 이사의 사임의 의사표시가 법인의 대표자에게 도달하였다고 하더라도 그와 같은 사정만으로 곧바로 사임의 효력이 발생하는 것은 아니고 정관에서 정한 바에 따라 사임의 효력이 발생하는 것이므로, 이사가 사임의 의사표시를 하였더라도 정관에 따라 사임의 효력이 발생하기 전에는 그 사임의사를 자유롭게 철회할 수 있다.

54) 대법원 2000.01.28. 선고 98다26187 판결 : 민법 제54조 제1항에 의하면 설립등기 이외의 법인등기는 대항요건으로 규정되어 있으므로 이사 변경의 법인등기가 경료되었다고 하여 등기된 대로의 실체적 효력을 갖는 것은 아니다.

(내) 이사의 해임

민법상으로는 이사의 해임에 대해 특별한 규정을 두고 있지 않다. 따라서 학설상으로는 정관에서 특별히 정한 사항이 없다면, 위임에 관한 규정을 준용하여 상호해지의 자유를 인정하자는 견해와 법인의 계속성에 비추어 상호해지의 자유에 관한 규정을 유추적용할 수 없다는 견해의 대립이 있다.[55] 한편, 독일민법에서는 이사의 해임가능성을 정관에 의하여 해임되어야 할 중대한 사유가 있는 경우로 제한하고 있으며, 특히 그러한 사유로는 중대한 의무위반 또는 정상적인 사무집행이 불가능한 경우를 상정할 수 있다(독일민법 제27조 제2항 참조). 그런데 임원의 해임에 관한 임면권자의 권한 제한은 유럽의 다른 나라에서도 확인되는 사항으로서, 이들 법질서에서는 부당하게 해임된 기관구성원은 법원에 대해 그 해임의 무효 확인을 구할 수 있다.[56] 그리고 이는 해임권의 남용을 견제하기 위한 조치라고 할 수 있다.

그런데 이사 또는 임원의 해임사유와 관련하여, 공익법인법이나 사립학교법에서 특별한 규정을 두고 있지는 않다.[57] 다만, 유사한 취지의 규정으로서 공익법인법에서는 이사가 공익법인의 목적범위 외의 행위를 하거나 그 밖에 법령 또는 정관에 반하는 행위를 함으로

---

55) 이러한 견해의 대립에 대해서는, 박준서, 위의 책, 694면; 곽윤직, 위의 책, 663면 이하 참조.

56) 이에 대해서는, 김진우, 위의 글, 2013, 64면 참조.

57) 다만, 사립학교법에서는 임시이사의 해임에 관해서는 특별히 규정하고 있다. 즉, 동법 제25조의2(임시이사의 해임)에서는 관할청이 다음 각 호의 어느 하나에 해당하는 사유가 발생한 경우에 조정위원회의 심의를 거쳐 임시이사의 전부 또는 일부를 해임할 수 있다고 규정하고 있다. 구체적으로는, 1. 임시이사가 「국가공무원법」 제33조 각 호의 어느 하나에 해당하게 된 때; 2. 임시이사가 그 직무를 현저히 태만한 때; 3. 제20조의2제1항 각 호의 어느 하나에 해당하는 행위를 한 때를 예시하고 있으며, 이는 해당 임원에게 임원으로서의 결격사유 또는 직무해태의 경우로 요약할 수 있다.

써 공익법인에 현저한 손해를 발생하게 할 우려가 있는 경우에는 해당 이사의 직무집행정지를 법원에 청구할 수 있는 것으로 하고 있다.[58] 아울러, 주무관청은 일정한 법령위반사유 또는 법인의 목적달성에 장애를 초래하는 사유가 발생한 경우에는 시정요구절차를 거친 후, 이사의 취임승인을 취소할 수 있는 것으로 규정하고 있다.[59] 사립학교법에서는 이사에 국한하지 않고, 법령위반 또는 학교운영에 중대한 장애를 야기하는 임원에 대해서는 관할청이 시정요구절차를 거친 후,[60] 취임승인을 취소할 수 있는 것으로 규정하고 있다.[61] 반

---

58) 공익법인법 제10조 제3항 참조.

59) 공익법인법 제14조(감독) ② 주무 관청은 다음 각 호의 어느 하나에 해당하는 사유가 있으면 그 사유의 시정을 요구한 날부터 1개월이 지나도 이에 응하지 아니한 경우에 이사의 취임승인을 취소할 수 있다. 1. 이 법 또는 정관을 위반한 경우; 2. 임원 간의 분쟁, 회계부정, 재산의 부당한 손실, 현저한 부당행위 등으로 해당 공익법인의 설립목적을 달성하지 못할 우려를 발생시킨 경우; 3. 목적사업 외의 사업을 수행하거나 수행하려 한 경우.

60) 대법원 2014.09.04. 선고 2011두6431 판결 : 사립학교법 제20조의2 제2항에서 정한 시정요구는 사학의 자율성을 고려하여 관할청이 취임승인 취소사유를 발견하였더라도 바로 임원의 취임승인을 취소할 것이 아니라 일정한 기간을 주어 학교법인 스스로 이를 시정할 기회를 주고 학교법인이 이에 응하지 아니한 때에 한하여 취임승인을 취소한다는 취지이다. 따라서 시정이 가능한 사항에 대하여만 시정요구할 것을 전제로 하고 있다거나 시정이 불가능하여 시정요구가 무의미한 경우에는 임원취임승인취소처분을 할 수 없다고 해석할 수는 없다. 그리고 사립학교법 제20조의2에서 말하는 '시정요구에 응하지 아니한 경우'에는 관할청의 시정요구를 애초부터 거부한 경우뿐만 아니라 시정에 응한 결과가 관할청의 시정요구를 이행하였다고 보기에 미흡한 경우도 포함된다. 시정요구를 받은 학교법인이 시정에 응할 의사로 최선의 합리적인 조치를 다하였는지는 이를 객관적으로 판정하기 어려우며, 기본적으로 시정이 전혀 이루어지지 않았음에도 시정을 위한 최선의 노력을 하였다는 것만으로 '시정요구에 응하였다'고 보는 것은 문언 취지에도 맞지 않으므로, 그러한 사정은 임원취임승인취소의 재량 남용 여부를 판단할 때 참작될 수 있을 뿐이다.

61) 사립학교법 제20조의2 참조. 사립학교법 제20조의3에서는 임원취임의 승인취소를 위한 조사 또는 감사가 진행 중이거나, 관할청이 시정요구를 한

면, 사회복지사업법에서는 시·도지사가 임원을 해임할 수 있는 사유를 열거하고 있으며,[62] 대체로 법령을 위반하거나 직무수행상 현저한 불법행위가 있는 경우 등으로 요약할 수 있다.[63][64] 요컨대, 공익법인 관련법령에서는 임원에게 공익법인의 목적에 반하는 위법행위가 발견되지 않는 한, 임원의 해임이 제한되는 것으로 이해할 수 있다. 아울러 임원의 선임권자에게 반드시 해임권이 인정되는 것은 아니며, 그 형식은 비록 직무집행정지, 임원의 취임승인취소 또는 해임의 방식을 취하더라도 그 권한은 감독기관인 주무관청이나 관할청에 부여된 것으로 이해할 수 있다.[65]

경우로서 법인이나 학교운영에 중대한 손해가 발생할 우려가 있는 때에는 해당 임원의 직무집행을 정지시킬 수 있는 것으로 규정하고 있다.

[62] 사회복지사업법 제22조(임원의 해임명령) ① 시·도지사는 임원이 다음 각 호의 어느 하나에 해당할 때에는 법인에 그 임원의 해임을 명할 수 있다. 1. 시·도지사의 명령을 정당한 이유 없이 이행하지 아니하였을 때; 2. 회계부정이나 인권침해 등 현저한 불법행위 또는 그 밖의 부당행위 등이 발견되었을 때; 3. 법인의 업무에 관하여 시·도지사에게 보고할 사항에 대하여 고의로 보고를 지연하거나 거짓으로 보고를 하였을 때; 4. 제18조제2항·제3항 또는 제7항을 위반하여 선임된 사람; 5. 제21조를 위반한 사람; 6. 제22조의2에 따른 직무집행 정지명령을 이행하지 아니한 사람; 7. 그 밖에 이 법 또는 이 법에 따른 명령을 위반하였을 때. ② 제1항에 따른 해임명령은 시·도지사가 해당 법인에게 그 사유를 들어 시정을 요구한 날부터 15일이 경과하여도 이에 응하지 아니한 경우에 한한다. 다만, 시정을 요구하여도 시정할 수 없는 것이 명백하거나 회계부정, 횡령, 뇌물수수 등 비리의 정도가 중대한 경우에는 시정요구 없이 임원의 해임을 명할 수 있으며, 그 세부적 기준은 대통령령으로 정한다.

[63] 이 경우에도 해당 임원의 직무집행을 정지시킬 수 있다. 구체적인 내용에 대해서는 사회복지사업법 제22조의2 참조.

[64] 사회복지사업법 제22조의4에서는 임시이사의 해임사유에 대해서도 규정하고 있다. 구체적으로는 임원의 해임명령 사유에 덧붙여, 임시이사의 선임사유가 해소되거나, 임원결격사유가 발생한 경우, 임시이사의 직무해태로 인하여 법인의 정상화를 기대하기 어려운 경우를 들고 있다.

[65] 위와 같이 이해할 경우, 선임권 있는 기관에게 해임권은 인정되지 않는 상

(7) 등기

공익법인법 시행령 제9조에서는 민법 제49조 내지 제52조의 규정에 의한 법인설립등기 등이 있은 경우에는 등기를 완료한 날로부터 7일 이내에 등기보고서를 주무관청에 제출하도록 하고 있다. 사립학교법 제13조에서도 법인의 등기사항에 관한 민법규정을 준용하고 있다.[66] 사회복지사업법 제32조에서는 법인에 관한 사항 중 동법에서 정한 사항 이외에는 민법과 공익법인법의 규정을 준용하고 있다. 한편, 이사의 성명과 주소는 민법상 등기사항으로서(민법 제49조 참조), 이를 등기하지 않으면 이사의 선임·해임 등으로서 제3자에게 대항할 수 없다(민법 제54조).[67] 그리고 전술한 바와 같이, 이와 같은 등기는 대항요건이므로, 이사의 퇴임 및 해임에 관한 변경등기가 종료되기 전에 행하여진 이사의 직무행위에 대해서는 법인이 책임을 져야 한다. 따라서 이상과 같은 설명은 공익법인 관련법령의 규정취지를 고려할 때, 공익법인에도 그대로 적용될 수 있을 것이다.

다. 이사의 직무권한

민법상 비영리법인의 이사는 대외적으로 법인을 대표하고 대내

황이 초래된다는 점에서, 정관에 특별한 규정이 없는 한, 선임권자가 해임권한도 가진다는 일반적인 이해의 태도에 비추어 볼 때(박준서, 위의 책, 694면; 곽윤직, 위의 책, 664면 참조), 특이사항이라고 평가할 수 있다.

66) 특히, 사립학교법 제8조 제1항에서는 설립의 등기라는 표제 하에 민법 제49조 제2항의 내용 중 제9호(이사의 대표권제한)에 해당하는 사항을 제외하고는 이를 모두 등기사항으로 규정하는 한편, 동조 제2항에서는 그와 같은 사항이 등기되지 않은 경우에는 제3자에게 대항하지 못하는 것으로 규정하고 있다.

67) 법인 등의 등기사항에 관한 특례법 제2조에서는 법인 등의 임원의 등기에 있어서는 주민등록번호 또한 기재하도록 하고 있다. 다만, 대표권이 없는 임원의 등기에 있어서는 주소를 기재하지 않아도 된다.

적으로 업무를 집행한다. 또한, 이러한 직무를 집행함에 있어서 이사는 선량한 관리자의 주의로써 충실하게 수행할 의무를 진다(민법 제61조). 이사가 직무수행과 관련하여 이러한 선관주의 의무에 위반하면 이사는 법인에 대하여 채무불이행으로 인한 손해배상책임을 지게 되고, 이 경우에 이사가 수인 있는 때에는 모두 연대하여 손해배상을 하여야 한다(민법 제65조). 한편, 공익법인관련 법령에서는 이상과 같은 내용을 명시적으로 규정한 경우도 있고 그렇지 않은 경우도 있으나, 대체로 같은 취지로 이해할 수 있다.

(1) 법인의 대표

㈎ 대표권

민법에서는 이사는 원칙적으로 법인의 사무에 관하여 각자 법인을 대표하는 것으로 규정하고 있다(민법 제59조 제1항 본문). 대표하는 사무에는 제한이 없으며 법인의 행위능력에 속하는 모든 사항에 관하여 대표권을 가지는 것이 원칙이다. 그리고 이사의 법인대표는 단독대표를 원칙으로 한다. 따라서 공익법인에서와 같이 이사가 수인 있어도 각 이사는 단독으로 법인을 대표함이 원칙이다. 한편, 이사의 대표권과 관련하여서는 정관의 규정으로 이사 중에서 특정한 자를 선출하여 그로 하여금 이사장 또는 회장이라는 명칭으로 법인의 사무를 총괄하여 집행하고 법인을 대표하도록 하는 조직형태가 다수이다. 따라서 이러한 정관규정이 있는 경우에는 대표권이 주어진 이사외의 이사, 즉 평이사는 대표권을 갖지 않는다고 할 것이다.[68] 그런데 공익법인법에서는 이사 중에서 호선하여 이사장을 선임할 것을 규정하고 있으나 이사장은 이사회를 소집하고 이사회의 의장이 된다고만 규정하고 있으므로,[69] 정관에서 대표권에 관한 사

---

68) 박준서, 위의 책, 701면.
69) 공익법인법 제6조 제3항 및 제4항, 제8조 제1항 참조.

항을 특별히 정하지 않은 한,[70] 이사장만이 공익법인을 대표한다고 볼 수 있는지가 의문으로 남는다. 따라서 공익법인법에서 법인의 대표권에 대한 사항을 명문으로 규정할 필요가 있으며, 현재의 법상황 하에서는 정관에서 민법상 의미에서의 대표기관에 관한 사항을 규정할 필요가 있을 것이다. 반면, 사립학교법에서는 이사 중에서 정관에서 정하는 바에 따라 이사장을 선임하며(제14조 제2항), 이사장은 이사회를 소집하고 이사회의 의장이 된다고 규정하는 한편(제15조 제3항), 제19조에서는 "이사장은 학교법인을 대표하고 이 법과 정관에 규정된 직무를 행하며 기타 학교법인 내부의 사무를 통할한다."고 규정하고 있다. 따라서 다른 이사에게는 법인의 대표권이 인정되지 않는다고 할 것이다. 또한, 사회복지사업법에서는 법인에 대표이사를 두도록 하고 있으므로(제18조 제1항), 법인의 대표권은 대표이사에게만 인정된다고 할 것이다.

한편, 민법상 법인의 대표의 방식에 관하여는 대리에 관한 규정이 준용된다(민법 제59조 제2항). 그러므로 이사가 법인을 대표함에는 대리에 있어서와 같이 법인을 위한 것임을 표시하여야 한다(민법 제115조). 또한 표현대리, 무권대리에 관한 규정과 기타 자연인을 전제로 하는 규정 이외의 모든 대리에 관한 규정이 법인의 대표에 준용된다. 공익법인 관련법령에서는 이사의 대표행위의 방식에 관하여 특별한 규정을 두고 있지 않으므로,[71] 대표의 방식에 관한 이상과 같은 설명은 공익법인에도 그대로 적용될 수 있을 것이다.

  ㈔ 대표권의 제한 : 이사의 법인대표에는 다음과 같이 일정한 제

---

70) 공익법인법에서는 대표권에 관한 사항을 정관의 필요적 기재사항으로 하고 있다(동법 제3조 제1항 제7호).

71) 전술한 바와 같이, 사회복지사업법 제32조에서는 동법에서 규정하지 않은 사항에 대해서는 민법과 공익법인법이 준용될 수 있음을 명시하고 있다.

한이 가능하다.

1) 정관 등에 의한 제한

이사 중에서 특정한 사람에게만 대표권이 있다고 하거나, 공동으로 대표권을 행사하도록 하는 것, 대표행위 중 일정한 법률행위에 대해서는 사원총회나 이사회 등의 결의를 거치도록 하는 것이 대표권제한의 일반적인 모습이다.[72] 민법에서는 이러한 대표권의 제한과 관련하여 정관 또는 사단법인인 경우에는 그 외에 사원총회의 결의에 의하여 제한이 가능한 것으로 규정하고 있다(민법 제41조, 제59조 참조). 아무튼, 대표권의 제한은 정관에 기재하여야만 효력이 있으며(민법 제41조), 이를 등기하지 않으면 제3자에게 대항할 수 없다(민법 제60조). 한편, 공익법인법에서는 대표권에 관한 사항이 정관의 기재사항이라는 점은 밝히고 있지만,[73] 등기사항이 무엇인지에 대해서는

---

72) 대법원 1987.11.24. 선고 86다카2484 판결 : 사단법인의 대표자가 채무를 인수함에 있어 사원총회와 이사회의 결의를 따로이 거치도록 되어 있다면 이와 같은 총회나 이사회의 결의는 법인대표권에 대한 제한으로서 이러한 제한은 등기하지 않으면 제3자에게 대항할 수 없다.; 대법원 1992.02.14. 선고 91다24564 판결 : 재단법인의 대표자가 그 법인의 채무를 부담하는 계약을 함에 있어서 이사회의 결의를 거쳐 노회와 설립자의 승인을 얻고 주무관청의 인가를 받도록 정관에 규정되어 있다면 그와 같은 규정은 법인 대표권의 제한에 관한 규정으로서 이러한 제한은 등기하지 아니하면 제3자에게 대항할 수 없다. 대법원 2014.09.04. 선고 2011다51540 판결도 참조.

73) 물론, 이 경우 대표권에 대한 제한이라고 하는 것이 대표권의 유무 또는 행사방법에 대한 것인지, 아니면 대표권의 범위에 대한 것인지도 의문일 수 있다. 또한, 종래에도 우리 민법 제41조와 제59조 제1항의 관계에 대한 설명에 있어서도 유사한 문제제기가 있어 왔다. 그러나 민법 제41조는 대표권의 유무 또는 행사방법에 대한 제한을 상정하고 있는 것으로 해석함이 합목적적이라고 할 것이며(이에 대해서는, 곽윤직, 위의 책, 680면 이하 참조), 공익법인법에서의 대표권에 관한 사항도 이와 마찬가지로 이해함이 타당하다.

침묵하고 있으므로, 민법 일반론에 의해 관련 문제를 해결하면 족할
것이다.[74] 사회복지사업법에서는 대표권제한에 관하여 이를 정관의
기재사항으로 예시하고 있지 않으며, 대표권의 제한가능성 자체에
대해서도 언급하고 있지 않다. 따라서 민법 및 공익법인법을 준용하
도록 한 사회복지사업법 제32조에 의할 경우, 민법 일반론에 의해 문
제를 해결하여야 할 것이다.

　다른 한편, 이사의 포괄적인 대표권을 정관 또는 사단법인에 있
어서는 사원총회의 결의에 의해 제한하였으나 이사가 그 제한을 위
반하여 대표행위를 한 경우 그 효력이 문제될 수 있다. 특히, 제3자
의 보호문제가 제기된다. 그리고 민법 및 공익법인법의 태도를 종합
할 때, 대표권제한에 대한 사항이 등기되지 않은 경우 종국적으로
제3자에게 대항할 수 없게 될 것인데, 여기서의 제3자는 선의의 제3
자만을 의미하는지 아니면 악의의 제3자도 포함하는지에 관해서는
학설이 대립되고 있다.[75] 소수설은 제3자에는 선의자는 물론 악의자
도 포함되며, 따라서 악의자에게 대항하기 위해서도 이사의 대표권
에 대한 제한은 등기하여야 한다고 한다. 그 이유는 첫째로 이사의
대표권의 제한은 등기사항으로 규정하고 있는 이상(민법 제49조 제2
항 제9호) 그 등기를 강제하기 위해서, 둘째로 법인에 관한 다른 등
기사항을 선의·악의를 불문하고 제3자에 대한 대항요건으로 하고 있
는 것(민법 제54조)과의 균형을 위해서, 셋째로 법률관계를 간명하게
하기 위함에 있다고 한다. 반면, 다수설은 악의의 제3자를 보호할 이

---

74) 반면, 사립학교법 제8조에서는 81년의 개정에 의해 대표권제한에 관한 사
　항을 등기사항의 목록에서 제외하였다. 이는 동조 제2항에서 민법 제60조
　와 같은 취지의 규정을 두고 있는데, 이럴 경우 대표권제한에 대해 제3자
　에게 대항하지 못하게 됨으로 인하여 발생하는 문제를 회피하기 위한 태
　도로 이해할 수 있을 것이다.
75) 이와 같은 학설의 대립에 대해서는, 박준서, 위의 책, 715면 이하; 곽윤직,
　위의 책, 683면 이하 참조.

유가 없으므로, 이사의 대표권제한은 등기되어 있지 않더라도, 악의의 제3자에게는 대항할 수 있다고 해석한다. 우리 판례는 현재 소수설에 따라 대표권의 제한에 대해 이를 등기하지 않으면 악의의 제3자에게도 대항할 수 없다는 입장이다.[76)]

2) 이익상반의 경우

민법에서는 법인의 이익과 이사 개인의 이익이 상반되는 사항에 관하여는 그 이사는 대표권이 없으며,[77)] 이 경우에는 이해관계인 또는 검사의 청구에 의하여 법원이 선임한 임시이사가 특별대리인으로서 법인을 대표하는 것으로 하고 있다(민법 제64조). 따라서 이 경우 특별대리인은 당해 이익상반사항에 한해서만 법인을 대표할 수 있을 뿐이다. 그런데 이사가 여러 명이고 그 중의 일부 이사와 법인 사이에서만 이익이 상반되는 경우에는 다른 이사가 법인을 대표하

---

76) 대법원 1992.02.14. 선고 91다24564 판결 : 법인의 정관에 법인 대표권의 제한에 관한 규정이 있으나 그와 같은 취지가 등기되어 있지 않다면 법인은 그와 같은 정관의 규정에 대하여 선의냐 악의냐에 관계없이 제3자에 대하여 대항할 수 없다; 대법원 2014.09.04. 선고 2011다51540 판결 : 재건축조합에는 도시정비법 제27조에 의하여 민법 제60조가 준용되므로, 재건축조합의 조합장이 조합원의 부담이 될 계약을 체결하기 위하여는 총회의 결의를 거치도록 조합규약에 규정되어 있다 하더라도 이는 법인 대표권을 제한한 것으로서 그러한 제한은 등기하지 아니하면 제3자에게 그의 선의·악의에 관계없이 대항할 수 없다.

77) 대법원 2013.11.28. 선고 2010다91831 판결 : 민법 제64조에서 말하는 법인과 이사의 이익이 상반하는 사항은 법인과 이사가 직접 거래의 상대방이 되는 경우뿐 아니라, 이사의 개인적 이익과 법인의 이익이 충돌하고 이사에게 선량한 관리자로서의 의무 이행을 기대할 수 없는 사항은 모두 포함한다고 할 것이고, 이 사건과 같이 형식상 전혀 별개의 법인 대표를 겸하고 있는자가 양쪽 법인을 대표하여 계약을 체결하는 경우는 쌍방대리로서 특별한 사정이 없는 이상 이사의 개인적 이익과 법인의 이익이 충돌할 염려가 있는 경우에 해당한다고 볼 것이다(대법원 1984. 12. 11. 선고 84다카1591 판결, 대법원 1996. 5. 28. 선고 95다12101, 12118 판결 참조).

고 다른 이사도 없는 경우에만 특별대리인이 법인을 대표한다는 견해도 있으나,[78] 이 경우에도 이사 상호간의 인적관계로 인하여 법인의 이익을 해칠 염려가 있으므로 특별대리인을 선임하여야 한다는 견해도 있다.[79] 아울러, 이사와 법인의 이익상반사항에 관해서는 이사회의 승인을 요한다거나 감사가 법인을 대표한다는 취지의 정관규정이 있는 경우에는 그러한 절차에 따라 대표행위를 하면 족하므로 특별대리인을 선임할 필요는 없다.[80] 아무튼, 이사가 민법 제64조에 위반하여 회사를 대표한 경우에는 민법 제130조 이하의 무권대리에 관한 규정이 준용된다. 공익법인 관련 법령들에서는 법인과 이사 사이의 이익상반사항에 대해 특별대리인 또는 임시이사를 선임할 것인지에 대해 침묵하고 있으므로, 이상에서의 민법 일반론이 그대로 적용될 수 있을 것이다.

3) 복임권의 제한

이사는 스스로 대표권을 행사하여야 함이 원칙이다. 그러나 민법에서는 정관 또는 총회의 결의로 금지하지 않은 사항에 한하여 타인으로 하여금 대리하게 할 수 있다(민법 제62조). 다만, 이러한 이사의 대리인 선임권은 예컨대 특정한 소송사건에 관한 소송행위 또는 특정재산에 대한 관리행위 등과 같이 오로지 정관 또는 총회의 결의로 금지하지 아니한 '특정한 행위'에 한해서만 허용된다. 그리고 이와 같이 이사에 의해서 선임된 대리인은 법인의 기관은 아니지만, 이사의 대리인이 아니라 법인의 대리인으로서 그 자의 대리행위는 법인의 이름으로 하게 되며, 그 효과는 법인에게 귀속한다. 다만, 대표자가 포괄적으로 타인에게 업무처리를 위임하였다면, 이러한 타인

---

78) 박준서, 위의 책, 733면.
79) 곽윤직, 위의 책, 696면.
80) 박준서, 위의 책, 733면; 곽윤직, 위의 책, 696면.

에 대한 업무의 포괄적 위임과 그에 따른 포괄적 수임인의 대행행위
는 민법 제62조의 규정에 위반된 것이어서 법인에 대하여는 그 효력
이 미치지 않는다.[81]

한편, 공익법인법에서는 이사의 대리인 선임에 대한 특별한 규정
이 없고, 사회복지사업법에서는 관련 규정이 없는 경우 민법 및 공
익법인법을 준용하도록 하고 있으며, 사립학교법에서는 민법 제62조
를 준용하고 있으므로,[82] 공익법인에 있어서도 이상에서의 설명이
그대로 적용될 수 있을 것이다. 다만, 공익법인법상의 공익법인에
있어서도 이사가 다수이므로 어느 이사가 특정행위를 타인에게 대
리하게 할 필요가 있는 경우, 사립학교법에서와 마찬가지로 다른 이
사에게 대리하게 함이 업무수행의 연속성이라는 측면에서도 바람직
하다고 할 것이며, 그와 같은 취지의 개정이 필요한 것으로 보인다.

(2) 법인의 업무집행

민법에서는 이사에게 법인의 모든 내부적 사무를 집행할 권한을
부여하고 있다(민법 제58조 제1항). 사무집행은 법인의 목적달성을
위하여 필요한 직·간접적으로 관련된 모든 사무의 처리를 말한다.
따라서 그 사무집행의 범위는 정관에서 정한 법인의 목적에 의해 결
정된다. 물론 사단법인의 경우에는 사원총회의 결의에 의해 그 사무
집행의 범위가 정해질 수도 있다.[83] 민법에서 예시하고 있는 이사의
사무집행으로는 각종의 법인등기(민법 제50조 내지 제52조), 재산목
록과 사원명부의 작성 및 비치(민법 제55조), 사원총회의 소집(민법
제69조 및 제70조), 총회의사록의 작성(민법 제76조), 파산신청(민법

---

81) 대법원 1996.09.06. 선고 94다18522 판결; 대법원 2011.4.28. 선고 2008다15438
   판결 참조.
82) 다만, 사립학교법 제27조에서는 민법 제62조의 규정 중 '타인'을 '다른 이
   사'로 규정하고 있다.
83) 박준서, 위의 책, 696면; 곽윤직, 위의 책, 666면.

제79조), 청산인이 되는 것(민법 제82조) 등을 들 수 있다. 그리고 업무집행의 방법과 관련하여 이사가 수인인 경우에는 정관에 다른 규정이 없으면 다수결의 원칙에 따른다(민법 제58조 제2항). 아무튼, 공익법인 관련 법령에서는 이사의 직무에 관하여 특별히 규정하고 있지 않으므로, 민법상의 이와 같은 일반원칙이 그대로 적용될 수 있다. 그러나 공익법인 관련법령에 의하면, 공익법인에서는 기본적으로 이사의 수가 복수이며, 일정한 사항에 대해서는 이사회에서 이를 심의·의결하도록 하고 있으므로, 그에 대해서는 위 민법규정이 그대로 적용된다고 할 수는 없다.

3. 이사회

가. 서설

공익법인에서는 이사의 수가 복수이므로 이사회를 구성할 필요가 있을 뿐만 아니라 관련 법령에서도 이사회를 공익법인의 필수기관으로 규정하고 있다. 따라서 일정한 사항에 대해서는 반드시 이사회의 결의를 거치게 하고 있으며, 복수의 이사 중 호선에 의하여 이사장을 선출하게 하고 있다. 다만, 이미 위에서 언급한 바와 같이, 공익법인법의 규정에 의할 경우 이사장은 이사회의 의장이 되고 이사회를 소집할 수 있는 권한이 있으나, 그렇다고 하여 언제나 이사장을 법인의 대표로 볼 수 있는지는 여전히 의문이다. 다만, 사립학교법 또는 사회복지사업법에 의할 경우에는 이사장과 대표이사가 각각 법인의 사무를 총괄하여 집행하고 법인을 대표하는 자라고 할 수 있을 것이다. 한편, 이사회는 이사로 구성되나, 공익법인의 이사회를 구성하는 이사의 자격에는 특수한 이해관계를 가진 자의 참여가 일정 범위로 제한된다. 이하에서는 공익법인에서의 이사회의 구성, 이사회의 의결사항 및 소집, 이사회결의의 하자에 대해 순차로 살핀다.

나. 이사회의 구성

민법상으로는 이사회가 법인의 필수기관이 아니므로, 그 구성 및 자격에 대해 특별한 규정이 없다. 그러나 공익법인 관련법령에서는 이사회를 법인의 필수기관으로 상정하고 있으며, 특히 그 구성에 있어서는 소위 '부적합성의 원칙'이 적용되어, 이사회의 구성에 있어서는 법인과 특수한 관계에 있는 자는 이사회의 구성에 있어서 일정비율로 제한된다. 외국의 입법례도 마찬가지이며, 예컨대 자기감독금지의 원칙에 입각하여 감사나 내부통제기관이 이사회의 구성원이 될 수 없게 하는 경우 또는 법인의 설립자와 친족관계에 있는 자는 이사가 될 수 없게 한 경우 등을 들 수 있다.[84]

우선, 전술한 바와 같이, 이사의 과반수는 대한민국 국민이어야 하며, 이사와 감사는 친족관계 등 특별한 관계에 있는 자가 아니어야 한다.[85]

다음으로, 출연자 등 당해 법인의 사업과 특별한 관계에 있는 자('특수관계자')가 그 사업운영에 영향을 미치게 될 경우, 사실상 건전한 공익사업의 실현을 곤란하게 하므로 특수관계자는 이사 현원의 일정비율을 넘지 못한다.[86][87] 관련 법령에서 상정하고 있는 특수관

---

84) 이사회의 구성과 관련하여 이러한 자기감독금지의 사례에 대해서는, 김진우, 위의 글(2013), 62면 이하도 참조.

85) 공익법인법 제5조 제4항, 제8항; 사립학교법 제21조 제1항, 제4항; 사회복지사업법 제18조 제3항, 제5항, 제7항 참조.

86) 공익법인법 및 사회복지사업법에서는 특수관계자가 이사 현원의 1/5, 사립학교법에서는 특수관계자가 이사 현원의 1/4을 각각 초과하지 못하는 것으로 규정하고 있다. 다만, 사립학교법에서의 특수관계자는 민법 제777조에서 규정한 친족관계에 있는 자를 말한다.

87) 특히, 공익법인법 시행령 제12조 제3항에서는 특수관계가 없는 자가 이사

계자로는 다음과 같은 자를 들 수 있다. ① 먼저, '출연자'를 들 수 있다. 공익법인법 시행령에서는 출연자의 개념과 관련하여「민법」제32조에 따라 설립된 법인인 경우에는 해당 법인에 대한 출연자를 지칭하며, 출연사가 그 밖의 법인인 경우에는 해당 법인을 출자에 의하여 사실상 지배하고 있는 자를 포함한다고 규정하고 있다.[88] ② 다음으로, 이와 같은 출연자 또는 이사와 6촌 이내의 혈족, 4촌 이내의 인척, 배우자(사실혼 관계에 있는 자 포함), 친생자로서 다른 사람에게 친양자로 입양된 사람과 그 배우자·직계비속을 들 수 있다. ③ 다음으로, 출연자 또는 이사의 사용인 기타 고용관계에 있는 자(출연자 또는 이사가 출자에 의하여 사실상 지배하고 있는 법인의 사용인 기타 고용관계에 있는 자 포함), ④ 출연자 또는 이사의 금전 기타의 재산에 의해 생계를 유지하는 자, 그리고 출연자 또는 이사와 생계를 함께 하는 자, ⑤ 당해 출연자가 재산을 출연한 다른 공익사업을 영위하는 법인의 이사도 특수관계인에 포함된다.[89]

한편, 출자에 의해 해당 법인을 사실상 지배하는 경우에도 특수관계가 인정되는데, 여기서의 출자에 의해 사실상 지배한다는 의미와 관련하여 공익법인법 시행령에서는 이를 ① 법인의 발행주식총액

로 선임되었다가 재임 중에 특수관계자에 해당하게 된 경우에는 그와 같은 사정이 발생한 날로부터 일정한 기간 내에 특수관계자가 이사 현원의 일정비율을 넘지 않도록 이사를 개임하여야 하는 것으로 규정하고 있다. 반면, 사회복지사업법 시행령에서는 이와 같은 규정을 두고 있지 않으나, 민법과 공익법인법을 준용하도록 하는 사회복지사업법의 태도를 감안할 때, 마찬가지로 해석할 수 있을 것이다.

88) 다만, 재산출연일 현재 해당 공익법인의 총출연재산가액의 1/100에 해당하는 금액과 2천만원 중 적은 금액을 출연한 자는 제외한다(공익법인법 시행령 제12조 제1항 제1호). 사회복지사업법 시행령 제9조 제1항 제1호에서는 단순히 '출연자'라고만 규정하고 있다.

89) 공익법인법 시행령 제12조 제1항 제2호 내지 5호, 사회복지사업법 시행령 제9조 제1항 제2호 내지 제5호.

또는 출자총액의 30/100 이상을 출자자 1인과 그와 친족관계나 생계의존관계를 가지는 자, 사용인 기타 고용관계에 있는 자(소위 '지배주주')들이 소유하고 있는 경우, ② 법인의 발행주식총액 또는 출자총액의 50/100 이상을 ①의 법인과 그의 지배주주가 소유하고 있는 경우, ③ 법인의 발행주식총액 또는 출자총액의 50/100 이상을 ①의 법인과 그의 지배주주 및 ②의 법인이 소유하고 있는 경우라고 설명하고 있다.[90]

다. 이사회의 의결사항과 이사회의 소집

(1) 이사회의 의결사항

민법상 법인의 이사회는 임의기관이므로 아무런 권한이 없고, 다만 정관의 규정에 의해 이사회의 의결사항이 결정된다. 그러나 공익법인 관련 법령에 의하면, 공익법인의 이사회는 ① 공익법인의 예산, 결산, 차입금 및 재산의 취득·처분과 관리에 관한 사항, ② 정관의 변경에 관한 사항, ③ 공익법인의 해산에 관한 사항, ④ 임원의 임면에 관한 사항, ⑤ 수익사업에 관한 사항, ⑥ 그 밖에 법령이나 정관에 따라 그 권한에 속하는 사항 등을 심의·의결 할 수 있다.[91] 다만, 사립학교법에서는 학교법인의 합병에 관한 사항도 이사회의 의결사항으로 규정하고 있다.[92]

---

90) 공익법인법 시행령 제12조 제2항. 사회복지사업법 시행령 제9조 제2항에서도 마찬가지로 규정하고 있다.

91) 이상에 대해서는, 공익법인법 제7조 제1항 참조. 한편, 사회복지사업법에서는 사회복지법인의 이사회의 기능에 대해 특별한 언급이 없으므로, 사회복지법인에서의 정관의 기재사항인 회의에 관한 사항과 관련하여 특별한 규정이 없는 경우에는, 이사회에 관한 사항에 관하여는 공익법인법의 규정이 준용된다고 할 수 있다. 다만, 사회복지사업법에서는 법인의 합병에 대해서도 규정하고 있으나, 이에 대해서는 민법이나 공익법인법에서 준용의 근거를 찾기가 어렵다는 문제가 있다.

(2) 이사회의 소집

공익법인의 이사회는 우선 이사장이 필요하다고 인정하는 경우에 소집할 수 있다.[93] 아울러, 재적이사의 과반수가 회의의 목적을 제시하여 소집을 요구하거나 감사가 공익법인의 업무와 재산상황을 감사한 결과 불법 또는 부당한 점이 있음을 발견하고 이를 이사회에 보고하기 위하여 필요한 것으로 판단하여 이사회의 소집을 요구한 경우에도 이사장은 이사회를 소집하여야 한다.[94]

한편, 이사회를 소집함에 있어서는 정관에 정해진 절차에 따라 모든 이사에게 소집통지를 하여야 한다. 우리 대법원도 특정 이사에게 적법한 소집통지를 하지 아니하여 그 이사가 출석하지 아니한 채 개최된 이사회결의와 같이, 이사회의 소집절차에 중대한 하자가 있는 경우에는 그 이사회의 결의는 무효라고 한다.[95] 이 경우, 소집통지를 받지 못한 이사가 출석하였더라도 이사회의 결의내용이 달라지지 않았을 것이라는 사정 또한 고려의 대상이 아니라고 한다.[96]

---

92) 물론, 사립학교법에서는 학교법인의 특수한 사정을 반영하여 그 밖에도 학교법인이 설치한 사립학교의 장 및 교원의 임면에 관한 사항, 학교법인이 설치한 사립학교의 경영에 관한 중요사항에 대해서도 심의·의결하도록 하고 있다. 사립학교법 제16조 제1항 참조.
93) 공익법인법 제8조 제1항, 사립학교법 제17조 제1항. 사회복지법인의 경우에는 공익법인법에 준하여 이해하면 족할 것이다.
94) 공익법인법 제8조 제2항, 사립학교법 제17조 제2항.
95) 대법원 1994.09.23. 선고 94다35084 판결 : 사회복지법인의 이사회가 특정 이사에게 적법한 소집통지를 하지 아니하여 그 이사가 출석하지 아니한 채 개최되었다면 그 이사회결의는 무효이다.
96) 대법원 2008.05.15. 선고 2008다3534 판결 : 학교법인의 이사회가 특정 이사에게 적법한 소집통지를 하지 아니하여 그 이사가 출석하지 아니한 채 개최되었다면 그 결과가 설사 적법한 소집통지를 받지 못한 이사가 출석하여 반대의 표결을 하였던들 이사회결의의 성립에 영향이 없었다고 하더라도 그 이사회결의는 당연무효이다. 대법원 1987. 3. 24. 선고 85누973 판결, 대법원 1994. 9. 23. 선고 94다35084 판결 등도 참조.

문제가 될 수 있는 것은, 적법한 소집절차를 거치지 않은 경우의 이사회결의는 언제나 무효로 다루어야 하는지의 여부이다. 학설상으로는 정관 등에 이사회의 소집절차에 관한 규정이 있더라도, 이사 전원이 이사회의 개최에 동의하여 이사회를 소집한 후 결의를 하였다면, 절차흠결의 하자는 치유된다는 설명이 있다.[97] 이는 상법 제390조 제4항에서 규정하는 바와 같은 해석론으로서, 공익법인 관련 법령에서는 명문으로 이를 허용하고 있다.[98]

다른 한편, 공익법인법 관련 법령에 의하면, 이사회를 소집함에 있어서는 적어도 회의 7일 전에 회의의 목적을 구체적으로 명시하여 각 이사에게 통지하여야 한다.[99] 판례에 의하면, 회의의 목적사항으로 명시하지 않은 안건에 관하여 이사회가 결의한 경우, 그 안건에 대한 결의는 무효이다.[100] 아울러, 이사회의 소집권자가 궐위되거나 소집권자가 이사회의 소집을 기피하는 경우 등에는 감독청의 승인을 얻어 이사회를 소집할 수 있다.[101]

---

97) 박준서, 위의 책, 698면; 곽윤직, 위의 책, 668면.
98) 공익법인법 제8조 제3항 단서, 사립학교법 제17조 제3항 단서.
99) 공익법인법 제8조 제3항, 사립학교법 제17조 제3항.
100) 대법원 2005.05.18. 자 2004마916 결정 : 사회복지법인의 정관에 이사회의 소집통지시 '회의의 목적사항'을 명시하도록 정하고 있음에도, 일부 이사가 참석하지 않은 상태에서 소집통지서에 회의의 목적사항으로 명시한 바 없는 안건에 관하여 이사회가 결의하였다면, 적어도 그 안건과 관련하여서는 불출석한 이사에 대하여는 정관에서 규정한 바대로의 적법한 소집통지가 없었던 것과 다를 바 없으므로 그 결의 역시 무효라 할 것이다.
101) 공익법인법 제8조 제4항(이사회를 소집하여야 할 경우에 그 소집권자가 궐위되거나 이사회 소집을 기피하여 7일 이상 이사회 소집이 불가능한 경우에는 재적이사 과반수의 찬동으로 감독청의 승인을 받아 이사회를 소집할 수 있다. 이 경우 정관으로 정하는 이사가 이사회를 주재한다) 참조. 사립학교법 제17조 제4항에서도 유사한 취지의 규정을 두고 있다. 사회복지법인의 경우도 마찬가지로 해석이 가능하다(사회복지사업법 제32조 참조).

라. 의사회의 의결요건 및 결의의 하자

(1) 이사회의 의결요건

민법상으로는 이사회의 의결방법에 대해 언급이 없으므로 이사
회의 결의는 정관에 특별한 규정이 없는 한 회의체의 일반원칙인 이
사의 과반수 출석과 출석이사 과반수에 의한다고 할 것이다. 그러나
공익법인 관련법령에서는 이사회는 재적이사 과반수의 찬성으로 의
결한다고 규정하고 있다.[102] 아울러, 공익법인법 제9조 제2항 및 제3
항에서는 이사에게 평등한 의결권을 부여하는 한편, 이사회의 의사
는 서면결의에 의하여 처리할 수 없도록 하고 있다.[103] 한편, 이사회
의 결의에 관하여 특별한 이해관계를 가지는 자가 있는 경우에는 당
해 이사에게 의결권을 인정해서는 안 될 것이다. 공익법인 관련 법
령에서는 이를 분명히 하여 이사장 또는 이사가 공익법인과 이해가
상반되는 경우에는 당해 사항에 대해 의결에 참여하지 못하는 것으
로 규정하고 있다.[104] 예컨대, 이사에 대한 법인재산의 양도, 임대의
승인 등이 전형적인 경우에 해당할 것이다. 다만, 이사장의 선임이
나 이사의 해임과 같은 사항은 당해 이사와 법인의 이해가 상반된다
고 할 수 없는데, 그 이유는 특별한 이해관계란 이사의 직무와 모순·
충돌되는 개인적 이해관계를 의미하기 때문이라고 한다.[105] 아울러,

---

102) 공익법인법 제9조 제1항. 사립학교법 제18조 제1항에서도 같은 태도를 취
하나, 동법에서는 의사정족수를 추가로 규정하면서 정관에 특별한 규정
이 없는 한 재적이사 과반수의 출석으로 개의할 수 있다고 하고 있다. 특
히, 사립학교법 제18조 제2항에서는 원격영상회의 방식으로 이사회에
출석할 수 있다고 한다. 반면, 공익법인법 제9조 제4항에서는 출석이사의
과반수가 대한민국 국민이어야 한다는 추가적인 요건을 규정하고 있다.
103) 민법상 사원총회에서의 결의에서는 각 사원에게 평등한 결의권을 부여하
는 한편 서면으로도 결의가 가능하나, 정관으로 이를 달리 규정할 수 있
게 한다는 점에서(민법 제73조) 공익법인법과 비교하여 큰 차이가 있다.
104) 공익법인법 제7조 제2항, 사립학교법 제16조 제2항.

임기만료의 이사가 후임이사가 선임되기 전에 의결권을 행사하였다거나 이사회 결의당시 이사회의 구성에 결원이 있었다고 하여 그와 같은 이사회결의가 무효라고는 할 수 없다.[106] 더 나아가, 의사정족수와 의결정족수의 의미를 구별할 필요가 있으므로, 의결권이 없는 이사도 의사정족수 산정의 기초가 되는 이사에는 포함될 수 있다.[107]

(2) 이사회 결의의 하자

이사회의 결의내용이 법령이나 정관에 반하는 경우, 이사회의 소집절차나 의결방법이 위법하여 그 결의가 무효인 경우 등에서 그 결의에 이해관계 있는 자가 법인에 대해 결의무효확인의 소 등을 제기할 수 있는지가 의문일 수 있다. 실무상으로는 이사회결의무효확인이나 이사회결의부존재확인의 소가 인정되고 있으나, 그 승소판결에 대해 대세적 효력이 인정되지는 않는다.[108]

---

105) 박준서, 위의 책, 700면; 곽윤직, 위의 책, 670면.
106) 대법원 2014.01.17. 자 2013마1801 결정 : 개방이사 1명 등 이사 3명의 임기가 만료되어 구 사립학교법 제14조 제1항에서 정한 개방이사의 수에 결원이 있는 상태에서, 갑 학교법인의 이사 을 등이 관할청인 교육기술과학부장관의 승인을 받아 임원들에게 이사회 소집통보를 하고 이사회를 개최하여 갑 법인의 이사장 병에 대한 '이사장 불신임 건' 등을 결의하자, 병이 이사회결의 효력정지가처분을 신청한 사안에서, 구 사립학교법 제24조 등 관련 규정에 비추어 이사회결의 당시 개방이사 수에 결원이 있었더라도 그것만으로 이사회 구성이 위법하다고 할 수 없다.
107) 대법원 2009.4.9. 선고 2008다1521 판결(민법 제74조는 사단법인과 어느 사원과의 관계사항을 의결하는 경우 그 사원은 의결권이 없다고 규정하고 있으므로, 민법 제74조의 유추해석상 민법상 법인의 이사회에서 법인과 어느 이사와의 관계사항을 의결하는 경우에는 그 이사는 의결권이 없다. 이 때 의결권이 없다는 의미는 상법 제368조 제4항, 제371조 제2항의 유추해석상 이해관계 있는 이사는 이사회에서 의결권을 행사할 수는 없으나 의사정족수 산정의 기초가 되는 이사의 수에는 포함되고, 다만 결의 성립에 필요한 출석이사에는 산입되지 아니한다고 풀이함이 상당하다) 참조.
108) 대법원 2000.01.28. 선고 98다26187 판결 : 민법상 법인의 이사회의 결의에

4. 감사

가. 의의

감사는 법인의 재산상황이나 이사의 사무집행의 상황을 감사하는 기관으로서 민법상 비영리법인에 있어서는 임의기관이다. 그 이유는 민법상 법인은 영리를 목적으로 하지 않으며, 나아가 법인의 사무는 주무관청에서 검사·감독의 대상이 되기 때문이라고 한다.[109] 반면, 공익법인 관련 법령에서는 감사를 공익법인의 필요기관으로 규정하고 있다. 그 이유는 공익법인도 비영리법인의 일종이기는 하나, 그 사업영역이 방대하고 특히 수익사업의 수행이 관련법상으로도 명문의 규정에 의해 보장되고 있기 때문인 것으로 이해할 수 있다. 특히, 공익법인에서는 2인 이상의 감사를 두도록 하고 있으며, 주무관청의 승인을 얻어 그 수를 증감할 수 있다.[110]

나. 감사의 선임

감사의 선임행위의 성질, 피선임자격, 구성, 선임방법 등에 관해서는 전술한 이사의 경우에 대한 설명이 그대로 유효하다고 할 것이

하자가 있는 경우에 관하여 법률에 별도의 규정이 없으므로 그 결의에 무효사유가 있는 경우에는 이해관계인은 언제든지 또 어떤 방법에 의하든지 그 무효를 주장할 수 있다고 할 것이지만, 이와 같은 무효주장의 방법으로서 이사회 결의무효확인소송이 제기되어 승소확정판결이 난 경우, 그 판결의 효력은 위 소송의 당사자 사이에서만 발생하는 것이지 대세적 효력이 있다고 볼 수는 없다.

109) 박준서, 위의 책, 735면; 곽윤직, 위의 책, 698면.
110) 공익법인법 제5조 제1항, 사립학교법 제14조 제1항 본문. 한편, 사회복지사업법 제18조에서도 2인 이상의 감사를 두도록 하고 있으나, 그 수의 증감에 대해서는 언급하고 있지 않다.

다. 또한, 성질상 이사와 감사는 겸직할 수 없으며, 일정한 범위에서의 겸직도 금지됨은 전술한 바와 같다. 다만, 공익법인 관련법령에서는 감사의 직무상 특수성을 고려하여 감사의 자격과 관련하여 적어도 1명은 법률과 회계에 관한 지식과 경험이 있는 자일 것을 요구하고 있다.[111]

한편, 공익법인 관련 법령에서는 감사의 임기에 대해서도 명문의 규정을 두고 있다. 우선, 공익법인법에서는 감사의 임기를 정관으로 정하되 감사의 임기는 2년을 초과할 수 없는 것으로 하고 있다. 다만, 감사의 연임은 가능하다.[112] 사립학교법에서도 감사의 임기는 정관으로 정하되, 감사의 임기는 3년을 초과할 수 없으나 1회에 한하여 중임할 수 있는 것으로 하고 있다.[113] 다만, 이사의 연임에서와 마찬가지로, 공익법인법의 적용을 받는 공익법인의 감사가 연임하거나 사립학교법의 적용을 받는 학교법인의 감사가 연임하는 경우에도 각각 주무관청의 승인을 얻어야 할 것이다.[114] 한편, 사회복지사업법에 의하면, 감사의 임기는 2년으로 하며 연임할 수 있다.[115] 아울러, 감사의 임기가 만료되어도 후임감사를 선임할 때까지는 이사의 임기만료의 경우와 마찬가지로 직무수행의 긴급처리권을 가진다.[116]

---

111) 공익법인법 제5조 제8항에서는 그와 같은 자를 주무관청에서 추천할 수 있는 것으로 규정하고 있으며, 사회복지사업법 제18조 제7항에서는 그와 같은 자를 감사로 선임하도록 하고 있다. 한편, 사립학교법 제21조에서는 감사 상호간에도 특수관계가 없어야 할 뿐만 아니라 대통령령이 정하는 기준 이상의 학교법인에는 공인회계사의 자격을 가진 자를 감사 중 1인으로 선임하도록 하고 있다.
112) 공익법인법 제5조 제3항.
113) 사립학교법 제20조 제3항.
114) 공익법인법 시행령 제7조 제1항 참조.
115) 사회복지사업법 제18조 제4항.
116) 대법원 2007.7.19. 선고 2006두19297 전원합의체 판결 등 참조.

다. 감사의 직무

민법상 법인의 감사는 법인의 재산싱황을 감사하고, 이사의 업무 집행 상황을 감사하며, 재산상황 또는 업무집행에 관하여 부정, 불비한 것이 있음을 발견한 때에는 이를 총회나 주무관청에 보고하는 일 및 보고를 위하여 총회를 소집하는 직무를 수행한다(민법 제67조). 감사가 수인 있는 경우에는 각자 단독으로 직무를 행한다. 한편, 공익법인법 제10조,[117] 사립학교법 제19조 제4항[118]에서는 이와 같은 민법에서의 규정내용에 덧붙여 감사의 이사회에 대한 보고 및 의견진술, 이사회의 소집 이외에 공익법인에 현저한 손해를 끼치는 이사에

---

117) 제10조(감사의 직무) ① 감사는 다음 각 호의 직무를 수행한다. 1. 공익법인의 업무와 재산상황을 감사하는 일 및 이사에 대하여 감사에 필요한 자료의 제출 또는 의견을 요구하고 이사회에서 발언하는 일; 2. 이사회의 회의록에 기명날인하는 일; 3. 공익법인의 업무와 재산상황에 대하여 이사에게 의견을 진술하는 일; 4. 공익법인의 업무와 재산상황을 감사한 결과 불법 또는 부당한 점이 있음을 발견한 때에 이를 이사회에 보고하는 일; 5. 제4호의 보고를 하기 위하여 필요하면 이사회의 소집을 요구하는 일. ② 감사는 공익법인의 업무와 재산상황을 감사한 결과 불법 또는 부당한 점이 있음을 발견한 때에는 지체 없이 주무 관청에 보고하여야 한다. ③ 감사는 이사가 공익법인의 목적범위 외의 행위를 하거나 그 밖에 이 법 또는 이 법에 따른 명령이나 정관을 위반하는 행위를 하여 공익법인에 현저한 손해를 발생하게 할 우려가 있을 때에는 그 이사에 대하여 직무집행을 유지할 것을 법원에 청구할 수 있다.
118) 제19조(임원의 직무) ④ 감사는 다음의 직무를 행한다. 1. 학교법인의 재산상황과 회계를 감사하는 일; 2. 이사회의 운영과 그 업무에 관한 사항을 감사하는 일; 3. 학교법인의 재산상황과 회계 또는 이사회의 운영과 그 업무에 관한 사항을 감사한 결과 부정 또는 불비한 점이 있음을 발견한 때 이를 이사회와 관할청에 보고하는 일; 4. 제3호의 보고를 하기 위하여 필요한 때에는 이사회의 소집을 요구하는 일; 5. 학교법인의 재산상황 또는 이사회의 운영과 그 업무에 관한 사항에 대하여 이사장 또는 이사에게 의견을 진술하는 일.

대한 직무집행의 정지청구권을 인정한다는 점이 특징적이다.

다른 한편, 내부통제기관인 감사에게 재산상황의 감사나 이사의 업무집행의 상황을 감사하는 일 이외에 법인의 활동영역에 대한 자문이나 의사결정의 권한까지 수여할 수 있는지가 의문일 수 있다. 현재의 법상황으로는 이와 같은 권한확장을 인정할 근거가 없으나, 법인의 정관에서 이러한 사항을 정한다면 감사의 권한확대도 가능하다고 할 것이다. 다만, 그 가능성을 보다 분명하게 하기 위하여 관련 법령에서도 감사의 권한확대가능성에 대해 정관의 기재사항으로 상정할 필요는 있어 보인다.

5. 사원총회

사원총회란 사단법인의 사원으로 구성되는 사단법인의 최고의사결정기관이다. 사원이 없는 재단법인에는 사원총회가 존재할 수 없으므로 재단법인의 최고의사는 정관 또는 이사회의 결의에 의하여 정하여진다고 할 것이다.

한편, 공익법인법 시행령에서는 공익사단법인의 경우, 사원 및 사원총회에 대한 사항을 정관의 필요적 기재사항이라고만 규정하고 있으므로, 민법상 사원총회 및 사원의 지위 등에 관한 규정들이 공익사단법인에 대해서도 그대로 적용되는 것으로 이해할 수 밖에 없다. 여기서 한 가지 해결하여야 할 문제로 남는 것은, 사원총회와 이사회의 관계라고 할 것이다. 사원총회가 최고의사결정기관인 것은 분명하지만 위에서도 살핀 바와 같이 일정한 사항은 법령에서 이사회의 심의·의결 사항으로 규정하고 있기 때문이다. 민법에서는 정관으로 이사 또는 기타 임원에게 위임한 사항에 대해서는 사원총회에 아무런 권한이 없는 것으로 규정하고 있으므로(민법 제68조), 공익사단법인에서의 이사회와 사원총회의 관계 또한 이와 같이 이해함이 타당할 것이다. 다만, 공익법인의 경우에는 일반적인 비영리법인과 비교하여 그 구성원의 규모나 재정이 큰 경우가 일반적일 수 있다. 따라서 이러한 공익법인의 특성을 고려할 때, 민법상 사원총회나 사원에 관한 규정만으로 공익법인의 최고의결기관으로서의 원활한 기능수행을 기대할 수 있는지는 의문일 수 있다. 따라서 공익법인의 특성을 고려하여 관련 규정의 보충을 모색할 필요가 있을 것이다.

다른 한편, 공익재단법인의 경우 법령상으로는 이사회에 대한 내부적인 견제기구로서 감사 이외의 기관을 상정하기 어렵다. 이러한 이유로 종래 재단법인에도 다수의 사원이 있는 경우에는 이사들을 감독할 수 있는 기관으로서 평의원회를 규정할 필요성이 있다는 견해가 있으며,[119] 타당한 지적이라고 할 것이다.

III. 공익법인의 운영

1. 서설

공익법인의 개념을 명확히 정의하는 일은 어려우나, 대체로 민법상 비영리법인의 하나로서 사회일반의 이익, 즉 공익을 위한 사업을 목적으로 하는 법인으로서 특히 공익법인법에서는 학자금·장학금 또는 연구비의 보조나 지급, 학술, 자선에 관한 사업을 목적으로 하는 법인이라고 정의하고 있다. 그리고 이러한 공익법인의 설립을 위해서는 주무관청의 허가를 얻어야 하며, 주무관청은 공익법인의 설립허가신청이 있는 경우, 기본재산으로 목적사업을 원활히 달성 할 수 있다고 판단되는 경우에 한하여 설립허가를 한다. 그러나 이와 같은 절차를 거쳐 설립된 공익법인이 목적사업을 제대로 수행하기

---

119) 윤철홍, 위의 글, 21면.

위해서는 그 운영의 면에서도 공익성이 확보되는 방향으로 이루어
져야 한다. 따라서 명문으로 인정된 각종의 수익사업의 수행과 공익
법인의 목적사업은 별개로 다룰 필요가 있으며, 이러한 이유로 인하
여 공익법인의 재산의 취득 및 처분에 있어서는 특별한 규율이 필요
하게 된다. 따라서 공익법인 관련법령에서도 이와 관련하여 특별한
규정을 두고 있다. 이하에서는 공익법인에서의 재산취득 및 처분의
문제를 살피기에 앞서 공익성의 유지를 위한 관련 법령에서의 규제
의 태도가 타당한지에 대해 먼저 살피고, 마지막으로 공익법인의 해
산 또는 설립허가의 취소에 대해서 간략히 살피기로 한다.

2. 공익성의 유지를 위한 규율

가. 공익사업의 수행

　　민법상 비영리법인의 경우에도 법인이 목적 이외의 사업을 하거
나 설립허가의 조건에 위반하는 행위를 하거나 공익에 반하는 행위
를 하는 경우에는 주무관청이 그 허가를 취소할 수 있다(민법 제38
조). 그리고 이러한 통제는 공익법인의 경우에도 그대로 적용될 수
있으며, 공익법인 관련 법령에서도 법인이 목적 이외의 사업을 한
경우 또는 공익을 해치는 행위를 한 경우 등에는 설립허가의 취소가
가능한 것으로 규정하고 있다.[120]
　　한편, '목적 이외의 사업'이란 정관에서 정한 목적 이외의 사업으
로서 공익법인 관련 법령에서 정한 공익을 목적으로 하는 사업 이외
의 사업을 하는 경우를 말한다.[121] 그런데 공익법인법에서는 공익사

---

120) 공익법인법 제16조 제1항 각호, 사회복지사업법 제26조 제1항 각호 참조.
121) 공익법인법 시행령 제2조에서는 "사회일반의 이익에 공여하기 위하여 학
　　자금·장학금 또는 연구비의 보조나 지급, 학술·자선에 관한 사업을 목적

업의 유형을 각각 예시하는 한편 예시된 사업 이외의 사업을 함께
수행하는 경우에도 공익법인에 해당하는 것으로 규정하고 있다. 그
리고 이러한 규정태도는 일본에서의 공익인정법의 태도를 답습한
것으로 평가할 수 있다.[122] 그런데 일본의 공익인정법에서는 공익성
인정기준과 관련하여 공익목적 사업을 행하는 것을 주된 목적으로
하여야 한다고 규정하고 있는데 비록 어느 정도가 '주된 목적'으로
하는 것인지가 의문일 수 있으나, 우리의 공익법인법에서는 공익성

으로 하는 법인"이라 함은 ① 학자금·장학금 기타 명칭에 관계없이 학생
등의 장학을 목적으로 금전을 지급하거나 지원하는 사업·금전에 갈음한
물건·용역 또는 시설을 설치·운영 또는 제공하거나 지원하는 사업, ② 연
구비·연구조성비·장려금 기타 명칭에 관계없이 학문·과학기술의 연구·조
사·개발·보급을 목적으로 금전을 지급하거나 지원하는 사업·금전에 갈음
한 물건·용역 또는 시설을 제공하는 사업, ③ 학문 또는 과학기술의 연구·
조사·개발·보급을 목적으로 하는 사업 및 이들 사업을 지원하는 도서관·
박물관·과학관 기타 이와 유사한 시설을 설치·운영하는 사업, ④ 불행·재
해 기타 사정으로 자활할 수 없는 자를 돕기 위한 모든 자선사업, ⑤ ①
내지 ④에 해당하는 사업의 유공자에 대한 시상을 행하는 사업을 목적으
로 하는 법인 또는 이들 사업과 그 이외의 사업을 함께 수행하는 법인을
말한다고 규정하고 있다. 반면, 사회복지사업법 제2조 제1호에서는 사회
복지법인의 목적인 사회복지사업을 "(관련)법률에 따른 보호·선도 또는
복지에 관한 사업과 사회복지상담, 직업지원, 무료 숙박, 지역사회복지,
의료복지, 재가복지, 사회복지관 운영, 정신질환자 및 한센병력자의 사회
복귀에 관한 사업 등 각종 복지사업과 이와 관련된 자원봉사활동 및 복
지시설의 운영 또는 지원을 목적으로 하는 사업을 말한다"고 규정하고
있다.
122) 즉, 일본의 공익인정법 제2조에서는 공익사업의 유형에 대해 규정한 다음
동법 제5조에서 공익성 인정기준에 대해 규정하고 있다. 구체적인 공익
인정의 기준으로는 법인의 목적 및 사업의 성질·내용에 관한 것(제1호 내
지 제7호), 법인의 재무에 관한 것(제8호 및 제9호), 법인의 기관에 관한
것(제10호 내지 제14호), 법인의 재산에 관한 것(제15조 내지 제18호)으로
나눌 수 있다. 이상에 대한 상세한 설명으로는, 최성경, 일본의 공익법인
제도 개혁, 민사법학, 제41호, 2008, 540면 이하 참조.

인정과 관련한 판단의 기준을 전혀 제시하지 않고 있다. 따라서 공익법인법에서 예시하는 공익사업과 함께 다른 사업을 수행하는 경우에는 목적 이외의 사업을 한 것으로 볼 것인지 아니면 여전히 목적 범위 내의 사업을 하고 있는 것으로 판단할 것인지가 어려운 문제로 남아 있을 수 있다. 물론, 이러한 규정 태도에 대해 일종의 '부수목적의 특전(Nebenzweckprivileg)'이 인정된 것으로 이해하여 공익사업이라는 주된 사업목적을 달성하기 위한 방편으로서 부수적인 수익사업을 할 수 있게 규정한 것으로 이해할 여지도 있다.[123] 더 나아가, 우리 대법원도 공익법인법상의 공익법인의 개념에 대한 해석과 관련하여 "공익법인은 민법 제32조 소정의 비영리법인 중 순수한 학술, 자선 등 공익법인의 설립·운영에 관한 법률 시행령 제2조 제1항 각호 소정 사업을 목적으로 하는 법인이거나 주로 위와 같은 학술, 자선 등의 사업을 목적으로 하면서 그와 함께 부수적으로 그 이외의 사업을 함께 수행하는 법인만을 말하는 것이라 할 것이다."[124]라고 하면서 유사한 태도를 취하는 것으로 평가할 여지도 있다. 그러나 공익법인법상의 태도는 이와 같은 해석론의 타당성을 의심스럽게 하는 부분이 있다. 즉, 공익법인법 제4조 제3항에서는 "공익법인은 목적 달성을 위하여 수익사업을 하려면 정관으로 정하는 바에 따라 사업마다 주무 관청의 승인을 받아야 한다. 이를 변경하려는 경우에도 또한 같다."고 규정하고 있는데, 동 규정에 의하면 수익사업은 공익목적의 사업을 위한 부수적 사업임을 분명히 하고 있는 것으로 평가할 수 있다. 그런데 이와 같이 수익사업이 부수적 사업이라면 이는 법일반이론에 의하여 법인의 목적에 대한 기존의 해석론으로서

---

123) 이와 같은 취지로는, 고상현, 공익법인의 설립, 민사법학, 제70호, 2015, 11면 각주 21.

124) 대법원 2010.9.30. 선고 2010다43580 판결; 대법원 2012.4.13. 선고 2010다10160 판결.

도 충분히 설명이 되는 부분이며,[125] 우리 법원의 태도 또한 마찬가
지라고 이해할 수 있다.[126] 환언하면, 수익사업이 부수적 사업이라면

---

125) 비영리법인의 경우, 비영리사업의 본질에 반하지 않는 범위 내에서 목적
달성에 필요한 자금을 조달하기 위한 수익사업은 허용되며, 단지 그러한
사업으로 인한 수익은 반드시 사업목적에 충당하여야 하고, 구성원에 분
배해서는 안 된다는 점에 대해서는 거의 이론이 없음을 상기할 필요가
있다.

126) ultra vires 원칙에 관한 우리 대법원의 태도를 고려할 때 이와 같은 설명이
반드시 무리한 평가라고 하기는 힘들 것이다. 법인의 목적 범위에 대한
해석과 관련하여서는, 대법원 2007.01.26. 선고 2004도1632 판결((1) 법인의
권리능력 혹은 행위능력은 법인의 설립근거가 된 법률과 정관상의 목적
에 의하여 제한되나, 그 목적 범위 내의 행위라 함은 법률이나 정관에 명
시된 목적 자체에 국한되는 것이 아니라 그 목적을 수행하는 데 있어 직
접, 간접으로 필요한 행위는 모두 포함한다. (2) 축산업협동조합중앙회가
구 축산업협동조합법 제123조 제1항에서 정한 사업 이외의 독자적인 사
업활동으로서가 아니라 같은 법 제1조, 제104조 소정의 '회원조합 육성 및
축산업의 진흥과 구성원의 경제적·사회적 지위향상 도모'라고 하는 기본
목적의 실현 및 같은 법 제123조 제1항에서 정한 각종 사업의 수행에 근
간이 되는 중앙회 조직의 유지, 관리, 홍보 등의 용도에 필요한 자금을 지
출하는 행위는 달리 특별한 사정이 없는 한 같은 법 제143조의 '사업목적
외의 자금 사용행위'에 해당한다고 단정하여서는 안 된다) 등 참조. 아울
러, 우리 법원이 목적범위 내의 행위로 본 것으로는, 대법원 1991.11.22. 선
고 91다8821 판결(구 신용협동조합법(1988.12.31. 법률 제4070호로 개정되기
전의것) 제70조에 규정된 신용협동조합연합회의 업무 범위에 조합원과의
거래가 포함되어 있지 않다고 하더라도 신용협동조합연합회는 위 법조에
의하여 조합에 대한 자금의 대출 등을 할 수 있게 되어 있으므로 조합을
통한 조합원과의 거래를 당연히 예상하고 있는 것이라고 볼 수 있을 뿐
만 아니라 조합에 대한 대여금 채권의 확보행위는 그 목적 수행에 필요
한 것이므로 위 "가"항과 같은 변제약정은 그 목적 범위 내의 행위에 속
한다), 대법원 1974.6.25. 선고 74다7 판결(어업협동조합이 내빈 등 접대를
위하여 차를 외상으로 구입한 대금이 조합의 그 때 그 때의 목적사업수
행에 직접적으로 관련된 것이었다면 이를 조합의 어떠한 독립된 행위라
고 보기 보다는 그 목적사업수행에 필요한 부대경비의 일부라고 볼 것이
므로 조합은 이를 지급할 의무가 있다), 대법원 1976.3.23. 선고 74다2088

그와 같은 부수적 사업은 당연히 목적 범위 내의 행위로 이해될 수 있고, 그렇다면 특별히 동법 시행령 제2조 제2항에서와 같이 "제1항 각호의 사업(즉, 공익사업)과 그 이외의 사업을 함께 수행하는 법인"과 같은 규정을 둘 실익이 없다는 것이다. 따라서 이러한 시각이라면, 공익법인법 시행령 제2조 제2항의 규정은 공익법인의 설립허가 취소사유로서의 목적사업 외의 사업을 상정하고 있는 공익법인법 제16조의 규정에 반하는 규정태도라고 할 수 있다. 그러므로 입법론적인 관점에서는 공익법인법 제16조와 동법 시행령 제2조 제2항의 규정이 조화될 수 있는 방향으로의 개정이 필요하다고 할 것이다.

다른 한편, 민법 및 공익법인법에서는 법인이 '공익을 해치는 행위'를 한 경우에도 법인의 설립허가를 취소할 수 있는 것으로 규정하고 있는데, 이러한 태도에 대해서는 종래 다음과 같은 비판이 제기되어 왔다. 즉, 공익법인법에 의한 법인의 설립시 그 목적은 이미

판결(피고 조합이 특별법에 의하여 법인격이 부여된 특수공법인이고 따라서 위 특별법이 규정하고 있는 사업목적의 범위내의 행위만을 할 수 있으며 그 목적범위를 일탈한 행위를 할 수 없다 함은 논지가 주장하는 바와 같으나 이건 채권양도에 대한 피고 조합의 승낙행위는 피고 조합의 기존채무에 대한 채권자의 교체에 대한 승인행위에 불과하여 위 피고 조합의 사업목적의 범위나 권리능력의 범위를 일탈할 행위라고 볼 수 없고 또 소외 청구건설사가 원고로부터 차용한 금원을 어느 용도에 사용하였는가의 여부에 따라 피고조합의 이건 채권양도승낙행위가 위 피고 조합의 사업목적의 범위내인지 아닌지로 구별된다고는 볼 수 없다 할 것이니 피고 조합의 이건 승낙행위가 사업목적 범위를 일탈한 행위이므로 무효라는 주장은 이유 없다) 등 참조. 다른 한편, 비교적 최근의 대법원판결로서 민법 제38조의 해석과 관련된 것이기는 하나, 법인의 '목적 이외의 사업'의 의미와 관련하여 이상과 같은 태도를 취한 것으로는, 대법원 2014.01.23. 선고 2011두25012 판결(비영리법인이 '목적 이외의 사업'을 한 때란 법인의 정관에 명시된 목적사업과 그 목적사업을 수행하는 데 직접 또는 간접으로 필요한 사업 이외의 사업을 한 때를 말하고, 이때 목적사업 수행에 필요한지는 행위자의 주관적·구체적 의사가 아닌 사업 자체의 객관적 성질에 따라 판단하여야 한다) 참조.

정관에 규정되어 있고 운영은 정관에 따르게 되어 있으므로 공익을 해치는 행위에 대해 설립허가 취소사유로 삼는 것은 불필요한 조치일 뿐만 아니라, '공익'의 범위가 지나치게 광범위하여 일반적인 모든 법률행위가 공익에 포함될 수도 있기 때문에 공익법인법 제16조의 규정은 주무관청의 재량권행사에 의해 공익법인의 설립을 취소할 수 있는 근거로 작용할 수 있다는 것이다.[127] 비록 우리 대법원이 공익을 해치는 행위의 의미를 엄격히 해석하고 있다고 하더라도[128] 충분히 수긍할 수 있는 지적이라고 할 것이다. 이와 관련하여, '공익을 해치는 행위를 한 경우'를 공익법인의 설립허가 취소사유로 예정하고 있는 공익법인법 제16조 제1항 제6호를 재량행위의 투명화를 위하여 삭제하자는 논의가 국회에서도 제기된 사실이 있으나, 동호의 규정을 삭제하더라도 공익법인은 민법상 비영리법인의 일종이므로 여전히 민법 제38조가 적용될 수 있고 그렇다면 개정의 실익이 없다는 지적이 받아들여져 개정논의가 중단되기도 하였다.[129] 따라

---

127) 윤철홍, 위의 글, 23면.

128) 대법원 2014.01.23. 선고 2011두25012 판결 : 민법 제38조에서 말하는 비영리법인이 '공익을 해하는 행위를 한 때'란 법인의 기관이 직무의 집행으로서 공익을 침해하는 행위를 하거나 사원총회가 그러한 결의를 한 경우를 의미한다. 그리고 민법 제38조의 규정은 법인이 설립될 당시에는 그가 목적하는 사업이 공익을 해하는 것이 아니었으나 그 후의 사정변동에 의하여 그것이 공익을 해하는 것으로 되었을 경우에 대처하기 위한 것이라고 해석되는 점, 법인 설립허가취소는 법인을 해산하여 결국 법인격을 소멸하게 하는 제재처분인 점(민법 제77조 제1항) 등에 비추어 보면, 민법 제38조에 정한 '공익을 해하는 행위'를 한 때에 해당된다고 하기 위해서는, 당해 법인의 목적사업 또는 존재 자체가 공익을 해한다고 인정되거나 당해 법인의 행위가 직접적이고도 구체적으로 공익을 침해하는 것이어야 하고, 목적사업의 내용, 행위의 태양 및 위법성의 정도, 공익 침해의 정도와 경위 등을 종합해 볼 때 당해 법인의 소멸을 명하는 것이 그 불법적인 공익 침해 상태를 제거하고 정당한 법질서를 회복하기 위한 제재수단으로서 긴요하게 요청되는 경우이어야 한다.

서 이 문제를 근본적으로 해결하기 위해서는 공익법인법 이외에 민법의 개정도 함께 모색하여야 할 것이다.

나. 수익사업

영리와 비영리의 개념에 대하여 견해의 대립이 있을 수 있으나, 대체로 수익분배가능성을 염두에 두고 영리와 비영리의 개념을 구별하고자 하는 것이 일반적이다.[130] 따라서 이러한 해석론에 의할 경우, 비영리법인에 있어서 정관에서 정한 목적달성에 필요한 자금을 조달하기 위하여 행하는 수익사업은 허용되어야 함도 당연한 논리적 귀결이며, 단지 그러한 사업으로 인한 수익이 반드시 사업목적에 충당되기만 하면 되고 구성원에게 분배되지 않으면 족하다고 할 것이다. 따라서 구성원이 없는 재단법인은 언제나 비영리법인이라는 논리가 관철될 수도 있다. 이러한 관점에서 볼 때, 공익법인 또한 비영리법인의 일종이므로 그것이 사단법인인 경우에는 수익사업으로 인한 수익을 구성원에게 분배해서는 안 된다.

한편, 수익의 직접적인 분배에는 해당하지 않는다고 하더라도 사원이나 직원의 이익을 꾀하는 것을 목적으로 하는 경우에도 비영리성이 유지된다고 할 수 있는지가 의문이다. 이와 관련하여, 상호부조나 친목 또는 공동연구 등과 같은 활동을 통하여 사원의 이익을 꾀하는 것은 여전히 영리 아닌 사업에 해당한다고 할 수도 있을 것이다.[131] 그러나 우리 대법원은 비영리성의 여부를 판단함에 있어서 경영의 실태를 심사하여 현실적으로 비영리성을 판단하여야 한다고

---

129) 국회 법제사법위원회 2007년 6월 '공익법인의 설립·운영에 관한 법률 일부개정법률안 심사보고서' 참조.
130) 박준서, 위의 책, 594면; 곽윤직, 위의 책, 549면.
131) 곽윤직, 위의 책, 549면.

한다.[132] 아울러, 농업협동조합이나 수산업협동조합 그리고 건설공제조합 등은 사업에서 얻은 수익의 분배를 통하여 구성원에게 경제적 이익을 줄 수 있는 구조이므로 비영리법인에 해당하지 않는다고 한다.[133] 요컨대, 현실적인 법인의 운영실체가 수익의 분배구조를 가지고 있다면 더 이상 비영리법인이 아니라고 할 수 있을 것이다.

아무튼, 공익법인 관련 법령에서는 공익법인의 목적달성을 위하여 수익사업을 할 수 있는 것으로 규정하고 있다.[134] 아울러, 수익사업에 대한 회계는 법인의 일반회계와 구분하여 별도의 회계로 경리하도록 하는 한편,[135] 그로부터 생긴 수익을 다른 용도로 사용하는 것을 금지하거나[136] 그와 같은 전용의 경우에는 주무관청이 수익사업의 정지를 명할 수 있는 것으로 하고 있다.[137] 그리고 수익사업에 관한 사항은 정관의 필요적 기재사항으로 하는 한편,[138] 수익사업을

---

132) 박준서, 위의 책, 594면.
133) 대법원 1978.02.14. 선고 77누250 판결(농업협동조합법은 … 농업협동조합의 설립목적을 규제하고 있고 … 영리적, 투기적 업무를 하지 못하도록 규정하고 있으나 … 그 목적달성을 위하여 구매사업, 판매사업, 신용사업 등의 수익사업을 할 수 있고, … 법정적립금, 사업준비금 및 이월금을 공제하고 잉여금이 있으면 정관의 정하는 바에 의하여 … 조합원에게 배당하고 그리고도 잉여가 있을 때에는 조합원의 사업이용분량의 비율에 의하여 이를 배당한다고 규정하고 있으며, … 이러한 조문들을 검토하여 보면 농업협동조합은 동법이 규정한 외의 영리적, 투기적 업무를 할 수 없는 것이라고 해석될 뿐이어서 … "특별법에 의하여 설립된 법인으로서 민법 제32조의 규정에 의한 법인과 유사한 설립목적을 가진 법인" 즉법인세법에서 말하는 "비영리내국법인"에 해당한다고 할 수는 없는 것이라고 할 것이다) 등 참조.
134) 공익법인법 제4조 제3항, 사회복지사업법 제28조 제1항, 사립학교법 제6조 제1항.
135) 공익법인법 제23조, 사립학교법 제6조 제4항, 제29조 제3항, 사회복지사업법 제28조 제3항, 사회복지법인 및 사회복지시설 재무·회계규칙 제6조.
136) 사회복지사업법 제28조 제2항.
137) 공익법인법 제14조 제3항, 사립학교법 제46조 참조.
138) 공익법인법 시행령 제3조 제1항 제1호, 사립학교법 제10조 제1항 제8호.

수행하기 위해서는 사업마다 주무관청의 승인을 얻거나[139] 일정한
절차를 거쳐 공시하도록 하고 있다.[140] 따라서 이와 같은 공익법인
관련법령의 규정들을 종합할 경우, 공익법인에 있어서는 수익사업에
대한 회계를 별도로 하며, 사업수행으로 인한 수익을 법인의 목적사
업 이외의 용도로 사용할 수 없게 하고 있는 것으로 평가할 수 있다.
그리고 이러한 논리를 보다 엄격히 관철하면, 공익법인은 사회일반
의 이익을 목적으로 하는 법인이므로, 수익사업으로 인한 수익을 사
회일반의 이익이 아니라 구성원 또는 직원 등의 이익을 위하여 사용
하는 것도 금지된다고 할 수 있다. 그런데 여기서 문제로 되는 것은
구성원이나 직원에게 일체의 이익 되는 행위를 해서는 안 되는지가
의문일 수 있다. 그러나 공익법인의 목적사업의 수행과정에서 구성
원이나 직원 기타 법인에게 직·간접적으로 관계가 있는 자에게 일정
한 이익이 제공되는 모든 경우가 금지된다고 할 수는 없을 것이며,
이와 같은 해석이 가능하기 위해서는 관련 법령에서 이를 분명히 할
필요가 있다. 즉, 공익법인법 제14조 제3항에서는 수익을 '목적사업
외의 용도에 사용'하는 것을 금지하는 한편, 사립학교법 제46조에서
는 수익을 '사립학교의 경영 이외의 목적에 사용'하는 것을 금지하
고, 사회복지사업법 제28조 제2항에서는 '법인 또는 법인이 설치한
사회복지시설의 운영외의 목적에 사용'하는 것을 각각 금지하고 있
는데 여기서 말하는 '목적사업 외의 용도', '학교경영' 또는 '시설운영
외의 목적'에 사용한다는 표현이 지나치게 광범위하여 그 판단에 있
어서 감독청의 재량권의 한계를 분명히 할 필요가 있다는 것이다.
비록, 사회일반의 이익은 구성원이나 직원의 사사로운 이익 또는 직
업적 이익과 구별되는 것이기는 하나, 공익법인의 목적사업 자체가
집단적 이익의 방어를 목적으로 하는 경우도 있을 수 있으므로, 이

---

139) 공익법인법 제4조 제3항.
140) 사립학교법 제6조 제3항 참조.

와 같은 점을 분명히 할 필요가 있을 것이다. 그리고 이러한 의미에
서 일본의 공익성인정법의 태도는 충분히 참조의 가치가 있다. 즉,
일본에서는 공익성 인정의 기준 중 법인의 목적 및 사업의 성질·내
용에 관한 깃 중의 하나로서 "사업을 수행하기 위한 사원, 평의원, 이
사, 감사, 사용인 기타 정령으로 정하는 당해 법인의 관계자에 대해
특별한 이익을 부여하지 않을 것" 및 "사업을 수행하는데 주식회사
기타 영리사업을 경영하는 자 또는 특정 개인이나 단체의 이익을 도
모하는 활동을 행하는 자로서 정령으로 정하는 사람에 대해 기부 기
타 특별이익을 부여하는 행위를 하지 않을 것"을 상정하고 있는데,
이는 공익법인이 불특정다수인의 이익의 증진에 기여하는 것이며,
특정한 자에게 특별한 이익을 주는 것을 목적으로 해서는 안 된다는
점을 분명히 한 것이다.[141]

다른 한편, 공익법인 관련 법령의 태도는 수익사업의 유형에 대
해서는 특별한 제한을 두고 있지 않은 것으로 평가될 여지가 있다.
물론, 관련 규정의 내용을 종합해 보면, 해당 수익사업을 계속하는
것이 공익법인의 목적에 위배된다고 인정될 경우에 주무관청이 당
해 수익사업의 시정이나 정지를 명할 수 있는 것으로 규정하는 한
편,[142] 수익사업에 관한 사항을 정관의 필요적 기재사항으로 할 뿐만
아니라 주무관청의 승인사항으로 하기도 한다는 점에서 공익법인의
수익사업의 유형에도 적절한 규제가 가능한 것으로 설명될 여지가
있다. 그러나 과연 어떤 수익사업이 공익법인의 목적에 반한다고 평
가할 수 있는지에 대한 기준이 불분명하다는 지적은 여전히 가능하
며, 이러한 이유로 여전히 감독청의 재량권의 한계가 불분명하다고
할 수 있다. 따라서 이러한 문제를 해결하기 위해서도 일본에서의
공익성인정법의 태도를 참조할 필요는 있다. 즉, 일본에서는 공익법

---

141) 이상과 같은 설명에 대해서는, 최성경, 위의 글, 545면 참조.
142) 공익법인법 제14조 제3항 제2호, 사립학교법 제46조 제2호.

인의 설립허가 및 지도감독기준의 운용지침에서 수익사업의 업종으로서 적당하지 않은 것으로서 ① 풍속관련영업, ② 고리의 융자사업 그리고 ③ 경영이 투기적으로 이루어진 사업을 들고 있는데 이들 사업은 당해 공익법인 뿐만 아니라 공익법인 전체의 신용을 실추시킬 우려가 있기 때문이라고 하며, 구체적인 내용은 정령으로 정하도록 하고 있다.[143] 따라서 우리의 관련 법령에서도 이와 같은 내용의 공익성 인정기준을 도입할 필요가 있다고 할 것이다.

3. 재산의 취득과 회계

가. 공익법인의 재산의 취득과 처분

(1) 재산의 취득

민법상으로는 비영리법인의 재산에 관하여는 특별한 규정을 두지 않으면서도 다만 재단법인의 출연재산의 귀속시기에 대해서는 이를 특별히 규정하고 있다. 한편, 공익법인이 목적사업을 수행함에 있어서 가장 중요한 요소 중의 하나는 그 운영상의 독자성 내지 자치성을 확보하는 것이며, 이를 위해서는 법인의 재산구성의 면에 있어서도 다른 법인 또는 특수관계인에게 의존하지 않을 정도의 자주성이 확보되어야 한다. 이러한 이유로 공익법인 관련 법령에서는 대체로 공익법인의 재산에 관한 사항에 대해서도 상세한 규정을 두고 있다. 그리하여 공익법인의 목적수행에 필요한 재산이 확보될 것을 직·간접적으로 요구하기도 한다. 예컨대, 공익법인법에서는 주무관청에서 공익법인의 설립을 허가함에 있어서는 공익법인의 목적사업이 구체적이고 실현가능할 것이라는 요건에 추가하여, 재단법인에

---

143) 최성경, 위의 글, 546면.

있어서는 출연재산의 수입, 사단법인에 있어서는 회비·기부금등으
로 조성하는 재원의 수입으로 목적사업을 원활히 달성할 수 있다고
인정될 수 있을 것을 요구하고 있다.[144] 사회복지사업법이나 사립학
교법에서도 유사한 취지의 규정을 두고 있다.[145]

한편, 공익법인법에서는 법인의 재산을 기본재산과 보통재산으로
나누고 있는데,[146] 기본재산은 ① 설립시 기본재산으로 출연한 재산,
② 기부에 의하거나 기타 무상으로 취득한 재산(다만, 기부목적에 비
추어 기본재산으로 하기 곤란하여 주무관청의 승인을 얻은 것은 예
외로 함), ③ 보통재산 중 총회 또는 이사회에서 기본재산으로 편입
할 것을 의결한 재산, ④ 세계잉여금 중 적립금을 예시하면서 이와
같은 기본재산 이외의 모든 재산은 보통재산이라고 한다.[147] 다른 한
편, 공익법인 관련법령에서는 법인의 재산취득시기 등에 대해서는
특별한 규정을 두고 있지 않다. 따라서 이와 관련하여서는 민법상
재산권취득의 기본원칙에 따라 처리하여야 할 것이다. 다만, 공익법

---

144) 공익법인법 제4조 제1항, 동법 시행령 제5조 제1항 참조.
145) 즉, 사회복지사업법 제23조 제1항에서는 사회복지법인이 사회복지사업의
　　운영에 필요한 재산을 소유하여야 한다고 규정하고 있다. 사립학교법 제5
　　조 제1항에서도 학교법인은 그 설치·경영하는 사립학교에 필요한 시설·설
　　비와 당해 학교의 경영에 필요한 재산을 갖추어야 한다고 규정하고 있다.
146) 사립학교법 시행령 제4조 제2항에서도 학교법인의 설립허가 신청시 제출
　　하여야 할 재산목록에는 기본재산과 보통재산을 구별하도록 하고 있으
　　며, 기본재산은 다시 교육용 기본재산과 수익용 기본재산으로 구분하도
　　록 하고 있다. 사회복지사업법 제23조 제2항에서도 마찬가지의 분류를 하
　　고 있다. 아울러, 사회복지사업법 시행규칙 제12조에서는 기본재산을 목
　　적사업용 기본재산과 수익용 기본재산으로 나누고 있다.
147) 공익법인법 시행령 제16조 제1항 및 제2항. 사회복지사업법 시행규칙 제
　　12조, 사립학교법 시행령 제5조에서도 유사한 내용의 규정을 두고 있다.
　　한편, 공익법인법 시행령 제16조 제3항에서는 공익법인의 보통재산이 과
　　다하다고 인정할 때에는 주무관청이 그 일부를 기본재산으로 편입하게
　　할 수 있다고 규정하고 있는데, 사회복지사업법이나 사립학교법에서는
　　이와 같은 규정을 두고 있지 않다.

인법에서는 재단법인의 경우, 설립허가를 받은 후에 지체 없이 출연재산을 법인에 이전하고 이를 주무관청에 보고하도록 하고 있는데,[148] 이는 재단법인의 출연재산의 귀속시기를 둘러 싼 민법 제48조의 해석을 둘러 싼 논쟁의 존재를 염두에 둔 규정이라고 할 것이다. 따라서 이상과 같이 법인 설립 후 또는 출연행위가 있은 후 지체 없이 재산을 이전하고 이를 주무관청에 보고하도록 한 태도는 민법상 권리변동의 원칙의 적용시 발생할 수 있는 불필요한 논쟁을 억제하고자 하는 태도로 평가할 수 있다.

또 다른 한편, 공익법인의 재산의 취득과 관련하여 그 규모가 법인의 목적사업을 원활히 수행할 수 있는 정도의 것이어야 함을 법정하는 태도는 일견 충분히 수긍할 수 있는 규정태도이다. 다만, 여전히 의문으로 남는 것은, 공익법인의 취득재산의 유형에는 아무런 제한이 없는지의 여부이다.[149] 특히, 공익법인이 일정한 세제혜택을 받는다는 점 등을 고려할 때, 공익법인의 목적사업과는 무관하거나 관련성이 적은 재산이 그와 같은 세제혜택을 노려 공익법인의 기본재산 또는 수익사업을 위한 재산으로 편입되는 경우를 상정할 수도 있기 때문이다. 물론, 우리 대법원의 태도 등을 고려할 때, 공익법인으

---

148) 공익법인법 시행령 제8조 참조. 한편, 사립학교법에서는 민법 제47조 및 제48조를 준용하고 있으므로, 민법에서의 관련 규정의 해석론이 그대로 적용될 수 있다. 다만, 사립학교법 제8조의2에서도 공익법인법 시행령 제8조와 마찬가지로 재산이전의 여부를 보고하도록 하고 있다. 반면, 사회복지사업법 제24조에서는 법인이 매수·기부채납, 후원 등의 방법으로 재산을 취득하였을 때에는 지체 없이 이를 법인의 재산으로 편입조치하여야 하며, 이 경우 법인은 그 취득 사유, 취득재산의 종류·수량 및 가액을 매년 시·도지사에게 보고하여야 한다고 규정하고 있다.

149) 법인의 유형에 따라 취득재산의 범위에도 일정한 제한이 가해지는 입법례로는 프랑스의 경우를 들 수 있다. 이와 관련한 보다 상세한 설명에 대해서는, 박수곤, 프랑스법에서의 민사법인에 대한 규율, 경희법학 제45권 제1호, 2010, 77면 이하.

로의 재산의 편입 또한 재산의 처분행위로서 후술하는 바와 같이 정
관의 변경을 초래하는 사항으로서 주무관청의 허가라는 통제를 받
을 것이므로 그 부작용을 차단할 수 있다는 해석도 가능할 수 있으나,
과연 이와 같은 해석론만으로 그와 같은 부작용을 적절히 차단할 수
있는지는 의문일 수 있다. 따라서 그와 같은 부작용을 최소화할 수
있는 방향으로 관련 법령의 개정을 모색할 필요가 있을 것이다.

(2) 재산의 처분

민법상 비영리법인의 기본재산은 정관의 기재사항(제40조 제4호,
제43조)으로서 기본재산의 처분은 정관의 변경을 초래한다. 따라서
기본재산을 처분하기 위해서는 정관의 변경이 선행되어야 한다.[150]
우리 대법원도 주무관청의 허가 없는 기본재산의 처분행위는 무효
라고 하고 있다.[151] 다만, 주무관청의 허가는 사후허가라도 무방하
다.[152] 또한, 새로이 기본재산으로 편입하는 경우에도 정관변경을 초

---

150) 대법원 1966.11.29. 선고 66다1668 판결 : 재단법인의 정관에는 본법 제43조,
　　제40조 제4호에 의하여 자산에 관한 규정을 기재하여야 하고 따라서 재
　　단법인의 기본재산의 처분은 결국 재단법인 정관변경을 초래하게 됨으로
　　정관의 변경이 이루어지지 아니한다면 재단의 기본재산에 관한 처분행위
　　는 그 효력을 발생할 수 없다.
151) 대법원 1974.6.11. 선고 73다1975 판결 : 재단법인의 기본재산의 처분은 정
　　관변경을 요하는 것이므로 주무관청의 허가가 없으면 그 처분행위는 물
　　권계약으로 무효일 뿐 아니라 채권계약으로서도 무효이다.
152) 대법원 1998. 7. 24. 선고 96다27988 판결 : (1) 구 사립학교법 제28조 제1항
　　의 취지는 학교법인의 기본재산에 관한 거래계약 자체를 규제하려는 것
　　이 아니라 사립학교를 설치·운영하는 학교법인의 재정적 기초가 되는 기
　　본재산을 유지·보전하기 위하여 감독청의 허가 없이 그 기본재산에 관하
　　여 타인 앞으로 권리가 이전되거나 담보권·임차권이 설정되는 것을 규제
　　하려는 것이라고 할 것이므로, 반드시 기본재산의 매매 등 계약 성립 전
　　에 감독청의 허가를 받아야만 하는 것은 아니고, 매매 등 계약 성립 후에
　　라도 감독청의 허가를 받으면 그 매매 등 계약이 유효하게 된다. (2) 학교

래하므로 주무관청의 허가를 요한다.[153]

한편, 공익법인 관련법령에서는 이와 같은 민법상의 일반원칙을 그대로 반영한 것으로 평가할 수 있다. 그리하여 공익법인의 기본재산은 그 목록과 평가가액을 정관에 기재하여야 하며 평가액에 변동이 있는 경우에는 지체 없이 정관변경 절차를 밟아야 하는 한편, 그 재산을 처분·변경하거나(매도·증여·임대·교환 또는 용도변경하거나 담보로 제공하거나)[154] 일정금액 이상을 장기차입하고자 할 때에는[155] 주무관청의 허가를 받아야 하는 것으로 하고 있다.[156][157] 물론,

---

법인이 감독청의 허가 없이 기본재산인 부동산에 관한 매매계약을 체결하는 한편 그 부동산에서 운영하던 학교를 당국의 인가를 받아 신축교사로 이전하고 준공검사까지 마친 경우, 위 매매계약이 감독청의 허가 없이 체결되어 아직은 효력이 없다고 하더라도 위 매매계약에 기한 소유권이전등기절차 이행청구권의 기초가 되는 법률관계는 이미 존재한다고 볼 수 있고 장차 감독청의 허가에 따라 그 청구권이 발생할 개연성 또한 충분하므로, 매수인으로서는 미리 그 청구를 할 필요가 있는 한, 감독청의 허가를 조건으로 그 부동산에 관한 소유권이전등기절차의 이행을 청구할 수 있다.

153) 대법원 1991.5.28. 선고 90다8558 판결 : 재단법인의 기본재산에 관한 사항은 정관의 기재사항으로서 기본재산의 변경은 정관의 변경을 초래하기 때문에 주무장관의 허가를 받아야 하고, 따라서 기존의 기본재산을 처분하는 행위는 물론 새로이 기본재산으로 편입하는 행위도 주무장관의 허가가 있어야 유효하고, 또 일단 주무장관의 허가를 얻어 기본재산에 편입하여 정관 기재사항의 일부가 된 경우에는 비록 그것이 명의신탁관계에 있었던 것이라 하더라도 이것을 처분(반환)하는 것은 정관의 변경을 초래하는 점에 있어서는 다를 바 없으므로 주무장관의 허가 없이 이를 이전 등기할 수는 없다.

154) 기본재산의 처분을 위한 구체적인 허가절차에 대해서는 공익법인법 시행령 제17조 및 사립학교법 시행령 제11조 제1항 내지 제3항, 사회복지사업법 시행규칙 제14조에서 각각 처분·변경행위의 유형에 따라 상세히 규정하고 있다.

155) 공익법인의 장기차입을 위한 허가절차에 대해서는 공익법인법 시행령 제18조에서, 사회복지법인의 장기차입을 위한 허가절차에 대해서는 사회복지사업법 시행규칙 제15조에서 그리고 학교법인의 의무부담 또는 권리포

공익법인에서의 재산의 취득·처분 및 관리에 관한 사항은 이사회의
심의·의결 사항이므로, 이사회의 결의를 거치지 않고 이루어진 처분
행위는 무효이다.[158] 그리고 우리 대법원은 주무관청의 허가를 얻어
야 하는 처분행위에는 임의처분 뿐만 아니라 강제경매에 의한 처분
도 포함되며,[159] 공익법인의 채권자가 공익법인의 기본재산을 수동

기시의 허가절차에 대해서는 사립학교법 시행령 제11조 제4항에서 각각
규정하고 있다.

156) 공익법인법 제11조(재산) ① 공익법인의 재산은 대통령령으로 정하는 바
에 따라 기본재산과 보통재산으로 구분한다. ② 기본재산은 그 목록과 평
가액을 정관에 적어야 하며, 평가액에 변동이 있을 때에는 지체 없이 정
관 변경 절차를 밟아야 한다. ③ 공익법인은 기본재산을 매도·증여·임대·
교환 또는 용도변경하거나 담보로 제공하거나 대통령령으로 정하는 일정
금액 이상을 장기차입(장기차입)하려면 주무 관청의 허가를 받아야 한다.
다만, 「상속세 및 증여세법」 제16조제2항에 따른 성실공익법인이 기본재
산의 100분의 20 범위 이내에서 기본재산의 증식을 목적으로 하는 매도·
교환 또는 용도변경 등 대통령령으로 정하는 경우에는 주무 관청에 대한
신고로 갈음할 수 있다. ④ 공익법인은 목적사업을 수행하기 위하여 그
재산을 선량한 관리자의 주의를 다하여 관리하여야 한다.

157) 사회복지사업법 제23조 제3항 및 사립학교법 제28조에서도 유사한 취지
의 규정을 두고 있다. 다만, 사립학교법 제28조 제2항에서는 학교교육에
직접 사용되는 학교법인의 재산 중 대통령령이 정하는 것은 매도 또는
담보로 제공할 수 없게 하고 있다.

158) 대법원 2002.06.28. 선고 2000다20090 판결 : 사회복지사업법 제32조에 의하
여 사회복지법인에 관하여 준용되는 공익법인의설립·운영에관한법률 제
1조, 제6조, 제7조, 그 밖에 위 각 법의 여러 규정을 아울러 살펴보면, 공
익법인의설립·운영에관한법률 제7조에서 공익법인의 재산의 처분에 관
한 사항 등을 이사회에서 심의결정한다고 한 것은 공익법인의 특수성을
고려하여 그 재산의 원활한 관리 및 유지 보호와 재정의 적정을 기함으
로써 공익법인의 건전한 발달을 도모하고 공익법인으로 하여금 그 본래
의 목적사업에 충실하게 하려는 데 그 목적이 있다 할 것이므로, 사회복
지법인의 대표자가 이사회의 의결 없이 사회복지법인의 재산을 처분한
경우에 그 처분행위는 효력이 없다.

159) 대법원 1984.12.01. 자 84마591 결정 : 공익법인의 기본재산의 처분제한에
관한 공익법인의 설립운영에 관한 법률 제11조 제3항의 규정은 같은 법

채권으로 하여 상계하는 경우도 포함된다고 한다.[160] 더 나아가, 주무관청이 공익법인의 기본재산의 처분에 대해 허가를 함에 있어서 부관을 붙일 수 있는지가 의문일 수 있으나, 이 또한 가능하다고 한다.[161] 다만, 공익법인이 제기한 기본재산에 관한 소송에서 그 소를 취하함에 있어서도 주무관청의 허가를 필요로 하는지가 의문일 수 있으나, 대법원은 본안에 대한 종국판결이 있은 후에 소를 취하하는 것은 실체법상의 권리의 포기에 해당하지 않는다고 한다.[162] 아무튼, 공익법인은 그 재산구성의 면에 있어서도 다른 법인 또는 특수관계인에게 의존하지 않을 정도의 독자성이 확보되어야 한다는 관점에서 볼 때, 이상과 같은 관련 법령의 규정태도 및 해석론은 공익성의

제1조의 입법목적에 비추어 강행규정이라 할 것이고 이는 기본재산을 임의처분하는 경우 뿐만 아니라 강제경매에 의한 처분의 경우도 마찬가지로 적용된다 할 것이다.

160) 대법원 1998.12.11. 선고 97다9970 판결 : 공익법인의 기본재산의 처분에 관한 공익법인의설립·운영에관한법률 제11조 제3항의 규정은 강행규정으로서 이에 위반하여 주무관청의 허가를 받지 않고 공익법인의 기본재산을 처분하는 것은 무효로 되고, 이는 공익법인의 채권자가 공익법인의 기본재산을 수동채권으로 하여 상계를 하는 경우에도 마찬가지이다.

161) 대법원 2005.09.28. 선고 2004다50044 판결 : 공익법인의 기본재산의 처분에 관한 공익법인의 설립·운영에 관한 법률 제11조 제3항의 규정은 강행규정으로서 이에 위반하여 주무관청의 허가를 받지 않고 기본재산을 처분하는 것은 무효라 할 것인데, 위 처분허가에 부관을 붙인 경우 그 처분허가의 법률적 성질이 형성적 행정행위로서의 인가에 해당한다고 하여 조건으로서의 부관의 부과가 허용되지 아니한다고 볼 수는 없고, 다만 구체적인 경우에 그것이 조건, 기한, 부담, 철회권의 유보 중 어느 종류의 부관에 해당하는지는 당해 부관의 내용, 경위 기타 제반 사정을 종합하여 판단하여야 할 것이다(주무관청이 공익법인의 기본재산 처분에 대하여 허가의 유효조건으로서 매매대금의 액수, 지급방법, 지급기한 등을 명시한 경우, 이를 단순한 주의적 규정이 아닌 조건적 성격의 부관으로 보아, 그에 따른 이행이 없는 이상 위 처분허가는 효력을 상실한다고 한 원심의 판단을 수긍한 사례).

162) 대법원 1989.7.11. 선고 87다카2406 판결.

유지를 위한 전제조건으로서 공익법인의 독자성 내지 자치성을 확보하기 위한 적절한 태도라고 할 수 있다.

다른 한편, 공익법인법 제11조 제3항 단서에서는 소위 '성실공익법인'이라고 하여 이들 법인이 기본재산의 증식을 목적으로 기본재산의 20% 범위 내에서 처분행위를 하는 경우에는 이를 주무관청의 허가사항이 아닌 신고사항으로 규정하고 있다. 그리고 이는 기본재산의 운용에 있어서 규제를 완화하고 자율성을 부여하기 위한 조치로서, 특히 일정비율의 기본재산을 높은 수익의 투자와 교환에 사용할 수 있게 하기 위한 것으로 평가할 수 있다. 아울러, 이러한 태도는 사립학교법이나 사회복지사업법에서의 관련 규정과의 균형을 염두에 둔 규정으로도 평가할 수 있다.[163] 다만, 공익법인 관련 법령에서의 이와 같은 태도는 공익사업의 수행능력의 판단에 있어서 필수적인 전제로서 고려되어야 하는 것이 기본재산임에도 불구하고, 그와 같은 공익법인의 기본재산의 처분에 대한 감독청의 역할을 약화시킴으로써 공익법인의 기본재산이 잠식될 수 있는 근거로 작용하고 있다는 점에서 재고의 필요가 있어 보인다. 특히, 공익법인법 시행령에서는[164] 공익법인의 기본재산의 증식을 목적으로 하는 처분행

---

163) 사립학교법 제28조 제1항 단서, 사회복지사업법 제23조 제3항 단서 참조.
164) 공익법인법 시행령 제18조의2(기본재산의 처분 신고) ① 법 제11조제3항 단서에서 "매도·교환 또는 용도변경 등 대통령령으로 정하는 경우"란 기본재산을 매도·교환 또는 용도변경하거나 담보로 제공(이하 "매도등"이라 한다)하는 경우를 말한다. ② 법 제11조제3항 단서에 따라 신고함으로써 매도등을 할 수 있는 기본재산의 범위는 「상속세 및 증여세법」 제61조부터 제66조까지의 규정을 준용하여 평가한 기본재산의 가액을 기준으로 한다. 이 경우 「상속세 및 증여세법」 제63조제1항제1호가목 중 "평가기준일 이전·이후 각 2개월"은 각각 "매도등을 한 날의 직전 거래일부터 이전 2개월"로 본다. ③ 「상속세 및 증여세법」 제16조제2항에 따른 성실공익법인(이하 "성실공익법인"이라 한다)이 법 제11조제3항 단서 및 이 조 제1항에 따라 기본재산의 매도등을 한 경우에는 그 매도등을 한 날부터 3주일

위의 유형과 신고절차에 대해서만 규정하고 있음에 불과하므로 그 규정의 실익이 크지 않아 보인다. 따라서 공익법인의 사업수행을 위해서는 필수적인 재산이라 하더라도 그 가액범위가 기본재산의 20% 이내이면 재산증식을 위한 처분이라는 명목으로 처분한 후, 주무관청에 신고만 하면 되는 것으로 해석될 여지가 있다. 결국, 이러한 규정태도는 설립허가의 취소사유에 해당할 수 있는 행위를 같은 법 안에서 허용하고 있는 태도로 평가될 여지가 있다.[165] 따라서 현행의 규정취지는 유지하면서도 보다 전향적인 규정태도로는 대체취득을 위한 기본재산의 처분이라든가 재산법인의 목적수행에 필수적인 요소인 특정한 재산을 제외한 나머지 기본재산 중 일정가액 이하의 재산 또는 일정 범위의 재산처분에 대해서만 신고주의에 따르게 하는 방편을 고려할 수 있을 것이다.[166] 아울러, 일본의 공익성인정법에서도 발견되는 바와 같이, 공익목적사업을 수행하기 위해서 필요불가결한 특정의 재산이 있는 경우에는 그 취지와 그 유지 및 처분제한에 대해 필요한 사항을 정관에서 정하도록 하는 방법도 고려할 수

이내에 그 신고서에 다음 각 호의 서류를 첨부하여 주무관청에 제출하여야 하며, 같은 기간 내에 주무관청에 법 제11조제2항에 따른 정관변경 허가를 신청하여야 한다. 1. 기본재산명세서 및 매도등을 한 재산의 명세서 (제2항에 따른 평가액을 소명할 수 있는 자료를 각각 포함한다) 2. 이사회 회의록 사본 3. 성실공익법인에 해당함을 소명할 수 있는 자료. ④ 제3항에 따른 신고서를 제출받은 주무관청은 지체 없이 제3항 각 호의 서류를 검토하여야 하며, 필요한 경우 공익법인에게 보정(보정)을 요구할 수 있다. 이 경우 성실공익법인은 보정을 요구받은 날부터 1주일 이내에 이를 보정하여야 한다.

165) 이는 특히 관련 법령에서도 공익법인은 목적사업에 필요한 기본재산 또는 운영경비의 전액을 충당할 수 있는 기본재산을 갖추어야 함을 명시하고 있는 점에서도 더 더욱 그러하다고 할 것이다. 예컨대, 사회복지사업법 시행규칙 제13조 참조.

166) 대체로 이러한 규정태도에 가까운 태도를 취하고 있는 경우가 사립학교법 시행령 제11조 및 제12조의 규정태도라고 할 수 있다.

있을 것이다.

나. 공익법인의 사업결산과 회계

(1) 사업계획 및 사업실적에 대한 결산보고

민법상 법인의 경우에는 매 사업연도 종료 후 2개월 이내에 ① 다음 사업연도의 사업계획 및 수입·지출예산서, ② 당해 사업연도의 사업실적 및 수입·지출결산서, ③ 당해 사업연도 및 현재의 재산목록 각 1부를 법무부장관에게 제출하여야 한다(법무부규칙 제9조).

한편, 공익법인은 주무 관청에 대하여 매 회계연도가 시작되기 전에 다음 해에 실시할 사업계획 및 예산을 제출하고 매 회계연도가 끝난 후에 사업실적과 결산을 보고하여야 한다.[167] 우선, 다음 해에 실시할 사업계획 및 예산은 당해 사업의 회계연도 개시 1월전까지 주무관청에 제출하여야 하며, 이 경우 추정대차대조표 및 그 부속명세서 그리고 추정손익계산서 및 그 부속명세서를 첨부하여야 한다.[168] 그리고 회계연도가 끝난 후에 제출하는 사업실적 및 결산은 해당 사업의 회계연도 종료후 3개월 이내에 행하여야 하며, 이 경우 대차대조표 및 그 부속명세서, 손익계산서 및 그 부속명세서 그리고 공인회계사의 감사증명서(다만, 주무관청이 필요하다고 인정하여 첨부하게 한 경우에 한한다)를 첨부하여야 한다.[169][170]

---

167) 공익법인법 제12조 제2항, 사립학교법 제31조 제1항.
168) 공익법인법 시행령 제19조 제1항, 사립학교법 시행령 제14조, 사회복지법인 및 사회복지시설 재무·회계 규칙 제10조 이하 참조.
169) 공익법인법 시행령 제19조 제2항, 사립학교법 시행령 제14조, 사회복지법인 및 사회복지시설 재무·회계 규칙 제19조 이하 참조.
170) 성실공익법인의 경우에는 이에 추가하여 ①「상속세 및 증여세법」제48조 제2항제3호에 따른 운용소득 사용내역(해당 회계연도의 사용내역을 말한다), ②「상속세 및 증여세법」제50조제3항에 따른 회계감사 자료, ③「상속세 및 증여세법」제50조의2에 따른 전용계좌 사용내역(해당 회계연도의

(2) 공익법인의 회계

　민법상 비영리법인의 회계에 관해서는 민법에서 특별히 규정하는 바가 없으므로 정관의 규정에 따라 구별하여야 한다. 반면, 공익법인 관련 법령에서는 공익법인에서의 회계원칙 및 회계의 구분과 관련하여 상세한 규정을 두고 있다. 이는 공익법인의 운영의 투명성을 제고하기 위한 조치로서 일견 그 타당성이 인정된다.

　우선, 공익법인의 회계원칙과 관련하여, 공익법인법상 공익법인의 회계연도는 정부의 회계연도에 의한다.[171] 특히, 공익법인법상의 공익법인은 결산상 잉여금을 기본재산에 전입하거나 다음 해에 이월하여 목적사업에 사용하여야 한다.[172] 공익법인법상 공익법인의 회계는 공익법인법 시행령에서 특별히 규정하고 있지 않는 한, 그 사업의 경영성과와 수지상태를 정확하게 파악하기 위하여 모든 회계거래를 발생의 사실에 의하여 기업회계의 원칙에 따라 처리하여야 한다.[173] 아울러, 공익법인법상 공익법인의 회계조직은 재무제표 규칙을 준용한다.[174]

　다음으로, 공익법인에서의 회계의 구분과 관련하여, 공익법인법상 공익법인의 회계는 법인의 목적사업 경영에 따른 회계(소위 '목적사업회계')와 수익사업경영에 따른 회계(소위 '수익사업회계')로 구분한다.[175] 그리고 이 경우, 법인세법의 규정에 의한 법인세 과세

　사용내역을 말한다), ④ 기본재산의 목록을 제출하여야 한다(공익법인법 시행령 제19조 제3항).
171) 공익법인법 제12조 제1항, 사회복지법인 및 사회복지시설 재무·회계 규칙 제3조. 다만, 학교법인의 회계연도는 그가 설치·경영하는 사립학교의 학년도에 따른다(사립학교법 제30조).
172) 공익법인법 제12조 제3항.
173) 공익법인법 시행령 제22조 제1항.
174) 공익법인법 시행령 제22조 제2항.
175) 공익법인법 시행령 제23조 제1항. 회계장부와 통장은 목적사업회계와 수익사업회계로 구분하여 관리하여야 하며, 통장은 기본재산과 보통재산으

대상 수익과 이에 대응하는 비용은 목적사업회계로 처리하고 목적
사업회계와 수익사업회계로 구분하기 곤란한 비용은 공동비용의 배
분재산에 관한 법인세에 관한 법령의 규정을 준용하여 배분한다.[176]
생각건대, 공익법인의 운영의 투명성은 특히 그 재정의 운용상황이
얼마나 투명한지에 비례한다고 할 수 있을 것이며, 이러한 이유로
공익법인 관련 법령에서는 재무·회계에 관한 규정을 비교적 상세히
규정하고 있는 것으로 평가할 수 있다. 다만, 공익법인법에서는 회
계의 구분과 관련하여 목적사업회계와 수익사업회계로만 양분하고
있는데, 이는 다른 공익법인 관련 법령에서 수익사업회계나 법인회
계 또는 일반업무회계 이외에 시설회계 또는 학교에 속하는 회계를
구분하는 것과 차이가 발견되는 부분이다. 특히, 공익법인법상의 공
익법인이 학술이나 자선에 관한 사업을 목적으로 하며, 그 취득재산
의 유형에도 특별한 제한이 없다는 점을 고려한다면, 재정의 투명성
제고를 위해서도 시설회계를 별도로 구별하는 방안을 모색할 필요
가 있을 것이다.

4. 공익법인의 해산

법인의 해산은 자연인의 사망과 마찬가지로 법인의 법인격을 소
멸을 초래하는 사유로서, 법인으로 하여금 그의 본래의 목적수행을
위한 적극적 목적활동을 정지시키고 청산절차로 이행하게 하는 사
유라고 설명할 수 있다.[177] 민법상 비영리법인의 해산사유로는 사단

로도 구분하여 관리하여야 한다. 한편, 사회복지법인의 경우에는 그 특성
상, 법인회계, 시설회계, 수익사업회계로 나누고 있다(사회복지법인 및 사
회복지시설 재무·회계 규칙 제6조 참조). 다른 한편, 사립학교법에서는 학
교에 속하는 회계, 법인의 업무에 속하는 회계로 구분한 뒤, 다시 이 후자
를 일반업무회계와 수익사업회계로 나누고 있다(사립학교법 제29조 참조).
176) 공익법인법 시행령 제23조 제2항 및 제3항.

법인 및 재단법인에 공통되는 사유로서 법인의 존립기간의 만료, 법인의 목적의 달성 또는 달성의 불능 기타 정관에서 정한 해산사유의 발생, 파산 또는 설립허가의 취소를 들 수 있으며(민법 제77조 제1항), 사단법인에 특유한 사유로는 사원이 없게 된 경우와 사원총회의 결의가 있은 경우(민법 제77조 제2항)를 들 수 있다.

한편, 공익법인법에서는 해산 사유를 정관의 기재사항으로 규정하면서,[178] 민법에서와 같은 해산사유를 언급하지는 않으나,[179] 공익법인의 설립허가 취소사유를 규정하고 있다.[180] 구체적으로는 ① 거짓이나 그 밖의 부정한 방법으로 설립허가를 받은 경우, ② 설립허가 조건을 위반한 경우, ③ 목적 달성이 불가능하게 된 경우, ④ 목적사업 외의 사업을 한 경우, ⑤ 이 법 또는 이 법에 따른 명령이나 정관을 위반한 경우, ⑥ 공익을 해치는 행위를 한 경우, ⑦ 정당한 사유 없이 설립허가를 받은 날부터 6개월 이내에 목적사업을 시작하지 아니하거나 1년 이상 사업실적이 없을 때를 들고 있으며, 공익법인의 목적사업이 둘 이상인 경우에는 그 일부의 목적사업에 위와 같은 사유가 있는 때에도 마찬가지라고 한다.[181] 다만, 이러한 사유가 발생

---

177) 박준서, 위의 책, 768면; 곽윤직, 위의 책, 735면.

178) 공익법인법 제3조. 사립학교법에서는 해산에 관한 사항을 정관의 기재사항으로 규정하는 동시에(제10조 제1항 제10호) 이를 등기사항으로 규정하고 있다(제8조). 아무튼, 사립학교법에서는 학교법인의 해산을 위해서는 주무관청의 인가가 있어야 한다(제34조 제2항). 사회복지사업법에서도 해산 사유를 정한 경우에는 이를 정관의 기재사항으로 규정하고 있다(제17조 제1항 제10호).

179) 사립학교법 제34조에서는 학교법인의 해산사유를 구체적으로 예시하고 있다.

180) 사회복지사업법에서도 마찬가지의 태도를 취하고 있다. 사회복지사업법 제26조 참조.

181) 공익법인법 제16조 제1항. 사회복지사업법 제26조에서도 유사한 내용의 규정을 두고 있으나, 공익을 해치는 행위를 한 경우를 설립허가 취소사유로 규정하고 있지 않다는 점, 법인이 운용하는 시설에서 심각한 성폭력범

하더라도 '다른 방법으로는 감독목적을 달성할 수 없거나' 또는 '감독청이 시정을 명령한 후 1년이 지나도 이에 응하지 아니한 경우'에만 설립허가를 취소할 수 있다.[182]

그런데 공익법인법에서의 설립허가 취소사유에 대해서는 종래에도 과도한 규제라는 점에서 비판이 제기되어 왔다.[183] 기본적으로 공익법인법 제16조의 규정태도가 과도한 규제라는 점에 대해서는 충분히 공감할 수 있으며, 더 나아가 그와 같은 시각에서라면 사회복지사업법 제26조의 규정 또한 공익법인법의 그것보다는 완화된 면도 있으나 규제의 과도함을 부인할 수 없다. 비록 법에서는 '다른 방법으로는 감독목적을 달성할 수 없는 경우'에 공익법인의 설립허가를 취소할 수 있는 것으로 하고 있으나, 이러한 규정태도는 재량권의 한계를 제시하지 못한다는 비판이 가능할 것이다. 즉, 현행 관련법령의 태도는 오히려 공익법인의 자주성을 해치는 상황을 초래할 여지가 있으므로, 해산사유로 규정하든 아니면 설립허가 취소사유로 규정하든 그 기준을 보다 분명히 제시할 필요가 있을 것이다. 예컨대, 모든 유형의 정관위반 사유가 법인의 설립허가 취소사유가 될 수 없음은 자명한 사실이므로 정관위반이라는 사유와 관련하여서도 정관규정을 '심각하게 위반한 경우'와 같이 개정할 필요가 있다는 것이다. 마찬가지로, 다른 유형의 설립허가 취소사유와 관련하여서도 '법인에게 부과된 의무를 지속적으로 이행하지 않는 경우', '목적사업을 지속적으로 수행하기 어렵다고 판단될 정도로 재원이 충분하지 않은 경우' 등으로 개정할 필요가 있을 것이다.

죄가 발생하거나 법인 설립 후 기본재산을 출연하지 않는 경우 및 임원의 선임과정에서의 중대한 위법을 설립허가 취소사유로 추가하고 있는 점이 공익법인법과 비교하여 차이를 보이는 점이다.

182) 공익법인법 제16조 제2항.

183) 윤철홍, 위의 글, 22면; 고상현, 위의 글, 39면 등 참조.

또 다른 한편, 공익법인법에서는 해산의 가능성을 염두에 두면서도 그 구체적인 절차는 모두 일반법인 민법에 위임하였다고 평가할수도 있는데, 이 또한 개정의 필요가 있어 보인다. 왜냐하면, 민법과는 달리 설립허가 취소사유를 해산사유로 규정하고 있지는 않더라도, 공익법인의 설립허가가 취소되었다고 하여 곧 바로 공익법인이해산되어 청산절차에 돌입하는 것으로 보는 것이 과연 타당한 태도인지 의문일 수 있기 때문이다. 즉, 이와 관련한 문제를 근본적으로해결하기 위해서는 설립허가 취소 이후의 공익법인의 지위 및 공익법인의 해산과 청산절차에 관한 규정을 둘 필요가 있다는 것이다.이는 기왕에 성립한 공익법인이 정관위반의 행위 등을 이유로 그 설립허가가 취소된다고 하여 곧 바로 법인격 전부를 소멸시키는 것이지나치게 과도한 것은 아닌지 하는 의문이 제기될 수 있기 때문이다. 따라서 이런 경우에는 일본이나 프랑스에서의 사례에서 보는 바와 같이, 공익성이 상실된 일반의 비영리법인으로 전환되는 것으로하고 공익법인에게 부여되는 각종의 특혜만 인정하지 않는 방향도고려할 필요가 있다. 이럴 경우, 이후 그 법인이 다시 공익사업을 수행하기에 충분한 능력과 경험을 갖춘다면 다시 공익법인으로의 전환이 가능하게 하는 방식 또한 함께 모색할 필요가 있을 것이다.

Ⅳ. 나가며

공익법인은 그 목적의 면, 조직의 면, 운영의 면에서 공익사업을수행하기에 적절한 내용으로 조직 및 운영되어야 한다고 할 것이다.그리고 공익사업의 수행에 적절한 조직 및 운영을 위해서는 특히 법인의 자주성이 훼손되지 않아야 할 것이다. 이러한 관점에서 볼 때,우리의 공익법인 관련 법령의 태도를 종합하면 다음과 같은 평가가가능할 수 있다.

우선, 공익법인의 조직의 면과 관련하여, 대내적으로는 법인의 사무를 집행하며 대외적으로는 법인을 대표하는 이사의 자격에 대해 일정한 제한을 두는 태도, 특히 특수관계인으로 하여금 이사회의 구성에 있어서 일정범위를 넘지 못하게 하는 것 등은 법인의 자주성을 확보하기 위해서도 수긍할 만한 태도이다. 다만, 법인의 이사능력에 대해서는 특별한 언급이 없으나, 최근의 민법개정에 의해 법인도 성년후견인 또는 한정후견인이 될 수 있다는 점 등을 고려하면, 법인의 이사능력을 명문으로 인정하는 방안도 긍정적으로 모색할 필요가 있을 것이다. 아울러, 민법개정 이전의 개념인 행위무능력 개념은 제한능력 개념으로 개정할 필요가 있다. 또한 공익법인법에서는 임원의 겸직금지에 대한 직접적인 규정을 두고 있지 않으나, 관련법 상호간의 논리정합성 및 학교법인이나 사회복지법인 또한 대표적인 공익법인의 하나임을 고려할 때, 공익법인법에서도 사립학교법이나 사회복지사업법의 태도를 반영하여 이사 등 임원의 겸직금지에 관한 사항을 명시할 필요가 있을 것이다. 그리고 공익법인법에서도 사립학교법이나 사회복지사업법에서와 같이 임시이사제도를 도입하는 것이 바람직할 것이다. 한편, 공익법인법에서는 이사의 대리인 선임에 대한 특별한 규정이 없고, 사회복지사업법에서는 관련 규정이 없는 경우 민법 및 공익법인법을 준용하도록 하고 있으며, 사립학교법에서는 민법 제62조를 준용하고 있는데, 공익법인에 있어서도 사립학교법의 태도와 같이 규정할 필요가 있다.

다음으로, 감사의 직무와 관련하여, 공익법인 관련 법령에서는 민법상 비영리법인의 감사의 직무범위 보다 더 큰 직무수행 권한을 인정하고 있으나, 감사에게 법인의 활동영역에 대한 자문이나 의사결정의 권한까지 수여할 수 있는지는 여전히 의문이다. 즉, 현재의 법상황으로는 감사의 권한확장을 인정할 근거가 없으므로, 그 가능성을 보다 분명하게 하기 위하여 감사의 권한확대가능성을 정관의 기재사항으로 하는 방안을 모색할 필요는 있어 보인다.

다음으로, 공익법인법 시행령에서는 공익사단법인의 경우, 사원 및 사원총회에 대한 사항을 정관의 필요적 기재사항이라고만 규정하고 있으므로, 민법상 사원총회 및 사원의 지위 등에 관한 규정들이 공익사단법인에 대해서도 그대로 적용되는 것으로 이해할 수 있으나, 이에 대해서도 공익법인의 특성을 고려하여 관련 규정을 보충할 필요가 있어 보인다. 아울러, 재단법인의 경우에도 이사회의 견제기구로서 평의원회 등의 내부기관에 대해 규정할 필요가 있다.

한편, 공익법인의 운영의 면과 관련하여서도 공익법인의 목적사업을 원활히 수행할 수 있게 하는 한편, 그 자주성을 확보하는 것이 중요하다고 할 것이다. 특히 공익사업의 수행과 관련하여서는 공익성을 어떻게 유지시킬 것인지가 중요한 문제라고 할 것이다. 그러나 우리의 공익법인법에서는 공익성 인정과 관련한 판단의 기준을 전혀 제시하지 않고 있다는 점이 문제라고 할 것이다. 이러한 사정으로 인하여 우선, 공익법인법 시행령 제2조 제2항의 규정은 공익법인의 설립허가 취소사유로서의 목적사업 외의 사업을 상정하고 있는 공익법인법 제16조의 규정과 충돌하는 규정으로 해석될 여지가 있으며, 따라서 공익법인법 제16조와 동법 시행령 제2조 제2항의 규정이 조화될 수 있는 방향으로의 개정이 필요하다고 할 것이다.

다음으로, 현행 공익법인법 제16조에서는 설립허가 취소사유에 해당하는 여러 사정의 열거를 통하여 공익법인의 공익성을 유지시키고자 한 것으로 평가할 수 있다. 그러나 이와 같은 방식의 규정태도는 공익법인이 수행하는 여러 개의 사업 중 어느 하나가 동조의 규정에서 열거하는 사유에 해당하는 경우에도 공익법인의 설립허가를 취소할 수 있는 근거로 작용할 수 있으므로 그 타당성이 의심스럽다. 따라서 이러한 문제를 해결하기 위해서는 오히려 일본의 공익성인정법에서의 태도와 마찬가지로 공익사업에 대해 예시한 다음 공익성인정의 판단기준을 제시하고 그와 같은 공익성이 유지되지 않는 경우에 한하여 공익법인으로서의 지위를 상실하게 하는 방향으로의 개정이 필요하다고 할 것이다.

다음으로, 공익법인 관련 법령에서는 공익법인의 수익사업을 명문으로 허용하나, 수익사업의 유형에 대해서는 특별한 제한을 두고 있지 않다. 다만, 해당 수익사업을 계속하는 것이 공익법인의 목적에 위배된다고 인정될 경우에 주무관청이 당해 수익사업의 시정이나 정지를 명할 수 있는 것으로 규정하고는 있으나, 과연 어떤 수익사업이 공익법인의 목적에 반한다고 평가할 수 있는지에 대한 기준이 불분명하다는 지적이 가능하다. 이러한 관점에서도 우리의 관련 법령에서도 이와 같은 내용의 공익성 인정기준을 도입할 필요가 있다.

다른 한편, 공익법인이 일정한 세제혜택을 받는다는 점 등을 고려할 때, 공익법인의 목적사업과는 무관하거나 관련성이 적은 재산이 그와 같은 세제혜택을 노려 공익법인의 기본재산 또는 수익사업을 위한 재산으로 편입되는 경우를 상정할 수도 있다. 따라서 그와 같은 부작용을 최소화할 수 있는 방향으로 관련 법령의 개정을 모색할 필요가 있을 것이다.

다음으로, 공익법인은 그 재산구성의 면에 있어서도 다른 법인 또는 특수관계인에게 의존하지 않을 정도의 독자성이 확보되어야 한다. 그러나 소위 '성실공익법인'에 대해서는 일정한 범위의 기본재산의 처분행위를 주무관청의 허가사항이 아닌 신고사항으로 규정하고 있다. 특히, 현행 관련 법령에서의 규정태도는 설립허가의 취소사유에 해당할 수 있는 행위를 같은 법 안에서 허용하고 있는 태도로 평가될 여지도 있다. 따라서 대체취득을 위한 기본재산의 처분이라든가 재산법인의 목적수행에 필수적인 요소인 특정한 재산을 제외한 나머지 기본재산 중 일정가액 이하의 재산 또는 일정 범위의 재산처분에 대해서만 신고주의에 따르게 하는 식으로 관련 규정을 개정할 필요가 있어 보인다.

　다음으로, 공익법인법에서는 회계의 구분과 관련하여 목적사업회계와 수익사업회계로만 양분하고 있는데, 이는 다른 공익법인 관련 법령에서 수익사업회계나 법인회계 또는 일반업무회계 이외에 시설회계 또는 학교에 속하는 회계를 구분하는 것과 차이가 발견되는 부분이다. 특히, 공익법인법상의 공익법인이 학술이나 자선에 관한 사업을 목적으로 하며, 그 취득재산의 유형에도 특별한 제한이 없다는 점을 고려한다면, 재정의 투명성제고를 위해서도 시설회계를 별도로 구별하는 방안을 모색할 필요가 있을 것이다.

　끝으로, 공익법인법에서는 해산의 가능성을 염두에 두면서도 그 구체적인 절차는 모두 일반법인 민법에 위임하였다고 평가할 수 있다. 그러나 이로 인하여 발생할 수 있는 관련 문제를 근본적으로 해결하기 위해서는 설립허가 취소 이후의 공익법인의 지위 및 공익법인의 해산과 청산절차에 관한 규정을 둘 필요가 있다. 더 나아가 기왕에 성립한 법인이 설립허가가 취소되더라도 공익성이 상실된 비영리법인으로 전환될 수 있는 가능성을 열어 두는 방안도 모색할 필요가 있을 것이다.

참고문헌

〈단행본〉

곽윤직 편집대표, 민법주해, 제1권, 총칙(1), 박영사, 1992.

박준서 편집대표, 주석 민법, 총칙(1), 제3판, 한국사법행정학회, 1999.

송호영, 법인론, 신론사, 2013.

〈논문〉

고상현, 공익법인의 설립, 민사법학, 제70호, 2015.

권철, 일본의 새로운 비영리제도에 관한 소고, 비교사법, 제14권 제4호, 2007.

김진우, 공익법인의 규제와 감독, 민사법학, 제70호, 2015.

김진우, 재단법인의 조직, 경희법학, 제48권 제1호, 2013.

김진우, 재단법인의 조직과 의사결정, 법조, 통권 674호, 2012.

김진우, 재단법인의 목적변경, 비교사법, 제17권 제4호, 2010.

김진우, 재단법인의 이사의 내부책임, 민사법학, 제51호, 2010.

김진우, 비영리법인의 설립에 있어 허가주의에 관한 연혁적 고찰, 인권과 정
　　　의, 제383호, 2008.

박수곤, 프랑스법에서의 민사법인에 대한 규율, 경희법학, 제45권 제1호,
　　　2010.

송호영, 공익법인의 합병과 분할에 관한 일고, 민사법학, 제70호, 2015.

송호영, 법정책적 관점에서 본 민법상 법인관련규정 개정안, 법과 정책연구,
　　　제12집 제2호, 2012.

송호영, 민법상 법인편 개정의 주요 쟁점에 관한 고찰, 법학논고, 제34집,
　　　2010.

윤진수, 사법상 단체와 헌법, 비교사법, 제15권 제4호, 2008.

윤철홍, 공익법인에 관한 소고, 숭실대학교 법학논총, 제10호, 1997.

이중기, 공익단체의 공익성 인정기준 등의 다양성과 통합필요성, 홍익법학,

　　제15권 제2호, 2014.

이중기, 공익단체의 지배구조, 법조, 제693호, 2014.

이중기, 회사법과 비교한 공익단체법의 역할과 특징 : 왜 혜택을 부여하고
　　왜 규제하는가?, 법학논총, 제31집 제1호, 2014.

이중기, 공익단체의 규제와 공익위원회의 설립, 홍익법학, 제11권 제3호, 2010.

임채웅, 공익신탁에 관한 연구, 민사법학, 제70호, 2015.

최성경, 일본의 공익법인제도 개혁, 민사법학, 제41호, 2008.

공익법인의 규제와 감독*

김진우**

Ⅰ. 들어가며

우리 나라는 지난 수십 년간 비약적인 경제발전을 이루어왔다. 그에 따라 역사상 유례없이 민간의 부(富)가 축적되어 나눔과 기부문화의 활성화를 위한 기초를 형성하였다. 공익의 실현은 전통적으로 국가의 고유임무로 여겨져 왔으나, 우리의 국가재정은 만성적자에 시달리고 있으며,[1] 이 문제를 해결하기 위한 증세 및 공과금 부담의 가중은 현 세대의 저항을 불러오고 또 장래 세대의 큰 짐이 될 수 있다는 점에서 「공익활동 국가독점주의」는 더 이상 유지될 수 없는 상황이 도래하였다. 또한 이윤의 창출을 본질적 목표로 하는 기업에게 충분한 공익실현을 기대하는 것도 무리이다. 이러한 상황에서 우리는 민간 주도에 의한 공익활동의 담당자로서의 공익법인의 역할과 비중에 주목하게 되며,[2] 여기서 「증세 없는 복지」를 실현하는 도구인 공익법인제도의 건전한 발전을 담보하기 위한 공익법인의 규제와 감독에 관한 연구의 필요성이 대두된다.

현행법상 공익목적을 추구하는 법인의 설립근거가 되는 법률은

---

* 이 연구는 민사법학 제70호에 개재된 논문의 일부를 수정한 것임.

** 한국외국어대학교 법학전문대학원 교수.

1) 우리의 국가재정적자는 글로벌 금융위기가 닥친 2008년부터 시작돼 7년째 이어지고 있다.

2) 김진우, 공익신탁법리와 법정책적 제언: 공익재단법인제도와의 비교를 통하여, 비교사법 통권 제14호, 2001, 81-82면.

다양하다. 민법을 비롯하여 공익법인의 설립·운영에 관한 법률(이하 "공익법인법"이라 한다), 사립학교법, 사회복지사업법, 의료법 등이 대표적으로 이에 속한다. 그러나 본 연구에서는 논의의 집중을 위하여 민법 또는 공익법인법에 의하여 설립된 공익목적을 추구하는 법인을 중심으로 고찰하며, 이들을 논의의 편의상 "넓은 의미의 공익법인"이라 일컫는다. 반면 사회일반의 이익에 이바지하기 위하여 학자금·장학금 또는 연구비의 보조나 지급, 학술, 자선에 관한 사업을 목적으로 하는 조직에 한하여 적용되는 공익법인법(제2조 참조)에 의하여 설립된 법인[3]은 "좁은 의미의 공익법인"이라 한다. 그리고 이하에서 특별한 언급이 없는 경우의 공익법인은 넓은 의미의 그것을 가리킨다. 공익법인법은 법인의 설립·운영 등에 관한 민법의 규정을 보완하여 법인으로 하여금 그 공익성을 유지하며 건전한 활동을 할 수 있도록 함을 목적으로 하므로(제1조), 공익법인법에 규정이 없는 경우에는 민법의 규정이 적용된다.

II. 공익법인에 대한 규제의 종류

공익법인에 대한 규제는 「내부규제」와 「외부규제」로 대별할 수 있다.

1. 내부규제

공익법인의 내부규제는 정관(定款)이나 법률에 기하여 설치된 법

---

3) 대법원 1978. 6. 13. 선고 77도4002 판결과 대법원 2010. 9. 30. 선고 2010다43580 판결은 공익법인법상의 공익법인은 "민법 제32조 소정의 비영리법인 중 순수한 학술, 자선 등 공익인의 설립·운영에 관한 법률 시행령 제2조 제1항 각호 소정 사업을 목적으로 하는 법인이거나 주로 위와 같은 학술, 자선 등의 사업을 목적으로 하면서 그와 함께 부수적으로 그 이외의 사업을 함께 수행하는 법인만을 말하는 것"이라고 한다.

인 내부기관의 관할사항이다.

가. 설립자·기부자·추가출연자에 의한 규제

공익법인의 설립자는 스스로를 이사(장)나 감사 등의 기관으로 선임하여 법인이 그의 설립목적을 지속적으로 실현하게끔 할 수 있다. 예컨대 설립자는 정관을 통해 법인의 목적변경 등 중대한 사안에 대하여 그의 생존 중에는 그의 동의나 청문을 받도록 할 수 있다. 다만 설립자의 동의가 재량사항이라고 할 경우에는, 설립자가 그의 현재의 의사를 본래의 설립의사에 갈음하려고 시도하는 사태가 초래될 위험이 있다. 사단이나 재단은 법인격의 취득과 동시에 설립자와 분리되므로, 설립자의 현재의 의사는 원칙적으로 유의되지 않아야 한다. 공익법인의 목적변경은 법인설립 후 현저히 변화된 상황에 법인이 적응하기 위한 것인데,[4] 설립자가 그러한 목적변경에 대한 동의를 당초의 설립취지에 반하여 거부하는 때에는, 그것은 권리남용에 해당한다고 볼 것이다. 따라서 정관이 법인의 기관으로서의 설립자에게 동의권·감독권·거부권·청문권 등과 같은 관여권을 부여할 수는 있으나, 그것은 설립자의 자유재량사항이라고 새겨서는 안 된다.

그 밖에 설립자는 정관으로 추가출연[5]자·기부자 등에게 감독권·청문권·동의권·거부권 등의 형태로 특권을 부여하여 법인의 임원의 법률 및/또는 정관에 위배되는 행위를 시정하거나 방지하도록 할 수 있다.[6] 이것은 공익법인에 대한 기부와 추가출연을 장려하기 위하여

---

4) 이에 관하여는 김진우, 재단법인의 목적변경: 대륙유럽법(특히 독일법)과 우리 법의 비교를 통한 고찰, 비교사법 통권 제51호, 2010, 77면 이하; 김진우, 재단법인의 정관변경: 독일법과 우리 법의 비교를 통한 고찰, (서울시립대) 서울법학 제19권 제2호, 2011, 167면 이하 참조.

5) 재단 설립 이후에 설립자 또는 제3자가 기존 재단의 기본재산을 증식하기 위하여 출연한 재산 또는 그 출연행위 자체를 추가출연이라고 한다.

출연자에게 법인의 기관으로서의 협력가능성을 부여해주는 것이다.[7] 그런데 이러한 특권은 재단의 경우 "설립자의 의사의 결정성"[8]에 반할 수 있고 또 재단법에서는 허용되지 않는 "타인에 의한 결정"을 초래할 가능성이 있다. 따라서 재단 기관의 특권은 항상 설립자의 설립의사의 범위 내에서 행사되어야 한다.[9] 결국 설립자는 재단에 영향을 미칠 수 있는 제한된 가능성만을 가진다.

나. 이사회의 자기규제

수인의 이사로 구성된 이사회에서는 원칙적으로 다수결의 원칙이 지배하고, 이는 일정 부분 이사회의 자기규제에 이바지한다. 근래 대륙유럽법계의 입법은 이사의 수를 최소한 3명 이상으로 하는 방향으로 진행되고 있는데, 그 본질적 목표는 공익법인의 내부규제를 강화함으로써 공익법인의 건전한 지배구조를 확립하려는 것이다.[10] 우리 공익법인법 제5조는 좁은 의미의 공익법인의 경우 ① 5명 이상 15명 이하의 이사를 두되, 주무관청의 승인을 받아 그 수를 증감할 수 있으며(제1항), ② 이들은 주무관청의 승인을 받아 취임하고(제2항),[11] ③ 이사의 임기는 정관으로 정하되 4년을 초과할 수 없지

---

6) 설립자나 기부자와 같은 출연자에 의한 비영리조직의 내부통제 가능성에 관하여는 김진우, 출연자에 의한 비영리조직의 통제, 법학논고 제45집, 경북대, 2014, 333면 이하 참조.
7) 김진우, 재단법인의 조직과 의사결정, 법조 통권 제674호, 2012, 125면 이하.
8) 재단설립자의 의사는 법질서의 테두리 내에서 재단 최고의 기본방침으로서 재단설립과정에서 정관을 통해 객관화되며, 재단설립 후의 정관의 해석과 법인의 임원의 행위에 대하여 나침반의 역할을 한다.
9) 이에 관한 상세는 김진우, 재단법인에 대한 설립자의 관여 가능성: 정관작성의 자유와 한계를 중심으로, 홍익법학 제13권 제4호, 2012, 323면 이하 참조.
10) 김진우, 재단법인의 조직, 경희법학 제48권 제1호, 2013, 59면 이하.
11) 임원취임신청과 관련하여서는 같은 법 시행령 제7조가 상세히 규정한다.

만 연임할 수 있으며(제3항), ④ 이사의 과반수는 대한민국 국민일 것을 요구하고(제4항), ⑤ 이사회를 구성할 때 대통령령으로 정하는 특별한 관계가 있는 자[12]의 수는 이사 현원의 5분의 1을 초과할 수 없으며(제5항), ⑥ 미성년자나 파산선고를 받은 자로서 복권되지 아니한 자 등 일정한 자는 이사가 될 수 없고(제6항), ⑦ 이사 중에 결원이 생기면 2개월 내에 보충할 것(제7항)을 규정하고 있다. 다만 이사는 법인이 아닌 자신의 이익을 추구하려는 속성을 가지고 있어 자기규제가 완전한 효과를 거두기는 어렵다.

---

12) 공익법인법 제5조 제5항의 "특수관계자"에 관하여는 같은 법 시행령 제12조 제1항이 규정하고 있는데, 그에 의하면 ① 출연자(출연자가 민법 제32조의 규정에 의하여 설립된 법인인 경우에는 당해 법인에 대한 출연자를, 출연자가 기타의 법인인 경우에는 당해 법인을 출자에 의하여 사실상 지배하고 있는 자를 포함) ② 출연자 또는 이사와 6촌 이내의 혈족, 4촌 이내의 인척, 배우자(사실혼 관계에 있는 사람을 포함), 친생자로서 다른 사람에게 친양자로 입양된 사람과 그 배우자·직계비속, ③ 출연자 또는 이사의 사용인 기타 고용관계에 있는 자(출연자 또는 이사가 출자에 의하여 사실상 지배하고 있는 법인의 사용인 기타 고용관계에 있는 자를 포함), ④ 출연자 또는 이사의 금전 기타의 재산에 의하여 생계를 유지하는 자와 생계를 함께 하는 자, ⑤ 당해 출연자가 재산을 출연한 다른 공익사업을 영위하는 법인의 이사를 말한다. 여기서 ①과 ③에서 "출자에 의하여 사실상 지배한다"고 함은 ㉠ 법인의 발행주식총액 또는 출자총액의 100분의 30이상을 출자자 1인과 그와 제1항 제2호·제4호 및 사용인 기타 고용관계에 있는 자(지배주주)들이 소유하고 있는 경우, ㉡ 법인의 발행주식총액 또는 출자총액의 100분의 50이상을 제1호의 법인과 그의 지배주주가 소유하고 있는 경우, ㉢ 법인의 발행주식총액 또는 출자총액의 100분의 50이상을 제1호의 법인과 그의 지배주주 및 제2호의 법인이 소유하고 있는 경우를 말한다(제12조 제2항). 그리고 특수관계가 없는 이사가 재임 중 특수관계자에 해당되어 특수관계자가 이사현원의 5분의 1을 초과하게 된 때에는 2월 이내에 특수관계자가 이사현원의 5분의 1이 초과되지 아니하도록 이사를 개임하여야 한다(제12조 제3항). 이를 "부적합성의 원칙"이라고 하는데, 이에 관한 대륙유럽법계의 상황에 관하여는 김진우, 위의 글(2013), 60면, 69면 이하 참조.

다. 감사에 의한 자기규제

공익법인법상 감사는 필요기관이며, 그것도 ① 원칙적으로 2명을 두되 주무관청의 승인을 받아 그 수를 증감할 수 있고(제5조 제1항), ② 그 임기는 정관으로 정하되, 2년을 초과할 수 없으나, 연임할 수는 있으며(제5조 제2항), ③ 이사와 마찬가지로 미성년자나 파산선고를 받은 자로서 복권되지 아니한 자 등 일정한 자는 이사가 될 수 없고 (제5조 제6항), ④ 결원이 생기면 2개월 내에 보충하여야 하며(제5조 제7항), ⑤ 이사와 제5조 제5항에 따른 특별한 관계가 있는 자가 아니어야 하며 그 중 1명은 대통령령으로 정하는 바에 따라 법률과 회계에 관한 지식과 경험이 있는 자 중에서 주무관청이 추천할 수 있다 (제5조 제8항).

공익법인법 시행령 제13조는 같은 법 제5조 제8항과 관련하여 ① 공익법인의 감사 1인을 추천하고자 할 때에는 설립허가 시에 그 뜻을 통지하도록 하고(제1항), ② 주무관청이 제1항의 규정에 의한 감사의 추천을 행함에 있어서는 공익법인에게 후보를 선정하여 추천을 의뢰하게 할 수 있으나, 이 경우 주무관청은 추천의뢰된 자 중에 적격자가 없다고 인정되는 때에는 재추천 의뢰를 요구하거나 직권에 의하여 추천할 수 있으며(제2항), ③ 주무관청으로부터 감사 1인을 추천한다는 뜻을 통지받은 날로부터 2월내에 추천의뢰가 없는 경우 또는 주무관청의 추천에 의하여 임명된 감사가 임기만료 기타의 사유로 결원이 된 때에도 제2항과 같다고 하고(제3항), ④ 주무관청은 공익법인의 업무와 재산상황을 감사한 결과 불법 또는 부당한 점이 발견된 때에는 종전에 그 법인의 감사 중 1인을 주무관청이 추천하지 아니한 경우에도 새로이 법 제5조 제8항의 규정에 의하여 감사 1인을 추천할 수 있으며, 이 경우에는 당해 공익법인의 감사 중 이사회에서 지명한 자 1인은 주무관청에서 추천한 감사에 대한 취임승인이 있은 날의 전일에 퇴직된 것으로 본다(제4항)고 규정하고 있다. 그런데 감사도 법인의 이익이 아닌 자신의 이익을 추구하는 속성을 가지고 있고, 특히 감사가 이사와 결탁하는 사태가 발생할 수 있으므로, 감사의 설치만으로 법인에 대한 자기규제가 완벽해지는 것은 아니다. 즉, 감사에 대한 감독도 필요하다.

민법상 감사는 필요기관이 아니므로, 비영리법인에 감사(회)가 설치되기 위해서는 정관에 해당 규정이 있어야 한다.

라. 수익자에 의한 규제

공익법인법 또는 민법의 해석론으로는, 정관에 달리 정함이 없거나 기관이 잠재적 수익자집단으로부터 특정의 수익자를 선발할 수 있는 재량이 배제될 정도로 수익자가 일정한 객관적 기준에 따라 특정되어 있거나 특정가능한 경우가 아닌 한, 법인에 대한 수익자의 급부청구권 또는 급부와 관련된 하자 없는 재량행사에 대한 청구권은 인정되지 않는다. 또한 법률과 정관에 달리 정함이 없는 한, 수익자에게 동의권·감독권·청문권·정보제공청구권 또는 기관에 대한 법인의 손해배상청구권 등의 관여권도 인정되지 않는다.

그러나 향후의 입법론으로 공익재단법인에 대하여 정당한 이해관계를 가진 수익자의 관여권을 공익법인법 및 민법에 규정하는 것은, 법인 임원의 통제를 위한 유용한 수단이 될 수 있다. 또한 정당한 이해관계를 가진 수익자의 감독청에 대한 개입청구권을 공익법인법 및 민법에 도입하는 것도 적극 고려해 볼만하다.[13] 다만 수익

---

13) 스위스에서는 재단법인의 활동에 개인적 이해관계를 가진 자는 원칙적으로 누구라도 재단 기관의 의무이행에 관한 작위 및 부작위에 대하여 감독청에 이의를 신청할 수 있다. 다만 그곳에서는 이의신청의 범람을 방지하기 위하여 이의신청자의 재단에 대한 "고유의 개인적 이해관계"(eigenes

자의 관여권은 수익자의 자주적 의사결정을 위한 수단이 될 수 없으며, 설립자의 설립의사의 범위 내에서 행사되어야 하는 내재적 한계를 가진다.

2. 외부규제

공익법인에 대한 감독은 법률, 정관 또는 계약에 기하여 선임되는 외부기관에 의해서도 이루어질 수 있다. 그 밖에 공익법인은 법률상 전형적으로 국가의 감독을 받는다. 그러한 국가감독은 「민법에 기한 일반적 감독」과 「세법상의 감독」으로 대별된다. 그리고 공익법인에 대한 국가의 일반적 감독은 넓은 의미의 것과 좁은 의미의 것으로 나눌 수 있다. 전자는 민법에 근거를 둔 공익법인에 대한 국가의 여하한 규제를 포괄하는 것으로, 공익법인의 운영 내지 활동에 대한 감시 외에 법인으로의 설립을 위한 절차는 물론 목적변경이나 정관변경을 비롯한 공익법인의 조직변경에 대한 허가, 공익법인이 공익을 해하는 행위를 한 경우의 설립허가의 취소 등을 포함한다. 그에 반하여 협의의 국가감독은 법인의 운영 내지 활동에 대한 감시를 의미한다. 본 연구는 넓은 의미의 국가감독을 대상으로 한다.

---

persönliches Interesse)를 요구한다. 여기서 "고유의 개인적 이해관계"의 의미가 문제되는데, 우선 재단법인에 대하여 급부청구권을 가진 구체적 수익자가 이를 가진다는 점에 관하여는 별다른 의문이 없다. 문제는 잠재적 수익자도 여기의 이해관계자로 볼 수 있는가 하는 점인데, 스위스연방대법원의 판례는 모든 잠재적 수익자가 이해관계자에 해당되는 것은 아니며, 이의신청시점에 자신의 장래의 이해관계에 관하여 구체적 진술을 할 수 있는 수익자일 것을 요구한다. 이에 관한 상세는 김진우, 재단법인 수익자의 법적 지위, 법조 통권 제697호, 2014, 111면 이하 참조.

가. 공익법인법상의 감독체계 개요

공익법인법은 주무관청에 대하여 다양한 감독권한을 부여하고 있다. 우선 좁은 의미의 공익법인을 설립하기 위해서는 주무관청의 허가를 얻어야 하며(제4조 제1항), 그 허가에 조건을 붙일 수 있고(제4조 제2항), 공익법인은 목적달성을 위하여 수익사업을 할 수 있으나, 이를 위해서는 정관으로 정하는 바에 따라 사업마다 주무관청의 승인을 받아야 하며, 이를 변경하려는 경우에도 또한 같다(제4조 제3항).[14] 임원은 주무관청의 승인을 받아 취임한다(제5조 제2항). 주무관청은 공익법인의 업무를 감독하고(제14조 제1항), 일정한 사유가 있으면 그 사유의 시정을 요구할 수 있고 그로부터 1개월이 지나도 공익법인이 이에 응하지 아니한 경우에는 이사의 취임승인을 취소할 수 있으며(제14조 제2항), 수익사업을 하는 공익법인에 일정한 사유가 있다고 인정되면 그 공익법인에 대하여 그 사업의 시정이나 정지를 명할 수 있다(제14조 제3항). 또한 주무관청은 감독상 필요하면 공익법인에 대하여 그 업무보고서의 제출을 명하거나 업무재산관리 및 회계를 감사하여 그 적정을 기하고, 목적사업을 원활히 수행하도록 지도하여야 한다(제17조 제1항).

한편 공익법인이 기본재산을 매도·증여·임대·교환 또는 용도변경하거나 담보로 제공하거나 대통령령으로 정하는 일정금액 이상을 장기차입하려면 주무관청의 허가를 받아야 하며(제11조 제3항),[15] 공

---

14) 윤철홍, 공익법인에 관한 소고, 법학논총 제10집, 숭실대, 149면은 좁은 의미의 공익법인은 다양한 사업을 할 수 있는데, 이 경우에 사업마다 주무관청의 승인을 받아야 하는 것은, 민법이 사적 자치의 원칙을 기본으로 하고 있으며, 헌법에도 단체결성의 자유를 보장하고 있는 점을 고려해 볼 때 개인의 자유를 구속하는 불합리한 것으로 여겨지며, 경우에 따라서는 위헌의 소지도 있다고 한다.
15) 다만 상속세 및 증여세법 제16조 제2항에 따른 성실공익법인이 기본재산

익법인은 결산상 잉여금을 기본재산에 전입하거나 다음 해에 이월하여 목적사업에 사용하여야 하는데(제12조 제3항), 이를 위반하면 3년 이하의 징역 또는 3천만 원 이하의 벌금에 처한다(제19조 제1항). 그 밖에 일정한 경우에는 1년 이하의 징역 또는 1천만 원 이하의 벌금에 처하고(제19조 제2항), 이사나 감사가 제19조 제1항 및 제2항의 죄를 범하였을 때에는 그 행위자를 벌할 뿐만 아니라 그 공익법인에도 제1항 및 제2항의 벌금형을 부과한다(제19조 제3항).[16] 그리고 주무관청은 일정한 경우에 설립허가를 취소할 수 있다(제16조).[17] 나아가 법인이 정관을 변경하려면 주무관청의 허가를 얻어야 한다(시행령 제10조).

나. 민법상의 국가감독체계 개요

민법도 비영리법인[18]에 대하여 주무관청에게 여러 가지 감독권한을 부여하고 있다. 우선 비영리법인을 설립하기 위해서는 주무관청의 허가를 얻어야 하는데(제32조), 거기에 조건을 붙일 수 있다(제38조). 나아가 주무관청은 법인의 사무에 관하여 검사·감독을 한다(제37조). 다만 검사·감독의 내용·방법 등에 관하여는 설립허가의 취소(제38조)나 정관변경의 허가(제42조 제2항, 제45조 제3항, 제46조) 외

의 100분의 20 범위 이내에서 기본재산의 증식을 목적으로 하는 매도·교환 또는 용도변경 등 대통령령으로 정하는 경우에는 주무관청에 대한 신고로 갈음할 수 있다.

16) 다만 법인이 그 위반행위를 방지하기 위하여 해당 업무에 관하여 상당한 주의와 감독을 게을리하지 아니한 때와 주무관청이 추천한 감사의 행위에 대하여는 그러하지 아니하다.

17) 이에 관한 상세한 논의는 아래의 V. 3. 참조.

18) 비영리법인은 반드시 공익을 추구할 필요가 없으나, 본고에서는 공익을 추구하지 않는 비영리법인은 논외로 하며, 따라서 본고의 의미에서의 비영리법인은 넓은 의미의 공익법인에 포함된다.

에는 규율하는 바 없다. 이사, 감사가 주무관청의 검사·감독을 방해한 경우에는 500만 원 이하의 과태료에 처한다(제97조 제3호). 정관으로 잔여재산 귀속권리자를 지정하지 아니하거나 지정하는 방법을 정하지 아니한 때에 잔여재산을 처분하려면 주무관청의 허가를 얻어야 한다(제80조 제2항). 그리고 법인 해산 시에 청산인은 주무관청에 해산신고, 청산인취임신고, 청산종결신고를 하여야 한다(제86조, 제94조).

이처럼 민법상의 비영리법인에 대하여는 그 설립에서부터 운영 및 해산에 이르기까지 주무관청이 규제할 수 있게 되어 있다. 이러한 규제는 공익법인에 대하여 위와 같은 국가감독을 규정하고 있던 구 민법(의용민법)의 영향을 받은 것으로, 공익법인은 공공의 이해에 미치는 영향이 매우 크며 자율규제도 충분히 이루어지기 어렵다는 것을 그 이유로 한다.[19]

대개의 정부부처는 비영리법인의 감독을 위하여 총리령 또는 부령으로 규칙을 제정하고, 이에 따라 감독을 행하고 있다. 설립허가의 취소(제38조), 각종의 신고(제86조, 제94조) 등에 관하여는 민법이 어느 정도 구체적인 내용을 규정하고 있으나, 그 밖에 설립허가의 절차와 허가기준 등에 관하여는 아무런 규정을 하고 있지 않아서 각 주무관청은 업무집행에 불편을 느끼고, 아울러 일관된 행정을 하기도 어려웠다. 그래서 1960년대부터 일부 정부부처에서는 특정의 사항 또는 특정의 법인에 대한 사무처리규칙 등을 부령, 훈령, 고시, 내규 등의 형식으로 제정하여 사용하였다. 그러다가 1972년경부터 대부분의 정부부처가 "○○부(원) 및 그 소속청장의 주관에 속하는 비영리법인의 설립 및 감독에 관한 규칙" 또는 "○○부(원, 처) 소관 비영리법인의 설립 및 감독에 관한 규칙"(이하 "비영리법인 감독규칙"

---

19) 홍일표, 민법주해[I], 박영사, 2006, 605면.

이라 한다)을 총리령 또는 부령의 형식으로 제정하게 되었다.[20]

현재 각 정부부처의 비영리법인 감독규칙은 문언의 표현방식에 차이가 있는 경우도 있으나 실질적 내용은 대동소이(大同小異)하다.

3. 내부규제와 외부규제의 관계

내부규제와 외부규제는 상호보완적 관계에 있다. 감독청에 의한 감독과 달리 법인의 내부규제는 「적법성 통제」[21]로 제한되지 않고 이사의 업무활동을 포괄적으로, 즉 합목적성의 관점에서 통제할 수 있도록 한다.[22] 여기서 내부규제는 감독청이나 세무당국의 통제결핍 을 보완하는 역할을 한다. 내부규제기관의 이사회에 대한 효율적 통 제는 법인을 둘러싼 분쟁을 감소시키고 또한 경우에 따라서는 분쟁 을 직접적으로 해결하기도 한다. 그리고 주무관청은 법인 임원의 비 리가 문제된 뒤에야 감독을 강화하는(사후통제) 경향이 있는데 반하 여 내부규제는 사전에 이를 통제할 수 있어 법인이 부실화되는 것을 예방하는데 기여한다. 하지만 내부규제도 분명한 한계를 지닌다. 이 사나 감사는 대개의 사람처럼 자신의 이익을 추구하려는 본질적 속 성을 가지고 있어 공익조직의 내부규제는 구조적으로 취약할 수밖 에 없기 때문이다.

이 문제는 아래의 "Ⅲ. 국가감독의 필요성"에 관한 서술 부분에서 보다 상세히 논한다.

---

20) 최병욱, 민법상 법인에 대한 주무관청의 감독규칙 고찰, 재산법연구 제5권 1호, 1988, 14면.
21) 이에 관하여는 아래의 "Ⅳ. 국가감독의 한계" 참조.
22) 김진우, 위의 글(2013), 76면.

Ⅲ. 국가감독의 필요성

1. 공익재단법인에 대한 국가감독이 필요한 이유

재단은 「공익활동 국가독점주의」가 더 이상 유지될 수 없는 오늘날 다수결의 원리에 입각한 국가로서는 쉽게 행할 수 없는 공익사업도 선구적으로 시행할 수 있도록 한다. 민주주의 국가에서는 국민의 다수가 원하지 않는 사업을 국가가 실행하기 곤란하지만, 재단은 소수자를 위한 공익사업도 시행할 수 있는 등 다원주의의 촉진에 이바지한다. 그래서 민간의 창의성을 고취하고 선구적 사업의 시행을 장려하기 위해서는 재단에 대한 국가의 감독을 폐지해야 한다는 입론이 제기될 수도 있다.

그러나 재단에 대한 국가의 완전한 방임은 다음과 같은 이유에서 곤란하다.

첫째, 재단에는 소유자나 사원이 존재하지 않으며, 따라서 사단과 달리 사원총회에 의한 내부통제가 이루어질 수 없다. 자연적 생명체가 아닌 법인은 그 성질상 기관을 통하여 자신의 이익을 실현할 수밖에 없다. 따라서 법인의 이익실현은 그의 기관에 의존하게 되는데, 사람들은 흔히 자신의 행위와 관련하여 경제적 효용을 극대화하려는 속성을 가지고 있으므로, 법인과 그의 기관 사이에는 긴장관계가 발생할 수 있다. 다시 말해 법인제도에서는 법인의 기관이 기회주의적 행태에 의하여 법인의 이익이 아니라 자신의 이익을 추구할 위험이 상존한다. 인적 단체인 사단이나 조합의 경우에는 사원이 자신의 이익을 지킬 수 있지만, 재단의 경우에는 사원이 있을 수 없으므로 이 문제가 특히 중요성을 띠게 된다. 법인의 임원은 법인에 대하여 충실의무,[23] 주의의무 등을 부담하는데, 재단에는 원칙적으로 이러한 의무의 준수를 자신의 권리로서 관철할 수 있는 기관이나 그 밖의 이해관계자가 존재하지 않는다.[24] 이에 법질서는 법인 임원의 기회주의적 행태로부터 재단을 보호할 수 있는 적절한 수단을 강구할 임무를 부여받게 된다.

둘째, 재단설립자가 정관에 따라 생존 중에 이사장 등 기관으로서의 지위를 갖더라도, 그가 재단설립의사의 실현을 보장할 수 있는 최적의 자인지는 의문이다. 설립자는 재단설립 후에 재단설립을 후회하거나 재단을 사유재산으로 여겨 본래의 설립목적과는 다른 목적을 추구하는 등 현재의 의사를 관철하려는 경향이 없지 않기 때문이다. 따라서 국가는 사회일반의 대표자로서 이러한 설립자의 변심이나 재단제도의 오남용으로부터도 재단을 보호하여야 한다.

셋째, 이사회가 정관과 법령을 준수하도록 감독하는 내부통제기관인 감사는 민법상 필요기관이 아니다. 설령 좁은 의미의 공익법인처럼 감사의 설치가 의무화되어 있더라도 대개 이사장이 그를 임면하는 구조에서는 자기규제에 의한 재단의 건전성을 담보하기가 쉽지 않다. 그리고 감사가 이사와 결탁하는 경우도 배제할 수 없다.

넷째, 재단은 일반적으로 공익성을 가지고 있어 설립목적이 지속적으로 실현되는 것이 사회적으로 바람직하며, 재단의 공익활동은 본래 국가의 임무를 재단이 대신하여 행함으로써 공공재정의 부담을 덜어주는 순기능을 가진다.

다섯째, 이사(회)가 재단의 목적과 관계없는 이익을 추구함으로써 거래관계에서 상대방(특히 재단의 채권자)에게 불이익이 발생하지 않도록 배려할 필요도 있다.

---

23) 법인의 기관이 그 직무를 수행함에 있어서는 전적으로 법인의 이익을 추구하여야 하고, 그 단체에서의 지위와 단체에 관한 지식 또는 법인의 재산을 자신이나 제3자의 경제적 이익을 위하여 이용하여서는 안 될 의무를 말한다.

24) 이에 관한 상세는 김진우, 재단법인 이사의 내부책임, 민사법학 제51호, 2010, 3면 이하.

이처럼 국가의 재단에 대한 감독은 공익과 밀접한 관련성을 가지고 있으므로, 그에 대한 국가의 노력과 비용투입은 무의미한 것이 아니다. 미국에서도 공익조직(charities)에 대한 국가의 감독은 국가만이 사회일반의 이익을 지킬 수 있다는 사고에 기초한다.[25]

2. 공익사단법인에 대한 국가감독이 필요한 이유

공익사단에서는 사원총회나 사원의 조직으로부터의 탈퇴 등과 같은 압력수단 내지 이해조정의 가능성이 존재하여 어느 정도 자기규제가 가능하므로, 국가의 감독이 필요치 않다고 생각할 수도 있을 것이다. 실제로 이러한 이유에서 독일민법은 사단법인에 대하여는 국가의 감독을 배제하였다.

그러나 위와 같은 논리는 구성원 상호간의 이익증진을 위한 공익조직(共益組織)에서나 타당하고, 타익(他益)을 추구하는 공익조직(公益組織)에 대하여는 설득력이 크지 않다. 공익사단에서는 구성원에 대한 이익분배가 금지되므로, 구성원의 기관에 대한 효과적인 규제를 위한 유인(誘因)이 크지 않기 때문이다. 더욱이 공익사단은 대개 공익성을 이유로 세제혜택를 받을 뿐만 아니라 경우에 따라서는 공적 자금을 지원받거나 일반인으로부터 기부나 추가출연 또는 자원봉사를 받기 때문에 투명성을 확보하여 일반인의 신뢰를 유지할 필요가 있다. 영미법은 이러한 사고에 기하여 모든 공익조직에 대하여 -사원의 유무를 불문하고- 국가가 감독을 행한다.

---

25) Brody, 57 Md. L. Rev. 1400, 1431 (1999); Gary, 21 U. Haw. L. Rev. 593, 622 (1999); Fremont-Smith, 8 Harv. J. Legis. 537, 562 (1970-1971); Blasko/Grossley/Lloyd, 28 U.S.F. L. Rev. 37, 40 et seq. (1993).

3. 소 결

공익법인의 수혜자는 통상 불특정 다수인이고, 그들은 공익법인에 대하여 원칙석으로 관여권을 갖지 못한다. 더욱이 공익법인에는 이익분배나 잔여재산의 분배를 청구할 수 있는 자가 없기 때문에 그 운영을 규제할 수 있는 법적 지위를 가진 자가 극히 드물거나 아예 존재하지 않는다. 영리법인의 경우 지분권을 가진 자가 그 지위에 기하여 여러 가지 권리를 행사할 수 있는 것과 대조적이다. 나아가 공익법인의 자기규제는 타익(他益)을 추구하는 공익법인의 속성상 구조적으로 취약할 수밖에 없는 점, 많은 공익법인은 공익성을 이유로 세제혜택이나 공과금 면제를 받거나 공적 자금을 지원받으며, 경우에 따라서는 일반인으로부터 기부나 추가출연 또는 자원봉사를 받는 점을 고려할 때, 공익법인의 투명성 확보와 이에 대한 사회일반의 신뢰를 유지하기 위해서도 공익법인에 대한 국가의 감독은 불가피하다고 할 것이다. 이는 공익법인이 사원총회나 감사(회)를 갖더라도 마찬가지이다. 이처럼 국가감독은 공익의 보호와 관련되어 있으므로 설립자가 정관에 의하여 임의로 배제할 수 없다.

IV. 국가감독의 한계

공익법인에 대한 국가의 감독은 법령 및 정관의 준수 여부를 감시하는 「적법성 통제」로 그쳐야 한다. 「합목적성 통제」에서는 감독청이 법률외적 기준에 따라서도 기관의 판단이 합목적적이고 효율적인지 여부에 대하여 평가할 수 있게 되어 공익법인의 자치가 크게 제한되고 또 설립자의 의사에 대한 간섭을 초래하여 기본권 침해의 문제[26]를 발생시킨다. 기본권의 주체인 공익법인은 국가의 부당한 간섭으로부터 보호되어야 한다. 이와 관련하여 대법원 2007. 5. 17.

선고 2006다19054 전원합의체 판결은 "재단법인의 일종인 학교법인 등에게는 헌법이 그 기본권을 보장하고 있으므로 학교법인에 대한 국가의 감독권도 학교법인 설립자가 작성한 정관 기타 설립 당시의 설립자의 의사에 부합하게 운영될 수 있도록 이를 보장하기 위한 범위 내에서 행사되어야 한다."고 판시하였다. 이러한 대법원 전원합의체 판결의 취지를 살리기 위하여 주무관청은 공익법인의 행위가 적법한가의 여부만을 감독할 수 있다고 할 것이다. 즉, 법인의 기관이 직무를 수행함에 있어 법인의 목적, 정관 또는 법령을 준수하는지에 대해서만 감독이 이루어져야 한다.

한편 대법원 1995. 7. 25. 선고 95누2883 판결에서는 주무관청의 인가를 얻어 설립된 재단법인의 이사와 감사의 임면과 관련하여 주무관청의 인가 또는 승인을 요한다는 취지의 정관규정이 있을 경우의 그 해석이 문제되었다. 대법원은, 이 경우 주무관청은 민법의 이사임면에 관한 정관규정의 당·부당을 검토하므로, 재단법인을 일반적으로 감독하는 권한을 정관규정에 의하여 구체적인 이사와 감사의 임면에 대하여 확장하였다고 보는 것이 타당하며, 또 재단법인 임원의 취임이 그 법인의 정관에 근거한다 할지라도 이에 대한 행정청의 승인(인가)행위는 법인에 대한 주무관청의 감독권에 연유하는 이상 그 인가행위 또는 인가거부행위는 공법상의 행정처분으로서, 그 임원취임을 인가 또는 거부할 것인지 여부는 주무관청의 권한에 속하는 사항이므로, 법인의 임원취임승인신청에 대하여 주무관청이 이에 기속되어 이를 당연히 승인(인가)하여야 하는 것은 아니라고 보았다. 대법원 2000. 1. 28. 선고 98두16996 판결도 같은 취지이다. 이들 판결례는 재단법인의 정관이 "이사와 감사는 이사회에서 선출하여 주무부장관의 승인을 받은 후 취임한다."고 규정하고 있고 또 비영리법

---

26) 사법상 단체의 기본권에 관한 상세는 윤진수, 사법상의 단체와 헌법, 비교사법 통권 제43호, 2008, 28면 이하 참조.

인의 임원의 취임인가 및 그 취소 등에 관하여 규정한 구 문화체육부장관의 주관에 속하는 비영리법인의설립및감독에관한규칙괴 구 보건복지부장관 및 그 소속청장의 주관에 속하는 비영리법인의설립및감독에관한규칙을 각각 그 근거로 한 것인데, 현행 비영리법인 감독규칙에서는 이와 같은 규정은 더 이상 찾아볼 수 없다. 그리고 위 판결례들은 모두 설립자가 정관규정을 통해 주무관청의 감독권한을 법정권한보다 확장할 수 있다는 전제에 서있다. 이러한 사고를 끝까지 관철할 경우, 감독청의 일정 직위를 가진 공무원을 당연직 기관으로 한다는 정관규정도 유효하다고 보아야 할 것이다.

그러나 재단법인의 설립자가 정관으로 주무관청의 감독권한을 법정권한보다 확장하는 것에 대하여 주무관청은 이에 구속되지 않는다고 하여야 한다. 설립자가 주무관청으로 하여금 「적법성 통제」를 넘어서 「합목적성 통제」까지 할 수 있도록 하는 정관규정을 두고 있더라도, 그 역시 효력이 없다고 보아야 한다. 「합목적성 통제」는 현행 헌법 아래서는 주무관청의 임무에 속하지 않을 뿐만 아니라 설립자가 제3자(재단법인)의 기본권에 관한 지위를 포기할 수도 없기 때문이다. 더욱이 공법적 권한은 사적인 법률행위에 의하여 확장될 수 없다. 나아가 감독청의 일정 직위를 가진 공무원을 당연직 기관으로 할 경우에는 피감독자가 감독자의 지위를 겸하는 상황이 발생하게 되는데 이는 극력 피해야 한다. 따라서 재단법인의 정관이 기관의 취임에 주무관청의 인가나 승인을 요하도록 하고 있더라도 그것은 재단법인이 주무관청의 감독을 받지 않는다고 정하고 있는 정관규정과 마찬가지로 주무관청에 대하여 효력이 없다고 새겨야 한다.

공익법인에 대한 국가감독에 있어서는 행정법상의 일반원칙인 「비례성의 원칙」과 「보충성의 원칙」이 적용된다. 그렇지 아니할 경우에는 법인의 자치나 설립자의 의사에 대한 중대한 간섭을 초래하게 되어 기본권 침해가 문제된다. 뿐만 아니라 이사에게 재량이 주어지지 않는다면, 이사는 정관상 명백하지 아니한 사항에 대하여 매사에 감독청의 승인을 구해야 할 것이나, 이는 결코 적절하다고 할 수 없다.[27] 결국 이사는 직무수행과 관련하여 적법성의 범위 내에서 광범위한 재량의 여지를 가지면서 법인의 의사를 형성 및 집행하게 된다.

V. 국가감독의 방법과 수단

아래에서는 공익법인의 규제를 위하여 감독청에게 주어진 방법과 수단을 알아본다. 이를 위하여 설립단계, 운영단계 및 소멸단계로 나누어 살펴본다.

1. 설립단계에서의 감독

법인설립단계에서는 허가절차에 의한 통제가 이루어진다. 과거 판례와 통설은 여기의 「허가」를 감독청의 자유재량 사항으로 해석하여 왔다. 대법원은 당초 "비영리재단법인의 설립이나 정관변경에 관하여 허가주의를 채용하고 있는 제도 아래서 그에 관한 주무관청의 허가는 그 본질상 주무관청의 자유재량에 속하는 행위로서 그 허가 여부는 다툴 수 없으므로 그에 대한 불허가처분은 행정소송의 대상이 되지 아니한다."고 하였다.[28] 이에 대하여 일부 학설은 허가주의

---

27) 가령 유사한 자격을 가진 A와 B 중 누구에게 장학금을 수여할 것인지, 재단의 재산을 고정금리로 투자할 것인지 아니면 변동금리로 투자할 것인지 등에 관하여 일일이 주무관청의 동의를 받아야 한다고 상정해 보라. 이는 재단에 대해서는 물론 감독청에 대하여도 요구할 수 있는 바가 아닐 것이다(감독청이 재단의 이사에 비하여 더 올바르고 더 나은 판단을 내리는데 필요한 식견을 충분히 갖추고 있을지도 의문이다).

28) 대법원 1979. 12. 26. 선고 79누248 판결. 같은 취지로 대법원 1985. 8. 20. 선고 84누509 판결. 이들 판결은 대법원 1996. 5. 16. 선고 95누4810 전원합의체

가 헌법정신에 부합하지 아니하고 또 각국의 입법추세에도 뒤떨어
진 것이라고 비판하면서 향후의 입법론으로서 준칙주의 또는 최소
한 인가주의로의 전환이 있어야 한다고 제언하여 왔다.[29] 이윽고 대
법원은 1996년에 이르러 비영리법인 설립에서의 주무관청의 허가 여
부는 자유재량에 의한다는 종래의 입장에서 한 걸음 후퇴하는 판시
를 하기에 이르렀다. 즉, 대법원은 "현행 법령상 비영리법인의 설립
허가에 관한 구체적인 기준이 정하여져 있지 아니하므로, 비영리법
인의 설립허가를 할 것인지 여부는 주무관청의 정책적 판단에 따른
재량에 맡겨져 있"고, "따라서 주무관청의 법인설립 불허가처분에 사
실의 기초를 결여하였다든지 또는 사회관념상 현저하게 타당성을
잃었다는 등의 사유가 있지 아니하고, 주무관청이 그와 같은 결론에
이르게 된 판단과정에 일응의 합리성이 있음을 부정할 수 없는 경우
에는, 다른 특별한 사정이 없는 한 그 불허가처분에 재량권을 일탈·
남용한 위법이 있다고 할 수 없다."고 판시한 것이다.[30] 그래서 "허
가"는 재판실무상 이제 더 이상 감독청의 자유재량사항은 아닌 것으
로 보이지만, 여전히 상당히 넓은 범위에서 주무관청에게 재량이 부
여되어 있다.

가. 공익법인법

주무관청은 설립허가신청을 받으면 관계 사실을 조사하여 재단
법인은 출연재산의 수입, 사단법인은 회비·기부금 등으로 조성되는

판결에 의하여 폐기되었으나, 이 전원합의체 판결은 정관변경에 대해서만
판시하고 있다.
29) 이에 관하여는 김진우, 비영리법인의 설립에 있어 허가주의에 관한 연혁
적 고찰, 인권과정의 제383호, 2008, 95면에 소개된 문헌 참조.
30) 대법원 1996. 9. 10. 선고 95누18437 판결.

재원財源의 수입(기본재산)으로 목적사업을 원활히 수행할 수 있다고 인정되는 경우에만 설립허가를 한다(제4조 제1항). 그리고 주무관청은 설립허가를 할 때 대통령령으로 정하는 바에 따라 회비 징수, 수혜 대상에 관한 사항, 그 밖에 필요한 조건을 붙일 수 있다(제4조 제2항).[31]

이처럼 좁은 의미의 공익법인의 설립에서는 "목적사업을 원활히 수행할 수 있다고 인정되는 경우"와 같은 불특정 개념이나 "필요한 조건"을 붙일 수 있다는 규정을 통해 주무관청에게 폭넓은 재량이 허용되고 있어, 법적 투명성 내지 법적 안정성을 기하기 어렵다.[32]

나. 민법

거의 모든 정부부처의 비영리법인 감독규칙은 비영리법인의 설립허가를 위하여 다음과 같은 사항이 기재된 서류를 주무관청에 제출할 것을 요구한다: ① 설립발기인의 성명·주민등록번호·주소 및 약력을 기재한 서류(설립발기인이 법인인 경우에는 그 명칭, 주된 사무소의 소재지, 대표자의 성명·주민등록번호·주소와 정관을 기재한 서류) 1부, ② 정관 1부, ③ 재산목록(재단법인에 있어서는 기본재산과 운영재산으로 구분하여 기재하여야 한다) 및 그 입증서류와 출연의 신청이 있는 경우에는 그 사실을 증명하는 서류 각 1부, ④ 당해 사업연도분의 사업계획 및 수지예산을 기재한 서류 1부, ⑤ 임원 취임예정자의 성명·주민등록번호·주소 및 약력을 기재한 서류와 취임승낙서 각 1부, ⑥ 창립총회회의록(설립발기인이 법인인 경우에는

---

31) 그 조건에 관하여는 같은 법 시행령 제6조가 상세히 규정한다.
32) 윤철홍, 위의 글, 149-150면은 공익법인법 제3조에 대하여 애매모호하고 추상적인 설립허가기준으로 인하여 그 남용의 위험성은 항상 내재되어 있다고 비판한다.

법인설립에 관한 의사의 결정을 증명하는 서류) 사본 1부. 그 밖에
감사원은 설립취지서 1부, 설립하려는 법인이 사단인 경우에는 사원
이 될 사람의 성명, 주소, 직업 및 근무처 등을 적은 사원명부 1부
를,[33] 그리고 중앙선거관리위원회는 설립하고자 하는 법인이 사단인
경우에는 사원이 될 자의 성명 및 주소를 기재한 사원명부 1부를 추
가적으로 요구한다.[34]

　　위와 같은 서류가 제출된 경우 대개의 주무관청은 설립허가신청
의 내용이 다음 기준에 적합한 경우에 한하여 이를 허가한다: ① 법
인의 목적과 사업이 실현 가능할 것, ② 목적하는 사업을 수행할 수
있는 충분한 능력이 있고, 재정적 기초가 확립되어 있거나 확립될
수 있을 것, ③ 다른 법인과 동일한 명칭이 아닐 것.[35] 그리고 주무관
청은 법인설립허가신청을 받은 때에는 특별한 사유가 없는 한 일정
기간 내에(그 기간은 부처에 따라 14일,[36] 15일,[37] 20일[38]로 나뉘어 있

---

[33] 감사원 소관 비영리법인의 설립 및 감독에 관한 규칙(이하 "감사원규칙"이
라 한다) 제3조.

[34] 중앙선거관리위원회 소관 비영리법인의 설립 및 감독에 관한 규칙(이하
"중앙선거관리위원회규칙"이라 한다) 제3조.

[35] 한편 국가보훈처 소관 비영리법인의 설립 및 감독에 관한 규칙(이하 "보훈
처규칙"이라 한다) 제4조 제1항 제3호는 "설립목적이 다음 각 목에 해당하
는 법인과 같은 것으로 오인되지 아니할 것" 그리고 제4호는 "다음 각 목
에 해당하는 사람을 회원으로 하여 권익신장을 도모하지 아니할 것"을 규
정한 후 각 6개, 7개의 사항에 걸쳐 이를 구체화하고 있다.

[36] 교육부 소관 비영리법인의 설립 및 감독에 관한 규칙(이하 "교육부규칙"이
라 한다) 제4조 제2항; 산업통상자원부장관 및 그 소속 청장 소관 비영리법
인의 설립 및 감독에 관한 규칙(이하 "산업부규칙"이라 한다) 제4조 제2항;
환경부 및 기상청 소관 비영리법인의 설립과 감독에 관한 규칙(이하 "환경
부규칙"이라 한다) 제4조 제2항.

[37] 기획재정부 및 그 소속청 소관 비영리법인의 설립 및 감독에 관한 규칙(이
하 "기재부규칙"이라 한다) 제4조 제2항.

[38] 감사원규칙 제4조 제2항; 고용노동부 소관 비영리법인의 설립 및 감독에
관한 규칙(이하 "고용부규칙"이라 한다) 제4조 제2항; 공정거래위원회 소관

다) 심사하여 허가 또는 불허가 처분을 하고, 그 결과를 서면으로 신청인에게 통지하여야 한다는 규정을 추가적으로 마련해 두고 있다. 이 경우 허가를 하는 때에는 대개의 주무관청은 법인설립허가증을 신청인에게 교부하고, 법인설립허가대장에 필요한 사항을 기재한다. 그리고 금융위규칙, 농식품부규칙 및 법무부규칙 등은 주무관청이 비영리법인 설립허가의 심사를 위하여 필요하다고 인정할 때에는 신청인에게 기간을 정하여 필요한 자료를 제출하게 하거나 설명을

비영리법인의 설립 및 감독에 관한 규칙(이하 "공정위규칙"이라 한다) 제4조 제2항; 보훈처규칙 제4조 제2항; 국방부 및 그 소속청 소관 비영리법인의 설립 및 감독에 관한 규칙(이하 "국방부규칙"이라 한다) 제4조 제2항; 국토교통부 및 그 소속청 소관 비영리법인의 설립 및 감독에 관한 규칙(이하 "국토부규칙"이라 한다) 제4조 제2항; 금융위원회 소관 비영리법인의 설립 및 감독에 관한 규칙(이하 "금융위규칙"이라 한다) 제5조 제2항; 농림축산식품부장관 및 그 소속 청장 소관 비영리법인의 설립 및 감독에 관한 규칙(이하 "농식품부규칙"이라 한다)제4조 제2항; 문화체육관광부 및 문화재청 소관 비영리법인의 설립 및 감독에 관한 규칙(이하 "문체부규칙"이라 한다) 제4조 제2항; 미래창조과학부 소관 비영리법인의 설립 및 감독에 관한 규칙(이하 "미래부규칙"이라 한다) 제4조 제2항; 법무부 소관 비영리법인의 설립 및 감독에 관한 규칙(이하 "법무부규칙"이라 한다) 제4조 제2항; 법원행정처소관 비영리법인의 설립 및 감독에 관한 규칙(이하 "법원행정처규칙"이라 한다) 제4조 제2항; 법제처 소관 비영리법인의 설립 및 감독에 관한 규칙(이하 "법제처규칙"이라 한다) 제4조 제2항; 보건복지부 소관 비영리법인의 설립 및 감독에 관한 규칙(이하 "복지부규칙"이라 한다) 제4조 제2항; 식품의약품안전처 소관 비영리법인의 설립 및 감독에 관한 규칙(이하 "식약처규칙"이라 한다) 제4조 제2항; 여성가족부 소관 비영리법인의 설립 및 감독에 관한 규칙(이하 "여가부규칙"이라 한다); 외교부 소관 비영리법인의 설립 및 감독에 관한 규칙(이하 "외교부규칙"이라 한다) 제4조 제2항; 통일부 소관 비영리법인의 설립 및 감독에 관한 규칙(이하 "통일부규칙"이라 한다) 제4조 제2항; 해양수산부장관 및 그 소속 청장 소관 비영리법인의 설립 및 감독에 관한 규칙(이하 "해수부규칙"이라 한다) 제4조 제2항; 행정자치부 및 그 소속청 소관 비영리법인의 설립 및 감독에 관한 규칙(이하 "행자부규칙"이라 한다) 제4조 제2항; 헌법재판소사무처소관비영리법인의 설립및감독에관한규칙(이하 "헌재규칙"이라 한다) 제4조 제2항.

요구할 수 있다는 조항을 추가하고 있다.[39]

법인의 설립허가를 받은 자는 그 허가를 받은 후 지체 없이 재산을 법인에 이전하고 1월 이내에 그 이전을 증명하는 등기소 또는 금융회사 등의 증명서를 주무관청에 제출하여야 하며, 법인은 법인설립 등의 등기를 한 때에는 10일 이내에 등기부등본 1부를 주무관청에 제출하여야 한다.[40]

2. 운영단계에서의 감독

가. 허가유보

정관의 변경은 주무관청의 허가를 얻지 아니하면 그 효력이 없다(민법 제42조 제2항, 제45조 제3항). 그 밖에 공익법인법은 법인이 기본재산을 매도·증여·임대·교환 또는 용도변경하거나 담보로 제공하거나 대통령령으로 정하는 일정금액 이상을 장기차입하려면 주무관청의 허가를 받을 것을 요구하고 있다(제11조 제3항). 공익법인법 제11조 제3항은 강행규정이어서 기본재산을 임의 처분하는 경우뿐만 아니라 강제경매에 의한 처분의 경우에도 마찬가지로 적용된다.[41] 주무관청의 허가를 받지 않고 기본재산을 처분하는 것은 무효이며, 그 처분허가의 법률적 성질은 형성적 행정행위로서의 인가에 해당한다.[42] 재단의 기본재산을 처분하거나 또는 추가로 기본재산에 편

---

39) 금융위규칙 제5조 제3항; 농식품부규칙 제4조 제3항; 법무부규칙 제4조 제3항 등.
40) 보훈처규칙 제5조; 국방부규칙 제5조; 금융위규칙 제6조; 문체부규칙 제5조; 산업부규칙 제5조; 외교부규칙 제5조; 통일부규칙 제5조; 해수부규칙 제5조; 헌재규칙 제5조, 제6조(7일 이내에 등기부등본 1부를 제출하도록 규정함); 환경부규칙 제5조 등.
41) 대법원 1984. 12. 1.자 84마591 결정.

입시키는 것은 모두 정관의 변경사항이 되고, 따라서 기본재산을 감소시키는 경우는 물론 이를 증가시키는 경우에도 주무관청의 허가를 얻어야 그 효력을 발생한다.[43] 이들은 모두 공익법인의 실체를 변경할 수 있는 사항들로서, 이에 관한 허가유보는 일종의 예방적 규제라고 할 수 있다.

현행 공익법인법, 민법 및 비영리법인 감독규칙에는 포함되어 있지 않으나, 허가유보를 상정해 볼 수 있는 다른 사항으로는 재단과 기관구성원 사이의 법률행위(자기거래)[44]가 있다.

나. 법인사무의 감사/검사·감독

감독청은 법인사무의 감사/검사·감독을 통해 공익법인의 운영에 관한 정보를 얻게 된다.

(1) 감 사

적절한 국가감독이 이루어지기 위해서는 감독청이 법인의 운영과 법인 임원의 활동을 파악할 수 있어야 할 것이다. 이를 위하여 공익법인법 제17조는 주무관청은 "감독상 필요하면 공익법인에 대하여 그 업무보고서의 제출을 명하거나 업무재산관리 및 회계를 감사하

---

42) 대법원 2005. 9. 28. 선고 2004다50044 판결.

43) 대법원 1966. 11. 29. 선고 66다1668 판결; 대법원 1969. 7. 22. 선고 67다568 판결; 대법원 1978. 7. 25. 선고 78다783 판결; 대법원 1982. 9. 28. 선고 82다카499 판결; 대법원 1991. 5. 28. 선고 90다8558 판결; 대법원 1994. 4. 12. 선고 93다52747 판결.

44) 이중기, 회사법과 비교한 공익단체법의 역할과 특징: 왜 혜택을 부여하고 왜 규제하는가?, 법학논총 제31집 제1호, 한양대, 2014, 656면은 자기거래는 이사가 공익재산을 편취할 수 있는 기회를 제공하기 때문에 원칙적으로 규제해야 할 대상이라고 한다.

여 그 적정을 기하고, 목적사업을 원활히 수행하도록 지도하여야"
하고(제1항), "공익법인의 효율적 감독을 위하여 필요하면 대통령령
으로 정하는 바에 따라 공인회계사나 그 밖에 관계 진문기관으로 하
여금 제1항에 따른 감사를 하게 할 수 있다."고 규정하고 있다(제2
항). 이때 주무관청은 공익법인에 대하여 관계서류·장부 기타 참고
자료의 제출을 명하거나 소속공무원으로 하여금 법인의 사무 및 재
산상황을 검사하게 할 수 있으며, 주무관청은 직전 회계연도 종료일
을 기준으로 대차대조표상 총자산가액의 합계액이 100억 원 이상인
공익법인에 대하여 주식회사의 외부감사에 관한 법률 제3조에 따른
감사인의 회계감사를 받게 할 수 있다(동 시행령 제27조).

앞의 주무관청의 "지도"는 「행정지도」를 의미하는데, 그것은 "행
정기관이 그 소관 사무의 범위에서 일정한 행정목적을 실현하기 위
하여 특정인에게 일정한 행위를 하거나 하지 아니하도록 지도, 권고,
조언 등을 하는 행정작용"을 말한다(행정절차법 제2조 제3호). 이러
한 행정지도는 법인 임원으로 하여금 법률 또는 정관의 위반을 사전
에 피할 수 있도록 할 수 있으나, 간과할 수 없는 단점도 갖고 있다.
감독청은 지도와 함께 사후에 감독대상이 되는 행위를 공익법인에
대하여 권장하게 된다. 지도는 그 목적 달성에 필요한 최소한도에
그쳐야 하며, 상대방의 의사에 반하여 부당하게 강요하여서는 안 되
지만(행정절차법 제48조 제1항), 실무적으로 권고와 강요의 경계는
명확하지 않은 경우가 많다. 더욱이 사후에 지도하였던 행위의 타당
성이 의문시되는 때에는 감독청의 통제기능이 마비될 수 있다. 감독
청이 당초 지도하였던 행위를 스스로 사후에 부당한 것으로 평가한
다는 것은 거의 상정할 수 없기 때문이다. 감독청이 그의 지도 아래
행한 법인 임원의 행위가 사후에 의무위반으로 평가될 경우, 잘못된
지도를 한 감독청은 국가배상책임의 문제(국가배상법 제2조 참조)에
직면하게 될 것이므로, 감독청이 그 기관의 의무위반을 적발하는데

망설일 수밖에 없다. 그 경우 감독청과 법인 임원 사이의 「묵시적 불가침협정」에 의하여 법인 임원의 의무위반이 덮어지게 된다. 이러한 부작용은 감독청의 지도의 적절성에 대하여 의문을 품게 한다.

대개의 비영리법인 감독규칙은 주무관청에게 법인의 사무의 검사 및 감독을 위하여 "불가피한 경우"에는 법인에 관계 서류·장부 또는 그 밖의 참고자료 제출을 명하거나 소속 공무원으로 하여금 법인의 사무 및 재산 상황을 검사하게 할 수 있도록 규정하고 있다.[45] 한편 몇몇 부처의 비영리법인 감독규칙은 법인사무의 검사 및 감독을 위하여 "필요한 경우"에 이와 같은 검사·감독권을 행사할 수 있는 것으로 규정한다.[46] 이들 경우에 감독청은 법인에 대하여 사무의 검사·감독에 필요한 모든 사실에 관한 정보를 제공할 것을 요구할 수 있다. 그 권한은 업무보고, 의사록, 서류 및 그 밖의 재단의 내부서류의 제출을 요구하고 또 열람할 수 있는 권한과 법인의 업무공간과 시설을 관찰할 수 있는 권한을 포함한다고 할 것이다. 그러나 이사회 회의에의 참관은 이사회의 동의 아래서만 가능하다고 할 것이다.[47] 민법 제37조와 이를 시행하기 위한 비영리법인 감독규칙에 따른 검사·감독권은 고권적 개입에 해당하므로, 「과잉금지의 원칙」에 따른 엄격한 제약 아래서만 행사될 수 있다고 하여야 한다. 이것의 한계는 「비례성의 원칙」이 정한다. 나아가 민법 제37조와 이를 시행하기 위한 비영리법인 감독규칙에 따른 검사·감독권은 「적법성 통제」

---

45) 고용부규칙 제8조; 공정위규칙 제8조; 보훈처규칙 제8조; 국토부규칙 제8조; 기재부규칙 제8조; 문체부규칙 제8조; 미래부규칙 제8조; 법원행정처규칙 제10조; 복지부규칙 제8조; 산업부규칙 제8조; 식약처규칙 제8조; 해수부규칙 제8조; 행자부규칙 제8조.

46) 감사원규칙 제11조; 교육부규칙 제8조; 국방부규칙 제8조; 금융위규칙 제9조; 농식품부규칙 제8조; 법무부규칙 제8조; 법제처규칙 제8조; 환경부규칙 제8조 등.

47) Hof/Hartmann/Richter, Stiftungen, 2004, 163.

로 제한된다.

감사/검사·감독에서는 공익법인이 제출해야 할 서류가 예산 및 결산의 보고의 경우를 넘어설 수 있다. 따라서 감사/검사·감독과 결부된 법인의 부담을 고려하여 이를 위해서는 "중대한 사유가 있을 것"을 법률에 명시하는 것이 바람직하다. 그러한 중대한 사유로는 가령 수입·지출 결산서의 적법성에 근거 있는 의심이 존재하는 경우, 예컨대 불일치 또는 공백이 있거나, 이와는 별개로 비리의 소지가 있는 경우에 인정될 수 있을 것이다. 또한 공인회계사 등의 전문가에 의한 감사는 이와 결부된 비용부담으로 인하여 감독청이 스스로 감사를 행할 수 없는 객관적 상황이 있는 경우에 비로소 가능하다고 새겨야 한다.[48] 공익법인의 활동영역이 광범위한 까닭에 회계사 등의 전문가의 조력이 없이는 감사/검사·감독이 적절히 이루어질 수 없는 경우에 그러하다.

(2) 예산 및 결산의 보고

감독청의 공익법인에 대한 주된 정보원(情報源)은 법인의 사업실적 및 사업계획 등의 보고이다. 공익법인법 제12조는 공익법인은 주무관청에 대하여 대통령령으로 정하는 바에 따라 매 회계연도가 시작되기 전에 다음 해에 실시할 사업계획 및 예산을 제출하고 매 회계연도가 끝난 후에 사업실적과 결산을 보고하도록 의무화하고 있다. 이 경우 결산보고에는 대통령령으로 정하는 바에 따라 공인회계사의 감사증명서를 첨부하게 할 수 있다.

한편 비영리법인 감독규칙들은 대개 ① 다음 사업연도의 사업계획 및 수입·지출 예산서 1부, ② 해당 사업연도의 사업실적 및 수입·지출 결산서 1부, ③ 해당 사업연도 말 현재의 재산목록 1부를 매 사

---

48) MüKoBGB/Reuter, 6. Aufl., 2012, Vor § 80 BGB Rn. 82.

업연도가 끝난 후 2개월 이내에 주무관청에 제출할 것을 요구한다.[49] 감사원규칙 제9조는 비영리법인이 ① 매 사업연도 종료 전 1개월까지 다음 사업연도의 사업계획 및 수입·지출 예산에 관한 서류를 감사원에 제출할 것과, ② 매 사업연도 종료 후 2개월 이내에 ㉠ 직전 사업연도의 사업실적 및 수입·지출 결산서 1부, ㉡ 자산의 증감 사유, ㉢ 직전 사업연도 말 현재의 재산목록 1부, ㉣ 사단법인의 경우에는 직전 사업연도 중 사원의 이동 현황에 관한 서류를 제출토록 하고 있다.

다. 시정적 감독

시정적 감독은 이미 행하여졌거나 행하여지고 있는 법인 임원의 위법행위를 원상복구하기 위한 것이다. 공익법인법 제14조는 두 가지 형태의 시정적 감독수단을 규정하고 있다. 하나는 「이사의 취임승인취소」인데, 이것은 ① 공익법인법 또는 정관을 위반한 경우, ② 임원 간의 분쟁, 회계부정, 재산의 부당한 손실, 현저한 부당행위 등으로 해당 공익법인의 설립목적을 달성하지 못할 우려를 발생시킨 경우, ③ 목적사업 외의 사업을 수행하거나 수행하려 한 경우 중 어느 하나에 해당하는 사유가 있는 경우에 주무관청이 그 사유의 시정을 요구한 날로부터 1개월이 지나도 법인이 이에 응하지 아니한 경우에 할 수 있다. 이것은 행정법상의 「보충성의 원칙」의 표현이다. 즉, 공익법인의 자기규제가 우선하고 그것이 행하여지지 아니할 경우에 비로소 주무관청이 개입한다는 것이다.[50] 이사의 취임승인취소의 실

---

49) 가령 고용부규칙 제7조; 공정위규칙 제7조; 교육부규칙 제7조; 국방부규칙 제7조; 국토부규칙 제7조; 금융위규칙 제8조; 기재부규칙 제7조; 법무부규칙 제7조; 복지부규칙 제7조; 식약처규칙 제7조; 외교부규칙 제7조; 행자부규칙 제7조 등.

질은 이사에 대한 감독청의 직권에 의한 해임이다.[51] 둘은 「수익사업의 시정이나 정지의 명령」인데, 법인이 ① 수익을 목적사업 외의 용도에 사용할 때, ② 해당 사업을 계속하는 것이 공익법인의 목적에 위배된다고 인정될 때 주부관청이 그 공익법인에 대하여 그 사업의 시정이나 정지를 명할 수 있다. 공익법인은 주된 목적을 달성하기 위하여 수익사업 기타 부대사업을 할 수 있는데,[52] 공익법인법은 공익법인의 수익사업을 정면으로 허용하면서(제4조 제3항 참조) 일정

---

50) 사립학교법 제20조의2도 이와 유사한 취지의 규정을 두고 있는데, 대법원 2001. 1. 19. 선고 99두9674 판결은, 이는 사학의 자율성을 고려하여 관할청이 취임승인 취소사유를 발견하였더라도 바로 임원의 취임승인을 취소할 것이 아니라 일정한 기간을 주어 학교법인 스스로 이를 시정할 기회를 주고 학교법인이 이에 응하지 아니한 때에 한하여 취임승인을 취소한다는 취지라 할 것이므로, 위 규정의 취지에 비추어 볼 때, 관할청의 계고기간을 둔 시정요구에 대하여 학교법인의 시정조치가 있었으나 그 내용이 관할청의 요구에 미흡한 경우에 관할청은 바로 취임승인 취소를 할 수 있음은 물론이나 이에 나아가지 아니하고 다시 기간을 정하여 재차의 시정요구를 할 수도 있을 것이고(그 기간이 반드시 15일 이상일 필요는 없다), 이와 같이 관할청이 재차의 시정요구를 한 경우라면 관할청으로서는 새로 설정된 기간 내에 행하여지는 시정조치를 기다려 그 시정조치가 법령에 따라 관할청이 정한 요구조건을 충족하는지 여부를 판단하여 임원 취임승인의 취소 여부를 결정하여야 하는 것이고, 재차의 시정요구에 따른 시정조치를 무시하고 그 시정요구 이전의 사정만을 근거로 임원 취임승인을 취소하여서는 아니 된다고 하였다.

51) 이에 관한 입법론적 선택지로는 사회복지사업법 제22조 제1항이 규정하는 해임명령이 있다. 이 조항은 7가지 사유를 들고 그 어느 하나에 해당할 때에는 관할 시·도지사가 사회복지법인의 임원의 해임을 명할 수 있도록 규정하고 있다. 이와 같은 해임명령은 법인을 상대로 해당 임원을 해임하도록 명하는 것에 불과하고 그 자체로 해임의 효력이 발생되게 하는 것은 아니다(대법원 2013. 6. 13. 선고 2012다40332 판결).

52) 이것은 소위 "부수적 활동(목적)의 특전"으로 일컬어지고, 각국의 법질서에서 보편적으로 인정되는 단체법의 일반원칙이라는 점은 김진우, 영리법인과 비영리법인의 구별에 관한 법비교적 고찰, 비교사법 통권 제22호, 2003, 122면-123면.

한 제약을 가하고 있는 것이다.

좁은 의미의 공익법인에 대한 시정적 감독은 전적으로 공익법인 및 공익을 위한 것이어서 수익자나 설립자 등의 감독청의 개입에 대한 공법적 청구권은 인정되지 않는다고 할 것이다. 개개의 이사나 이사회도 마찬가지이다.

민법과 각 정부부처의 비영리법인 감독규칙은 공익법인법과 같은 시정적 감독수단을 정면으로 규정하지 않았으나, 주무관청의 검사·감독권의 범위 내에서 시정명령은 가능하다고 할 것이다. 그 밖에 중대한 사유가 있는 때에는 감독청이 법인의 임원을 해임할 수 있도록 하는 규정의 신설은 효과적 국가감독에 일조할 것이다.

3. 소멸단계에서의 감독수단

법인 소멸단계의 국가감독에서는 「설립허가의 취소」가 중요하다. 좁은 의미의 공익법인의 설립허가취소는 공익법인법 제16조가 규정하고 있는데, 거기서는 설립허가의 취소사유로 ① 거짓이나 그 밖의 부정한 방법으로 설립허가를 받은 경우, ② 설립허가 조건을 위반한 경우, ③ 목적 달성이 불가능하게 된 경우, ④ 목적사업 외의 사업을 한 경우, ⑤ 이 법 또는 이 법에 따른 명령이나 정관을 위반한 경우, ⑥ 공익을 해치는 행위를 한 경우, ⑦ 정당한 사유 없이 설립허가를 받은 날부터 6개월 이내에 목적사업을 시작하지 아니하거나 1년 이상 사업실적이 없을 때를 들고 있다. 그런데 이러한 사유에 기한 설립허가취소는 다른 방법으로는 감독목적을 달성할 수 없거나 감독청이 시정을 명령한 후 1년이 지나도 이에 응하지 아니한 경우에 한다. 이것은 「보충성의 원칙」을 표현한 것이다. 주무관청이 공익법인의 설립허가를 취소하려는 경우에는 청문을 하여야 한다. 여기의 "청문"은 행정청이 어떠한 처분을 하기 전에 당사자 등의 의견을 직접 듣고 증거를 조사하는 절차를 말한다(행정절차법 제2조 제5호).

　　비영리법인의 설립허가취소는 민법 제38조에 따라 ① 법인이 목적 이외의 사업을 하거나, ② 설립허가의 조건에 위반하거나, ③ 기타 공익을 해하는 행위를 한 때에 가능하다. 대개의 비영리법인 감독규칙은 이 경우에 청문을 하도록 규정하고 있다.

　　그런데 법인의 설립허가취소는 행정처분에 의한, 기본권의 주체인 법인의 의사에 반하는 해산을 초래하는 점에서 그 사유는 좁게 해석되어야 한다. 공익법인은 본래의 목적사업 외에 그 목적을 수행하기 위한 부수적 활동도 할 수 있으므로, 공익법인이 "목적 이외의 사업"을 한 때란 법인의 정관에 명시된 목적사업과 그 목적사업을 수행하는 데 직·간접으로 필요한 사업 이외의 사업을 한 때를 말한다.[53] "설립허가의 조건에 위반"한다는 것은, 예컨대 감독청이 설립허가를 함에 있어 수혜자의 출생지·출신학교·직업·근무처 기타 사회적 지위나 당해 법인과의 특수관계 등에 의하여 수혜자의 범위를 제한할 수 없다고 하였는데(공익법인법 시행령 제6조 제1항 제2호) 공익법인이 이를 어기는 경우를 말한다. 대법원은 감독청에 제출할 서류를 기한 보다 지연하여 제출한 사실만으로 설립허가조건을 위배하였다 하여 설립허가를 취소하는 행위는 재량권의 범위를 심히 일탈한 위법한 처분이라고 하였다.[54] 이는 기본권을 누리는 법인에 대한 감독청의 고권적 조치는 필요하고 또 적절해야 한다는 「비례성의 원칙」에 따른 것으로 타당한 판결이라 하겠다. 나아가 "공익을 해하는 행위를 한 때"란 법인의 기관이 직무의 집행으로서 공익을 침해하는 행위를 하거나 사원총회가 그러한 결의를 한 경우를 의미한다.[55] 민법 제38조의 규정은 법인이 설립될 당시에는 그가 목적하는

---

53) 대법원 2014. 1. 23.자 2011무178 결정; 대법원 2014. 1. 23. 선고 2011두25012 판결.
54) 대법원 1977. 8. 23. 선고 76누145 판결.

사업이 공익을 해하는 것이 아니었으나 그 후의 사정변동에 의하여
그것이 공익을 해하는 것으로 되었을 경우에 대처하기 위한 것이
다.[56] 법인설립허가취소는 법인을 해산하여 결국 법인격을 소멸하게
하는 제재처분이므로, 민법 제38조에 정한 "공익을 해하는 행위"를
한 때에 해당된다고 하기 위해서는, 당해 법인의 행위가 직접적·구
체적으로 공익을 침해하는 것이어야 하고, 목적사업의 내용, 행위의
태양 및 위법성의 정도, 공익 침해의 정도와 경위 등을 종합해 볼 때
당해 법인의 소멸을 명하는 것이 그 불법적인 공익 침해 상태를 제
거하고 정당한 법질서를 회복하기 위한 제재수단으로서 긴요하게
요청되는 경우이어야 한다.[57] 법률위반은 공익을 해하는 행위가 되
기 위한 필요조건이기는 하나 충분조건은 아니다. 그리고 형법이나
행정법 위반이 항상 공익을 해하는 것으로 볼 수도 없다.[58] 예컨대
채권을 실행하기 위하여 소송을 제기한 대표이사가 채무자의 반증
을 뒤집기 위하여 위증의 고소를 한 때 또는 법인의 목적수행을 위
하여 허위의 고소를 하여 피고소인에게 손해를 가한 경우에는, 법인
의 불법행위책임은 물론 형사책임의 추궁도 가능한데, 이것을 이유
로 한 법인의 설립허가취소는 인정될 수 없다. 따라서 기관의 행위
가 공익을 해하는 것으로 평가받기 위해서는 그 행위가 공서양속과
같은 법질서의 근본적 결단을 위반한 경우이어야 할 것이다. 이처럼
"공익을 해하는 행위"의 개념을 법질서의 근본적 결단을 위반한 것
으로 새길 경우, 그것은 법적 불능이기도 하다. 이때 귀책사유는 요
구되지 않으며, 법질서의 근본적 결단에 대한 객관적 위반으로 족하

---

55) 대법원 1982. 10. 26. 선고 81누363 판결.
56) 대법원 1966. 6. 21. 선고 66누21 판결.
57) 대법원 2014. 1. 23. 선고 2011두25012 판결.
58) 주석민법[총칙(1)](제4판)/송호영, 651면은 형법 또는 행정법상 규정에 위반
   하거나 전체 법질서에 반하는 지에 따라 판단되어야 할 것이라고 한다.

다. 따라서 사원이 기관의 공익을 해하는 행위를 알았는지 또는 그것을 허용했는지는 묻지 않는다.[59]

VI. 감독청의 책임

1. 공익법인에 대한 책임

감독청이 유책하게 그의 감독상의 의무를 위반하고 공익법인이 그로 인하여 손해를 입은 경우, 국가배상법 제2조에 따른 손해배상책임이 문제된다. 감독청이 그가 사용할 수 있는 감독수단을 사용하지 않거나 불충분하게 감독하였기 때문에 공익법인에 대하여 손해가 발생한 때에는 감독상의 의무를 소홀히 한 것이 된다. 예컨대 감독청에 제출된 공익법인의 서류를 면밀히 검토하였더라면 알 수 있었던 법인 임원의 위법행위를 감독청이 조사하지 않거나 법인 임원의 정관에 위배되는 조치를 감독청이 묵인함으로써 법인에 손해가 생긴 경우에 그러하다. 한편 감독청은 법인 임원의 유책행위에 대하여 원칙적으로 과실상계를 주장할 수 없다고 할 것이다. 감독청의 감독은 법인 임원의 유책행위로부터 공익법인을 보호하는데 있기 때문이다.[60]

2. 설립자·수익자에 대한 책임

공익법인의 설립자에 대한 관계에서 국가책임은 법인설립 당시의 잘못된 자문으로 인하여 설립자가 손해를 입은 경우에 고려될 수 있다. 그러나 법인이 설립된 후에는 감독청이 설립자에 대하여 더

---

59) 정환담, 주석민법[총칙(1)](제3판), 2002, 643면.
60) MüKoBGB/Reuter (주 49), Vor § 80 BGB Rn. 29.

이상의 의무를 부담하지 않으므로 책임질 것이 없다.

또한 감독청은 공익법인의 수익자에 대하여도 원칙적으로 의무를 부담하지 않는다. 다만 극히 예외적으로 공익법인에 대하여 급부청구권 기타 청구권을 가지는 수익자는 감독의무의 위반을 이유로 감독청에게 배상책임을 물을 수 있을 것이다.

Ⅶ. 입법론적 제언

1. 현행 감독수단의 주요 문제점

가. 공익법인법

공익법인법 제5조 제2항은 공익법인의 이사와 감사를 주무관청의 승인을 받아 취임토록 하고 있다. 대법원에 의하면, 한편으로 감독청의 취임승인은 법인의 임원선임행위를 보충하여 그 법률상의 효력을 완성하게 하는 보충적 행정행위로서 성질상 기본행위를 떠나 승인처분 그 자체만으로는 법률상 아무런 효과도 발생할 수 없다고 한다.[61] 그런데 다른 한편으로 행정청의 승인행위는 법인에 대한 주무관청의 감독권에 연유하는 이상 그 인가행위 또는 인가거부행위는 공법상의 행정처분으로서, 그 임원취임을 인가 또는 거부할 것인지 여부는 주무관청의 권한에 속하는 사항이므로, 법인의 임원취임 승인신청에 대하여 주무관청이 이에 기속되어 이를 당연히 승인하여야 하는 것은 아니라고 한다.[62] 그러나 이것은 법인의 자치를 뚜

---

61) 대법원 1995. 4. 14. 선고 94다12371 판결; 대법원 2001. 5. 29. 선고 99두7432 판결.
62) 대법원 1995. 7. 25. 선고 95누2883 판결; 대법원 2000. 1. 28. 선고 98두16996 판결.

렷한 이유 없이 과도하게 제한하는 것이어서 문제가 있다. 공익법인
법이 가령 이사의 수를 5명 이상 15명 이하로 법정하거나 부적합성
의 원칙을 법률로써 강행화한 것은 내부통제메커니즘과 관련하여
구조적으로 취약성을 가지는 공익법인에서 자기통제를 강화하는 의
미를 가지고, 그래서 일반인에 대한 공익법인제도의 신뢰성을 제고
하는 긍정적 기능을 가진다. 반면 법인 임원의 취임에 대한 주무관
청의 승인은 자기통제의 강화와는 관련이 없는 것으로, 설립자나 공
익법인의 자치에 대한 중대한 간섭에 해당할 뿐만 아니라 공익법인
을 「행정의 연장된 팔」로 여기는 발상의 소산이라 하겠다.[63] 독일,
오스트리아 및 스위스에서는 정관이 규정하는 일정한 기간 내에 재
단이 기관선임을 하지 못하는 경우에 한하여 감독청이 개입할 수 있
을 뿐이다.[64]

한편 공익법인법 제5조 제8항은 감사를 주무관청이 추천할 수 있
도록 규정하고 있는데, 이것은 경우에 따라서는 강제나 다름없을 것
이다.[65]

따라서 공익법인법의 위 규정들은 공익법인의 자치를 보장하는
관점에서 폐지하는 것이 바람직하다.

나. 비영리법인 감독규칙

공익법인은 기본권의 주체이다. 기본권은 질서유지 또는 공공복
리를 위하여 필요한 경우에 한하여 제한될 수 있지만, 그것은 헌법

---

63) 윤철홍, 위의 글, 150면은 공익법인법 제5조 제6호에서 공익법인의 임원이
    될 수 없는 자를 정해 놓고 있는데, 주무관청이 이에 대하여 승인해야 한
    다는 것은 이중규제라고 한다.
64) Rebsch, Die Europäische Stiftung, 2007, 186.
65) 윤철홍, 위의 글, 150면.

제37조 제2항에 따라 법률에 의해야 한다.[66] 따라서 공익법인의 기본권을 간섭하는 감독청의 조치들은 그 내용, 대상, 목적, 및 정도와 관련하여 행정에 위임되어서는 안 되고 법률적 기초를 요한다(법률유보). 그런데 현재 비영리법인을 감독하는 각 주무관청은 비영리법인 감독규칙을 총리령 또는 부령으로 제정하여 감독하고 있으며, 이 가운데는 설립자의 기본권을 침해하는 것들이 있다.

우선 설립허가의 취소를 위한 청문이 그러하다. 설립허가의 취소는 기본권의 향유자인 법인의 존립을 부정하는 가장 중대한 간섭이므로, 법치행정의 요청상 청문은 민법에 규정되어야 한다. 공익법인법도 주무관청이 공익법인의 설립허가를 취소하려는 경우에는 청문을 하도록 규정하고 있다(제16조).

다음으로 공익사단이 결의로써 해산하기 위해서는 사원총회의 결의가 요구된다(민법 제78조). 공익재단의 경우에는 관련 규정이 없다. 그러나 해산에 관한 기관의 결의는 사단이건 재단이건 해산사유의 존부를 확인하는 임무를 수행한다. 이에 각 정부부처의 비영리법인 감독규칙은 예외 없이 사단법인이 총회의 결의에 따라 해산하였을 때에는 그 결의를 한 총회의 회의록 1부를, 그리고 재단법인의 해산 시 이사회가 해산을 결의하였을 때에는 그 결의를 한 이사회의 회의록 1부를 주무관청에 제출하도록 규정하고 있다. 그런데 재단의 경우 설립자는 법인해산의 결의를 이사회가 아닌 다른 기관(감사) 또는 제3자에게 유보할 수 있다.[67] 이것은 재단의 해산이라고 하는 중대한 조치의 결정을 법인의 내부통제기관이나 객관적 제3자에게 맡기려는 것이다. 따라서 설립자의 이러한 정관형성의 자유에 대한 제한, 그로써 기본권의 제한은 부령이나 총리령의 형식을 취하는 비영리법인 감독규칙이 아니라 민법에 규정되어야 한다. 그 점에서 형

---

66) 헌법재판소 1990. 8. 27. 선고 89헌가118 전원재판부.
67) v. Campenhausen/Richter/Hof, Stiftungsrechts-Handbuch, 4. Aufl., 2014, § 11 Rn. 5.

식적 의미의 법률이 아닌 비영리법인 감독규칙이 설립자의 정관형성의 자유를 침해하는 것은 이미 형식적 차원에서 위헌적 소지가 크다. 반면 공익법인법 제7조(이사회의 기능) 제1항 제3호는 공익법인이 해산에 관한 사항은 이사회의 심의 결정 사항이라고 함으로써 설립자의 자유를 제한하지만, 그것은 법률에 의한 것으로서 적어도 형식적 차원에서의 위헌 문제는 제기되지 않는다. 그런데 사단의 경우에 해산은 사원총회의 전권사항이므로,[68] 공익법인법 제7조 제1항은 단체법의 일반원칙과 조화를 이루지 못한다. 요컨대 공익법인의 해산에 관한 사항은 이사회의 심의 결정 사항이라고 규정하고 있는 공익법인법 제7조도 위헌적 요소를 가지고 있다.

2. 주무관청제는 향후에도 유지되어야 하는가?

국가에 의한 공익법인의 감독체계는 개선을 요하는 것으로 보인다. 주무관청제로 상징되는 공익법인에 대한 현행 국가감독체계는 정치적 독립성, 전문성 및 효율성의 관점에서 중대한 문제점을 안고 있어 현재는 물론 장래에도 공익법인의 적정한 발전을 담보하기 어려운 상황에 있기 때문이다.[69] 이를 아래에서 보다 구체적으로 살펴본다.

첫째, 주무관청제에서는 각 중앙행정청이 공익조직을 감독하는 까닭에 국가의 정책방향으로부터 자유롭지 못하여 감독청과 공익법

---

68) 민법학에서는 정관이 총회의 해산결의권을 박탈하거나 총회 이외의 다른 기관만이 해산결의를 할 수 있는 것으로 규정하고 있더라도, 그 정관규정은 무효라고 하는데 학설이 일치하고 있는데, 법률도 이러한 제한을 가할 수 없다고 새겨야 할 것이다.

69) 김진우, 미국에서의 공익조직에 대한 국가의 감독: 미국법은 한국법의 개선을 위한 적합한 모델인가?, 서울법학 제22권 제2호, 서울시립대, 2014, 185면 이하.

인 사이의 바람직한 관계설정에 어려움을 겪게 된다. 감독청의 정치적 비독립성은 공익법인의 활성화를 통해 민간의 자율성과 창의성을 진작하고자 하는 오늘날의 시대사조와 조화되기 어렵다. 이는 특히 공익법인의 목적사업이 감독청이 관계하는 분야이기는 하나, 행정과는 다른 입장에서 행하여질 경우에 그러하다. 민간공익활동은 국민의 저항을 불러올 수도 있는 증세나 공과금 부담의 확대라는 수단을 사용하지 않고서도 공익을 실현할 수 있도록 한다. 민간공익조직이 이러한 임무를 적절히 수행할 수 있기 위해서는 정부조직으로부터 독립적일 필요가 있다. 그런데 중앙행정청이 공익조직을 감독하고 특히 공적 자금을 지원할 경우에는 국가의 정책목표가 민간공익조직에 영향을 미칠 수 있어 민간공익조직이 자칫 「행정의 연장된 팔」로 변질될 수 있다. 물론 감독청의 감독은 「적법성 통제」에 머물러야 하지만, 공익법인의 설립과정에서 감독청이 조언이나 지도를 하면서 또는 공적 자금의 지원과정에서 자신의 행정목표를 주입할 가능성이 상존한다.

둘째, 한정된 인적·물적 자원,[70] 담당공무원의 단기(1-2년)의 보직순환으로 인하여 전문성을 기대하기 어렵다. 더욱이 담당공무원은 다른 임무를 수행하면서 부수적으로 공익법인을 감독하는 경우가 대부분이다. 민간공익활동은 궁극적으로는 국가의 이익과 결부된다. 국가는 자신이 부담할 공공복리의 실현을 민간공익활동으로 대체함으로써 재정부담을 줄일 수 있기 때문이다. 그러나 국가는 적지 않은 경우에 공익법인의 감독에 대하여 그다지 관심을 기울이지 않는 것 같다. 그 이유로는 세 가지를 지적할 수 있을 것이다: 하나는 국

---

70) 주무관청은 국가와 관련된 많은 임무를 수행하여야 하기 때문에 공익법인의 감독에 전념할 수 없고, 보다 중요한 현안의 해결에 집중하여야 하는 까닭에 공익법인의 감독을 위하여 투입할 수 있는 인적·물적 자원도 극히 제한적일 수밖에 없다.

가가 공익법인에 대한 감독으로 얻을 수 있는 직접적·가시적·경제적 이익이 없어 공익법인을 엄정하게 감독할 유인이 존재하지 않는다는 점이다. 둘은 주무관청은 공익법인의 국가감독을 거의 독점하는 까닭에 경쟁자가 없다는 점이다. 셋은 주무관청은 공익의 일반적 수호자로서의 역할에 상응하게 무수한 국가 관련 임무를 수행하여야 하는데, 공익법인의 감독은 그 중의 하나에 불과하다는 점이다.

셋째, 공익법인에 대한 국가의 감독은 현재 주무관청별로 이루어지고 있어 공익법인에 관한 전체적인 현황이나 감독의 실태 파악 및 감독에 관한 정보의 통일적 관리가 곤란하다. 가령 공익법인의 총수, 매년 신설되는 공익법인의 수, 각 공익법인의 재산규모 등은 알려져 있지 않다. 그에 따라 잠재적 추가출연자나 기부자가 어느 공익법인에 추가출연 또는 기부할 것인지를 판단하는데 필요한 정보를 구하기 어려울 뿐만 아니라, 정확한 통계에 기초한 학술적 진단과 예측을 어렵게 만든다.

넷째, 주무관청제 아래서는 공익법인에 대한 국가감독이 대동소이한 감독규칙에도 불구하고 실제로는 주무관청에 따라 그리고 심지어 동일한 주무관청 내에서도 담당공무원이 누구인가에 따라 달라지기 때문에 법인설립단계에서부터 공익법인에 대하여 우호적인 것으로 평이 난 주무관청을 찾는 "Forum-Shopping"이 행하여지기도 한다.

다섯째, 주무관청의 재량에 의한 행정지도의 형태로 감독이 이루어짐으로써(공익법인법 제17조 제1항) 공익법인의 자치를 해할 우려가 있을 뿐만 아니라 헌법이 요청하는 「적법성 통제의 원칙」과도 배치된다.

여섯째, 어떤 공익법인이 성질을 달리하는 둘 이상의 목적을 가지는 경우 주무관청이 달라질 수 있고, 이때 중복규제의 문제가 발생하여[71] 법적 안정성과 형평성을 해할 수 있다.

일곱째, 감독청이 분명치 아니한 새로운 분야의 사업이나 성질상 특정 관청에 의한 허가나 감독에 친하지 아니한 사업 등에서 행정청 사이에 핑퐁게임이 벌어질 수 있다.[72]

따라서 이제 공익법인을 비롯하여 공익을 추구하는 법인 아닌 사단이나 재단의 감독을 포괄적·통일적으로 행하는 정치적 독립성을 가진 전문 감독청의 신설에 관한 논의를 본격화할 시점이라고 하겠다.

3. 공익법인의 투명성 제고

상속세 및 증여세법 제50조의3(공익법인등의 결산서류 등의 공시 의무 등)은 종교법인을 제외한 자산총액 10억 이상의 공익법인 등으로 하여금 ① 대차대조표, ② 손익계산서(손익계산서에 준하는 수지계산서 등을 포함), ③ 기부금 모집 및 지출 내용, ④ 해당 공익법인 등의 대표자, 이사, 출연자, 소재지 및 목적사업에 관한 사항, ⑤ 주식보유 현황 등 대통령령으로 정하는 사항에 대하여 과세기간 또는 사업연도 종료일부터 4개월 이내에 대통령령으로 정하는 바에 따라 국세청의 인터넷 홈페이지에 게재하는 방법으로 공시할 것을 요구하고 있다.

그런데 이러한 정보공개의무를 부담하는 것은 자산총액 10억 이상의 경우로서 세제혜택을 받는 비교적 규모가 큰 공익법인에 한한다. 결국 이에 해당하지 않는 공익법인에 대하여는 사회일반이 등기부를 통해 공익법인의 재산상황을 파악할 수는 있겠으나, 그 활동까지 파악할 수는 없다. 이처럼 일부의 공익법인만이 수입·지출 결산서 등과 같은 내부자료를 사회일반에 공개할 법적 의무를 부담하므로, 투명성의 확보라는 과제는 여전히 해결되지 않고 있는 셈이다.

71) 이중기, 공익단체의 규제와 공익위원회의 설립, 홍익법학 제11권 제3호, 2010, 490면.
72) 김진우, 공익신탁의 법적 구조, 비교사법 통권 제56호, 2012, 37면.

공익법인의 투명성의 제고는 주무관청의 감독의 불충분성, 공익법인은 대개 세제혜택을 받는다는 점, 공익법인은 경우에 따라서는 공적 자금을 지원받거나 일반인으로부터 기부나 추가출연 또는 자원봉사를 받는다는 점을 감안할 때 시급히 개선을 요하는 입법론적 과제라고 하겠다. 다시 말해 공익부문의 건전한 발전을 도모하기 위해서는 모든 공익법인에 대하여 사업실적, 재산상황, 대차대조표나 공익법인의 기본구조 등을 인터넷을 통해 사회일반에 공개할 의무를 민사법적 차원에서 도입해야 할 것이다. 공익조직에 관한 기초적 정보를 사회일반에 공개할 경우, 추가출연이나 기부는 경우에 따라 공익조직의 중요한 수입원의 하나이므로, 공익조직은 투명한 재산관리와 설립목적에 따른 수익사용을 증명하기 위하여 노력할 것이다. 또한 이들 정보는 잠재적 기부자, 추가출연자 또는 자원봉사자로 하여금 장려의 가치가 있는 공익법인을 찾는데 중요한 기준이 될 뿐만 아니라 사회일반에 의한 감시수단으로 기능하여 불충분한 국가감독을 보완하는 자료가 된다. 이때 공익법인의 재산규모에 따라 정보공개의무의 범위를 단계화할 필요가 있다. 즉, 재산규모가 큰 공익조직에 대하여는 상대적으로 자세한 정보공개를, 재산규모가 작은 공익조직에 대하여는 상대적으로 완화된 내용의 정보공개를 요구하는 것이다. 그리고 이를 위해서는 감독청이 정보공개범위에 관한 표준양식을 개발해야 할 것이다. 현재에도 공익법인은 주무관청이나 세제당국에 대하여 정기적으로 보고의무를 이행하고 있으므로, 이와 관련하여 공익법인의 관리비용이 현저히 증가되지는 않을 것이다.

4. 감독청의 사회일반에 대한 책임 강화

예컨대 영국의 공익조직에 대한 통일적 감독기관인 공익위원회(Charity Commission)는 연차보고의 형태로 의회에 대하여 그의 활동을 보고할 의무가 있고,[73] 그 보고서는 일반인에게 공개되므로 동 위원회의 효과적 업무수행에 이바지한다. 반면 우리 법에서는 주무관청이 일반인에 대하여 공익조직의 규제에 관한 그의 업무수행상황을 보고할 의무가 없어, 공익법인의 규제에 관한 주무관청의 효과적·효율적 업무수행을 위한 적절한 압력수단이나 유인이 존재하지 않는다. 사회일반에 대한 책임을 강화하는 의미에서 감독청의 공익조직에 대한 규제활동과 관련된 보고의무를 도입할 필요가 있다.

5. 세무당국에 의한 감독

세무당국에 의한 공익법인의 감독은 주무관청에 의한 감독과 마찬가지로 행정청에 의한 감독에 해당한다. 따라서 세무당국에 의한 감독도 적법성 통제로 그쳐야 한다. 법질서에 따라서는 세무당국이 공익조직에 대한 국가의 감독과 관련하여 극히 중요한 역할을 담당하기도 한다. 대표적으로 미국이 그러하다. 그러나 국내에서도 세제당국은 위법행위를 한 공익조직에 대하여 면세자격을 박탈하면서 조세형벌까지 부과할 수 있는 강력한 권한을 가진다.

그럼에도 다음과 같은 이유에서 세무당국의 감독이 국가의 일반적 감독을 대체할 수는 없다: ① 세법이 추구하는 목표와 민사법이 추구하는 목표는 다르기 때문에 감독범위가 상이하다. 세법은 국가 재정적 관점에서의 조세정의를 추구하지만, 민사법은 특히 재단의 경우에 일정한 공익목적을 위하여 출연된 재산이 그 목적에 좇아 사용되는가를 직접적 관심사로 한다. 그래서 예컨대 설립자나 기부자

---

73) 공익위원회는 회계연도 종료 후 가급적 신속히 그의 기능의 실시상황, 그의 목적의 달성상황, 그의 책무의 수행상황, 그의 운영상황에 관한 보고서를 발행하여야 하며, 그 1부를 의회에 제출하여야 한다(Charities Act 2011, Schedule 1 para 11).

가 일정한 목적을 정하여 공익조직을 설립하거나 공익조직에 기부한 경우, 이사회에 의한 그 목적의 준수 여부는 세법적 관점에서 중요하지 않지만, 민사법적 관점에서는 매우 중요한 의미를 가진다. ② 감독의 수단과 제재방법도 다르다. 세무당국은 위법행위를 한 공익조직에 대하여 오로지 사후적인 세법적 조치(공익성의 박탈을 통한 세제혜택의 종료)만을 취할 수 있을 뿐이지만, 민사법은 법령과 정관에 따른 공익조직의 관리에 직접 영향을 미칠 수 있는 감독수단을 가진다. 그리고 세법위반이 있다고 하여 법원 임원의 행위의 민사법적 위법성이 바로 인정되는 것도 아니다. 또한 공익법인 임원에 의한 비리는 민사법적 감독수단에 의해서만 예방할 수 있다. ③ 실질적으로 공익활동을 하고 있는데 (아직) 세제혜택을 받지 못하는 공익법인이나 당초부터 세무당국에 의한 규제를 받지 않으려고 하는 공익법인(이들에 대하여는 세무당국의 관할권이 미치지 않는다)에 대해서도 국가의 감독이 따라야 한다. 요컨대 공익법인이 세무당국의 규제에 복속한다고 하여 민법에 근거한 일반적 감독이 불필요하게 되는 것은 아니므로,[74] 민사법은 공익조직의 감독에 관한 고유의 체계를 지속적으로 발전시켜 나아가야 한다.

---

74) 같은 취지로 이중기, 위의 글(2010), 497-498면.

참고문헌

〈단행본〉

곽윤직 편집대표, 민법주해 제1권 총칙(1), 박영사, 2006 ("민법주해[Ⅰ]/집필자"
　　로 인용).

김용담 편집대표, 주석민법[총칙(1)], 제4판, 한국사법행정학회, 2010 ("주석민
　　법[총칙(1)](제4판)/집필자"로 인용).

박준서 편집대표, 주석민법[총칙(1)], 제3판, 한국사법행정학회, 2002 ("주석민
　　법[총칙(1)](제3판)/집필자"로 인용).

Hof/Hartmann/Richter, Stiftungen, C. H. Beck, 2004.

Münchener Kommentar zum BGB, Band 1, 6. Aufl., C. H. Beck, 2012 ("MüKoBGB/집
　　필자"로 인용).

Rebsch, Die europäische Stiftung, De Gruyter, 2007.

v. Campenhausen/Richter (Hrsg.), Stiftungsrechts-Handbuch, 4. Aufl., C. H. Beck, 2014
　　("v. Campenhausen/Richter/집필자"로 인용).

〈논문〉

김진우, 공익신탁법리와 법정책적 제언: 공익재단법인제도와의 비교를 통하
　　여, 비교사법 통권 제14호, 2001.

김진우, 공익신탁의 법적 구조, 비교사법 통권 제56호, 2012.

김진우, 미국에서의 공익조직에 대한 국가의 감독, (서울시립대) 서울법학 제
　　22권 제2호, 2014.

김진우, 비영리법인의 설립에 있어 허가주의에 관한 연혁적 고찰, 인권과정
　　의 제383호, 2008.

김진우, 영리법인과 비영리법인의 구별에 관한 법비교적 고찰, 비교사법 통
　　권 제22호, 2003.

김진우, 재단법인 수익자의 법적 지위: 독일과 미국의 논의와 그것의 한국법
    에의 시사점, 법조 통권 제697호, 2014.

김진우, 재단법인 이사의 내부책임, 민사법학 제51호, 2010.

김진우, 재단법인에 대한 설립자의 관여 가능성: 정관작성의 자유와 한계를
    중심으로, 홍익법학 제13권 제4호, 2012.

김진우, 재단법인의 목적변경: 대륙유럽법(특히 독일법)과 우리 법의 비교를
    통한 고찰, 비교사법 통권 제51호, 2010.

김진우, 재단법인의 정관변경: 독일법과 우리 법의 비교를 통한 고찰, (서울
    시립대) 서울법학 제19권 제2호, 2011.

김진우, 재단법인의 조직, 경희법학 제48권 제1호, 2013.

김진우, 재단법인의 조직과 의사결정, 법조 통권 제674호, 2012.

김진우, 출연자에 의한 비영리조직의 통제, (경북대) 법학논고 제45집, 2014.

윤진수, 사법상의 단체와 헌법, 비교사법 통권 제43호, 2008.

윤철홍, 공익법인에 관한 소고, (숭실대) 법학논총 제10집, 1997.

이중기, 공익단체의 규제와 공익위원회의 설립, 홍익법학 제11권 제3호, 2010.

이중기, 회사법과 비교한 공익단체법의 역할과 특징: 왜 혜택을 부여하고 왜
    규제하는가?, (한양대) 법학논총 제31집 제1호, 2014.

최병욱, 민법상 법인에 대한 주무관청의 감독규칙 고찰, 재산법연구 제5권 1
    호, 1988.

Arrow, The Economics of Agency, in: Pratt/Zeckhauser, Principals and Agents: The
    Structure of business, 1984, 37.

Blasko/Grossley/Lloyd, Standing to Sue in the Charitable Sector, 28 U.S.F. L. Rev. 37
    (1993).

Brody, The Limits of Charity Fiduciary Law, 57 Md. L. Rev. 1400 (1999).

Fremont-Smith, Impact of the Tax Reform Act of 1969 on State Supervision of Charities,
    8 Harv. J. Legis. 537 (1970-1971).

Gary, Regulating the Management of Charities: Trust Law, Corporative Law and Tax Law, 21 U. Haw. L. Rev. 593 (1999).

〈판례〉
대법원 1966. 6. 21. 선고 66누21 판결
대법원 1966. 11. 29. 선고 66다1668 판결
대법원 1969. 7. 22, 67다568 판결
대법원 1977. 8. 23. 선고 76누145 판결
대법원 1978. 6. 13. 선고 77도4002 판결
대법원 1978. 7. 25. 선고 78다783 판결
대법원 1979. 12. 26. 선고 79누248 판결
대법원 1982. 9. 28. 선고 82다카499 판결
대법원 1982. 10. 26. 선고 81누363 판결
대법원 1984. 12. 1.자 84마591 결정
대법원 1985. 8. 20. 선고 84누509 판결
대법원 1991. 5. 28. 선고 90다8558 판결
대법원 1994. 4. 12. 선고 93다52747 판결
대법원 1995. 4. 14. 선고 94다12371 판결
대법원 1995. 7. 25. 선고 95누2883 판결
대법원 1996. 5. 16. 선고 95누4810 전원합의체 판결
대법원 1996. 9. 10. 선고 95누18437 판결
대법원 2000. 1. 28. 선고 98두16996 판결
대법원 2001. 1. 19. 선고 99두9674 판결
대법원 2001. 5. 29. 선고 99두7432 판결
대법원 2005. 9. 28. 선고 2004다50044 판결
대법원 2007. 5. 17. 선고 2006다19054 전원합의체 판결
대법원 2010. 9. 30. 선고 2010다43580 판결

대법원 2013. 6. 13. 선고 2012다40332 판결

대법원 2014. 1. 23. 선고 2011두25012 판결

대법원 2014. 1. 23.자 2011무178 결정

대법원 1984. 12. 1.사 84마591 설정

헌법재판소 1990. 8. 27. 선고 89헌가118 전원재판부

공익법인의 합병, 분할 및 소멸

송호영*

Ⅰ. 머리말

법인의 일생은 자연인의 일생과 꼭 같지는 않지만, 출생-성장-사망으로 이어지는 자연인의 일생과 유사하게 기본적으로 법인의 성립-존속-소멸 순으로 진행된다. 그렇지만 법인의 본질을 어떻게 보느냐에 대한 전통적인 학설의 대립을 논외로 치더라도,[1] 법인은 자연인과 달리 법기술적 개념이라는 점은 부인할 수 없다. 즉 자연인과 달리 물리적인 출생 및 사망을 당연하게 경험할 수 있는 것이 아니라, 법률이 정한 요건에 따라 법인의 성립과 소멸이 정해지게 된다는 점에서 분명한 차이가 있다. 다시 말해 법인은 법률이 정한 바가 아니면 임의로 성립하거나 소멸되지 않으며, 법률의 규정을 벗어나서 법인이 성립하거나 소멸되는 것은 허용되지 않는다. 따라서 법인이 소멸하는 사유나 과정 및 그 효과는 법률에 정해진 바에 따라서만 이루어지게 되므로 법인이 소멸하는 현상을 이해하기 위해서는 관련 법규를 정확하게 알아야만 한다. 본 장에서는 법인의 소멸, 특히 공익법인의 소멸에 관해 집중적으로 살펴보고자 한다.

---

* 한양대학교 법학전문대학원 교수
1) 법인의 본질에 대해서는 일반적으로 법인의제설과 법인실재설이 서로 대립되어 있다고 설명된다. 이에 관한 자세한 설명은, 송호영, 법인론, 제2판, 신론사, 2015, 33면 이하 참고.

　법인은 목적사업에 따라 영리법인과 비영리법인으로 구분할 수
있는데, 설립방식이나 설립의 근거법률에 있어서 양자간에 본질적인
차이가 있다. 민법은 영리법인과 비영리법인을 포함한 모든 종류의
법인에 대한 기본법이지만, 비영리법인을 제외한 영리법인 기타 특
수법인은 상법 기타 특별법이 규율하기 때문에 실제 민법이 관장하
는 법인은 비영리법인으로 제한된다. 민법에 따라 설립된 비영리법
인 중에서도 일정한 공익을 목적으로 하는 법인은 「공익법인의 설
립·운영에 관한 법률」[2]을 우선적으로 적용받게 된다. 공익법인은 비
영리법인의 대표적인 모습으로, 오늘날 제3섹터(third sector)[3]의 활동
이 강조되면서 공익법인에 대한 역할이 새롭게 주목받고 있다. 공익
법인은 민법상 비영리법인의 설립을 전제로 한 조직체이기 때문에[4]
공익법인의 설립·운영·해산 등에 대해 공익법인법에 별도의 규정이
없는 이상 민법의 적용을 받게 된다. 그런데 공익법인법은 공익법인
의 소멸에 관해 매우 한정적인 규정만을 두고 있을 뿐이어서, 공익
법인의 소멸을 정확히 이해하기 위해서는 민법에 규정된 법인소멸
에 관한 규정과 함께 공익법인법에 규정된 관련특별규정을 함께 살
펴보아야 한다.

　법인의 소멸을 가져오는 계기는 법인의 해산이다. 우리 민법은
법인해산사유를 제77조 이하에서 자세히 규정하고 있다. 그런데 법

---

2) 이하 「공익법인법」이라 칭한다.
3) 제3섹터(third sector)란 다의적으로 사용되고 있지만, 전통적인 의미에서는
　　정부를 중심으로 한 공공영역(public sector)과 기업을 중심으로 한 민간영역
　　(private sector)과는 구분되면서 비영리, 비정부 또는 공익적 활동을 영위하
　　는 제3의 부문을 가리킨다.
4) 공익법인법 제1조는 목적에 대해 "이 법은 법인의 설립·운영 등에 관한
　　「민법」의 규정을 보완하여..."라고 하여 공익법인이 민법에 근거하여 설립
　　됨을 전제로 하고 있다.

인이 소멸하는 계기 중에는 법인이 합병하거나 분할하는 것이 있다. 상법은 회사의 합병과 분할을 법인해산사유로 규정하고 있지만, 민법은 비영리법인의 합병과 분할을 인정하고 있지 않기 때문에 법인해산사유로도 규정하지 않고 있다. 법인의 합병이나 분할은 주로 영리법인인 회사에서 이루어진다. 법인이 합병이나 분할을 하는 이유는 여러 가지 있겠으나, 주로 절세나 비용절감을 통한 경영의 합리화, 사업의 특성화를 통한 사업재편의 방법으로 행해진다. 이러한 이유에서 현재 상법을 비롯한 영리법인 이외에도 특별법상 비영리법인에 대해서도 합병이나 분할을 인정하는 법률이 상당수 있다. 그러나 현재 「민법」이나 「공익법인법」에는 비영리법인 또는 공익법인의 합병·분할에 관한 규정은 없다. 따라서 현행법상으로는 공익법인의 합병·분할은 불가능한 상태이다. 그렇지만 현실에서는 비영리법인 또는 공익법인에 대해서도 합병·분할에 대한 수요가 엄연히 존재하는 것이 사실이며, 입법적으로 이들 법인의 합병·분할을 허용해야 한다는 목소리가 작지 않다.

본 장에서는 민법에 규정된 법인해산사유 이외에 법인의 소멸을 가져오는 현상 중의 하나인 합병과 분할의 문제를 함께 살펴보고자 한다. 합병·분할이라는 제도는 한편으로는 기존 법인이 사업을 재편하면서 새로운 법인으로 조직을 변경할 수 있는 유용한 수단임과 동시에 다른 한편으로는 합병·분할로 인하여 기존 법인이 소멸하게 되는 양면성을 동시에 갖는다. 비록 현행법상으로는 공익법인의 합병·분할이 허용되지 않지만 입법론으로는 비영리법인 내지 공익법인에 대해서도 합병·분할을 허용해야 한다는 의견이 꾸준히 제기되고 있고, 또한 합병·분할을 포함하여 법인의 소멸이라는 현상을 폭넓게 이해할 필요가 있다는 점에서 아래에서는 공익법인의 합병·분할의 문제를 먼저 살펴보고(Ⅱ), 이어서 공익법인의 소멸에 관한 문제에 대해 상설한다(Ⅲ).

Ⅱ. 공익법인의 합병과 분할[5]

1. 개설

합병·분할이라는 제도는 기본적으로 영리법인의 조직재편을 위해 마련된 제도이다. 법인의 합병·분할에 관하여 가장 상세한 규정을 두고 있는 법률은 상법이다.[6] 상법이 관장하는 회사는 영리의 추구를 목적으로 하기 때문에 다른 법인형태보다도 가장 활발한 합병·분할이 이루어지고 있다. 상법 이외의 영리법인에 관해서는 특별법에서 해당법인의 합병 또는 분할을 규율하고 있으며,[7] 이들 영리법인에 대해서는 각각의 법률에서 해당법인의 합병·분할에 관한 근거 규정만을 간략히 두거나 해당법인의 합병·분할에 적용될 특유한 규정들을 두면서, 세부적인 합병·분할의 절차에 관해서는 상법의 관련 규정을 준용하고 있다.

영리법인인 회사에서 합병제도가 많이 활용되는 이유는 사업의

---

5) 본 Ⅱ.절의 설명은 송호영, 공익법인의 합병과 분할에 관한 일고, 민사법학 제70호, 2015. 3, 93면 이하의 주요내용을 발췌하여 기술하였다.

6) 상법은 회사의 합병에 관해서는 주로 합명회사 편에서 비교적 상세한 규정을 두고(상법 제230조~제240조) 이를 주식회사(상법 제522조~제530조), 유한회사(상법 제598조 이하), 유한책임회사(상법 제287조의41) 및 합자회사(상법 제269조)에 준용하는데 반해, 회사의 분할은 주식회사에 대해서만 인정하고 있다.

7) 이를테면 금융지주회사(금융지주회사법 제60조), 보험회사(보험업법 제137조~제139조 및 제151조~제154조) 및 신탁회사·투자회사(자본시장과 금융투자업에 관한 법률 제116조, 제193조, 제204조 등) 등에 대해서는 해당법률에서 법인의 합병만이 인정되는데 반해, 은행의 경우는 합병뿐만 아니라 분할도 인정된다(은행법 제55조).

확장과 영업비의 절약 등 기업경영의 합리화를 꾀할 수 있는 이외에
도 해산하는 회사의 청산절차를 생략함으로 인해 재산이전에 따른
세금을 줄일 수 있으며 기존회사의 영업권이 상실되는 것을 방지할
수 있는 등의 경제적·법률적 이점이 있기 때문이다.[8] 한편 분할은
합병에 비해 상대적으로 뒤늦게 인정된 제도인데,[9] 복합적인 사업을
경영하는 대기업에서 특정사업부문의 기능별 전문화, 부진사업이나
적자사업의 분리를 통한 경영의 효율화, 이익분산에 의한 절세, 주주
들 사이의 이익조정 및 기타 국민경제적 목적 등 다양한 이유에서
분할제도가 활용되고 있다.

　이와 같이 영리법인인 회사에서 주로 행해지는 합병·분할의 목적
이나 방식이 비영리법인 또는 기타 특수법인에 있어서도 똑같이 적
용될 것은 물론 아니지만, '경영의 합리화'라는 측면에서 조직재편의
필요성은 이들 법인에게도 존재한다. 우리 법에서는 현재 비영리법
인에 대해 일반적으로 적용되는 합병·분할 규정을 두고 있지 않고,
개별 법률에서 특수법인에 한해 합병 또는 분할관련 규정들을 두고
있다. 이들 법률의 특징은 합병 또는 분할을 인정하는 근거규정은
두고 있지만, 대부분의 법률들이 정작 합병·분할에 관한 절차나 효
과에 관해서는 매우 미흡하게 규정하고 있다는 점이다.

　이하에서는 공익법인에 있어서 합병·분할에 관한 입법적 이해를
위해 상법을 제외한 비영리 특수법인에 관해 합병 또는 분할을 인정
하는 개별 법률의 규정들을 개관한다. 또한 법인은 아니지만 특수한
(공익)목적을 실현하기 위한 재산적 조직형태인 신탁에 있어서의 합
병과 분할에 대해서도 알아보며, 또한 2009년 민법개정위원회에서

---

8) 정찬형, 회사법강의, 제3판, 박영사, 2003, 94면.
9) 회사의 분할은 1966년의 프랑스 상사회사법이 분할에 관한 규정을 둔 것이
　　입법의 효시라고 한다. 우리 상법은 1988년에 개정된 상법에서 분할제도를
　　수용하였다.

안출한 비영리법인의 합병·분할에 관한 민법개정안에 대해서도 간략히 살펴본다. 이러한 인접 법률에서 규정된 합병·분할 규정의 상황을 알아본 다음(아래의 2.), 본격적으로 공익법인에서의 합병·분할의 필요성과 이에 관한 입법론상 쟁점들에 대해 점검하고자 한다(아래의 3.).

2. 합병·분할제도와 관련한 인접 법률의 현황

가. 특수법인의 합병·분할 관련 특별법

(1) 협동조합 관련법

2012년 「협동조합기본법」이 제정되기 전의 상황을 보면, 협동조합은 8개의 법률에 의해 각기 8종의 협동조합만이 인정되었다. 즉 농업협동조합(농업협동조합법), 수산업협동조합(수산업협동조합법), 엽연초생산협동조합(엽연초생산협동조합법), 산림조합(산림조합법), 중소기업협동조합(중소기업협동조합법), 신용협동조합(신용협동조합법), 새마을금고(새마을금고법), 소비자생활협동조합(소비자생활협동조합법) 등이 그것이다. 이들 법률들은 각기 해당 협동조합에 대한 합병 및 분할에 관한 규정을 두고 있다. 그렇지만 이들 법률의 규율방식은 상이하여, 합병·분할에 대한 간단히 근거규정만을 두는데 그치는 것이 있는가 하면(예, 소비자생활협동조합법 제15조), 구체적인 절차에 대해 비교적 소상한 규정을 두는 것도 있다(예, 농업협동조합법 제75조 이하 참조).

한편 2012년 제정된 협동조합기본법은 비교적 간이한 설립절차에 의해 위의 8개 유형의 협동조합과는 다른 형태의 협동조합의 설립을 인정하고 있다. 협동조합기본법에서도 협동조합의 합병과 분할에 관하여 비교적 상세한 규정을 두고 있다. 특기할 사항은 협동조합의

합병과 분할의 대상에 관해서이다. 협동조합기본법은 협동조합의
유형으로 4가지를 상정하고 있는데, '협동조합'(일반협동조합),[10] '협
동조합연합회', '사회적협동조합', '사회적협동조합연합회'가 그것이
다.[11] 이들 협동조합유형은 각기 해당 유형의 협동조합에 한해 합병
또는 분할할 수 있다. 즉 협동조합기본법에 따른 일반협동조합은 동
법률에 근거한 협동조합과 합병하거나 분할할 수 있을 뿐이며, 다른
법률에 근거한 협동조합(예컨대 소비자생활협동조합)이나 법인과는
합병하거나 다른 형태의 협동조합이나 법인으로 분할할 수 없다(동
법 제56조 제5항). 또한 협동조합연합회는 협동조합연합회(동법 제83
조), 사회적협동조합은 사회적협동조합(동법 제101조) 그리고 사회적
협동조합연합회는 사회적협동조합연합회(동법 제115조) 사이에서만
합병하거나 분할할 수 있다. 그렇지만 협동조합기본법은 '일반협동
조합'과 '사회적협동조합'에 대해 매우 이례적인 예외를 인정하고 있
는데, 즉 일반협동조합이 기획재정부장관의 인가를 받은 경우에는
상법에 따라 설립된 주식회사, 유한회사 및 유한책임회사를 흡수합
병할 수 있고(동법 제56조 제6항),[12] 사회적협동조합이 기획재정부장

---

10) 여기서는 다른 협동조합 유형과 구별하기 위해 '일반협동조합'이라고 부르
　기로 한다.
11) 이들 4가지 협동조합유형이 영리법인인지 비영리법인인지가 문제될 수 있
　다. 이 중에서 '협동조합연합회'나 '사회적협동조합연합회'는 각기 다수의
　'협동조합' 또는 다수의 '사회적협동조합'의 연합조직에 불과하므로 민법
　상 비영리사단법인에 해당한다고 볼 수 있다. 문제는 '협동조합'과 '사회적
　협동조합'인데, 협동조합기본법은 이 중에서 "사회적협동조합은 비영리법
　인으로 한다."고 명시하고 있다(동법 제4조 제2항). 그런데 '협동조합'에 대
　해서는 협동조합기본법이 "협동조합은 법인으로 한다."고 하여(동법 제4조
　제1항) 일반협동조합이 영리법인인지 비영리법인인지가 법문상으로는 명
　확하지 않다. 그렇지만 협동조합기본법 제14조 제1항은 일반협동조합에
　대해 동 법률에서 규정한 사항 외에는 「상법」 제1편 총칙, 제2편 상행위,
　제3편 제3장의2 유한책임회사에 관한 규정을 준용하고 있는 바, 이는 일반
　협동조합이 영리법인임을 전제로 한 것이라고 생각된다.

관의 인가를 받은 경우에는 상법에 따라 설립된 주식회사, 유한회사, 유한책임회사뿐만 아니라, 민법에 따라 설립된 사단법인과 협동조합을 흡수합병할 수 있다(동법 제101조 제7항).

(2) 사회복지사업법

「사회복지사업법」은 제30조에서 사회복지법인의 '합병'이 가능하도록 근거규정을 두고 있다. 그렇지만 사회복지법인의 분할에 관한 규정은 두고 있지 않다. 동법에서 사회복지법인이란 사회복지사업을 할 목적으로 설립된 법인으로써(제2조 제2호), 대통령령으로 정하는 바에 따라 시·도지사의 허가를 받아 주된 사무소재지에 설립등기를 함으로써 성립한다(제16조). 동 법률에 의하면 사회복지법인은 시·도지사의 허가를 받아 다른 사회복지법인과 합병할 수 있다. 다만, 주된 사무소가 서로 다른 시·도에 소재한 사회복지법인 간의 합병의 경우에는 보건복지부장관의 허가를 받아야 한다(제30조 제1항). 이에 따라 사회복지법인이 법인을 합병하는 경우 합병 후 존속하는 법인이나 합병으로 설립된 법인은 합병으로 소멸된 법인의 지위를 승계한다(제30조 제2항).

(3) 사립학교법

「사립학교법」은 학교법인의 '합병'에 관하여 제36조부터 제41조까

---

12) 원래 일반협동조합은 설립 시 주된 사무소의 소재지를 관할하는 시·도지사에게 신고하고(즉, 신고주의: 협동조합기본법 제15조 제1항) 설립등기를 함으로써 성립한다(동법 제19조 제1항). 따라서 동 조항이 요구하는 기획재정부장관의 인가는 일반협동조합의 설립요건이 아니며, 협동조합이 아닌 다른 회사를 흡수합병하기 위한 요건일 뿐이다. 이에 반해 사회적협동조합은 설립단계에서부터 기획재정부장관의 인가를 받아야 하며(즉, 인가주의: 협동조합기본법 제85조 제1항), 흡수합병을 위해서는 이와 별도로 기획재정부장관의 인가를 받아야 한다.

지 비교적 상세한 규정을 두고 있지만, 학교법인의 '분할'에 관한 규정은 두고 있지 않으므로 학교법인의 분할은 인정되지 않는다.

우선 합병절차를 살펴보면, 학교법인이 다른 학교법인과 합병하고자 할 때에는 이사정수의 3분의 2 이상의 동의가 있어야 한다(제36조 제1항). 학교법인은 합병을 위해서 소정의 서류를 첨부하여 교육부장관으로부터 인가를 받아야 한다(동조 제2항 및 제3항). 학교법인이 교육부장관의 인가를 받은 때에는 그 인가의 통지를 받은 날로부터 15일 이내에 재산목록과 대차대조표를 작성하여야 한다(제37조 제1항). 학교법인은 그 기간 내에 그 채권자에 대하여 이의가 있으면 일정한 기간 내에 제의할 것을 공고하고, 또 알고 있는 채권자에게는 각별로 이를 최고하여야 하는데, 그 기간은 2월 이상이어야 한다(동조 제2항). 만약 채권자가 최고기간 내에 합병에 대해 이의를 제의하지 아니한 때에는 합병으로 인하여 존속 또는 설립된 학교법인의 채무인수를 승인한 것으로 보지만(제38조 제1항), 만약 채권자가 최고기간 내에 이의를 제의한 때에는 학교법인은 이를 변제하거나 상당한 담보를 제공하여야 한다(동조 제2항). 합병에 의하여 학교법인을 설립할 경우에는 정관 기타 학교법인의 설립에 관한 사무는 각 학교법인이 선임한 자가 공동으로 행하여야 한다(제39조).

합병의 효과로, 합병 후 존속하는 학교법인 또는 합병에 의하여 설립된 학교법인은 합병에 의하여 소멸된 학교법인의 권리·의무를 승계하게 되는데(제40조), 그러한 합병의 효력이 발생하는 시기는 합병 후 존속하는 학교법인 또는 합병에 의하여 설립되는 학교법인의 주된 사무소의 소재지에서 등기가 이루어지는 때이다(제41조).

(4) 기타

㈎ 변호사법

「변호사법」은 법무법인에 대해서 법인의 '합병'에 관한 근거규정을 두고 있다. 즉 법무법인은 구성원 전원이 동의하면 다른 법무법인과 합병할 수 있는데(제55조 제1항), 이 경우에 법무법인의 설립절차에 관한 규정이 준용된다(동조 제2항). 따라서 법무법인이 합병하는 경우에는 신설 또는 합병하는 법무법인은 정관을 작성하여 주사무소 소재지의 지방변호사회와 대한변호사협회를 거쳐 법무부장관의 인가를 받아야 하며(제41조), 인가를 받은 때로부터 2주내에 합병등기를 하여야 한다(제43조). 이때 법무부장관은 법무법인의 합병이 있으면 지체 없이 주사무소 소재지의 지방변호사회와 대한변호사협회에 통지하여야 한다(제56조).

또한 변호사법은 2005년에 신설한 법무법인(유한)에 대해 합병에 관한 명시적인 규정을 두고 있지는 않지만, 동법 제58조의14에서 법무법인(유한)의 해산사유로 "합병하였을 때"를 명시하고 있고(동조 제3호), 제58조의15에서는 법무법인(유한)의 합병이 있으면 법무부장관은 지체없이 주사무소 및 분사무소 소재지의 지방변호사회와 대한변호사협회에 그 사실을 통지하도록 정하고 있으므로 법무법인(유한)의 합병도 인정하고 있다.[13]

그렇지만 변호사법은 법무법인의 '분할'에 관한 규정은 두지 않아, 현행법상 법무법인의 분할은 가능하지 않다.

(나) 노동조합 및 노동관계조정법

「노동조합 및 노동관계조정법」은 노동조합의 '합병'뿐만 아니라 노동조합의 '분할'도 인정하고 있다는 점에서 주목할 만한 법률이다. 동 법률은 노동조합의 합병·분할을 총회의 의결사항으로 정하고 있

---

13) 다만, 법무법인의 합병관련규정과 비교해 보면(변호사법 제55조 제2항) 법무법인(유한)의 합병시의 절차에 대해서 법무법인(유한)의 설립절차에 관한 규정(동법 제58조의2, 3, 4)을 준용한다는 규정을 두지 않은 것은 입법적 불비라고 생각된다(동법 제58조의16 참조).

고(제16조 제1항 제7호), 노동조합의 합병·분할을 노동조합의 해산사
유로 규정함으로써(제28조 제1항 제2호), 간접적으로 노동조합의 합
병·분할을 인정하고 있다. 그러나 합병·분할의 절차나 방법 및 효력
등에 대해서는 이를 적극적으로 규정하고 있지 않아, 노동조합의 합
병·분할 문제는 전적으로 학설과 판례의 해석론에 의해 해결할 수밖
에 없다.[14]

나. 신탁법 및 공익신탁법

(1) 신탁법

2011년 개정된 「신탁법」에서는 신탁의 합병과 분할을 인정하는
규정을 신설하였다.[15] 신탁법은 수탁자가 동일한 여러 개의 신탁에
한해 1개의 신탁으로 합병을 인정한다(제90조). 즉 상법에서의 회사
의 합병과는 달리 '신설합병'은 인정되지 않고 '흡수합병'의 유형만
이 인정된다. 다시 말하자면, 수탁자가 관리하는 신탁이 다른 신탁

---

14) 노동조합의 합병과 분할에 관한 해석론으로는 박종희, 노동조합의 합병과
분할, 노동법률 제77호, 1997, 80면 이하 참고.

15) 개정 신탁업법이 신탁의 합병에 관한 규정을 둔 이유는 신탁재산의 운용
에 있어서 규모의 경제 실현 등 현실적·경제적인 필요성에 따라 수탁자는
복수의 신탁을 하나의 신탁으로 통합하여 운영할 필요가 있어서 신탁의
합병에 대한 규정을 마련하여 합병절차를 명확히 하고, 관계당사자의 이
해를 적절히 조정하는 절차가 필요하였기 때문이라고 한다(법무부, 신탁
법 개정안 해설, 2010, 667면). 또한 신탁의 분할은 신탁의 변경으로 이해되
면서도 그에 관한 명문규정이 없어 절차나 효과 등이 불확실하였던 것을
개정법에서 신탁 분할의 법적 근거 및 절차 등에 대한 명시적인 규정을 마
련하였다고 한다(법무부, 신탁법 개정안 해설, 682면). 또한 신탁의 합병과
분할규정이 신탁의 유연성을 최대한 보장할 필요에서 마련된 것이라는 설
명에 대해서는 안성포, 신탁법의 개정방향-법무부 2009년 신탁법 전면개
정안을 중심으로-, 법학연구 제51권 제1호(통권 제63호), 2010, 부산대학교
법학연구소, 228면 이하 참고.

의 신탁재산을 흡수하는 방법으로만 합병할 수 있다.[16] 한편 신탁법은 신탁의 분할에 대해 신탁재산 중 일부를 흡수하여 수탁자가 동일한 새로운 신탁의 신탁재산으로 하거나(단순분할: 제94조 제1항), 신탁재산 중 일부를 분할하여 수탁사가 동일한 다른 신탁과 합병할 수 있도록 하였다(분할합병: 제94조 제2항).

신탁의 합병 또는 분할을 위해서는 수탁자는 합병의 경우 합병계획서(제91조 제1항)를 그리고 분할의 경우 분할계획서(또는 분할합병계획서)를 작성하여야 하며(제95조 제1항), 각 신탁별로 위탁자와 수익자로부터 합병계획서 또는 분할계획서(또는 분할합병계획서)의 승인을 받아야 한다(제91조 제2항; 제95조 제2항). 수탁자는 신탁의 합병계획서 또는 분할계획서(또는 분할합병계획서)를 승인받은 날로부터 2주내에 일정한 사항을 공고하고 알고 있는 신탁재산의 채권자에게는 개별적으로 이를 최고하여야 한다(제92조; 제96조).

신탁이 합병되면, 합병 전의 신탁재산에 속한 권리·의무는 합병 후의 신탁재산에 존속한다(제93조). 신탁이 분할되면 신탁재산에 속한 권리·의무는 분할계획서 또는 분할합병계획서가 정하는 바에 따라 분할 후 신설신탁 또는 분할합병신탁에 존속한다(제97조 제1항).

(2) 공익신탁법

공익신탁이란 공익사업을 목적으로 하는 신탁법에 따른 신탁으로서 법무부장관의 인가를 받은 신탁을 말한다(공익신탁법 제2조 제2호).[17]

---

16) 안성포, 신탁의 종료, 변경, 합병 및 분할, 선진상사법률연구 통권 제48호, 2009, 101면.
17) 공익신탁법에서 사용하는 "공익신탁"은 다음의 사업을 말한다. ① 학문·과학기술·문화·예술의 증진을 목적으로 하는 사업, ② 장애인·노인, 재정이나 건강 문제로 생활이 어려운 사람의 지원 또는 복지 증진을 목적으로 하는 사업, ③ 아동·청소년의 건전한 육성을 목적으로 하는 사업, ④ 근로자

「공익신탁법」은 공익신탁의 합병에 대해 2가지 유형을 인정한다. 즉 ① 공익신탁과 공익신탁간의 합병과 ② 공익신탁과 공익신탁이 아닌 신탁간의 합병이 그것이다. 단, 후자의 경우 합병으로 잔존하는 신탁은 언제나 공익신탁이어야 한다(제20조 제1항). 공익신탁의 합병을 위해서는 법무부장관의 인가를 받아야 한다(동조 제2항). 기타 공익신탁 합병의 절차와 효과는 신탁법의 합병규정이 준용된다(제29조).

한편 신탁법에서 신탁의 분할을 인정하는 것과는 달리, 공익신탁법은 "신탁법 제94조에도 불구하고 공익신탁은 분할 또는 분할합병할 수 없다."고 명시함으로써, 공익신탁의 분할을 인정하지 않는다.

다. 민법개정안

법무부가 주도하여 법인편에 관한 민법개정작업이 이루어진 것은 2004년과 2009년 2차례 있었다. 2004년의 민법개정작업에서 이미 비영리법인의 합병·분할에 관한 규정의 신설에 대한 논의가 일부 있었지만, 장기연구과제로 분류되면서 더 이상의 진전을 보이지는 못

의 고용 촉진 및 생활 향상을 목적으로 하는 사업, ⑤ 사고·재해 또는 범죄 예방을 목적으로 하거나 이로 인한 피해자 지원을 목적으로 하는 사업, ⑥ 수용자 교육과 교화(敎化)를 목적으로 하는 사업, ⑦ 교육·스포츠 등을 통한 심신의 건전한 발달 및 풍부한 인성 함양을 목적으로 하는 사업, ⑧ 인종·성별, 그 밖의 사유로 인한 부당한 차별 및 편견 예방과 평등사회의 증진을 목적으로 하는 사업, ⑨ 사상·양심·종교·표현의 자유 증진 및 옹호를 목적으로 하는 사업, ⑩ 남북통일, 평화구축, 국제 상호이해 증진 또는 개발도상국에 대한 경제협력을 목적으로 하는 사업, ⑪ 환경 보호와 정비를 목적으로 하거나 공중 위생 또는 안전의 증진을 목적으로 하는 사업, ⑫ 지역사회의 건전한 발전을 목적으로 하는 사업, ⑬ 공정하고 자유로운 경제활동이나 소비자의 이익 증진을 목적으로 하는 사업, ⑭ 그 밖에 공익 증진을 목적으로 하는 사업으로서 대통령령으로 정하는 사업 등이다.

하였다. 그 후 2009년 결성된 민법개정위원회는 비영리법인의 합병·분할을 포함하여 법인편에 관한 광범위한 개정안을 안출하였다.[18] 동 개정안에 의하면 비영리법인의 합병·분할에 관하여 제96조의2부터 제96조의15까지 총 14개의 조문이 신설되었다.[19]

그 내용을 간략히 살펴보면,[20] 우선 합병·분할에 관한 별도의 절(제4-2절)을 새로 만들어 합병과 분할에 관한 조문들을 위치시키기로 하였다. 여기에 먼저 합병·분할의 근거와 합병과 분할이 될 수 있는 법인의 종류를 정하였는데, 사단법인은 사단법인 사이에서만 그리고 재단법인은 재단법인 사이에서만 합병과 분할을 인정하되, 재단법인은 민법 제45조 제1항 또는 제46조에서 정한 때에만 합병·분할을 인정하기로 하였다(제96조의2). 다음으로 합병·분할의 절차에 관한 규정을 두었는데, 합병 또는 분할을 위해서는 ① 합병계약서[21] 혹은 분할계획서[22]를 작성하여(제96조의3 제1항), ② 그 합병계약서 혹은 분할계획서에 대해 사단법인은 사원총회에서, 재단법인은 이사회에서 승인을 받도록[23] 하였으며(제96조의3 제2항), ③ 승인을 받은 합병계

---

18) 2009년 민법개정위원회가 안출한 법인편에 대한 자세한 내용에 관해서는 김대정, 법인법개정안 해설, 법인·시효 제도 개선을 위한 민법개정안 공청회, 법무부, 2010, 5-85면 참고.
19) 비영리법인의 합병·분할에 관한 민법개정안의 기본착상에 대해서는 송호영, 비영리법인의 합병·분할에 관한 입법론적 연구, 민사법학 제47호, 2009, 579면 이하 참고.
20) 이하 비영리법인의 합병·분할에 관한 민법개정안의 개괄적인 내용과 그 의의에 대해서는 송호영, 민법상 법인편 개정의 주요 쟁점에 관한 고찰, 법학논고 제34집, 2010, 경북대학교 법학연구원, 20면 이하 참고. 또한 합병·분할에 관한 민법개정안이 가지는 법정책적 의미에 관해서는 송호영, 법정책적 관점에서 본 민법상 법인관련규정 개정안, 법과정책연구 제12집 제2호, 2012, 370면 이하 참고.
21) 합병계약서의 기재사항은 개정안 제96조의4에 규정.
22) 분할계획서의 기재사항은 개정안 제96조의5에 규정.
23) 승인에 필요한 정족수는 정관에 다른 규정이 없는 한 사원총회에서는 총

약서 혹은 분할계획서에 대해 주무관청으로부터 인가를 받도록 하였다(제96조의3 제3항). 이후 ④ 합병의 경우는 채권자보호를 위한 공고절차(제96조의7)가 종료된 날로부터 3주일 안에, 분할의 경우는 분할인가를 받은 날로부터 3주일 안에 합병등기 혹은 분할등기를 하여야 하는데(제96조의8), 이로써 합병·분할의 효력은 발생하는 것으로 하였다(제96조의9).

합병·분할의 효과에 대해서는 합병의 경우 합병으로 존속하는 법인(흡수합병) 또는 합병으로 신설된 법인(신설합병)은 합병으로 소멸된 법인의 권리·의무를 승계하게 되고(제96조의10 제1항), 분할의 경우 분할로 인하여 신설된 법인(소멸분할) 또는 존속하는 법인(존속분할)은 분할계획서에 정한 바에 따라 분할하는 법인의 권리와 의무를 승계하며 분할 전의 법인채무를 연대하여 변제할 책임을 부담하는 것으로 정하였다(제96조의10 제2항). 합병·분할에 대해서 이의가 있을 경우에는 일정한 이해관계인이 소로써만 다툴 수 있도록 하였고(제96조의11), 그 판결은 제3자에 대하여도 효력이 미치는 것으로 정하였다(제96조의15 제1항).

3. 공익법인에 있어서 합병·분할의 쟁점

가. 개설

공익법인은 민법상 비영리법인에 관한 규정에 좇아 설립되는 것이지만, 그 외에도 공익법인법이 요구하는 엄격한 추가적인 요건도 충족하여야만 한다. 따라서 공익법인에 대해서도 합병과 분할을 인정할 것인가에 대한 판단도 공익법인의 특성을 전제로 하여 검토하

사원 4분의 3 이상, 재단법인에 있어서는 이사 정수의 4분의 3 이상의 찬성을 요한다(개정안 제96조의3 제2항).

여야 한다. 예컨대 공익법인의 이사회는 민법에는 규정되지 아니한 필수적 기관이므로 합병·분할의 절차에 있어서 반드시 이를 고려하여야 한다.

한편 앞서 살펴본 바와 같이 상법을 비롯한 각종의 법률에서 영리법인에 관한 합병·분할을 인정하는 외에도 각종의 특별법에서 특수법인에 대해 합병 또는 분할을 인정하고 있다. 공익법인에 대해 합병·분할을 인정한다면, 다른 법률의 합병·분할에 관한 규정을 어느 범위에서 수용할 수 있는지, 유사한 성격의 법인을 다루는 법률과는 어떤 규정들과 조화시킬 것인지에 대해 생각해보아야 한다. 이하에서는 공익법인의 합병·분할에 관한 문제를 규율함에 있어서 고려해야 할 쟁점들에 대해서 살펴본다.

본격적인 검토에 앞서, 참고로 다른 나라의 입법례를 개관해보면 다음과 같다. 우선 독일의 경우는 우리나라의 공익법인법과 같은 '공익' 목적의 법인을 대상으로 하는 법률은 따로 없고 민법에서 비영리법인(사단법인, 재단법인)을 전반적으로 규율할 뿐이고, 법인의 합병·분할에 관해서는 영리법인과 비영리법인을 모두 망라하는 「조직재편법(Umwandlungsgesetz)」에서 일괄해서 규율하고 있다.[24] 동 법률은 민법상 등기된 사단(eingetragene Vereine: §21 BGB)에 대해서는 사단법인 상호간의 합병뿐만 아니라(§3, §§99 UmwG) 분할도 인정하며(§124, §149 UmwG), 재단법인에 대해서는 합병에 관한 규정은 두고 있지 않지만, 재단재산의 물적 분할(Ausgliederung)을 인정한다(§124, §§161 UmwG).

일본의 경우는 법인관련 법률의 개혁에 따라 다소 복잡한 구조를 띤다.[25] 종전에 민법에서 규율하던 '공익법인'은 삭제되고 대신 2006

---

24) 독일의 조직재편법(Umwandlungsgesetz)에 관한 번역으로는 이형규, 「독일조직재편법」, 법무부, 2014 참고.
25) 일본의 법인제도의 개혁에 관해서는 권철, 일본의 새로운 비영리제도에

년 「일반사단법인 및 일반재단법인에 관한 법률」[26]의 제정에 따라 종전의 공익법인은 일단 '일반법인'의 규율로 흡수되었다가 「공익사단법인 및 공익재단법인의 인정에 관한 법률」[27]에 따른 소정의 공익성인정요건을 갖춘 경우에 한해 새로이 '공익법인'으로 인정된다.[28] 그런데 일본의 「일반법인법」은 법인의 합병을 인정하면서, 합병의 종류로 흡수합병과 신설합병을 상정하여 이에 관한 상세한 규정을 두고 있다.[29] 따라서 일본의 공익법인은 당연히 동 법률에 의해 합병이 인정되는 셈인데, 「공익인정법」은 공익법인의 합병에 있어서 절차적인 보완사항에 관하여 부가적인 규정을 두고 있다(동법 제24조 및 제25조). 아울러 2006년 「공익인정법」이 제정되었지만, 종전에 NPO활동을 돕기 위해 제정되었던 「특정비영리활동촉진법」[30]은 그대로 존속하게 되었는데, 동 법률에서도 NPO법인의 합병에 관하여 비교적 상세한 규정을 두고 있었다(동법 제33조-제39조).

민법과 상법이 일원화된 대표적인 법률로 알려진 네덜란드민법

관한 소고, 비교사법 제14권 제4호, 2007, 117면 이하; 배원기, 일본의 비영리법인(공익법인) 제도의 개혁과 시사점-우리나라 제도와의 비교를 중심으로-, 한국비영리연구 제11권 제1호, 2012, 3면 이하 및 최성경, 일본의 공익법인제도 개혁-「공익사단법인 및 공익재단법인의 인정 등에 관한 법률」을 중심으로-, 민사법학 제41호, 2008, 535면 이하 참고.

26) 일명 「一般法人法」

27) 일명 「公益認定法」

28) 그러한 점에서 종전의 민법상 '공익법인'이 자동적으로 새로운 「공익인정법」상 '공익법인'으로 인정되는 것은 아니며, 요건을 충족시키지 못할 경우에는 '일반법인'으로 머물게 된다(최성경, 일본의 법인정비법, 한양법학 제20권 제2집, 2009, 216면).

29) 동법 제2조에서는 흡수합병과 신설합병의 정의를 하면서, 동법 제5장 「합병」에 관한 장에서 제1절 통칙(제242조-제243조), 제2절 흡수합병(제244조-제253조) 및 제3절 신설합병(제254조-제260조)에 이르기까지 합병절차와 합병효과에 관하여 상세히 규정하고 있다.

30) 일명 「NPO법」이라고도 한다.

전 제2편에서는 법인에 관하여 규율하고 있는바,[31] 제7장(Titel 7.)에서는 법인의 합병(Fusie)에 관하여 상세한 규정을 두고 있다(art. 308-334). 동법 제308조 제1항은 법인의 합병이 적용되는 대상으로 사단(Vereniging)과 재단(Stichting)을 포함시키고 있다. 따라서 공익법인을 별도로 규율하지 않는 네덜란드 법에서는 공익을 목적으로 하는 사단이나 재단은 당연히 민법에 의해 합병이 인정된다.

나. 공익법인에 있어서 합병·분할의 필요성

(1) 합병·분할 관련규범의 부재

우선 공익법인의 합병·분할을 규율함에 있어서 가장 먼저 생각해 보아야 할 것은 도대체 공익법인에 있어서 합병 및 분할의 필요성이 있는 것인지, 달리 표현하면 공익법인에 있어서도 합병이나 분할의 수요가 있는 것인가 하는 점이다.

민법상 비영리법인의 합병·분할에 관한 입법을 구상할 당시에도 비영리법인의 합병·분할에 대한 필요성이 논의의 출발점이었다. 이에 대해 비영리법인에 있어서는 '비영리'라는 목적을 가진 사업이 굉장히 다양하므로, 유사한 목적을 가진 법인들끼리 통폐합을 원하거나 하나의 법인이 새로운 목적의 사업으로 확장을 꾀하는 등 비영리법인에 있어서 합병·분할의 수요는 충분히 있다고 보았다. 또한 실제로 대한공인중개사협회와 한국공인중개사협회의 통합에서 볼 수 있듯이 실제로 합병의 수요는 있지만, 민법에 관련규정이 없어서 합병의 효과를 내기 위해서는 다른 우회적인 방법을 통해 이용할 수밖에 없는 것이 현실이다.[32] 또한 2009년 민법개정위원회에서는 담보

---

31) 네덜란드 민법전 제2편에서 다루는 법인의 종류는 사단(제2장), 협동조합 및 상호공제조합(제3장), 주식회사(제4장), 유한회사(제5장), 재단(제6장) 등 이다.

제도의 개정안을 내놓으면서 법인의 합병과 분할을 전제로 한 근저당권에 관한 신설조항들을 내놓았기 때문에,[33] 그러한 신설규정이 실효성을 갖기 위해서는 모든 법인에 관한 기본법인 민법에 법인의 합병·분할에 관한 근거규정을 둘 필요가 있었던 것이다.[34]

그렇다면 공익법인법이 공익법인의 합병이나 분할에 대해 아무

---

32) 동 단체의 통합과정에 대한 자세한 설명은 김학환, 비영리 사단법인의 통합에 관한 연구 -한국공인중개사협회의 통합에 관한 사례를 중심으로-, 대한부동산학회지 제32호, 2011, 167면 이하 참고. 당시 양 협회는 민법상 비영리법인에 해당하였는데, 통합을 함에 있어서 민법에 법인의 합병에 관한 규정이 없어서 그 중 한 협회가 해산·청산하고 이를 다른 협회가 해산된 협회의 인적·물적 조직을 그대로 수용하는 방법으로 합병과 유사한 결과에 이르렀다.

33) 이에 관한 자세한 설명은 송호영, 주 19, 589면 이하 참고. 당시 민법개정위원회에서 제안한 신설조항(안)이란 다음과 같다.
제357조의7 (합병과 근저당권) ① 원본의 확정 전에 근저당권자인 법인에 합병이 있는 때에는 근저당권은 이미 존재하는 채권 외에 합병 후 존속하는 법인 또는 합병에 의하여 설립되는 법인이 취득하는 채권을 담보한다. ② 원본의 확정 전에 채무자인 법인에 합병이 있는 때에는 근저당권은 이미 존재하는 채무 외에 합병 후 존속하는 법인 또는 합병에 의하여 설립되는 법인이 부담하는 채무를 담보한다. ③ 제1항, 제2항의 경우에 근저당권설정자는 부담할 원본의 확정을 청구할 수 있다. 그러나 채무자인 근저당권설정자의 합병이 있는 때에는 그러하지 아니하다. ④ 제3항의 청구가 있는 때에는 부담할 원본은 합병시에 확정된 것으로 본다. ⑤ 제3항의 청구는 근저당권설정자가 합병이 있음을 안 날로부터 2주일이 경과한 때에는 이를 할 수 없다. 합병이 있는 날로부터 1개월이 경과한 때에도 같다.
제357조의8 (법인의 분할과 근저당권) ① 원본의 확정 전에 근저당권자인 법인을 분할하는 때에는 근저당권은 분할시에 존재하는 채권 외에 분할되는 법인, 설립되는 법인 또는 권리의무를 승계하는 법인이 분할 후에 취득하는 채권을 담보한다. ② 원본의 확정 전에 채무자인 법인을 분할하는 때에는 근저당권은 분할시에 존재하는 채무 외에 분할되는 법인, 설립되는 법인 또는 권리의무를 승계하는 법인이 분할 후에 부담하는 채무를 담보한다. ③ 제357조의7 제3항 내지 제5항의 규정은 제1항, 제2항의 경우에 이를 준용한다.

34) 송호영, 위의 글(2009), 583면.

린 규정을 두지 않은 이유는 무엇일까? 이에 대해 이중기교수는 다음과 같은 흥미로운 의견을 개진하고 있다.[35] 이교수는 그 이유를 공익법인의 설립자/경영자의 입장에서 또는 감독관청의 입장에서 볼 때 합병제도를 이용할 유인이 없었다는 데에서 찾고 있다. 먼저 설립자/경영자의 입장에서 볼 때, 영리단체의 경영자는 이익창출을 위한 경쟁력 확보를 위해 사업규모 확충을 통한 '규모의 경제'를 실현하기 위한 방법으로 합병의 필요성을 가지게 되지만, 공익단체의 경우에는 봉사적 성격이 강하기 때문에 경쟁력확보를 위한 '규모의 경제'를 달성할 강한 압력을 느끼지 못한다고 한다. 특히 공익법인에 대해서는 지배권시장(market for corporate control)이 작동하지 않기 때문에 공익법인의 이사들이 경영권상실의 위험을 느끼지 못하는 점도 공익법인의 합병을 통한 효율성 추구 또는 경쟁력 강화를 방해하는 유인이라고 한다. 또한 감독관청의 입장에서도 공익법인의 합병 필요성을 느끼기 힘든데, 그 이유는 공익법인의 설립과 기본재산의 처분에 있어서 주무관청의 허가를 요하는데 있다고 한다. 즉 감독관청으로서는 신청법인이 엄격한 허가요건을 충족시키는 경우 상당한 규모의 단체에 대해서만 선별적으로 설립허가를 해주면 되고, 기본재산의 처분에 있어서도 감독관청으로서는 강한 감독을 할 수 있기 때문에 기본재산의 양도를 가져오는 합병에 소극적일 수밖에 없으며, 또한 공익법인이 허가요건을 더 이상 충족시키지 못할 가능성이 있게 되면 설립허가를 취소시켜 법인을 해산케 하여 해산법인의 재산을 다른 유사목적을 가진 법인에 증여하게 할 수 있기 때문에 굳이 법인을 존속시키면서 합병시킬 필요성을 느끼지 않은 때문이라고 한다.

---

35) 이하, 이중기, 공익단체 구조조정법제의 개혁, 저스티스 통권 제143호, 2014, 114-115면 및 이중기, 공익신탁과 공익재단의 특징과 규제, 삼우사, 2014, 430-431면에서 발췌.

(2) 합병·분할의 필요성

이중기교수의 분석은 우리의 현실 상황을 정확히 꿰뚫고 있다. 그렇지만 이와 같은 우리의 공익법인의 현실이 과연 바람직한 것인가는 전혀 다른 문제이다. 공익법인의 합병·분할의 수요나 필요성이 영리법인의 그것과 같을 수는 없기에 같은 잣대로 이를 단순 비교할 수는 없다. 그렇다면 과연 공익법인에 있어서 합병·분할에 관한 규정의 필요성은 어떠한가? 단순하게 생각하면 공익법인도 구성원 간에 수익의 분배를 목적으로 하는 '영리사업'을 하지 않을 뿐이지, 공익사업의 안정적인 운용을 위해서는 자산의 운용이나 일정한 '수익사업'을 하지 않을 수 없다. 그렇다면 공익법인에 있어서도 규모의 경제나 사업의 다각화를 위한 경영논리가 개입되지 않을 수 없기에 법인의 합병 또는 분할에 관한 필요성은 상존한다고 할 수 있다. 비영리법인은 기예나 사교도 법인의 설립목적으로 할 수도 있기 때문에 그러한 목적사업의 법인에 있어서는 '경영합리화'의 요구는 찾기 어려울 수 있지만, 공익법인의 사업목적은 학자금·연구비의 지급 기타 자선사업 등 전체적으로 안정적인 재원이 마련되지 않고서는 사업을 영위하기 힘든 구조이기 때문에, 공익법인은 일반적으로 비영리법인보다 경영합리화의 측면에서 합병이나 분할에 대한 수요가 더 크다고 할 수 있다. 그럼에도 불구하고 우리 법이 비영리법인에 대해서는 고사하고라도 공익법인에 대해 합병 또는 분할에 관한 아무런 법적 배려를 하지 않는 것은 시정되어야 한다. 넓은 의미에서 '공익적' 기능을 수행하는 사회복지법인, 학교법인 또는 법무법인에 대해서는 각각의 해당법률이 법인의 합병을 인정하고 있는 것도 이들 법인에 대한 합병의 수요를 인정하고 있기 때문이다. 그렇다면 공익법인법상의 공익법인에 대해서도 합병(또는 경우에 따라서는 분할)을 부인해야 할 이유는 없다.

다. 합병 및 분할의 허용범위

(1) 공익사단법인과 공익재단법인의 차이

공익법인에 내해서도 합병 또는 분할의 수요를 인정한다면 어느 범위에서 허용하는 것인 바람직할 것인지가 문제된다. 법인의 합병이나 분할은 모두 법인의 경영합리화를 실현하기 위한 조직재편제도라는 점에서는 공통적인 성질이 있지만, 합병은 '규모의 경제'를 통해서 그리고 분할은 '사업의 특성화'를 통해 경영합리화를 꾀한다는 점에서 차이가 있다. 경영합리화라는 관점에서 합병·분할의 수요가 많은 쪽은 아무래도 영리법인인 회사이다. 이에 따라 상법은 다양한 형태의 합병·분할을 인정하고 있다.[36] 그에 반해 특별법상 특수법인의 합병·분할의 모습은 제한적이다. 특수법인 중에서 협동조합은 합병과 분할을 모두 인정한다. 그 이유는 협동조합은 1인1표제를 채택하고 있다는 점을 제외하고는 기본적으로 사업을 통해 벌어들인 이익을 조합원에게 분배하는 구조라는 점에서 영리법인의 속성을 가지고 있으므로 합병과 분할을 인정할 필요가 있기 때문이다.[37] 그에 반해 특수법인 중에서 사회복지법인, 학교법인, 법무법인은 합병만을 규정할 뿐, 분할은 인정하지 않는다. 노동조합에 대해서는 합병과 분할을 모두 인정하고 있다는 점에 특색이 있다. 그렇다면 공익법인에 대해서는 합병과 분할을 모두 인정할 것인가? 경영합리

---

36) 상법상 합병에는 「흡수합병」과 「신설합병」의 2가지 종류가 있다. 분할에 대해서는 「단순분할」(상법 제530조의2 1항), 「분할합병」(상법 제530조의2 2항), 「신설 및 분할합병」(상법 제530조의2 3항) 등이 있다. 단순분할은 다시 분할회사가 소멸하는 「소멸분할」과 소멸하지 않는 「존속분할」로 나뉜다. 「분할합병」은 다시 「소멸분할합병」, 「존속분할합병」, 「흡수분할합병」, 「신설분할합병」 및 이들의 교차조합형태 등 다양하게 나타날 수 있다.

37) 「협동조합기본법」상 일반협동조합의 영리법인으로서의 징표에 관해서는 각주 11 참고.

화라는 관점에서 접근한다면 기본적으로 공익법인에 대해서도 합병과 분할을 모두 인정할 수 있을 것이다. 그렇지만 공익법인이 사단법인이냐 재단법인이냐에 따라 합병이나 분할의 실행가능성은 달리 취급하여야 한다. 공익사단법인의 경우에는 사단자치(Vereinsautonomie)의 원리에 따라 사원의 결의로 정관변경이 가능하므로 -주무관청의 허가는 별론으로 하고- 합병이나 분할은 가능하다고 할 것이지만, 공익재단법인의 경우는 설립자의 재산출연취지에 좇아 정관이 작성되기 때문에 정관의 변경이 용이하지 않으므로 합병이나 분할도 원칙적으로 허용되지 않는다고 해야 한다. 지난 2009년 민법개정위원회가 제시한 비영리법인의 합병·분할에 관한 시안에서도 사단법인 외에 재단법인의 합병과 분할을 인정하되, 재단법인의 경우는 민법 제45조 제1항 또는 제46조에서 정한 때에만 정관변경을 허용하고 있는데, 이 취지에 좇아 정관에서 합병·분할을 예정하고 있거나 종전법인의 형태로는 재단법인의 목적을 달성하기가 어려운 때에 한하여 재단법인의 합병·분할을 인정하도록 하였었다. 공익재단법인의 경우에도 그러한 범위 내에서 합병·분할을 인정하면 될 것으로 생각된다.

(2) 분할의 허용여부

이와는 별개의 문제로 공익법인에 대해서도 합병 이외에 분할을 인정할 것인가 하는 문제이다. 분할은 영리법인을 대상으로 하는 상법전에 1998년에 이르러 비로소 도입되었을 뿐만 아니라, 주식회사에 대해서만 인정된다는 점에서 회사의 조직재편의 수단으로 합병에 비해 그 활용도가 떨어지는 것이 사실이다. 그렇다면 공익법인에 있어서도 '분할'을 인정할 필요가 있을 것인가? 이것은 순전히 입법정책적인 문제라고 생각된다. 일본의 「일반법인법」 및 「공익인정법」은 공익법인의 합병은 인정하면서도 분할은 인정하지 않는다. 또한

네덜란드 민법도 같은 태도이다. 이에 반해 독일은 「조직재편법」에
서 사단법인에 대해서는 합병과 분할을 모두 인정하고 재단법인에
대해서는 분할만을 인정한다. 따라서 공익법인 -특히 공익재단법인
- 에 대해 분할을 인정할 것인가 말 것인가는 입법적 판단사항이며,
공익법인이라고 해서 특별히 분할을 제한할 이유는 없다. 다만 공익
법인에 관해 분할을 인정할 것인지를 판단함에 있어서 다른 유사법
률과의 상황을 고려할 필요가 있다.

　　우선 2009년 민법개정위원회에서 제안한 법인편 개정시안에서는
사단법인이든 재단법인이든 가리지 않고 합병과 분할을 인정하면서
도 재단법인에 대해서는 일정한 제한을 두었었다.[38] 2012년 제정된
「협동조합기본법」에 대해서도 눈여겨 볼 필요가 있다. 협동조합기본
법은 협동조합의 종류로 ‘협동조합’, ‘협동조합연합회’, ‘사회적협동
조합’ 및 ‘사회적협동조합연합회’ 등 총 4가지 형태를 인정하고 있는
데, 이 중에서 대표적인 형태는 ‘협동조합’과 ‘사회적협동조합’이다.
특히 ‘사회적협동조합’은 ‘협동조합’[39] 중에서도 “지역주민들의 권익·
복리 증진과 관련된 사업을 수행하거나 취약계층에게 사회서비스
또는 일자리를 제공하는 등 영리를 목적으로 하지 아니하는 협동조
합”라고 정의하고 있다(협동조합기본법 제2조 제4호). 협동조합기본
법은 그와 같은 비영리사업을 목적으로 하는 사회적협동조합에 대
해서도 합병뿐만 아니라 분할을 인정하고 있다. 이에 반하여 2014년
제정된 「공익신탁법」은 다른 입장을 취하고 있다. 공익신탁은 공익

---

38) 민법개정시안 제96조의2 (합병·분할) ① 사단법인은 다른 사단법인과 합병
　　하거나 복수의 사단법인으로 분할할 수 있다. ② 재단법인은 다른 재단법
　　인과 합병하거나 복수의 재단법인으로 분할할 수 있다. 다만, 제45조 제1
　　항 또는 제46조에서 정한 때가 아니면 이를 하지 못한다.
39) 협동조합기본법상 ‘협동조합’이란 “재화 또는 용역의 구매·생산·판매·제공
　　등을 협동으로 영위함으로써 조합원의 권익을 향상하고 지역 사회에 공헌
　　하고자 하는 사업조직”을 의미한다(제2조 제1호).

사업을 목적으로 하는「신탁법」에 따른 신탁으로서 법무부장관의 인가를 받은 신탁을 의미한다. 그런데 신탁법에서는 신탁의 '분할' 및 '분할합병'을 인정하는데 반해(동법 제94조) 공익신탁법에서는 "「신탁법」 제94조에도 불구하고 공익신탁은 분할 또는 분할합병할 수 없다."고 하여 공익신탁의 분할을 명시적으로 부인하고 있다.

그렇다면 공익법인법은 법인의 '분할'에 대해 어떠한 입장을 취하는 것이 바람직할 것인가? 공익법인의 활동을 '사회적' 가치에 기여하는 법인이라는 관점에서 본다면 협동조합기본법상 '사회적협동조합'과 마찬가지로 공익법인의 분할을 인정할 수도 있을 것이다. 반면 공익법인법을 신탁재산의 분할을 불허하는 공익신탁법과 조응시킨다면 공익법인의 분할은 인정하지 말아야 할 것이다. 그렇지만 공익신탁법이 구태여 신탁법상 인정되는 신탁의 분할을 막은 특별한 이유는 찾기 어렵다. 또한 공익재단법인은 출연재산이 중심이 된다는 점에서 공익신탁과 유사한 성질이 있지만, 공익사단법인의 경우에는 공익신탁과는 구조적으로 완전히 별개의 제도이다. 따라서 공익법인에 대해서 분할을 인정할 것인지의 여부를 공익신탁법과 연계시켜 판단할 일은 아니라고 생각된다.

(3) 합병·분할의 종류

공익법인에 대해서도 합병과 분할을 허용할 필요가 인정된다면, 공익법인에 대해 어떤 종류의 합병 및 분할을 허용할 수 있는지가 문제된다. 합병·분할에 대해 가장 상세한 규정을 둔 상법을 보면, 합병에 관해서는「흡수합병」과「신설합병」의 2가지 종류를 기본으로 하고 그 밖에 특수한 형태의 합병으로「간이합병」과「소규모합병」도 인정한다. 분할에 대해서는「단순분할」(상법 제530조의2 제1항),「분할합병」(상법 제530조의2 제2항),「신설 및 분할합병」(상법 제530조의2 제3항) 등이 있다. 단순분할은 다시 분할회사가 소멸하는「소멸분할」과 소멸하지 않는 「존속분할」로 나뉜다. 분할합병은 다시 「소멸분할합병」, 「존속분할합병」, 「흡수분할합병」, 「신설분할합병」 및 이들의 교차조합형태 등 다양하게 나타날 수 있다. 생각건대 상법상 회사는 그야말로 '영리'를 목적으로 하기 때문에 그만큼 신속·다양한 조직재편을 통해 효율적인 투자가 가능하도록 해줄 필요가 있지만, 공익법인은 영리법인인 회사에 비하여 합병·분할의 활용도가 그리 크지 않을 것이기 때문에 상법에서와 같은 다기한 종류의 합병·분할을 인정할 필요는 없다. 더욱이 공익법인은 상법상 회사와 달리 합병·분할에 있어서 해당주무관청의 허가절차를 거쳐야 하므로 상법이 인정하는 것과 같은 「분할합병」을 비롯한 복합적인 형태는 주무관청의 허가절차에서 매우 복잡한 문제를 야기할 수 있다.[40] 따라서 공익법인에 대해 합병·분할을 인정한다면 그 종류는 보편적인 유형으로 한정할 필요가 있다. 그렇다면 합병에 있어서는 「흡수합병」과 「신설합병」 2가지를, 그리고 분할에 있어서는 단순분할만을 전제로 하여 「소멸분할」과 「존속분할」을 인정하면 족하다고 생각된다.[41]

라. 합병·분할의 주체와 적격

(1) 공익사단법인과 공익재단법인 사이의 합병·분할 여부

공익법인에 대해 합병과 분할을 인정한다면, 합병·분할을 할 수 있는 주체와 적격여부가 문제된다. 즉 공익법인은 어떤 종류의 법인

---

40) 이를테면 분할과 아울러 합병이 이루어지게 되면 분할에 관여하는 공익법인들뿐만 아니라 합병에 관여하는 공익법인들을 관할하는 모든 주무관청으로부터 분할과 합병에 관한 허가를 받아야 하는데, 그중 어느 하나의 주무관청으로부터 허가를 받지 못하게 되면 분할합병은 이루어질 수 없게 된다.

41) 2009년 민법개정시안에서도 합병·분할의 종류에 관하여 「흡수합병」과 「신설합병」 그리고 「소멸분할」과 「존속분할」로 국한하였었다. 이에 관하여는 김대정, 위의 글, 70면 참고.

과 합병할 수 있으며 또한 어떤 종류의 법인으로 분할할 수 있는지
가 문제된다.

　우선 공익사단법인과 공익재단법인이 합병하여 새로운 공익사단
법인 혹은 공익재단법인으로 출현될 수 있는지, 또한 공익사단법인
(또는 공익재단법인)이 공익사단법인과 공익재단법인으로 분할될
수 있는지 살펴본다. 전통적으로 법인은 사단과 재단으로 이분화 되
지만, 현실에서는 사단적 성질과 재단적 성질이 융합된 법인도 많이
존재하는 것이 사실이다.[42] 그렇다면 공익사단법인과 공익재단법인
의 합병도 이론적으로 불가능한 것은 아니라고 할 것이다. 그렇지만
합병이나 분할은 법인의 해산·청산 및 설립을 단순화하기 위해 예외
적으로 인정되는 제도라는 점을 감안해보면, 구태여 서로 이질적인
특성을 가진 조직체에 대해서까지 합병이나 분할을 인정해야 할 필
요는 없을 것이다. 만일 이를 허용한다면 사단법인과 재단법인이 혼
재하는 새로운 형태의 법인이 출연할 수 있게 됨으로써 법인성립법
정주의 내지 법인형태법정주의(민법 제31조 참조)에 혼선을 가져올
우려가 있다. 따라서 법률관계를 단순화하기 위해서 공익사단법인
은 공익사단법인과의 합병·분할만을 인정하고 공익재단법인은 공익
재단과의 합병·분할만을 인정하는 것이 바람직하다고 본다.[43]

---

42) 예컨대 대한적십자사는「대한적십자사 조직법」에 의하여 설립된 법인인데
　(동법 제2조), 대한적십자사의 등기에 관하여는「민법」중 사단법인의 등
　기에 관한 규정을 준용하며(동법 제3조), 회원에 관한 사항이 정관에 반드
　시 포함되어야 하는 점(동법 제5조)에서 사단법인이지만, 적십자사의 사업
　은 충분한 재원이 조성되어야만 가능하며(동법 제7조) 동법에서 재정확보
　를 위한 구체적 규정을 두고 있는 점(동법 제4장 재정)에서는 재단법인의
　성격을 띠고 있다.

43) 참고로 2009년 민법개정시안 제96조의2에서는 제1항에서 "사단법인은 다른
　사단법인과 합병하거나 복수의 사단법인으로 분할할 수 있다." 그리고 제2
　항에서는 "재단법인은 다른 재단법인과 합병하거나 복수의 재단법인으로
　분할할 수 있다."고 하여 사단법인과 재단법인 사이의 합병이나 분할을 인

(2) 공익법인과 비영리법인 사이의 합병·분할 여부

다음으로 공익법인과 비공익법인(즉 비영리법인)의 합병을 인정할 수 있는지에 대해 살펴본다. 현행법상 공익법인을 포함한 비영리법인의 실립과 영리법인의 설립은 사업목적 등 설립요건부터 상이하므로 상호간의 합병은 인정할 수 없음은 당연하다. 문제는 공익법인과 비영리법인의 합병의 가능여부이다.[44] 공익법인과 비영리법인은 설립에 있어서 주무관청의 허가가 있어야 한다는 점에서는 동일하지만, 비영리법인이 공익법인으로 되기 위해서는 목적사업, 기관구성, 충분한 재원 등 공익법인법이 요구하는 소정의 요건을 충족시켜야 한다. 만약 비영리법인이 공익법인법상의 요건을 충족시키고 있다면 공익법인과 비영리법인의 합병을 막을 이유는 없다. 이러한 경우에는 공익법인이 존속법인이 되어 비영리법인을 흡수하든지(흡수합병), 공익법인과 비영리법인이 통합하여 새로운 공익법인을 신설하는 방식(신설합병)이 될 수 있다. 이러한 경우, 주무관청은 흡수합병에서는 존속법인이 그리고 신설합병에서는 신설법인이 공익법인의 요건을 갖추었는지를 심사하여 합병에 대한 허가를 하여야 한다.

마찬가지로 공익법인을 공익법인과 비영리법인으로 분할할 수 있는지가 문제될 수 있다. 즉 소멸분할의 경우[45] 기존의 A공익법인이 B공익법인과 C비영리법인으로 분할되면서 소멸하게 되고, 존속분할의 경우[46] A공익법인이 A공익법인과 B비영리법인으로 분할되면

정하지 않았었다.

44) 참고로 「협동조합기본법」은 협동조합과 동 법률에 따른 협동조합 이외의 법인, 단체 및 협동조합 등과 합병할 수 없도록 정하고 있다(제56조 제5항). 이에 반해 「공익신탁법」은 공익신탁과 공익신탁 간의 합병 외에 공익신탁과 공익신탁이 아닌 신탁 간의 합병을 허용하고 있다(제20조 제1항).

45) '소멸분할'을 '완전분할' 또는 '전부분할' 이라고도 한다.

46) '존속분할'은 '불완전분할' 또는 '부분분할'이라고도 한다.

서 A공익법인은 종전 사업의 일부를 수행하고 분할된 B비영리법인
은 다른 비영리사업을 영위할 수 있는지 하는 문제이다. 이러한 분
할에 있어서도 결국 주무관청이 분할되어 신설되거나 존속하는 공
익법인 또는 비영리법인의 설립요건과 사업목적 등을 심사하여 허
가를 하게 될 것이므로 이러한 분할을 특별히 금할 이유는 없다고
본다.

(3) 공익재단법인과 공익신탁의 합병 여부

공익재단법인과 공익신탁은 법적 형식에 있어서 차이가 있음에
도 불구하고 정책적 측면에서 공익재단법인과 공익신탁의 합병을
허용할 수 있다는 견해가 있다.[47] 이에 의하면, "공익재단과 공익신
탁은 모두 공익활동을 목적으로 재산을 출연하여 설립되었다는 점
에서 차이가 없고, 규모의 경제 실현을 위해 상당 규모의 공익재산
형성이 필요한 경우, 공익법인과 공익신탁의 합병은 긍정적으로 작
용할 수 있기 때문"이라고 한다.[48] 나아가 동 견해는 법적 형식 측면
에서의 차이도 공익재단과 공익신탁 사이의 합병을 부정할 이유가
되지 않는다고 한다. 즉 "공익재단과 공익신탁의 합병에서는 영리단
체의 합병에서와 달리 '출자자의 승인' 과정 혹은 '소유자의 변경' 현
상은 존재하지 않고, 오직 '공익재산의 통합' 과정만이 중요하고, 절
차적으로 경영자(공익법인의 이사회, 공익신탁의 수탁자)의 정책적
결단과 승인만으로 이루어"지기 때문에 "이러한 관점에서 보면 공익
재단과 공익신탁의 합병은 단순히 수인의 인격 하에 조직된 출연재
산을 하나의 인격 하에 재구성하는 것으로 볼 수 있으므로 이러한

---

47) 이중기, 위의 글, 118면 이하. 법인과 신탁의 특징을 비교한 글로는 이중기,
    법인과 비교한 신탁의 특징-공익신탁에의 활용을 중심으로-, 서울대학
    교 법학 제55권 제2호, 2014. 6, 511면 이하 참고.
48) 이중기, 위의 글(주 35), 118면.

합병을 반대할 이유는 없다."고 하면서, 만약 공익신탁과 공익재단의 합병을 허용할 경우에 합병 후 존속단체를 어느 단체로 할 것인지가 문제되는데, 이에 대해서는 "합병주체의 정책적 결단에 따라 합병 후 존속단체는 공익재단이 될 수도 있고 공익신탁이 될 수도 있다."고 한다.[49]

생각건대 이러한 착상은 정책적 측면에서는 충분히 고려해볼만 하다. 그렇지만 이러한 합병이 가능하기 위해서는 현행법상 많은 입법적·법리적 난관을 극복하여야만 한다. 우선 공익법인법과 공익신탁법이 규율하는 '공익사업'의 내용이 일부를 제외하고는 서로 다르기 때문에[50] 양 법률의 '공익사업'이 동질화되어야만 공익재단법인과 공익신탁이 가능해질 수 있다. 또한 공익법인은 설립에 있어서 '주무관청'의 '허가'를 요하는데 반해 공익신탁은 수탁자가 '법무부장관'의 '인가'를 받아야 한다는 점에서 관할하는 주무관청이나 공권력의 개입정도에서 차이가 있다. 보다 근본적으로 재단법인의 설립행위는 출연재산에 독립된 법인격을 부여하여 새로운 권리주체를 생성시키는 것인데 반해, 신탁행위는 이미 존재하는 권리주체(즉 수탁자)에게 일정한 재산의 관리·처분을 위탁하는 것에 그친다는 점에서 극복하기 어려운 차이가 있다. 따라서 공익재단법인과 공익신탁의 합병은 서로 다른 법인격을 전제로 하고 있는 우리의 법제에서는 수용하기 어렵다고 생각된다.

---

49) 이중기, 위의 글(주 35), 119면.

50) 예컨대 연구지원·장학사업이나 자선사업은 공익법인법이나 공익신탁법에서 공히 실현가능한 사업이지만, 공익신탁법상 열거되어 있는 다른 '공익사업'을 공익법인의 사업내용으로 할 수는 없다(공익신탁법 제2조, 공익법인법 제2조 및 동 시행령 제2조 참조).

마. 합병·분할의 절차와 효과

(1) 합병·분할의 절차

공익법인의 합병과 분할을 인정한다면, 그에 대한 절차는 어떻게 이루어져야 하는지를 생각해보자. 이에 대하여는 기본적으로 상법상 회사의 합병·분할의 절차와 크게 다르지 않을 것이지만, 주무관청의 허가 등 공익법인법에서 정한 특수한 요건들을 함께 고려해서 정하여야 한다. 공익법인의 합병·분할의 개략적인 절차는 다음과 같이 진행된다. ① 합병계약서/분할계획서의 작성, ② 합병·분할(안)에 대한 승인 ③ 주무관청의 합병·분할의 허가, ④ 채권자보호를 위한 합병·분할대차대조표 등의 공시·이의절차공고·통지, ⑤ 합병·분할에 따른 법인설립·소멸(해산)등기, ⑥ 합병·분할에 대하여 이의가 있을 때 합병·분할무효의 소를 통한 분쟁의 해결 등의 순서이다. 이러한 합병·분할의 절차에서 다음 2가지 사항이 특히 문제될 수 있다.

첫째, 공익법인의 합병·분할을 위하여 작성된 합병계약서/분할계획서를 누가 어떻게 승인할 것인가 하는 점이다. 공익법인법은 민법에는 규정되지 아니한 '이사회'를 필요적 기관으로 정하고 있다.[51] 조직상 사원이 존재하지 않는 재단법인의 경우에는 합병계약서/분할계획서는 이사회가 승인하여야 함은 당연하다. 공익법인법 제7조 제1항 제2호는 "정관의 변경에 관한 사항"은 이사회가 심의·결정한다고 정하고 있는데, 합병·분할에 있어서도 필연적으로 정관변경을 가져오게 되므로 이사회가 합병계약서/분할계획서를 승인하여야 한다. 이에 반해 사원이 법인의 본질적 기반인 사단법인의 경우에는 이사회가 아니라 사원총회의 승인이 요구된다고 새겨야 한다. 공익법인법은 이사회의 심의·결정사항에 대해서만 규정하고(제7조), 사

---

51) 공익법인법 제6조 제1항: 공익법인에 이사회를 둔다.

원총회에 대해서는 별다른 언급이 없다. 그렇지만 사단법인의 정관 변경은 사원총회의 전권사항에 속하므로,[52] 공익사단법인의 합병계약서/분할계획서에 대해 이사회의 심의·의결을 거친 후 사원총회의 결의로써 승인을 하여야만 한다.[53]

둘째, 공익법인의 합병·분할에 대한 주무관청의 허가에 관한 문제를 살펴본다. 만일 서로 다른 여러 공익법인이 합병하여 하나의 공익법인으로 되거나 하나의 공익법인이 여러 법인으로 분할할 때, 그러한 관여 법인들의 설립목적이 모두 동일한 주무관청이 관장하는 것일 때에는 합병이든 분할이든 동일한 주무관청이 합병·분할에 대한 허가를 하게 됨은 당연하다. 그렇지만, 만약 종전에 서로 다른 사업목적으로 인해 각기 다른 주무관청에 소속되었던 공익법인들이 합병하거나,[54] 반대로 하나의 공익법인이 각기 목적사업의 분리로 인해 각기 다른 주무관청의 관할의 공익법인으로 나뉘는 경우[55]에 누가 주무관청으로써 합병·분할에 대한 허가를 하게 되는가가 문제될 수 있다. 생각건대, 공익법인의 합병·분할은 정관변경을 통해 기존의 공익법인을 소멸시키고 새로운 법인을 설립하는 절차를 단축한 과정으로 볼 수 있으므로, 어느 주무관청의 허가가 필요한지에

---

52) 곽윤직·김재형, 민법총칙, 제8판(전면개정), 박영사, 2013, 197면 등.
53) 이때 합병계약서/분할계획서의 승인을 위한 이사회 또는 사원총의의 정족수는 얼마나 할 것인지는 입법정책적 판단문제이다. 참고로 2009년 민법개정시안에서는 합병계약서/분할계획서의 승인을 위해 사단법인의 경우 총사원 4분의 3 이상 그리고 재단법인의 경우 이사 정수(定數)의 4분의 3 이상의 승인동의를 요구하였었다(개정시안 제96조의3 제2항). 이것은 민법상 정관변경을 위한 정족수인 3분의 2 이상보다 높은 수치로써(민법 제42조 제1항 참고), 사단법인의 해산결의를 위한 정족수와 같다(민법 제78조 참조).
54) 예, 교육청관할의 장학사업을 목적으로 하는 「A 공익법인」과 보건복지부 관할의 자선사업을 목적으로 하는 「B 공익법인」이 합병하여 장학사업 및 자선사업을 목적으로 하는 「C 공익법인」이 출현하는 경우.
55) 앞의 예에서 「C 공익법인」이 교육청관할의 「A 공익법인」과 보건복지부관할의 「B 공익법인」으로 나뉘는 경우.

대한 문제는 합병과 분할에 관여된 법인이 속한 주무관청 및 새로이 속하게 되는 주무관청으로부터 모두 허가가 필요하다. 이를테면 합병의 경우 A법인과 B법인이 합병하여 A법인이 되거나(흡수합병) C법인이 될 때(신설합병) 기존의 A법인, B법인과 새로운 A법인 및 C법인은 각기 해당 주무관청으로부터 합병의 허가를 받아야 한다. 이렇게 되면 주무관청마다 허가여부가 달라질 수 있는데, 이것은 비영리법인의 설립에 있어서 허가주의를 취하고 있는 민법(및 공익법인법)의 태도에 따른 불가피한 결과이다. 다만 공익법인법 시행령은 공익법인의 사업이 2 이상의 주무관청의 소관에 속하는 경우에는 그 주된 사업을 주관하는 주무관청에 법인설립허가를 신청하도록 정하고 있으므로(동 시행령 제4조 제2항), 서로 다른 목적사업을 추구하는 2개 이상의 공익법인이 합병하여 하나의 공익법인으로 성립할 경우에, 합병법인에 대한 허가는 주된 목적을 관장하는 주무관청의 허가로 족하다고 할 것이다.

(2) 합병·분할의 효과

위와 같은 절차에 의해 공익법인이 합병되거나 분할할 때 어떠한 법적 효과를 인정할 것인지가 문제된다. 이것은 곧 종전 공익법인의 채권자를 위해 합병·분할로 등장한 신설법인 또는 존속법인에 대해 어떠한 책임을 부여할 것인가의 문제이기도 하다.[56] 이러한 점에서는 공익법인의 합병·분할의 효과는 다른 영리법인이나 특수법인에 있어서 합병·분할의 효과와 다르지 않다. 즉 공익법인의 합병에 있어서는 소멸되는 법인의 권리·의무는 합병에 의해 존속하는 법인(흡수합병의 경우) 또는 신설되는 법인(신설합병의 경우)에 포괄승계가 된다. 한편 공익법인의 분할에 있어서는 종전의 공익법인의 권리·의

---

56) 송호영, 위의 글, 605면.

무가 분할로 인하여 신설된 법인(소멸분할의 경우) 또는 존속하는 법인(존속분할의 경우)에 어떻게 분속·승계되는지의 여부는 원칙적으로 분할계획서에 따라 정해지게 된다. 그렇지만 분할의 경우에는 종전법인의 채권자를 위하여 특히 신설법인 또는 존속법인으로 하여금 분할 이전에 공익법인이 부담하던 채무에 대해 연대책임을 지도록 하여야 한다.

공익법인의 합병·분할의 효과는 법인의 설립과 마찬가지로 합병·분할의 등기로 인해 발생한다. 즉 합병·분할의 등기에 창설적 효력이 인정된다. 이때 어떤 등기를 할 것인지가 문제될 수 있는데, 이 문제도 다른 법인의 합병·분할의 등기와 다르지 않다. 즉 공익법인이 합병하는 경우에는 합병으로 존속하는 법인은 변경등기를, 합병으로 소멸하는 법인은 해산등기를, 합병으로 신설되는 법인은 설립등기를 하여야 한다. 또한 공익법인이 분할하는 경우에는 소멸분할에 의해 소멸하는 종전법인은 해산등기를 하고 분할된 각 법인은 설립등기를 해야 한다. 또한 존속분할은 통해 계속 존속하는 법인은 변경등기를 하고 분할로 신설되는 법인은 설립등기를 하여야 한다.

Ⅲ. 공익법인의 소멸

1. 법인소멸의 의의

법인의 소멸이란 마치 자연인이 사망하여 권리능력이 종결하는 것과 마찬가지로 법인이 더 이상 존속하지 못하고 권리능력을 잃고 사라지는 현상을 말한다. 자연인에게는 사망이라는 사건이 뜻하지 않게 갑자기 찾아올 수도 있고, 사망에 의해 당해 자연인의 권리능력은 소멸하게 되면서 그로 인해 이해관계인에게는 상속 등 새로운 법률관계가 발생하게 된다. 이에 반해 법인의 소멸은 사망처럼 갑작

스레 발생할 수 있는 현상이 아니라, 일정한 사유의 발생에 의해 법률이 정한 절차에 따라 단계적으로 행해지게 되며 법인의 소멸로 새로운 법률관계가 발생하는 것이 아니라 기존에 법인이 관여된 채권·채무관계를 종결시키는 과정이다. 즉 법인의 소멸은 법률이 정한 일정한 사유가 발생함에 따라 법인에게 주어졌던 재산관계를 정리하기 위하여 「해산」과 「청산」을 거쳐 최종적으로 법인에게 부여된 권리능력을 소멸시키는 일련의 절차를 일컫는다. 여기서 해산이란 법인이 본래의 적극적 활동을 정지하고 청산절차에 들어가는 것을 말하며, 청산이란 해산한 법인의 재산관계를 정리하는 절차를 일컫는다.[57] 따라서 법인이 해산과정에 돌입하더라도 법인의 권리능력이 곧바로 소멸하는 것은 아니며, 청산의 목적범위내로 권리능력이 제한될 뿐이다(민법 제81조 참조). 이처럼 해산사유의 발생에 따른 청산과정중의 법인을 청산법인이라고 한다. 법인은 종국적으로 청산절차가 종결됨으로써 소멸하게 된다.

　법인의 성립이 법률의 규정에 좇아서만 가능한 것과 마찬가지로, 법인의 소멸 또한 법률이 정한 사유와 절차에 의해서만 가능하다. 법인의 소멸을 야기하는 해산사유는 다양하고, 법인이 어떤 법적 형태를 띠고 있느냐에 따라 각각의 해산사유를 달리한다. 예컨대 사단법인의 해산사유와 재단법인의 해산사유가 다르고, 민법상 사단법인의 해산사유와 상법상 회사의 해산상가 각기 다르다. 그럼에도 불구하고 법인의 해산사유는 법률에서 규정된 것만 인정된다는 이른바 「해산사유법정주의」는 법인의 등장 형태와 관계없이 모든 법인에 적용되는 일반적인 원칙이다. 그렇다면 공익법인의 경우는 어떠한가? 당연히 공익법인에게도 해산사유법정주의가 적용된다. 그렇지만 정작 「공익법인법」에는 공익법인의 해산사유에 대해 설립허가의 취소

---

57) 곽윤직·김재형, 위의 책, 200면.

(동법 제16조)를 제외하고는 해산사유에 대하여 별다른 규정을 두고 있지 않다. 이것은 공익법인에 대해서는 동법이 정한 설립허가의 취소에 한해서만 법인해산의 사유로 인정한다는 의미가 아니라, 일반 법인 민법에서 정한 법인해산사유 이외에 공익법인법에 공익법인에 대해서만 적용되는 특수한 해산사유를 추가적으로 인정한 것이다. 달리 말하자면 민법에서 규정된 법인해산사유는 모두 공익법인에게도 그대로 적용된다. 따라서 공익법인의 해산사유를 알아보기 위해서는 민법에서 인정되는 해산사유와 그에 따른 청산절차를 살펴보아야 한다. 다만 청산절차에 대해서도 기본적으로 민법이 정한 절차가 공익법인에도 적용되지만, 잔여재산의 귀속에 대해서는 민법의 그것과 다름을 주의하여야 한다.

합병과 분할은 상법에서는 회사의 해산사유로 규정되어 있지만, 민법에서는 비영리법인의 합병·분할을 인정하고 있지 않기 때문에 민법뿐만 아니라 공익법인법 내에서도 합병·분할은 법인해산사유가 아니다. 만일 민법 혹은 공익법인법이 개정되어 비영리법인 또는 공익법인의 합병 및 분할을 인정하게 되면, 그때에는 합병·분할이 법인해산사유로 인정됨은 물론이다.

2. 법인의 해산

가. 해산사유

(1) 민법에 기한 해산사유

민법은 법인의 해산사유에 대해 사단법인과 재단법인에 공통한 해산사유(제77조 제1항)와 사단법인에만 적용되는 특유한 해산사유(제77조 제2항)으로 나누어 규정하고 있다. 법인을 설립하는 것은 반드시 법률의 규정에 근거해서만 가능하듯이, 법인이 해산되는 것도 법률에 규정된 사유에 의해서만 가능하다.

㈎ 사단법인·재단법인에 공통한 해산사유

민법 제77조 제1항은 다음의 사유를 법인의 해산사유로 규정하고 있다.

1) 존립기간의 만료

법인에 따라서는 법인의 존립기간을 정해놓는 경우가 있다. 이를 테면 법인이 설립된 지 50년이 되었을 때까지 존속한다고 하거나, 특정한 행사를 치루기 위해 설립된 법인의 경우 그 행사가 종료할 때까지 존속한다고 하는 경우가 그러하다. 그러한 존립기간의 만료로 법인은 해산하게 된다. 법인의 존립시기는 사단법인에서는 정관의 필요적 기재사항이고(제40조 7호), 재단법인에서는 임의적 기재사항이다(제43조). 아울러 민법은 법인의 존립시기를 법인의 등기사항으로 규정하고 있다(제49조 제2항).

2) 법인의 목적 달성 또는 달성의 불능

법인을 설립한 목적이 달성되었거나 그 달성이 불능하게 됨으로써 법인의 해산된다. 법인이 목적을 달성했는지 또는 달성이 불능한 것인지의 여부는 사회관념에 따라서 결정한다. 이때 목적의 달성불능은 법률상 또는 사실상으로 목적을 완료할 수 없게 되었음이 확정적인 것을 의미하므로,[58] 설사 일시적으로 그 목적 달성이 불능한 것일지라도 그 달성이 가능한 것으로 보일 경우에는 법인의 해산사유에 해당하지 않는다.

---

58) 김용담(편집대표)·주기동(집필), 주석민법 (1), 제4판, 한국사법행정학회, 2010, 789면.

3) 기타 정관에서 정한 해산사유 발생

존립기간의 만료나 법인의 목적달성 또는 달성불능 이외의 다른 사유로 정관에서 해산사유를 정한 것이 있으면, 그러한 사유의 발생으로 인해 법인은 해산하게 된다. 그러한 사유는 사단법인에서는 정관의 필요적 기재사항이고, 재단법인에서는 임의적 기재사항이다. 또한 그러한 사유는 법인등기에 기재하여야 하는 사항이다(민법 제49조 제2항).

4) 법인의 파산

일반적으로 파산의 원인에는 지급불능과 채무초과가 있다. 법인의 해산사유인 파산은 단순한 채무초과로써 충분하며(채무자 회생 및 파산에 관한 법률 제306조), 자연인의 경우와 같이 지급불능[59]의 상태에 이르러야 하는 것은 아니다(동 법률 제305).[60] 따라서 법인의 소극재산이 적극재산보다 많은 채무초과의 상태에 이르게 되면, 이사는 지체없이 파산을 신청하여야 하며(민법 제79조), 이에 따라 법인은 해산하게 된다.[61] 이사가 법인의 파산신청을 게을리하면 과태료의 처분을 받는다(민법 제97조 제6호).

---

[59] 지급불능이란 우형·무형의 재산, 노문 및 신용의 3자로 구성되는 변제력에 의해서도 지급할 수 없는 상태를 말하며, 단순히 소극재산이 적극재산을 초과했다고 해서 곧바로 지급불능으로 되지는 않는다.

[60] 곽윤직·김재형, 위의 책, 201면.

[61] 법인에 있어서 채무초과상태만으로도 파산으로 보는 이유는 자연인과 달리 법인에 있어서 자력이란 법인이 가지는 재산전체를 모은 것에 그치는 것이 보통이고, 채무가 초과된 법인을 존속시키게 되면 제3자에게 손해를 끼칠 우려가 크기 때문이다(곽윤직·김재형, 의의 책, 201면; 김증한·김학동, 민법총칙, 제10판, 박영사, 2013, 242면).

5) 설립허가 취소

가) 개설

민법은 법인설립허가의 취소사유로 다음 3가지를 들고 있다(제38조). ① 법인이 목적 이외의 사업을 한 경우, ② 설립허가의 조건에 위반한 경우, ③ 기타 공익을 해하는 행위를 한 경우 등이다. 법인이 위의 한 경우에 해당하면 주무관청은 법인설립허가를 취소할 수 있다. 이외의 사유로는 주무관청은 법인의 설립허가를 취소할 수는 없다. 대법원도 비영리법인의 설립허가의 취소는 민법 제38조의 규정에 해당하는 경우에만 가능하다고 판시한 바 있다.[62] 아래에서 설립허가의 취소사유를 구체적으로 살펴보면 다음과 같다

나) 법인이 목적 이외의 사업을 한 경우

법인의 목적이란 법인정관에 정하여진 목적을 뜻하므로, 법인이 목적 이외의 사업을 한다는 것은 법인정관에 기재된 목적 이외의 사업을 하는 것을 의미한다. 따라서 민법에 의거하여 설립된 법인은 비영리를 목적으로 하는 법인이므로 만약 영리를 목적으로 하는 사업을 하는 경우에는 설립허가취소사유에 해당하게 된다. 다만 비영리를 목적으로 하는 법인이더라도 비영리사업의 목적을 달성하는데 필요하여 그 본질에 반하지 않을 정도의 수익사업을 하는 것은 법인의 목적을 벗어난 것으로 볼 수 없기 때문에 그러한 활동은 허용된다.[63] 예컨대 암예방홍보를 목적으로 하는 사단법인이 학술대회를 개최하면서 참가비를 징수하거나 관련서적을 판매하는 등의 행위는 법인의 목적을 벗어난 사업이라고 할 수 없다.

한편 특정한 비영리목적의 법인이 다른 비영리목적의 사업을 하는 것을 목적 외의 사업이라 하여 설립허가를 취소할 수 있는지가

---

62) 대법원 1968. 5. 28. 선고 67누55 판결.
63) 이를 이른바 '부수목적의 특전'이라고 한다.

문제될 수 있다. 예컨대 자선사업을 목적으로 하는 법인이 학술사업을 하는 경우에 법인의 목적사업에 벗어났다고 하여 주무관청이 법인설립의 허가를 취소할 수 있는가 하는 문제이다. 생각건대 이러한 경우는 설립허가취소에 해당하지 않는다고 해야 할 것이다. 그 이유는 설립허가취소의 근거가 민법의 규정임에도 불구하고 그 실질은 기본권제한에 관한 행정법적 규정이기 때문에 설립허가취소의 요건은 엄격하게 새길 필요가 있기 때문이다. 따라서 설립허가 취소에 관한 민법 제38조의 규정은 예컨대 실질은 영리사업을 하면서도 회사법이나 조세법 규정을 회피하기 위하여 민법상 비영리법인으로 설립하는 경우 등에 국한하여 적용하는 것이 타당하다.

다) 설립허가의 조건에 위반한 경우

주무관청은 법인설립신청 당시 일정한 조건의 성취를 전제로 하여 법인설립을 허가할 수 있다. 따라서 만약 법인이 일정한 조건을 전제로 설립되었음에도 불구하고 법인이 그러한 조건을 충족시키지 못하게 되면 주무관청은 설립허가를 취소할 수 있게 된다. 예컨대 일정한 인적·물적 시설을 갖출 것을 조건으로 하여 자선사업을 목적으로 하는 법인설립이 허가된 경우에 그 조건으로 정한 시설이 갖추어지지 못하였다면 법인설립조건을 위반한 것이 되고, 이때 주무관청은 그 법인의 설립허가를 취소할 수 있으며, 그에 따라 법인은 해산하게 된다.

그런데 문제는 주무관청이 제시한 조건이 법인의 설립허가를 위한 조건인지 아니면 주무관청의 단순한 희망사항에 불과한 것인지를 실제로 판별하기 곤란한 경우가 있다는 점이다. 만약 조건이 후자에 해당하는 경우에는 이를 위반하였다고 하여 설립허가를 취소할 수는 없다.[64] 이와 관련하여 대법원은 법인이 감독관청에 제출할 서류를 기한 보다 지연하여 제출한 사실만으로 설립허가조건을 위배하였다 하여 설립허가를 취소하는 행위는 재량권의 범위를 심히 일탈한 위법한 처분이라고 판시한 바 있다.[65]

라) 기타 공익을 해하는 행위를 한 경우

이를 법인해산사유로 둔 이유는 법인설립 당시에는 법인의 목적사업이 공익을 해하는 것이 아니었으나, 그 후 사정이 변하여 그것이 공익을 해하는 것으로 되었을 경우에 대처하기 위함이다.[66] 여기서 과연 무엇이 공익을 해하는 행위인지에 대해 판단하는 것이 문제된다. 이에 대해서는 명확한 기준이 없는바, 대법원은 "민법 제38조에서 말하는 비영리법인이 공익을 해하는 행위를 한 때라 함은 법인의 기관이 공익을 침해하는 행위를 하거나 그 사원총회가 그러한 결의를 한 경우를 의미한다"고 판시한바 있다.[67] 그렇지만, 법인의 기관이 한 행위가 공익을 해하는 행위라고 하더라도 그것이 개인의 행위로써 한 것일 때에는 이를 이유로 법인의 설립허가를 취소할 수 없다.[68]

요컨대 공익을 해하는 지의 여부는 주무관청이 자의적으로 판단해서는 안 될 것이고 법인의 기관이 한 행위 혹은 사원총회의 결의 내용이 구체적으로 형법 또는 행정법상 규정에 위반하거나 전체 법질서에 반하는 지에 따라 판단되어야 할 것이다.

㈏ 사단법인에 특유한 해산사유

민법은 그밖에 사단법인에 특유한 해산사유로 다음 2가지를 명시하고 있다(제77조 제2항).

---

64) 곽윤직(편집대표)-홍일표(집필), 민법주해 I, 박영사, 1992, 608면.
65) 대법원 1977.8.23. 선고 76누145 판결.
66) 곽윤직(편집대표)-홍일표(집필), 민법주해 I, 608면.
67) 대법원 1982. 10. 26. 선고 81누363 판결.
68) 대법원 1966. 6. 21. 선고 66누21 판결.

1) 사원이 없게 된 경우

사단법인의 구성원인 사원이 모두 사망하거나 퇴사 기타의 사유로 한 사람도 없게 된 경우를 말한다. 복수의 사원으로 구성된 사단법인에 있어서 사원이 한 명이라노 남아 있게 되면 그 남은 사원이 설립목적을 달성시킬 수도 있으며, 또한 나중에라도 사원이 증가될 가능성도 있기 때문에 1인의 사원만이 존재하는 것으로는 해산사유가 되지 않는다.[69] 주의할 것은, 사원이 한 사람도 없게 되어 사단법인이 해산된 경우라도 즉시 해당법인이 그 권리능력을 상실하는 것은 아니고 통상적인 해산의 경우와 마찬가지로 청산절차를 거쳐 법인이 소멸된다.

2) 사원총회의 해산결의

사단법인은 사원총회의 해산결의에 의해 해산할 수 있다. 사원총회의 결의에 의해 법인이 해산하는 것을 임의해산이라고 한다. 해산결의는 다른 기관에서는 할 수 없고 오로지 사원총회만이 할 수 있는 전권사항이므로, 만약 정관에 사원총회이외의 다른 기관이 해산결의를 할 수 있도록 하는 규정을 두고 있다면 그러한 정관은 효력이 없다.

법인해산을 위한 결의에 필요한 정족수는 미리 정관에 정할 수 있지만, 정관에 달리 규정한 바가 없으면, 총 사원의 4분의 3 이상의 동의를 요한다(민법 제78조). 해산결의를 함에 있어서 조건부나 기한부로 할 수 있는지에 대해서는 논란이 있다. 긍정설은 해산결의는

---

69) 참고로 상법상 합명회사와 합자회사는 설립시 2인 이상의 사원이 정관을 작성하여야 하므로(상법 제178조, 제269조) 만일 회사설립 후 사원이 1인으로 되면 회사는 해산하게 되지만(상법 제227조 제3항, 제269조), 주식회사·유한회사·유한책임회사의 경우는 1인회사의 설립이 인정되므로(상법 제287조의1, 제288조, 제543조, 제609조 제1항), 사원이 1인으로 되더라도 회사는 해산되지 않는다.

정관과 관계없는 해산사유라 할 수 있으므로 조건부나 기한부의 해산결의도 부정할 이유가 없다고 한다.[70] 그에 반해 부정설은 조건부나 기한부의 해산결의는 제3자를 해할 염려가 있어서 허용될 수 없다는 입장이다.[71] 생각건대 법인의 해산사유의 발생과 그에 따른 법인소멸의 과정은 법인뿐만 아니라 제3자에게도 미치는 영향이 크기 때문에 법인의 운명을 조건이나 기한에 의해 불확정한 상태로 두는 것은 바람직하지 않으므로 부정설이 타당하다.

(2) 공익법인에 특유한 해산사유

㈎ 해산사유

공익법인은 민법상 비영리법인을 기초로 한 조직체이기 때문에, 앞에서 설명한 민법상 비영리법인의 해산사유가 공익법인에도 그대로 적용된다. 따라서 존립기간의 만료, 공익법인의 목적 달성 또는 달성의 불능, 기타 정관에서 정한 해산사유의 발생, 공익법인의 파산, 설립허가의 취소, 공익사단법인의 경우에 사원이 없게 되거나 사원총회의 결의 등의 사유로 공익법인이 해산하게 된다.

그런데 공익법인법은 다음과 같은 사유의 어느 하나에 해당될 때에 주무관청이 공익법인에 대한 설립허가를 취소할 수 있도록 정하고 있다(제16조 제1항). 즉 ① 거짓이나 그 밖의 부정한 방법으로 설립허가를 받은 경우, ② 설립허가 조건을 위반한 경우, ③ 목적 달성이 불가능하게 된 경우, ④ 목적사업 외의 사업을 한 경우, ⑤ 이 법 또는 이 법에 따른 명령이나 정관을 위반한 경우, ⑥ 공익을 해치는 행위를 한 경우, ⑦ 정당한 사유 없이 설립허가를 받은 날부터 6개월 이내에 목적사업을 시작하지 아니하거나 1년 이상 사업실적이 없을

---

70) 곽윤직(편집대표)·최기원(집필), 위의 책, 741면.
71) 김증한·김학동, 위의 책, 242면; 이영준, 민법총칙, 개정증보판, 박영사, 2007, 976면; 백태승, 민법총칙, 개정판, 법문사, 2004, 269면.

때 등이다. 민법상 설립허가의 취소와 비교해볼 때, ②, ④, ⑥의 사유는 민법의 그것과 공통한 사유이므로 그러한 사유의 해당여부는 민법에 규정된 설립허가취소에 관한 설명을 참고하면 된다.

공익법인에 특유한 설립허가취소를 살펴보자. ① 거짓이나 그 밖의 부정한 방법으로 설립허가를 받은 경우란 실제로는 공익을 목적으로 하지 않으면서 공익을 추구하는 것으로 속이거나, 재원이 마련되지도 않았으면서 그러한 것처럼 서류를 꾸미는 등 공익법인의 적합성을 심사하는데 필요한 요건을 가공하여 주무관청으로부터 설립허가를 받은 일체의 행위가 여기에 해당한다. ③ 목적 달성이 불가능하게 된 경우는 민법의 법인해산사유인 목적달성의 불능과 같이 취급하면 될 것이다. 특히 공익법인이 원활한 목적 수행을 위해서는 충분한 재원이 마련되어야 할진대, 재원의 부족 또는 고갈로 지속적으로 목적사업을 영위할 수 없는 경우가 여기에 해당한다. ⑤ 이 법 또는 이 법에 따른 명령이나 정관을 위반한 경우란 공익법인법 및 공익법인법 시행령 그리고 해당 공익법인의 정관에 위반한 사항이 있는 경우를 일컫는다. 예컨대 공익법인법이 요구하는 임원구성의 요건을 위반하였거나, 이사가 될 수 없는 자를 이사로 선임하거나, 정관에서 정한 감사규정을 위반하여 회계감사를 하는 등의 경우가 이에 해당한다.

이처럼 ②, ④, ⑥의 사유를 제외한 나머지는 공익법인법에 특유한 설립허가 취소사유라는 점에서 민법상 비영리법인에 비해 공익법인에 대한 주무관청의 관리·감독권의 범위는 더욱 넓으며, 그런 만큼 공익법인은 주무관청으로부터 폭넓은 통제를 받게 된다. 나아가 공익법인법은 공익법인의 목적사업이 둘 이상인 경우에 그 일부의 목적사업에 위와 같은 해당사유 있을 때에도 설립허가가 취소될 수 있도록 정하고 있어서(제16조 제1항), 목적사업의 범위가 넓어질수록 설립허가의 취소에 해당할 가능성도 함께 넓어지게 된다.

그렇지만 주무관청이 설립허가의 취소를 함부로 행사하게 되면, 공익법인의 활동이 극히 위축될 수 있기 때문에 그에 대한 적절한 제어가 필요하다. 이에 대해 공익법인법은 위와 같은 공익법인의 설립허가 취소사유가 발생하였더라도 설립허가 외의 다른 방법으로는 감독목적을 달성할 수 없거나, 감독청이 시정을 명령한 후 1년이 지나도 이에 응하지 아니한 경우에 한하여 공익법인의 설립을 취소하도록 제한하고 있다(제16조 제2항).

(ㄴ) 설립허가의 취소 및 구제절차

민법은 일정한 사유가 발생한 경우 설립허가를 해준 주무관청이 설립허가의 취소권한을 갖는다는 것 외에, 그 취소절차에 관하여는 아무런 규정을 두고 있지 않다. 따라서 주무관청은 민법 제37조에 의거하여 법인에 대한 검사·감독권을 행사한 다음 설립허가를 취소하든지 또는 검사·감독권을 행사하지 않고 곧바로 설립허가를 취소할 수 있다. 그러한 사정은 공익법인의 경우에도 마찬가지이다. 다만 공익법인법은 주무관청이 공익법인의 설립허가를 취소하려는 경우에는 청문을 실시하도록 요구한다(제16조의2). 민법에는 그러한 규정이 없지만, 민법상 비영리법인의 설립허가 취소절차에서도 공익법인과 마찬가지로 청문이 실시되어야 할 것이다. 청문에 관한 절차는 행정절차법상의 청문절차에 관한 규정에 따라 진행하게 된다(행정절차법 제27조 이하). 주무관청에 의한 법인의 설립허가의 취소는 공권력의 행사에 해당한다. 따라서 이에 불복이 있는 법인은 행정심판법에 기하여 심판청구를 할 수 있고 다시 행정소송법에 의하여 행정소송을 제기할 수 있다.

(ㄷ) 설립허가취소의 효력

주무관청의 설립허가의 취소처분으로 인해 법인은 청산법인으로 되어 청산목적의 범위 내에서 존속하게 된다. 법인이 주무관청이 내린 설립허가의 취소처분이 위법 또는 부당함을 이유로 이를 다투기 위한 행정심판이나 행정소송을 제기하더라도 설립허가취소처분의 집행이 정지되지 않으므로, 법인은 취소처분에 의해 청산중인 법인으로서의 지위를 가질 뿐이다. 그러나 만약 설립허가의 취소처분이 법원의 판결에 의하여 취소되면 주무관청으로부터 내려진 취소처분의 효과는 소급해서 상실된다. 이에 따라 설립허가의 취소처분 이후에 청산목적을 넘어 행해졌던 법인의 행위도 모두 유효로 인정된다.[72]

나. 해산절차 및 효과

(1) 해산등기와 해산신고

위와 같은 법인해산사유가 발생하여 법인이 해산하면, 기존의 이사에 갈음하여 청산인이 법인의 업무를 집행하게 된다. 청산인은 파산의 경우를 제하고는 그 취임 후 3주간 내에 주된 사무소 및 분사무소소재지에서 해산등기를 하여야 한다(민법 제85조 제1항). 해산등기를 하기 전에는 제3자에게 해산사실을 가지고 대항할 수 없다(민법 제54조 제1항). 청산인이 해야 하는 해산등기에는 ① 해산의 사유 및 연월일, ② 청산인의 성명 및 주소, ③ 청산인의 대표권을 제한한 때에는 그 제한 등이 기재되어야 한다. 만일 청산인이 해산등기를 게을리 하면 과태료의 처분을 받게 된다(민법 제97조 1호).

아울러 청산인은 파산의 경우를 제외하고, 취임 후 3주간 내에 해산등기의 기재사항을 주무관청에 신고하여야 한다(민법 제86조 제1항). 주무관청이 내린 설립허가의 취소에 의하여 법인이 해산한 경

---

72) 곽윤직(편집대표)-홍일표(집필), 위의 책, 609면.

우처럼 해산사실이 주무관청에게 명백한 경우에도 청산인은 주무관청에 해산신고를 하여야 한다. 주무관청에 대하여 사실 아닌 신고를 하거나 사실을 은폐한 때에는 과태료의 처분을 받게 된다(민법 제97조 제4호). 청산중에 청산인이 바뀐 경우에는 새로 취임한 청산인은 그 성명 및 주소를 주무관청에 신고하면 된다(민법 제86조 제2항).

(2) 해산에 따른 효과

법인의 해산등기는 성립요건이 아닌 대항요건일 뿐이므로(민법 제54조 제1항), 법인은 해산사유의 발생에 의하여 해산등기의 경료여부와 관계없이 해산하게 되고 그에 따라 청산절차가 개시된다. 다만, 해산사유가 파산인 경우에는 법인은 파산절차에 들어가게 된다.

해산한 법인은 청산의 목적범위 내에서만 권리·의무의 주체가 된다. 즉 해산한 법인은 이제 법인의 청산업무를 수행하기 위한 청산법인으로 전환된다.

3. 법인의 청산

가. 청산 및 청산법인의 의의

청산이란 해산한 법인이 남아 있는 사무를 처리하고 재산을 정리하여 완전히 소멸할 때까지의 절차를 말한다. 청산절차는 해산사유에 따라 두 가지로 나누어진다. 하나는 파산으로 해산하는 경우이다. 이때에는 「채무자 회생 및 파산에 관한 법률」에서 정한 파산절차에 따라 청산하게 된다. 다른 하나는 그 밖의 원인으로 해산하는 경우인데, 이 때에는 민법이 규정하는 청산절차에 의하게 된다. 위 어느 경우나 청산절차는 제3자의 이해관계에 중대한 영향을 미치기 때문에 청산절차에 관한 규정은 이른바 강행규정이다.[73] 따라서 법률에

서 정한 청산절차와 달리 정관에서 다른 청산절차를 정한 규정이 있
더라도 그러한 규정은 효력이 없다. 공익법인법에 청산절차에 관한
별도의 규정을 두고 있지 않기 때문에 민법의 청산절차에 관한 규정
은 공익법인에 대해서도 적용된다.

해산한 법인은 청산법인으로 전환되고, 청산법인은 청산의 목적
범위 내에서만 권리가 있고 의무를 부담하게 된다(민법 제81조). 다
시 말해 법인이 해산하면, 종전의 법인이 '청산법인'이라는 별개의
법인으로 변경되는 것이 아니라, 기존에 법인이 누리던 권리능력이
'청산의 목적범위 내'로 줄어들면서 그러한 목적에 한해 유효한 행위
를 할 수 있는 법인으로 바뀐다는 의미이다.

나. 청산법인의 기관

(1) 청산인

법인이 해산하면 이사에 갈음하여 청산인이 청산법인의 집행기
관이 된다. 다만 파산에 의해 법인이 해산한 경우에는 파산재단에
관련한 업무에 대해서는 파산관재인이, 그리고 파산재단과 관련되지
아니한 그 밖의 업무에 대해서는 청산인이 집행기관이 된다. 청산인
은 '청산의 목적범위 내에서'라는 제한이 있지만, 법인의 이사와 마
찬가지로 내부적으로는 법인의 사무를 집행하고 외부적으로는 청산
법인을 대표한다(민법 제87조 제2항).

누가 청산인이 되는가에 대해 민법은 다음과 같이 정하고 있다.
첫째 이사(민법 제82조 전단), 둘째 정관 또는 사원총회의 결의에 의
하여 정한 자(민법 제82조 후단), 셋째, 법원에 의해 선임된 자(민법
제83조)이다.

---

73) 대법원 1995.02.10. 선고 94다13473 판결.

원칙적으로 이사가 청산인이 되도록 한 이유는 해산 전의 법인의 대표기관이며 업무집행기관이었던 자가 법인해산에 따른 청산사무를 처리하도록 하는 것이 효과적이기 때문이다. 그렇지만 이사가 공익을 해하는 행위를 하였음을 이유로 법인의 설립허가가 취소되어 법인이 해산되는 경우에도 그 이사가 청산인이 되는 것은 불합리하다. 따라서 이러한 경우에는 민법 제84조에 의거하여 법원이 직권 또는 이해관계인이나 검사의 청구에 의하여 "중요한 사유"가 있는 때에 해당됨을 이유로 하여 그 청산인을 해임시키고 새로운 청산인을 선임하는 것이 타당하다.[74] 만약 정관 또는 사원총회의 결의에 의하여 종전의 이사 이외의 자를 청산인으로 선임한 경우에는 그 자만이 청산인이 되고 종래의 이사는 그 지위를 상실한다. 법원은 직권 또는 이해관계인이나 검사의 청구에 의하여 청산인을 선임할 수 있는데, 이때에는 다음 2가지 중 하나에 해당하여야 한다(민법 제83조). ① 해산당시 이사가 사망·사임 등 이유로 존재하지 않음에도 정관이나 사원총회의 결의에 의하여 청산인이 될 자를 정하지 아니한 경우, ② 이사 기타의 자가 청산인이 된 경우라도 그의 사망·사임·해임 등으로 인해 청산인의 정원에 모자라 법인에 손해가 생길 염려가 있는 경우가 그것이다.

위의 어느 경우에 해당하여 어느 자가 청산인의 지위에 있게 되더라도 다음 어느 하나에 해당하는 자는 청산인으로 선임될 수 없다(비송사건절차법 제36조, 제121조). ① 미성년자, ② 피성년후견인 또는 피한정후견인, ③ 자격이 정지되거나 상실된 자, ④ 법원에서 해임된 청산인, ⑤ 파산선고를 받은 자 등은 청산인이 될 수 없다. 또한 청산인이 된 자가 있더라도 '중요한 사유'가 있는 때에는 법원은 직권 또는 이해관계인이나 검사의 청구에 의하여 청산인을 해임할 수

---

74) 곽윤직(편집대표)-최기원(집필), 위의 책, 754면.

있다(민법 제84조). 이때 중요한 사유란 청산인이 직권을 남용하여 부정행위를 한다거나 이해관계인에 대하여 현저하게 불공정한 행위를 하거나 청산인으로서의 의무를 현저하게 위반하는 등 청산인의 지위에 그대로 있게 해서는 안 될 만한 정도의 사유를 말한다.[75]

(2) 그 밖의 기관

법인이 해산하면 이사에 갈음하여 청산인이 법인의 기관으로 들어오는 것을 제외하고, 그 밖의 기관은 해산 전 법인의 경우와 마찬가지로 청산법인의 기관으로서 마찬가지의 권한을 가진다. 즉 사원총회는 그대로 최고의사결정기관으로서의 지위를 유지하고, 감사는 계속하여 청산인의 직무를 감독하게 된다.

다. 청산사무

청산인이 법인의 청산을 위해 하는 사무가 청산사무이다. 이를 법인이 종국적으로 소멸하게 되는 시간적 순서에 따라 기술하면 다음과 같다.

(1) 해산의 등기와 신고

우선 청산인은 파산의 경우를 제하고는 그 취임 후 3주간 내에 다음 사항을 주된 사무소 및 분사무소소재지에서 등기하여야 하며(민법 제85조 제1항), 또한 그 취임 후 3주간 내에 같은 사항을 주무관청에 신고하여야 한다(민법 제86조 제1항). 이에 관해서는 앞서 설명하였다. 만약 청산중에 해산등기사항에 변경이 생기면,[76] 3주간 내에 변경등기를 하여야 한다(민법 제85조 제2항 및 제52조).

---

75) 곽윤직(편집대표)-최기원(집필), 위의 책, 759면.
76) 예컨대 청산인의 주소변경 등.

파산에 의한 청산의 경우에는 등기는 법원이 직권으로 등기소에 촉탁하고(채무자 회생 및 파산에 관한 법률 제23조), 또한 법원이 파산사실을 주무관청에 통지하므로(동 법률 제314조), 청산인은 별도로 해산등기의 신청이나 해산신고를 할 필요가 없다.

(2) 현존사무의 종결

청산인은 현존사무를 종결시켜야 한다(민법 제87조 제1항 제1호). 현존사무란 법인해산 이전에 이미 착수되었으나 법인해산으로 인해 청산법인의 단계에 들어선 현재까지 아직 완결되지 아니한 사무를 말한다. 이를테면 법인해산 전에 체결된 계약에 대해 청산단계에서 계약의 이행을 하는 경우가 이에 해당한다. 현존사무의 종결을 위해서 필요한 때에는 새로운 법률행위를 할 수도 있다고 해석된다.[77]

(3) 채권의 추심

청산인은 법인이 가지는 채권을 추심하여야 한다(민법 제87조 제1항 제2호). 법인의 청산절차의 주목적은 법인의 채권자를 만족시키고 잔여재산을 처리하는 것이다. 이를 위한 전제로 법인으로서는 기존의 채권을 추심하여 법인재산을 확보하는 것이 필요하다. 따라서 여기서 채권의 추심이란 본래의 의미의 추심뿐만 아니라 채권적 재산을 물권적 재산으로 전환시키는 일체의 행위를 포함한다고 해석된다.[78] 이를테면 변제기가 도래하지 않는 채권을 즉시로 추심할 수 없는 경우에는 이를 양도하거나 매각한다거나, 본래의 채권을 추심하는 대신 다른 물건으로 대물변제를 받는 등 법인재산을 확보할 수

---

77) 곽윤직(편집대표)-최기원(집필), 위의 책, 763면; 김용담(편집대표)-주기동(집필), 위의 책, 818면.
78) 곽윤직(편집대표)-최기원(집필), 위의 책, 763면; 김용담(편집대표)-주기동(집필), 위의 책, 818면.

있는 일체의 행위가 허용될 수 있다.

(4) 채무의 변제

채무의 변제는 청산절차에서 청산인에게 주어진 가장 중요한 임무라고 할 수 있다(민법 제87조 제1항 제2호). 민법은 청산절차의 신속한 종결과 제3자의 이익을 위하여 자세한 규정을 두고 있다.

㈎ 채권신고의 독촉

우선 청산인은 취임한 날로부터 2월내에 3회 이상의 공고로 채권자에 대하여 일정한 기간 내에 그 채권을 신고할 것을 최고하여야 한다. 그 기간은 2월 이상이어야 한다(민법 제88조 제1항). 이 공고에는 채권자가 기간 내에 신고하지 아니하면 청산으로부터 제외된다는 것을 표시하여야 한다(민법 제88조 제2항).[79] 이러한 제외공고는 법인이 모든 채권자를 알고 있는 경우라 하더라도 하여야 한다.[80] 제외공고는 법원의 등기사항의 공고와 동일한 방법으로 하여야 한다(민법 제88조 제3항). 청산인이 이 공고를 게을리하거나 부정하게 공고하면 과태료의 제재를 받는다(민법 제97조 제7호). 위와 같은 공고는 혹시라도 청산인이 알지 못하는 일반채권자들을 위해 채권신고를 독촉하기 위한 것이며, 청산인이 알고 있는 채권자에 대해서는 각각 그 채권신고를 최고하여야 한다(민법 제89조 1문). 이때의 최고는 일반채권자를 위한 공고와 달리 신고기간을 정할 필요는 없으며, 최고의 횟수는 한 번만 하더라도 족하다.[81] 이와 같은 최고에도 불구하고 청산인이 알고 있는 채권자가 채권신고를 하지 아니하였더라도 일반채권자에 대한 제외공고와 달리 그러한 채권자는 청산으

---

79) 이를 「제외공고」 또는 「제척공고」라고 한다.
80) 곽윤직(편집대표)-최기원(집필), 위의 책, 767면.
81) 김증한·김학동, 위의 책, 245면.

로부터 제외되지 않는다(민법 제89조 2문). 만일에 청산인이 알고 있는 채권자가 변제를 수령하지 않으면 법인은 공탁을 함으로써 채무를 면할 수 있다(민법 제487조 이하 참조).

(나) 변제

청산인은 앞에서 본 제외공고에서 정한 채권신고기간 내에는 채권자에 대하여 변제하지 못한다(민법 제90조 본문). 그 결과 채권자는 변제기가 도래하였더라도 채권신고기간이 경과할 때까지 채권을 변제받지 못하게 된다. 그에 따라 발생한 채권자의 손해를 보전하기 위해 민법은 법인으로 하여금 채권자에 대하여 지연손해의 배상을 하도록 정하고 있다(민법 제90조 단서).

한편 청산 중의 법인은 변제기에 이르지 아니한 채권에 대하여도 변제할 수 있다(민법 제91조 제1항). 즉 청산법인은 기한의 이익을 포기해서 변제할 수 있다. 그러한 경우에는 조건있는 채권, 존속기간의 불확정한 채권 기타 가액의 불확정한 채권에 관하여는 법원이 선임한 감정인의 평가에 의하여 변제하여야 한다(민법 제91조 제2항).

채권신고기간 내에 신고하지 않아 청산으로부터 제외된 채권자는 법인의 채무를 완제한 후에도 남은 재산이 있고, 이를 아직 귀속권리자에게 인도하지 아니한 경우에 한해 이러한 잔여재산에 대해서 변제를 청구할 수 있다(민법 제92조). 따라서 법인의 채무완제 후 잔여재산이 없거나, 있더라도 잔여재산을 귀속권리자에게 인도한 후에는 변제를 청구할 수 없게 된다.

(5) 잔여재산의 인도

이상과 같은 채권추심 및 채무변제 절차를 밟은 후에도 잔여재산이 있는 경우에는 이를 귀속권리자에게 인도하게 된다. 민법은 잔여재산에 대한 귀속권리자를 다음과 같은 순서로 정하고 있다. 첫째, 정관에서 지정한 자가 귀속권리자가 되며(민법 제80조 제1항),[82] 둘째, 정관으로 귀속권리자를 지정하지 아니하거나 이를 지정하는 방법을 정하지 아니한 때에는 이사 또는 청산인은 주무관청의 허가를 얻어 그 법인의 목적에 유사한 목적을 위하여 그 재산을 처분할 수 있으며(민법 제80조 제2항),[83] 셋째, 위의 어느 방법으로도 처분되지 아니한 잔여재산은 국고에 귀속된다(민법 제80조 제3항).

공익법인에 있어서 잔여재산의 귀속은 민법의 그것과 다르게 정해진다. 우선 귀속주체에 관하여, 공익법인이 해산하여 청산 후 남은 재산은 정관으로 정하는 바에 따라 국가나 지방자치단체에 귀속된다(공익법인법 제13조). 즉 공익법인의 잔여재산은 국가나 지방자치단체가 귀속권리자가 된다. 이를 위해 공익법인은 그 정관에 당해 공익법인이 해산한 경우에 잔여재산이 귀속될 주체를 국가 또는 지방자치단체로 명시하여야 한다(공익법인법 시행령 제25조 제1항).

공익법인의 청산인은 해산 후 민법 제94조의 규정에 따라 주무관청에 청산종결의 신고와 함께 잔여재산이 귀속할 국가 또는 지방자치단체에 잔여재산의 목록을 제출하고, 지체없이 권리 이전절차를 취한 후 재산을 인도하여야 한다(공익법인법 시행령 제25조 제2항). 이에 따라 국가 또는 지방자치단체에 귀속한 재산은 주무관청 또는 지방자치단체의 장[84]이 관리하되, 공익사업에 사용하거나 이를 유사한 목적을 가진 공익법인에게 증여하거나 무상대부한다. 이 경우 주

---

82) 정관에서 직접적으로 귀속권리자를 정한 경우뿐만 아니라, 정관에서 총회나 이사회의 결의에 따라 잔여재산의 귀속자를 지정한다는 뜻의 규정을 둔 경우처럼 간접적으로 귀속권리자를 정한 경우도 포함된다.
83) 사단법인에 있어서는 이러한 방법으로 잔여재산을 귀속시키기 위해서는 총회의 결의가 있어야 한다(민법 제80조 제2항 단서)
84) 당해 법인의 주무관청이 교육부장관인 경우에는 교육감이 해당 기관장이 된다.

무관청은 기획재정부장관과 협의하여야 한다(공익법인법 제13조 제2항 및 동 시행령 제25조 제3항).

이와 같이 공익법인의 해산으로 인한 잔여재산은 민법상 비영리법인의 그것과 달리 오로지 국가 또는 지방자치단체에게로 귀속되도록 정해져있는데, 이러한 규정이 합목적성을 띠고 있는지에 대해서는 의문이다. 비록 공익을 목적으로 하는 법인이라고 하더라도 사인의 자율적인 의사에 의해 설립된 법인이라면 해산으로 인한 잔여재산의 귀속에 대해서도 어느 정도 법인이 자율적인 결정을 할 수 있도록 길을 열어줄 필요가 있다.

(6) 파산신청

청산중 법인의 재산이 그 채무를 완제하기에 부족한 것이 분명하게 된 때에는[85] 청산인은 지체없이 파산선고를 신청하고 이를 공고하여야 한다(민법 제93조 제1항). 이 공고에는 법원의 등기사항의 공고방법이 준용된다(민법 제93조 제3항). 만일 청산인이 이 파산신청을 게을리 하거나 공고해태 또는 부정공고를 하면 과태료의 처분을 받게 된다(민법 제97조 6호, 7호). 파산신청 및 공고 후 청산인은 파산관재인에게 그 사무를 인계하여야 하며, 사무를 파산관재인에게 인계함으로써 그 청산인의 임무는 종료한다(민법 제93조 제2항). 유의할 것은 청산인이 파산관재인에게 인계하는 것은 파산재단에 관한 사무이다. 따라서 청산인의 임무 중 종료되는 것은 파산재단에 속하는 권리·의무에 국한될 뿐이고, 그 밖의 사무에 관해서는 여전히 청산인이 이를 집행하고 대외적으로도 청산법인을 대표한다.[86]

---

85) 즉 채무초과임이 밝혀진 때를 의미한다.
86) 곽윤직·김재형, 위의 책, 205-206면.

(7) 청산종결의 등기와 신고

청산이 종결한 때에는 청산인은 3주간 내에 이를 등기하고 주무
관청에 신고하여야 한다(민법 제94조). 일반적으로 법인의 청산종결
등기가 되었다는 것은 법인이 소멸하였다는 것을 의미한다. 그렇지
만 청산종결등기가 마쳐진 경우에도 아직 법인의 청산사무가 종료
되었다고 할 수 없는 경우에는 법인은 소멸하지 않고 여전히 청산법
인으로 존속한다.[87] 따라서 법인이 소멸하는 시점은 청산종결등기에
도 불구하고 실제로 청산사무가 종결된 때라고 하여야 한다.

Ⅳ. 맺음말

법인의 소멸한다는 것은 법률이 정한 해산사유의 발생으로 말미
암아 법인이 재산관계를 정리하기 위하여 해산 및 청산절차를 거쳐
종국적으로 권리능력을 상실하게 되는 일련의 과정을 의미한다. 법
인의 소멸을 이끄는 계기는 해산사유가 발생하는 것이며, 어떠한 것
이 법인의 해산사유가 되는 지에 대해서는 법률의 규정에 근거한다.
즉 법률에서 정한 해산사유가 아니면 법인은 소멸하지 않는다. 공익
법인법은 법인해산사유에 대하여 주무관청에 의한 설립허가의 취소
에 관한 규정만을 두고 있다(동법 제16조). 이것은 설립허가의 취소
가 공익법인의 유일한 해산사유라는 것을 의미하지 않는다. 공익법
인법은 민법의 특별법이며, 공익법인법에 의해 설립된 법인은 민법
에 근거하여 설립된 비영리법인을 전제로 한다. 따라서 공익법인에
대해서도 공익법인법에 달리 정한 바가 없으면 민법규정의 적용을
받게 된다. 법인의 소멸에 대해서도 마찬가지로 공익법인은 공익법
인법에 달리 정한 바가 없으면, 법인의 소멸에 관한 민법의 규정을

---

87) 대법원 1980. 04. 08. 선고 79다2036 판결.

적용받게 된다.

비영리법인의 해산사유를 정한 규정은 민법 제77조이다. 민법은 법인의 해산사유로 존립기간의 만료, 법인의 목적의 달성 또는 달성의 불능, 기타 정관에 정한 해산사유의 발생, 파산과 설립허가의 취소를 사단법인 및 재단법인의 공통해산사유로 정하는 외에 사단법인에 대해서는 사원이 없게 되거나 사원총회의 해산결의를 특유한 해산사유로 인정하고 있다. 이러한 민법상 해산사유는 공익법인에도 그대로 적용된다. 다만 공익법인법에서 주무관청의 설립허가의 취소사유는 민법상 비영리법인의 그것과 비교해볼 때 공익법인에 대해 더 넓게 규정하고 있다. 이것은 공익법인에 대해서는 비영리법인에 비해 더 엄격한 법규의 준수를 요구되며, 그와 함께 주무관청의 더 엄격한 관리·감독이 이루어짐을 의미한다.

법인의 합병과 분할은 법인의 조직재편을 통하여 경영의 합리화를 꾀할 수 있는 유용한 제도이다. 합병과 분할은 영리추구를 목적으로 하는 회사에 주로 인정되는 제도이지만, 경영합리화는 비단 영리법인에만 국한된 문제가 아니므로 합병 및 분할의 수요는 비영리법인에도 있을 수 있으며, 비영리법인보다 더 많은 재원이 소요되는 공익법인에 대해서도 충분히 있을 수 있다. 그럼에도 불구하고 현행법(민법 또는 공익법인법)은 비영리법인 내지 공익법인에 대한 합병·분할은 인정하지 않고 있다. 비영리법인이나 공익법인에 있어서 합병·분할의 수요가 영리법인의 그것에 비해 뒤지는 것은 사실이다. 그렇지만 그것이 비영리법인이나 공익법인에 대해서는 합병·분할을 인정하지 않을 만한 이유가 되지 않는다. 실제로 공익법인과 유사한 기능을 하는 협동조합이나 사회복지법인, 공익신탁 등에 대해서는 합병 또는 분할을 인정하고 있음을 생각해본다면, 비영리법인이나 공익법인에 대해서도 합병·분할을 인정하지 않을 이유는 없다. 만약 비영리법인이나 공익법인에 대해서도 합병 및 분할을 인정하는 법률개정이 있게 되면 합병·분할도 법인의 소멸을 이끄는 법인해산사유로 인정됨은 물론이다.

법인의 해산사유가 발생하면 법인은 곧바로 소멸하지 않고 청산과정을 거쳐 해당법인과 관련된 재산관계가 모두 정리된 때에 비로소 소멸하게 된다. 공익법인의 청산절차에 관해서는 공익법인법에 별도의 규정이 없으므로 민법의 규정이 적용된다. 이때 법인이 소멸하게 되는 시점은 청산종결등기가 완료된 시점이 아니라, 실제로 법인의 청산절차가 모두 마무리된 때이다. 청산은 법인이 가진 채권을 행사하고 채무를 변제함으로써 법인이 가진 재산관계를 모두 정리하는 것인데, 만약 그러한 재산정리절차를 거치고도 잔여재산이 있는 경우에 이를 어떻게 처리할 것인가에 대해서는 공익법인법에 특별한 규정이 있다. 즉 공익법인이 해산하여 청산 후 남은 재산은 정관으로 정하는 바에 따라 국가나 기방자치단체에 귀속된다(공익법인법 제13조).

참고문헌

〈단행본〉

곽윤직(편집대표), 민법주해 I, 박영사, 1992.

곽윤직·김재형, 민법총칙, 제8판(전면개정), 박영사, 2013.

김용담(편집대표), 주석민법 (1), 제4판, 한국사법행정학회, 2010.

김증한·김학동, 민법총칙, 제10판, 박영사, 2013.

백태승, 민법총칙, 개정판, 법문사, 2004.

법무부, 신탁법 개정안 해설, 2010.

송호영, 법인론, 제2판, 신론사, 2015.

이영준, 민법총칙, 개정증보판, 박영사, 2007.

정찬형, 회사법강의, 제3판, 박영사, 2003.

〈논문〉

권철, 일본의 새로운 비영리제도에 관한 소고, 비교사법 제14권 제4호, 2007,
    117-171면.

김대정, 법인법개정안 해설, 법인·시효 제도 개선을 위한 민법개정안 공청회,
    법무부 2010, 5-85면.

김학환, 비영리 사단법인의 통합에 관한 연구-한국공인중개사협회의 통합
    에 관한 사례를 중심으로-, 대한부동산학회지 제32호, 2011, 167-199면.

박종희, 노동조합의 합병과 분할, 노동법률 제77호, 1997, 중앙경제, 80-890면.

배원기, 일본의 비영리법인(공익법인) 제도의 개혁과 시사점-우리나라 제도
    와의 비교를 중심으로-, 한국비영리연구 제11권 제1호, 2012, 3-47면.

송호영, 비영리법인의 합병·분할에 관한 입법론적 연구, 민사법학 제47호,
    2009, 579-629면.

송호영, 민법상 법인편 개정의 주요 쟁점에 관한 고찰, 법학논고 제34집,
    2010, 경북대학교 법학연구원, 1-44면.

송호영, 법정책적 관점에서 본 민법상 법인관련규정 개정안, 법과정책연구 제12집 제2호, 2012, 359-396면.

안성포, 신탁의 종료, 변경, 합병 및 분할, 선진상사법률연구 통권 제48호, 2009, 92-112면.

안성포, 신탁법의 개정방향-법무부 2009년 신탁법 전면개정안을 중심으로-, 법학연구, 제51권 제1호(통권 제63호), 2010, 부산대학교 법학연구소, 193-235면.

이중기, 법인과 비교한 신탁의 특징-공익신탁에의 활용을 중심으로-, 서울 대학교 법학 제55권 제2호, 2014. 6, 511-553면.

이중기, 공익단체 구조조정법제의 개혁, 저스티스 통권 제143호, 2014. 8, 103-139면.

최성경, 일본의 공익법인제도 개혁-「공익사단법인 및 공익재단법인의 인정 등에 관한 법률」을 중심으로-, 민사법학 제41호, 2008. 6, 535-573면.

최성경, 일본의 법인정비법, 한양법학 제20권 제2집, 2009. 5, 213-236면.

공익법인과 조세

손원익*

Ⅰ. 서론

　민간 비영리단체(non-profit organization)는 사회복지, 문화·예술, 자선, 종교, 교육 등의 분야에서 많은 역할을 수행하고 있다. 과거에는 대부분의 공익활동이 정부의 몫이었으나 작은 정부를 지향하는 최근의 추세를 감안하면 민간 비영리단체의 역할은 더욱 부각될 것으로 예상된다. 특히 복지 분야의 경우, 정부의 노력에도 불구하고 존재하고 있는 복지사각지대의 문제를 해결하는데 비영리단체의 역할이 매우 중요한 것으로 인식되고 있다. 이와 같이 민간 비영리단체는 부분적으로 정부를 대신하여 공익활동을 수행하고 있으며, 이를 지원하기 위해 정부는 제도적·재정적 지원을 제공하고 있다.

　민간 비영리단체는 정부로부터 각종 사회적 서비스를 위탁받아 수행하고 있을 뿐만 아니라 민간의 자발적인 재정지원의 형태인 기부를 통하여 재원을 확보하고, 이를 여러 가지 공익활동의 재원으로 활용하고 있다. 정부는 비영리단체를 대상으로 하는 기부에 세제상 혜택을 부여함으로써 민간으로부터의 기부를 적극 유인하는 지원정책을 펴고 있다. 이와 더불어 일정요건을 만족하는 비영리단체에 대한 금전적 지원에 대하여 상속·증여세를 면제하여 공익활동이 활성화 될 수 있도록 세제상 지원도 하고 있다.

---

* 딜로이트안진회계법인 R&D센터 원장

비영리단체와 관련된 법적근거를 보면 우선「민법」32조에 비영리법인의 허가와 관련된 내용이 규정되어 있고,「민법」의 하위규정으로 비영리법인을 관리·감독하는「비영리법의의 설립 및 감독에 관한 규칙」이 소관부처별로 있다.「민법」32조에서 규정하는 비영리법인보다 공익성이 크고 분야도 학술 및 자선에 한정되는 비영리법인을「공익법인 설립 및 운영에 관한 법률」에서 공익법인으로 분류하고 있다. 이와는 별도로「사립학교법」,「사회복지사업법」,「의료법」의 특별법을 근거로 설립되고 운영되는 비영리법인도 있다. 세법에서는 법인세법에서 비영리법인을 규정하고 있으며, 일정요건을 만족하는 비영리법인의 경우 지정기부금 또는 법정기부금 대상단체로 지정되어 기부자에게 세제상 혜택이 부여된다. 또한 상속·증여세법에서 일정요건을 충족하는 비영리법인이 받는 금전적 지원에 대하여 상속·증여세를 면제해주고 있으며, 이에 해당하는 비영리법인을 상속·증여세법에서는 공익법인으로 분류하고 있다. 이와 같이 비영리법인의 명칭이 관련법의 취지에 따라 다르게 사용되고 있음을 알 수 있다. 따라서 본 원고에서는 원고의 제목은 '공익법인과 조세'이나, 공익활동을 수행하고 있는 민간비영리법인(공익법인을 포함)과 관련된 조세제도에 대하여 논의를 진행하고자 한다.

Ⅱ. 비영리법인 관련 제도

1. 설립관련 제도

비영리법인의 설립은「민법」과「공익법인의 설립·운영에 관한 법률」을 근간으로 하고 있다. 이에 추가하여 특별법을 근거로 설립되는 비영리법인이 있으며, 그 구성은「사립학교법」,「사회복지사업법」,「의료법」으로 되어있다.

〈표 II-1〉 비영리법인 관련 법률 및 규칙

법률명	대상
○민법	-제32조 학술, 종교, 자선, 기예, 사교 기타 영리 아닌 사업을 목적으로 하는 사단 또는 재단은 주무관청의 허가를 얻어 이를 법인으로 할 수 있음
-비영리법인의 설립 및 감독에 관한 규칙	-비영리법인의 설립 및 감독에 관한 규칙은 민법의 하위 규정으로 민법은 소관부처별 규칙을 통해 비영리법인을 관리·감독함으로써 설립 규정을 보완 -감사원, 고용노동부, 공정거래위원회, 교육과학기술부, 국가보훈처, 국방부 및 그 소속청, 국토해양부 및 그 소속청, 금융위원회, 기획재정부 및 그 소속청, 농림수산식품부장관 및 그 소속청, 문화체육관광부 및 문화재청, 법원행정처, 법제처, 보건복지부 및 그 소속청, 여성가족부, 외교통상부, 중앙선거관리위원회, 지식경제부장관 및 그 소속청장, 통일부, 행정안전부 및 그 소속청, 헌법재판소 사무처, 환경부 및 기상청
○공익법인의 설립·운영에 관한 법률	-사회 일반의 이익에 이바지하기 위하여 학자금·장학금 또는 연구비의 보조나 지급, 학술, 자선(慈善)에 관한 사업을 목적으로 하는 법인(공익법인)
○특별법	-사립학교법에 의한 학교법인, 사회복지사업법에 의한 사회복지법인, 의료법에 의한 의료법인
-사립학교법	-사립학교는 학교법인 또는 공공단체외의 법인 기타 사인이 설치하는 유아교육법과 초·중등교육법 및 고등교육법에 규정된 학교 -학교법인은 사립학교만을 설치·경영함을 목적으로 사립학교법에 의해 설립되는 법인
-사회복지사업법	-사회복지사업이란 특정 법률에 의한 보호·선도 또는 복지에 관한 사업과 사회복지상담·부랑인 및 노숙인보호·직업보도 등 각종 복지사업과 관련된 자원봉사활동 및 복지시설의 운영 또는 지원을 목적으로 하는 사업
-의료법	-의료기관은 의료인이 공중 또는 특정 다수인을 위하여 의료·조산의 업을 하는 곳으로 의료기관을 개설할 수 있는 자는 ①의사, 치과의사, 한의사 또는 조산사, ②국가나 지방자치단체, ③의료법인, ④비영리법인, ⑤준정부기관, 지방의료원, 한국보훈복지의료공단[1]으로 의료법인은 의료기관 개설 주체 중 하나임

주: 1) 의료법 33조 2항
자료: 오영호·손원익·황준성·전광현·양재모·윤강재, 『비영리법인 제도의 개선방안에 관한 연구』, 보건사회연구원, 2011.

비영리법인 설립의 가장 기본이 되는 것은 「민법」이며, 학술·종교·자선·기예·사교 등 영리 아닌 사업을 목적으로 하는 사단 또는 재단(이하 비영리법인)은 주무관청의 허가를 받아 법인으로 활동 할 수 있도록 규정되어 있다. 비영리법인의 설립은 주무관청의 허가를 받아야 하는 반면 설립등기는 민법에 의해 주된 사무소의 소재지에 해야 됨에 따라 비영리법인의 허가절차와 등기절차가 분리되어 운영되고 있음을 알 수 있다.

비영리법인의 관리 및 감독의 경우 「민법」을 보완하기 위하여 각 주무관청이 「비영리법인의 설립 및 감독에 관한 규칙」을 제정하여 시행하고 있다.

비영리법인의 설립에 관한 특별법을 근거로 하는 비영리법인과 관련된 주요내용은 〈표 Ⅱ-2〉와 같다.

〈표 Ⅱ-2〉 특별법에 의한 비영리법인

	학교법인	사회복지법인	의료법인
근거 법령	-사립학교법	-사회복지사업법	-의료법
정관	-목적, 명칭, 설치·경영하고자 하는 사립학교의 종류와 명칭, 사무소 소재지, 자산 및 회계에 관한 사항, 임원의 정원 및 임면에 관한 사항, 이사회에 관한 사항, 수익사업을 경영하고자 할 때에는 그 사업의 종류 기타 사업에 관한 사항, 정관변경에 관한 사항, 해산에 관한 사항, 공고에 관한 사항과 그 방법, 기타 이 법에 의하여 정관에 기재해야 할 사항[1]	1. 목적 2. 명칭 3. 주된 사무소의 소재지 4. 사업의 종류 5. 자산 및 회계에 관한 사항 6. 임원의 임면 등에 관한 사항 7. 회의에 관한 사항 8. 수익사업 관련 사항 9. 정관의 변경에 관한 사항 10. 존립시기·해산사유를 정한 시기와 사유, 잔여재산 처리방법	-민법의 재단법인 규정 준수

	학교법인	사회복지법인	의료법인
		11. 공고 및 방법에 관한 사항	
정관 변경	-이사정수의 3분의 2 이상 찬성에 의한 이사회의 의결 -교육과학기술부장관의 인가	-보건복지부장관의 인가	-시·도지사의 허가
설립 등기	-설립등기(3주일 이내) -목적, 명칭, 사무소, 존립시기나 해산사유를 정한 때에는 그 시기 또는 사유, 자산의 총액, 출자의 방법을 정한 때에는 그 방법, 이사의 성명·주소	-주사무소 소재지에서 설립등기	-민법의 재단법인 규정 준수
설립 시기	-주된 사무소의 소재지에서 설립의 등기를 함으로써 성립	- 민법과 공익법인의 설립·운영에 관한 법률을 준용	- 민법의 재단법인 규정 준수
허가 권자	-교육과학기술부장관의 허가	-보건복지부장관의 허가	-시·도지사의 허가
허가 기준 재산	-학교법인은 사립학교에 필요한 시설·설비와 학교의 경영에 필요한 재산을 갖추어야 함	-법인은 사회복지사업의 운영에 필요한 재산을 소유해야함	-개설하는 의료기관에 필요한 시설이나 시설에 필요한 자금 보유
해산 사유 허가 취소 사유	-해산 사유 1. 정관에 정한 해산사유 발생 2. 목적의 달성이 불가능한 때 3. 다른 학교법인과 합병한 때 4. 파산한 때 5. 교육과학기술부장관 해산명령 -교육과학기술부장관 해산명령 1. 설립허가조건에 위반한 때	-보건복지부 장관 설립허가 취소 1. 사위 기타 부정한 방법으로 설립허가를 받은 때(무조건 취소) 2. 설립허가 조건에 위반한 때 3.목적달성이 불가능할 때 4. 목적사업 외의 사업을 한 때 5. 정당한 사유없이 6월 이내에 목적사업을 개시하지 않거나 1년 이	-보건복지부 장관, 시·도지사 허가 취소 가능 1. 정관에 정하지 않은 사업을 한 때 2. 설립된 날부터 2년 안에 의료기관을 개설하지 아니한 때 3. 의료법인이 개설한 의료기관이 개설허가를 취소당한 때 4. 보건복지부장관,

	학교법인	사회복지법인	의료법인
	2. 목적의 달성이 불가능한 때	상 사업실적이 없을 때 6. 사회복지사업법·명령·정관에 위반한 때 취소가능	시·도지사가 감독을 위해 내린 명령을 위반 5. 의료법에 따른 부대사업 외의 사업을 한 때

주: 1) 1.출연자의 성명 및 생년월일, 2.출연재산 내역과 평가기준·금액, 3.출연자의 출연의사의 경우 정관에 기재할 수 있음
자료: 손원익, 비영리법인 관련 제도의 국제 비교, 재정포럼 179호, 한국조세연구원, 2011, 12면 재인용

2. 공익성 검증제도

우리나라에서 운영하는 비영리법인에 대한 공익성 검증제도는 '지정기부금단체' 또는 '법정기부금단체' 로의 지정을 위한 검증제도가 있으며, 공익성이 인정되어 지정기부금단체 또는 법정기부금단체로 인정된 단체에 대한 기부금은 세법에서 정한 법정한도 내에서 세제상 혜택이 주어진다.

지정기부금단체 또는 법정기부금단체로로 지정된 법인·기관은 지정요건 충족여부와 관련된 내용을 주무관청에 보고해야 하고 주무관청은 이를 국세청장에게 통보하여야 한다. 국세청장은 해당 법인·기관이 지정요건을 충족하지 못하는 경우 기획재정부장관에게 지정의 취소를 요청할 수 있다.

「법인세법 시행령」 제 36조 1항 제 1호 사목에서는 다음과 같은 5개의 지정요건을 규정하고 있다.

① 수입을 회원의 이익이 아닌 공익을 위하여 사용하고, 정관 목적사업의 직접 수혜자가 불특정 다수일 것
② 해산시 잔여재산은 국가, 지방자치단체 또는 유사한 목적을 가진 다른 비영리법인에게 귀속되도록 할 것

③ 홈페이지가 개설되어 있고, 홈페이지를 통해 연간 기부금 모금
  액 및 활용실적을 공개한다는 내용이 정관에 기재되어 있으며,
  연간 모금액 및 실적을 공개할 것
④ 사실상 특정기관 또는 선출직 후보를 지지·지원하는 등 정치
  활동을 하지 않을 것
⑤ 지정요건 위반 등으로 지정이 취소되거나 지정이 제한된 경우에는
  지정취소를 받은 날 또는 지정기간 종료일부터 3년이 지났을 것

3. 사후관리제도

비영리법인의 운영에 대한 감독을 위하여 사후관리제도가 관련
법에서 규정되어 있다.

앞서 언급한 바와 같이 민법의 하위 규정에 해당하는 「비영리법
인의 설립 및 감독에 관한 규칙」은 〈표 II-3〉과 같이 비영리법인이
감독당국에 제출해야 하는 자료를 규정하고 있으며, 이는 각 부처별
로 상이함을 알 수 있다.

비영리법인이 소관부서에 보고해야 하는 자료는 사업계획 및 수
지예산서·사업실적 및 수지결산서·자산 증감사유·재산목록·사원의
이동 현황 등이며, 감사원의 경우 모든 자료를 요구하는 반면 문화
체육관광부 및 문화재청의 경우 위에 언급한 자료를 요구하지 않아
정부부처 간에 사후관리를 위해 요구하는 자료의 차이가 매우 크게
나고 있다.

「공익법인의 설립·운영에 관한 법률」에서도 주무관청이 공익법인
에 대한 업무를 감독하기 위한 규정을 두고 있다. 「비영리민간단체
지원법」에서 규정하고 있는 사후관리와 관련된 것은 보조금의 환수
및 처벌과 관련되어 있다. 본 규정은 행정자치부장관 또는 시·도지
사가 부정한 방법으로 보조금을 교부받은 비영리민간단체에 대하여

보조금을 환수하도록 규정하고 있다.

「상속세 및 증여세법」의 사후관리 대상에는 포괄적인 의미의 민간비영리법인이 아닌 「상속세 및 증여세법」 16조에서 규정하고 있는 종교·자선·학술·의료 또는 그 밖의 공익을 목적으로 하는 사업을 하는 공익법인이 해당된다. 그 내용은 다음 장에서 구체적으로 논의한다.

〈표 II-3〉 비영리법인의 설립 및 감독에 관한 규칙

	사업계획 및 수입·지출예산서	사업실적 및 수입·지출결산서	자산 증감 사유	재산 목록	사원의 이동 현황	기간 / 제출 대상
감사원	○	○	○	○	○ 〈사단법인의 경우〉	매 사업연도 종료 후 2개월 이내 ※ 사업계획 및 수입·지출예산서: 매 사업연도 종료 전 1개월 전 / 감사원
고용노동부	○	○	×	○	×	사업연도 끝난 후 2개월 이내 / 고용노동부장관
공정거래위원회	○	○	×	○	×	사업연도 끝난 후 2개월 이내 / 주무관청
교육과학기술부	○ 〈사업계획 및 수지예산서〉	○ 〈사업실적 및 수지결산서〉	×	○	×	사업연도 종료후 2월 이내 / 주무관청
국가보훈처	○ 〈사업계획 및 수지예산서〉	○ 〈사업실적 및 수지결산서〉	×	○	×	회계연도 종료후 늦어도 2월 이내 / 국가보훈처장
국방부 및 그 소속청	○	○	×	○	×	사업연도 종료 후 2월 이내 / 주무관청
국토해양부 및 그 소속청	○	○	×	○	×	매 사업연도 끝난 후 2개월 이내 / 주무관청

	사업계획 및 수입·지출예산서	사업실적 및 수입·지출결산서	자산 증감 사유	재산 목록	사원의 이동 현황	기간
						제출 대상
금융 위원회	○	○	×	○	×	매 회계연도의 끝난 후 2개월 이내
						금융위원회
기획재정 부 및 그 소속청	○	○	×	○	×	매 사업연도 끝난 후 2개월 이내
						주무관청에 제출
농림수산 식품부장 관 및 그 소속청	○	○	×	○	×	매 사업연도 끝난 후 2개월 이내
						주무관청에 제출
문화체육 관광부 및 문화재청	삭제 〈2005.6.4〉	삭제 〈2005.6.4〉	×	삭제 〈2005. 6.4〉	×	삭제 〈2005.6.4〉
법무부 장관	○ 〈사업계획 및 수지예산서〉	○ 〈사업실적 및 수지결산서〉	×	○	×	매 사업연도 종료 후 2월 이내
						법무부장관
법원 행정처	○ 〈사업계획 및 수지예산서〉	○ 〈사업실적 및 수지결산서〉	×	○	×	매 사업연도 종료 후 2월 이내
						법원행정처장
법제처	○ 〈사업실적 및 수지결산서〉	○ 〈사업실적 및 수지결산서〉	×	○	×	매 사업연도 종료 후 2월 이내
						법제처장
보건 복지부 및 그 소속청	○	○	×	○	×	매 사업연도 끝난 후 2월 이내
						주무관청
여성 가족부	○	○	×	○	×	매 사업연도 끝난 후 2개월 이내
						여성가족부장관
외교 통상부	○ 〈사업실적 및 수지결산서〉	○ 〈사업실적 및 수지결산서〉	×	○	×	매사업연도의 종료 후 2월 이내
						외교통상부장관

	사업계획 및 수입·지출예산서	사업실적 및 수입·지출결산서	자산 증감 사유	재산 목록	사원의 이동 현황	기간
						제출 대상
중앙 선거관리 위원회	○ 〈사업실적 및 수지결산서〉	○ 〈사업실적 및 수지결산서〉	×	○	×	매사업연도의 종료 후 2월 이내 ※ 정책연구소가 연간활동 실적보고와 회계보고를 한 경우는 제외
						위원장
지식경제 부장관 및 그 소속청장	○	○	×	○	×	매 사업연도 끝난 후 2개월 이내
						주무관청
통일부	○	○	×	○	×	매 사업연도 종료 후 2개월 이내
						통일부장관
안전행정 부 및 그 소속청	○	○	×	○	×	매 사업연도 종료 후 2월 이내
						주무관청
헌법 재판소 사무처	○ 〈사업실적 및 수지결산서〉	○ 〈사업실적 및 수지결산서〉	×	○	×	매사업연도 종료 후 2월 이내
						사무처장
환경부 및 기상청	○	○	×	○	×	매 사업연도 끝난 후 2개월 이내
						주무관청

자료: 국가법령정보센터, 부처별 비영리법인의 설립 및 감독에 관한 규칙, 2013년 03월 18일 기준

손원익, 비영리분야 통계의 실태와 통계 구축을 위한 정책과제, 한국조세연구원, 2013, 9-10면.

Ⅲ. 비영리분야 조세 제도

1. 비영리법인에 대한 조세지원 및 관련제도

가. 지원제도

(1) 고유목적사업준비금

법인세법 제1조에서 정의한 비영리내국법인은 그 법인의 고유목적사업이나 지정기부금에 지출하기 위하여 고유목적사업준비금을 비용으로 계상한 경우 당해 사업연도의 소득금액 계산에 이를 손금으로 산입할 수 있게 규정되어 있다.

법인세법 제 1조(정의)
1. "내국법인"(內國法人)이란 국내에 본점이나 주사무소 또는 사업의 실질적 관리장소를 둔 법인을 말한다.
2. "비영리내국법인"이란 내국법인 중 다음 각 목의 어느 하나에 해당하는 법인을 말한다.
    가. 「민법」 제32조에 따라 설립된 법인
    나. 「사립학교법」이나 그 밖의 특별법에 따라 설립된 법인으로서 「민법」 제32조에 규정된 목적과 유사한 목적을 가진 법인
    다. 「국세기본법」 제13조제4항에 따른 법인으로 보는 단체
4. "비영리외국법인"이란 외국법인 중 외국의 정부·지방자치단체 및 영리를 목적으로 하지 아니하는 법인(법인으로 보는 단체를 포함한다)을 말한다.

자료: 국세법령정보센터

〈표 Ⅲ-1〉에서 보는 바와 같이 민법상 비영리법인과 특별법에 의해 설립된 비영리법인은 고유목적사업준비금을 설정할 수 있다. 법인격은 없지만 법인으로 보는 단체의 경우에도 지정기부금대상단체에 해당하면 고유목적사업준비금을 설정할 수 있게 허용되고 있다.

〈표 Ⅲ-1〉 비영리법인별 고유목적사업준비금 및 지정기부금 회계처리

구분		고유목적사업준비금	고유목적사업비 지출액의 회계처리
법인격이 있는 민법상 비영리법인, 사립학교법 등 그 밖의 특별법에 따라 설립된 법인		설정가능	고유목적사업준비금의 사용액으로 처리
2. 법인으로 보는 단체	(1)지정기부금대상단체		
	(2)기타단체	설정대상 제외	지정기부금으로 처리

자료: 손원익 외 5인, 비영리법인제도의 개선방안에 관한 연구(1년차), 한국보건사회연구원, 2011.

고유목적사업준비금의 설정 한도는 세법에서 정하는 이자소득 및 배당소득의 경우 100%까지 설정이 가능하며, 기타 수익사업에서 발생한 소득의 경우에는 50%까지 설정이 가능하다(법인세법 제 29조). 조세특례제한법 제 74조에 의하면 비영리법인의 설립근거에 따라 고유목적사업준비금을 비용으로 설정할 수 있는 한도가 상이하다. 〈표 Ⅲ-2〉에서 보는 바와 같이 일반비영리법인의 경우 이자 및 배당과 같은 금융소득 전액과 수익사업소득의 50%를 한도로 비용설정이 인정되는 반면, 일반비영리법인 보다 공익성이 큰 것으로 분류되는 학교, 서울대학교병원, 사회복지법인 등은 수익사업에서 발생한 소득 전액을 한도로 비용설정이 인정되고 있다. 또한 「공익법인의 설립·운영에 관한 법률」에 의해 설립된 비영리법인 중에서 고유목적사업등에 대한 지출액 중 50%이상을 장학금으로 지출하는 법인의 경우 수익사업에서 발생한 소득의 80%를 한도로 비용설정이 허용되고 있다. 특히, 의료기관이 부족한 소외지역의 문제를 해결하기 위하여 2014년 12월31일까지 한시적으로 소득의 80%까지를 한도로 고유목적사업준비금으로 인정하는 제도도 운영되었다.

설정된 고유목적사업준비금을 당해 비영리법인의 고유목적사업에 지출한 것으로 인정하는 범위는 법인세법 시행령 제 56조에서 규정하고 있다. 비영리법인의 분야와 상관없이 모든 비영리법인에게

적용되는 기준은 고유목적사업의 수행에 직접 소요되는 고정자산 취득비용 및 인건비 등 필요경비로 사용하는 금액이다.

〈표 Ⅲ-2〉 비영리법인의 손금한도(조특법 제74조)

비영리법인	손금한도
일반비영리법인	-이자소득, 배당소득, 조합원에게 대출한 융자금에서 발생한 이자소득 -그 밖의 수익사업에서 발생한 소득의 50%를 합산한 금액
「공익법인의 설립·운영에 관한 법률」에 따라 설립된 법인으로 고유목적사업등에 대한 지출액 중 50% 이상을 장학금으로 지출하는 법인	-이자소득, 배당소득, 조합원에게 대출한 융자금에서 발생한 이자소득 -그 밖의 수익사업에서 발생한 소득의 80%를 합산한 금액
학교, 사회복지법인, 국립대·서울대병원, 도서관, 박물관·미술관, 문화예술단체, 조직위원회 등	-이자소득, 배당소득, 조합원에게 대출한 융자금에서 발생한 이자소득 -그 밖의 수익사업에서 발생한 모든 소득(2014년 12월 31일 이전에 끝나는 사업연도까지)
협동조합중앙회	-수익사업에서 이월결손금을 뺀 금액의 60%(2014년 12월 31일 이전에 끝나는 사업연도까지)
수도권 과밀억제권역 및 광역시를 제외하고 인구 등을 고려하여 특정지역에 의료기관을 개설하여 의료업을 영위하는 비영리내국법인(일반적인 비영리법인에 대한 규정이 적용되는 비영리내국법인은 제외)	-수익사업에서 발생한 소득의 80%(2014년 12월 31일 이전에 끝나는 사업연도까지)

자료: 손원익 외 5인, 비영리법인제도의 개선방안에 관한 연구(1년차), 한국보건사회연구원, 2011.

우리나라에서 의료기관이 법인이 되면 의료법에 의해 비영리법인의 지위가 부여된다. 그러나 의료사업을 영위하여 벌어드린 소득은 세법상 영리소득으로 취급되어 법인세 부과대상이 되는 문제가 있다. 이를 해결하기 위하여 의료법인이 고유목적사업준비금으로 지출할 수 있는 범위를 확대하여 병원 건물 및 부속토지의 취득, 의료기기 취득, 정보시스템 설비의 취득 등을 그 대상에 포함하여 운영하고 있다. 이는 의료법과 세법이 상충되는 문제를 근본적으로 해결하는 방법은 아니지만 어느 정도 현실적으로 문제를 해결하고 있는 것으로 판단된다.

(2) 공익목적출연재산등의 상속세 및 증여세 과세가액 불산입

상속세 및 증여세법 시행령 제 12조(공익법인등의 범위)

1. 종교의 보급 기타 교화에 현저히 기여하는 사업
2. 「초·중등교육법」 및 「고등교육법」에 의한 학교, 「유아교육법」에 따른 유치원을 설립·경영하는 사업
3. 「사회복지사업법」의 규정에 의한 사회복지법인이 운영하는 사업
4. 「의료법」 또는 「정신보건법」의 규정에 의한 의료법인 또는 정신의료법인이 운영하는 사업
5. 「공익법인의 설립·운영에 관한 법률」의 적용을 받는 공익법인이 운영하는 사업
6. 예술 및 문화에 현저히 기여하는 사업 중 영리를 목적으로 하지 아니하는 사업으로서 관계행정기관의 장의 추천을 받아 기획재정부장관이 지정하는 사업
7. 공중위생 및 환경보호에 현저히 기여하는 사업으로서 영리를 목적으로 하지 아니하는 사업
8. 공원 기타 공중이 무료로 이용하는 시설을 운영하는 사업
9. 「법인세법 시행령」 제36조제1항 제1호 각목의 규정에 의한 지정기부금단체등 및 「소득세법 시행령」 제80조제1항 제5호에 따른 기부금대상민간단체가 운영하는 고유목적사업. 다만, 회원의 친목 또는 이익을 증진시키거나 영리를 목적으로 대가를 수수하는 등 공익성이 있다고 보기 어려운 고유목적사업을 제외한다.
10. 「법인세법 시행령」 제36조제1항 제2호 다목에 해당하는 기부금을 받는 자가 해당 기부금으로 운영하는 사업. 다만, 회원의 친목 또는 이익을 증진시키거나 영리를 목적으로 대가를 수수하는 등 공익성이 있다고 보기 어려운 고유목적사업은 제외한다.
11. 제1호 내지 제5호·제7호 또는 제8호와 유사한 사업으로서 기획재정부령이 정하는 사업

〈표 III-3〉 법인으로 보는 단체와 비영리법인의 조세제도 차이

	단순단체	법인으로 보는 단체 (법인으로 보는 법인격 없는 단체)			비영리법인	
					공익법인 (상증법상 공익법인)	
상속 및 증여 세법	적용 제외	적용 제외			적용	적용 제외
		상속세 증여세 면제	(1) 법인세법 시행령에 의한 지정기부금단체 등		공익법인 으로 보아 상속세 및 증여세 면제	
			(2) 소득세법 시행령에 따른 기부금대상민간단체가 운영하는 고유목적사업			
법인 세법	적용 제외	적용			적용	
		고유 목적 사업 준비금	(1) 지정기부금대상단체, 법령상 설치된 기금	설정 가능	고유목적 사업 준비금	비영리 내국법인 모두 설정 가능
			(2) 기타단체	설정대상 제외		
요건	없음	-①주무관청의 허가 또는 인가를 받아 설립되거나 법령에 따라 주무관청에 등록한 사단, 재단, 그 밖의 단체로서 등기되지 아니한 경우 ②공익을 목적으로 출연 된 기본재산이 있는 재단으로 등기되지 아니한 경우에 해당하는 것으로 수익을 구성원에게 분배하지 않는 것 -몇가지 요건을 갖춘 단체로서 대표자나 관리인이 관할 세무서장에게 신청하여 승인을 받은 단체			-민법에 따른 법인 -특별법에 따라 설립된 법인 (사회복지법인) (의료법인) (학교법인)	

주: 단순단체란 세법상의 용어가 아니며, 법인격이 없는 단체 중 국세기본법에 의해 법인으로 보는 단체가 아닌 비법인 단체를 말함.

비영리법인이 출연 받은 재산은 기본적으로 상속세 또는 증여세의 납세의무가 있으나 상속·증여세법 제 16조 및 제 48조에 의해 종

교·자선·학술 또는 그 밖의 공익을 목적으로 하는 사업을 하는자에게 출연한 재산의 가액은 상속세 및 증여세과세가액에 산입하지 않는다.

상속·증여세법상 공익법인은 법인세법상에서 인정하는 비영리법인 중에서 「상속세 및 증여세법 시행령」제 12조에 열거하고 있는 공익사업을 하는 법인을 말한다.

상속·증여세법에서는 국세기본법에 의해 법인으로 보는 단체는 비영리법인으로 인정하지만 상속·증여세법상 공익법인으로 분류되지 않는 비영리법인에 대해서는 세제혜택과 관련된 규정이 적용되지 않는다. 상속·증여세법은 '법인세법 시행령에 의한 지정기부금단체 등 및 소득세법 시행령에 따른 기부금대상민간단체가 운영하는 고유목적사업'을 상속·증여세법상의 공익법인사업으로 인정하여 상속·증여세를 면제하고 있다. 이와 같은 규정을 통하여 법인세 및 소득세와 상속·증여세의 부과에 있어 세법이 상충되는 것을 방지하고 있다.

나. 규제제도

⑴ 주식 또는 출자지분을 출연하는 경우 및 주식보유에 대한 제한
　본 제도는 과세혜택이 주어지는 공익법인을 공익사업보다는 조세회피의 수단으로 이용하는 것을 방지하기 위해 상속·증여세법에서 규정하고 있다.

상속·증여세법 제 16조에 의하면 공익법인이 한 기업의 의결권 있는 발행주식총수 또는 출자총액의 5%를 초과하여 보유하는 경우 그 지분에 대해 상속·증여세가 과세된다. 단, 성실공익법인의 경우 그 한도가 10% 까지 인정된다. 또한, 제 48조에서는 공익법인이 주식을 보유하는 경우 총 재산가액의 30% 초과분에 대해서는 가산세 부과를 규정하고 있다. 역시 성실공익법인의 경우에는 그 한도가 50%

까지 인정된다.

상속·증여세법 제 13조는 공익법인이 성실공익법인으로 인정받기 위한 요건을 규정하고 있으며, 그 내용은 다음과 같다.

① 외부감사, 전용계좌 개설 및 사용, 결산서류 공시

② 출연자 및 특수관계자가 이사의 1/5이하

③ 운용소득의 80%이상을 직접공익사업에 사용

④ 장부작성 및 보관의무(10년간)

⑤ 계열기업 홍보금지

⑥ 자기내부거래 금지

(2) 기부금품의 모집 및 사용에 관한 법률

본 법률의 명칭은 2006년 이전까지는 「기부금품모집규제법」으로 당시 기부금품의 모집은 허가제로 운영되었다. 정부는 자율적인 기부문화 조성 및 건전한 기부금품 모집제도 정착을 위하여 본 법률의 명칭을 「기부금품의 모집 및 사용에 관한 법률」로 개정하면서 기부금품의 모집을 허가제에서 등록제로 전환하였다. 이와 동시에 투명성의 제고를 위해 모집된 기부금품의 사용에 대하여 공인회계사의 등의 감사보고서 제출을 의무화하는 등 사후관리도 강화하였다.

본 법을 통하여 국가 또는 지방자치단체에서 출자·출연하여 설립된 법인 등의 기부금품 모집 접수를 제한하였으며, 모집비용에 충당할 수 있는 비율은 모집 기부금의 10~15% 이내로 제한하였다.[1]

「기부금품의 모집 및 사용에 관한 법률」 제 3조에서는 공익성 등

---

1) 기부금품의 모집 및 사용에 관한 법률 시행령 제 18조

모집금액	적용비율	비고
1. 10억원 이하	모집금액의 15% 이하	
2. 10억원 초과 100억원 이하	모집금액의 13% 이하	
3. 100억원 초과 200억원 이하	모집금액의 12% 이하	
4. 200억원 초과	모집금액의 10% 이하	

을 고려하여 일부 법률에 의한 기부에 대해서는 「기부금품의 모집 및 사용에 관한 법률」의 적용을 배제하고 있다. 배제되는 법률은 정치자금법, 결핵예방법, 보훈기금법, 문화예술진흥법, 한국국제교류재단법, 사회복지공동모금회법, 재해구호법, 식품기부활성화에 관한 법률, 문화유산과 자연환경자산에 관한 국민신탁법 그리고 한국장학재단설립등에 관한 법률이 해당된다. 즉 이상에서 열거한 법률에 근거하여 모집한 기부금의 경우에는 「기부금품의 모집 및 사용에 관한 법률」이 적용되지 않는 것을 의미한다.

(3) 출연재산, 출연재산 매각금액, 출연재산 운용소득의 사용의무

공익법인이 출연받은 재산을 공익목적에 일정기간내에 사용하도록 하기 위하여 상속·증여세법 제48조에서는 재산을 출연 받은 후 3년 내 공익목적사업 등의 용도 외에 사용한 경우 및 출연 받은 재산의 운용소득을 직접 공익목적사업 외에 사용한 경우 증여세를 부과하고 있다. 또한 출연 받은 재산을 수익용 또는 수익사업용으로 운용하는 경우 그 운용소득을 직접 공익목적사업 외에 사용한 경우와 출연받은 재산의 매각대금을 공익목적사업 외에 사용하거나 매각한 날부터 3년이 지난날까지 공익목적사업에 사용하지 않은 경우에도 증여세를 부과하도록 규정하고 있다. 출연받은 재산의 운용소득을 직접공익목적사업에 운용소득의 70%에 미달하게 사용한 경우에도 가산세가 부과된다.

(4) 출연자 등의 이사취임 금지

공익법인의 운영이 재산 출연자로부터 독립적이 될 수 있도록 상속·증여세법 제48조에서는 재산 출연자 또는 그와 특수관계 있는 자가 공익법인 등의 이사 현원의 1/5을 초과하여 이사가 되거나, 이사가 아닌 임·직원이 되는 경우에는 지출된 직접경비 또는 간접경비에

상당하는 금액 전액을 가산세로 부과하도록 규정하고 있다. 가산세의 부과는 상속·증여세법 제 78조에서 규정하고 있으며, 이 경우 이사 또는 임·직원을 위하여 지출된 급료, 판공비, 비서실 운영경비 및 차량유지비 등이 해당된다.

(5) 전용계좌 개설·사용의무

상속·증여세법 제50조는 공익법인의 금전적 거래 현황을 쉽게 파악할 수 있게 하기 위하여 전용계좌 개설 의무를 규정하고 있다.

관련조항의 내용을 보면, 공익법인은 직접 공익목적사업에 관한 수입과 지출의 경우 공익목적사업용 전용계좌를 사용해야 하며[2] 전용계좌개설 대상에 해당되지 않는 경우 명세서를 별도로 작성·보관하도록 하여 금전의 출납을 파악할 수 있도록 규정하고 있다. 본 규정은 종교관련 사업을 하는 공익법인은 그 대상에서 제외하고 있다.

(6) 공익법인의 결산서류 등의 공시의무

상속·증여세법 제 50조는 공익법인의 투명성 제고를 위하여 일정 규모 이상의 공익법인을 대상으로 결산서류의 공시의무를 규정하고 있다. 관련법의 구체적인 내용을 보면, 자산총액이 5억원 이상인 공익법인(종교법인 제외)이거나 수입금액과 해당사업연도에 출연 받은 재산의 합계액이 3억원 이상인 공익법인의 경우 과세기간 또는

---

2) ①직접 공익목적사업과 관련된 수입과 지출을 대통령령으로 정하는 금융기관을 통하여 결제하거나 결제받는 경우, ②기부금, 출연금 또는 회비를 받는 경우. 다만, 현금을 직접 받은 경우로서 대통령령으로 정하는 경우는 제외, ③인건비, 임차료를 지급하는 경우, ④기부금, 장학금, 연구비 등 대통령령으로 정하는 직접 공익목적사업비를 지출하는 경우. 다만, 100만원을 초과하는 경우로 한정함, ⑤수익용 또는 수익사업용 자산의 처분대금, 그 밖의 운용소득을 고유목적사업회계에 전입(현금 등 자금의 이전이 수반되는 경우만 해당)하는 경우

사업연도 종료일부터 4개월 이내에 국세청의 인터넷 홈페이지에 결산서류를 게시하여 공시하도록 규정하고 있다.

공시해야 하는 결산서류에는 대차대조표, 손익계산서, 기부금 모집 및 지출 내용, 해당 공익법인의 대표자·이사·출연자·소재지 및 목적사업에 관한 사항, 주식보유 현황 등이 포함된다.

상속·증여세법 제50조에 의하면 국세청장은 공익법인이 공시하지 않거나 공시내용에 오류가 있는 경우 1개월 이내의 기간을 정하여 공시하도록 하거나 오류를 시정하도록 요구할 수 있으며, 이행하지 않는 공익법인에 대하여는 가산세를 부과하고 해당 공익법인 등의 주무부장관에게 관련 사실을 통보하도록 되어 있다. 그러나 국세청에서 공익법인과 관련된 업무를 하는 인원 등 현실적인 제약을 고려할 때 공익법인이 공시하는 결산서류의 정확성을 확인하는데 한계가 있다. 따라서 이와 관련된 제도적인 보안이 필요하다.

2. 기부자에 대한 조세지원

서론에서 언급한 바와 같이 비영리법인이 공익활동을 수행하는데 필요한 재원은 다양하나 민간의 자발적인 기부가 가장 중요한 재원으로 인식되고 있다. 물론 기부금 이외에도 정부 및 지자체로부터의 보조금 등이 있으나, 우리나라와 같이 작은 정부를 지향하는 사회에서는 정부지원의 한계가 있어 민간부문으로부터의 자발적인 기부의 중요성이 더욱 커지고 있는 것이 현실이다.

이와 같은 인식하에 정부는 비영리법인의 공익활동이 활성화될 수 있도록 기부를 적극 유인하기 위한 각종 지원제도를 제공하고 있다.

우리나라의 세법에서는 기부금을 공익성의 정도에 따라 법정기부금 또는 지정기부금으로 구분하여 각각의 공제 한도를 정하고 있다. 2010년 세법개정 이전에는 법정기부금, 특례기부금 및 지정기부금의 세 종류로 구분하였으나, 간소화를 위하여 법정기부금과 지정기부금으로 재분류 하였다.

기부금에 대한 조세지원은 법인의 경우 한도 내에서 소득공제가 허용되고 있으며, 개인의 경우에는 한도 내에서 세액공제가 허용되고 있다. 개인도 과거에는 소득공제가 허용되었으나, 최근 소득세 공제체계의 개편에서 소득공제가 세액공제로 전환되었다. 기부금 공제의 한도는 기부금의 종류에 따라 상이하며, 공익성이 크다고 인정되는 법정기부금의 경우 더 큰 공제한도가 적용되고 있다.

가. 법정기부금

법정기부금은 기부금 중 공익성이 상대적으로 크다고 인정되는 것으로 법인의 경우 소득금액에서 이월결손금을 공제한 금액의 50%를 한도로 소득공제가 허용되고, 개인의 경우 한도가 소득의 100%까지 인정된다. 법정기부금을 적용받는 범위도 개인의 경우 법인 보다 광범위하게 인정되고 있다.

나. 지정기부금

지정기부금은 사회복지, 문화·예술, 자선, 종교, 교육, 의료 등 민법 32조에서 의미하는 비영리분야에서 활동하는 단체에 대한 기부금을 대상으로 한다. 법인의 경우 소득의 10%를 한도로 소득공제를 허용하고 있고 개인은 소득의 30%를 한도로 세액공제를 허용하고 있다.

지정기부금에 대한 개인의 소득공제 한도는 2008년 소득의 15%에서 2010년 30%로 확대되었는데 이는 기업보다는 개인 중심의 기부문화를 정착하기 위한 정책적 목적 때문이었다. 그러나 종교단체의 경우 현실적으로 투명성 제고를 위한 제도의 집행이 어려운 점을 감안하여 투명성과 관련된 의무를 축소하는 대신에 세제상 지원도 축소하여 소득의 10%를 한도로 소득공제를 허용하고 있다.

Ⅳ. 비영리법인 관련 제도의 국제 비교[3]

1. 일본

일본에서는 「NPO」라는 용어를 직접 사용하고 있으며, 일반적인 비영리단체는 '민간조직으로서 공익을 위한 목적을 수행하는 조직'을 의미한다. 광의의 NPO 범위는 공익 목적을 갖는 민간비영리조직을 말하며, 협의의 NPO 범위는 광의의 NPO 범위에서 민법상의 공익법인(사단법인·재단법인)이나 특별법에 의한 의료법인·학교법인·사회복지법인 등을 제외한 비영리조직을 의미한다.

가. NPO법인 관리체계

(1) NPO법인

일본의 NPO법인은 1998년 시행된 「특정비영리활동촉진법」에 근거하여 설립된 특정비영리활동법인을 지칭한다. NPO법은 '특정 비영리활동을 하는 단체에 법인격을 부여하여 자원봉사활동을 비롯한 사회공헌활동으로 특정 비영리활동의 건전한 발전을 촉진하고 공익증진에 기여하는 것을 목적'으로 한다.[4] 해당단체가 NPO법에서 규정하는 NPO법인의 인정 기준[5]을 만족할 때 관할 관청이 NPO법인의 설립을 인정한다.

---

3) 본 장의 내용은 본인의 연구의 내용을 발췌 및 요약하고 재구성하였음
4) 「특정비영리활동촉진법」 제1조
5) 「특정비영리활동촉진법」 제16조

(2) 인정NPO제도

NPO법인 중에서 국세청장이 요구하는 요건을 만족하고 검증을 통과한 NPO법인의 경우 인정NPO법인의 자격이 부여되며, 이 경우 기부금에 대한 세제상 우대혜택이 제공된다. 국세청장이 요구하는 요건 중에 대중지원테스트(PST: public support test)의 경우 각 사업연도 기부금액이 3,000엔 이상인 기부자의 수가 연평균 100명 이상이어야 한다고 규정되어 있다. 이는 폭넓게 대중으로부터 지원받는 단체를 인정하기 위한 검증요건이다.

(3) 신공익법인제도

신공익법인제도(新公益法人制度)는 우리나라의 경우와 같이 비영리단체가 각 부처에서 설립허가를 받도록 되어있어 발생하는 여러 문제점을 해결하기 위하여 도입된 제도이다. 기존의 제도에서는 허가주의 때문에 주무관청의 재량이 커서 그 결과 투명성이 결여되어 있었으며, 법인 설립도 복잡하고 어려웠다. 주무관청이 달라 지도 및 감독도 복잡한 문제가 있었고, 정보개시 및 공익성에 대한 평가기준이 불투명한 등의 문제도 있어 제도의 개혁이 지속적으로 요구되어 왔다.[6] 이와 더불어 보조금 지급이나 세제우대조치와 관련하여 공익법인과 주무관청의 유착문제가 심각했으며 주무관청의 일방적인 재량으로 인한 폐해가 발생하여 사회적인 문제가 야기되기도 하였다.[7]

이상에서 설명한 여러 가지 문제를 해결 및 보완하기 위하여 공익법인 관리체계의 개혁차원에서 신공익법인제도가 도입되었다.[8]

---

6) NPO연구정보센터, NPO 백서(白書), 2010.
7) 법제사법위원회, 공익신탁법안 검토보고서, 2013.
8) 손원익·김상헌, 공익단체의 지원과 법제도 개선에 관한 경제적 분석, 법무부 용역보고서, 2011.

[그림 IV-1] 일본의 비영리법인의 설립과정

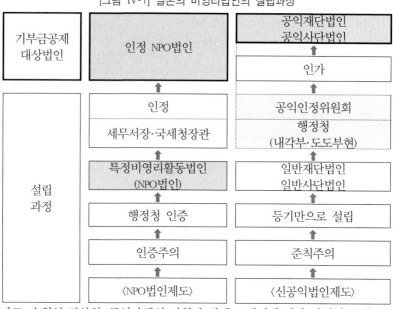

자료: 손원익·김상헌, 공익단체의 지원과 법제도 개선에 관한 경제적 분석, 법
무부 용역보고서, 2011.

⑺ 일본 공익인정위원회

공익인정위원회는 일본의 공익법인제도 개혁의 결과로 2007년 4월
1일 발족되었으며, 7인의 위원으로 구성된 내각총리대신의 민간자문
기구이다. 공익법인에 대한 인정 절차는 내각총리대신에 신청을 한
후에 위원회의 자문을 받아 내각총리대신이 최종적으로 결정하는 형
식으로 운영되며, 관련 예산은 내각부에 포함되어 배정되고 있다.[9]

⑻ 공익성 인정 기준

「공익사단법인 및 공익재단법인의 인정 등에 관한 법률」은 「일반
사단법인 및 일반재단법인에 관한 법률」에 의해 설립된 법인이 공익

---

9) 법제사법위원회, 위의 글, 2013.

성을 인정받으면 공익법인이 될 수 있도록 규정하고 있다. 「공익사단법인 및 공익재단법인의 인정 등에 관한 법률」은 공익목적사업을 '학술, 기예, 자선 기타 공익에 관한 사업으로 불특정 다수의 이익 증진에 기여하는 것'으로 정의하고 있다.

「공익인정법」에서는 공익법인과 관련하여 주무관청이 설립허가권 및 감독권을 행사하던 기존의 체계를 개선하여 독립된 위원회가 공익사단법인 및 공익재단법인으로서의 인정 및 감독을 행사하도록 규정하고 있다.

개정작업 이전에는 사단법인 및 재단법인의 공익성 판단은 주무관청이 수행하였으나, 신공익법인제도에서는 내각부에 설치되는 「공익인정등위원회」에서 공익성을 판단하고 도도부현에서는 「공익인정등위원회」에 준하는 합의제 기관을 설치하여 공익성 판단을 하고 있다.

㈐ 사후관리

공익법인의 사후관리를 위하여 「공익사단법인 및 공익재단법인의 인정 등에 관한 법률」에서 보고 및 검사 관련된 내용을 규정하고 있으며, 이를 근거로 각 행정청은 필요한 경우 공익법인에 대해 보고를 요구하거나 장부 등의 검사 및 관련 질문을 할 수 있고[10] 권고 및 명령 조항을 통해 필요한 조치를 권고할 수 있도록 규정하고 있다.[11]

나. 기부금 조세제도

(1) 개인

일본의 기부금은 국가 및 지방공공단체에 대한 기부금, 지정기부금, 특정공익증진법인에 대한 기부금, 특정공익신탁에 대한 기부금,

10) 공익사단법인 및 공익재단법인의 인정 등에 관한 법률 제27조.
11) 공익사단법인 및 공익재단법인의 인정 등에 관한 법률 제28조

인정 NPO에 대한 기부금, 정치활동에 대한 기부금 및 일반 기부금으로 구분되며, 기부금의 종류에 따라 세제상 혜택도 차별화되고 있다.

기부금에 대한 세제는 소득공제를 기본으로 되어 있으나, 공익사단법인, 인정 NPO 법인, 정당 능에 대한 기부금 중 일정한 것의 경우 세액 공제를 선택할 수 있게 되어 있다. 기부금별 공제내역은 〈표 IV-1〉에서 보는 바와 같다.

(2) 법인

〈표 IV-1〉 일본의 기부금 소득공제 제도[12]

	기부금 유형	공제 한도
개인	국가·지방자치단체에 대한 기부금	특정기부금으로 일정 금액을 소득 공제 =(기부금액(소득금액의 40% 한도) - 2천엔)
	지정기부금	
	특정공익증진법인에 대한 기부금	*지진관련기부금(소득공제) =(기부금액(소득금액의 80% 한도) - 2천엔)
	특정공익신탁에 대한 기부금	
	인정NPO법인에 대한 기부금	*공익사단법인 등 인정 NPO 법인 등 또는 정당 등에 대한 기부금으로 일정한 것에 대해서는 세액공제를 선택할 수 있음
	정당 등 기부금 특별공제	
	일반기부금 (상기이외)	공제없음
법인	국가·지방자치단체에 대한 기부금	전액 손금산입
	지정기부금	
	특정공익증진법인에 대한 기부금	일반기부금은 별도 기준으로 기부금액의 합계액과 특별손금산입한도액 중 적은 금액의 범위 내에서 손금 산입
	특정공익신탁에 대한 기부금	특별손금산입한도액= $[$자본금액 × (당기의달/12) × $\frac{3.75}{1,000}$ + 소득금액 × $\frac{6.25}{100}$ $] × 0.5$
	인정NPO법인에 대한 기부금	
	정당 등 기부금 특별공제	손금 산입 한도 내에서 손금 산입
	일반기부금 (상기이외)	손금산입한도액= $[$자본금액 × (당기의달/12) × $\frac{2.5}{1,000}$ + 소득금액 × $\frac{2.5}{100}$ $] × 0.25$

법인이 지출한 기부금의 경우 개인과 달리 일반기부금에 대해서도 공제를 받을 수 있고, 구체적인 공제내역은 〈표 Ⅳ-1〉에서 보는 바와 같다. 특정공익신탁의 신탁재산을 목적으로 지출한 금액은 기부금으로 간주되며, 그 중 일정 요건을 충족(인정특정공익신탁)한 금액은 특정공익증진법인에 대한 기부금에 포함된다. 인정NPO법인 등에 대한 기부금(지정기부금 제외) 역시 특정공익증진법인에 대한 기부금에 포함된다.

2. 미국

가. NPO법인 관리체계

(1) 비영리법인의 분류

미국 비영리 면세단체는 연방소득세가 면제될 뿐만 아니라 IRS로부터 세법 §501(c)(3)의 단체로 인정되면 기부금도 자선기부금으로 인정되는 혜택을 받는다.

세법 §501(c)(3)에서는 면세단체를 "종교, 자선, 과학, 공공안전점검, 문학, 교육, 국내 또는 국제아마추어 스포츠 진흥 그리고 아동 및 동물의 학대 방지를 위하여 설립·운영되는 공동모금(community chest), 기금(fund) 또는 재단(foundation)으로서, 그 순수익이 사적주주 또는 개인에게 귀속되지 않아야 하며 그 주된 활동으로 정치적 선전이나 입법에 영향을 미치는 로비활동 및 정치활동을 하지 않는 단체"로

---

12) 자료: http://www.nta.go.jp/shiraberu/ippanjoho/pamph/koho/kurashi/pdf/11.pdf
  손원익, 『비영리분야 통계의 실태와 통계 구축을 위한 정책과제』, 한국조세연구원, 2013(미발간 도서) 재인용
  주: 상기 기부금공제(소득공제) 및 기부금 특별 공제(세액공제)의 산식에서의 2천엔은 기부금공제와 기부금특별공제(세액공제)를 모두 합해서 2천엔임

정의하고 있다.

(2) 공익성 관리제도

[그림 IV-2] 한국과 미국의 비영리법인 관련 사후관리제도

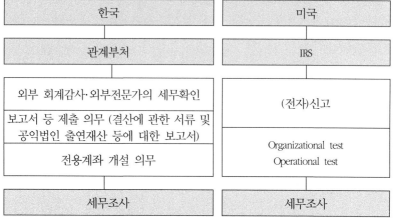

자료 : 손원익·김상헌, 공익단체의 지원과 법제도 개선에 관한 경제적 분석, 법무부 용역보고서, 2011.

미국에서 비영리단체의 공익성은 조직테스트(Organizational Test)와 운영테스트(Operational Test)를 통하여 검증하고 또 관리하고 있다. 비영리단체가 면세자격을 획득하고 또 유지하기 위해서는 이 테스트를 통과해야 한다.

조직테스트(Organizational Test)에서 검증하는 비영리단체의 요건은 다음과 같다.

① §501(c)(3)에서 서술한 목적과 부합하는지 여부

② 면세목적의 활동 여부

③ 자산 사용내역의 적절한 명시

④ 기관해산에 대한 내용 명시

운영테스트(Operational Test)를 통하여 검증하는 내용은 비영리단

체의 자원이 세법 §501(c)(3)에서 규정하고 있는 목적사업에 사용되었는지 여부이다. 비영리단체가 면세자격을 유지하기 위해서는 운영테스트를 통과해야 한다.

나. 기부금 조세제도

비영리단체에 대한 기부금은 법인세법에서 지정기부금 대상단체를 명시하고 있는 우리나라의 경우와 같이 미국에서도 해당단체가 소득세법 IRC §170(c)에서 규정하는 단체에 포함되어야 기부금에 대한 세제혜택이 주어진다.

주정부나 연방정부 소관 단체로 정치적 성격을 갖고 있는 경우 공공목적의 기부금에 국한하여 소득공제는 인정되지만, 연방소득세법상 면세 자선단체에 속하지는 않는다.

미국 세법 중에서 기부에 대한 조세지원을 결정하는 기본법은 소득세법이며, 우리나라나 일본과 유사하게 미국에서도 기부에 대한 소득공제 금액은 기부자, 기부수혜 단체, 기부내용 등에 따라 차별화되고 있다.

미국의 소득세법(IRC§170(c))에서 규정하는 기부금 소득공제 대상단체의 요건은 다음과 같다.

① 기업, 신탁, 공공모금, 펀드, 재단 등은 미국 내에 설립되어 미국법령의 통제에 있어야 한다.

② 종교, 자선, 교육, 과학, 문학, 국가 발전 및 아동이나 동물학대방지, 아마추어 스포츠를 육성하는 등 세법에서 규정하고 있는 특정한 목적을 도모해야 한다.

③ 사적 주주나 개인 이익의 증진을 도모하지 않아야 한다.

④ 입법에 영향을 미치거나 정치캠페인에 참여하는 등 정치적 성격을 띠지 않아야 한다.

<표 IV-2> 미국의 기부금 관련 세제

기부주체	기부받는 단체		소득공제 제한
개인	·IRC §170(c)에 속하는 단체이어야 함	Public Charities	·50% Limit(원칙) ·5년간 이월공제 가능 ·자본이득의 경우 30% Limit(예외)
		Private Foundation 중 operating Foundation[1]	
		Non operating Foundation 중 특정요건 충족시	
	·국제조약이 우선 적용되는 특정국가자선단체	·위의 경우를 제외한 모든 §170(c)의 단체 ·자선단체를 위한 신탁	·30% Limit(원칙) ·5년간 이월공제 가능 ·자본이득의 경우 20% Limit(예외)
법인		·기부받는 단체별로 소득공제 제한규정의 구분이 없음	·최대10%의 소득공제 ·5년간 이월공제 가능

주: 1) Private Operating Foundation이란, 다른 자선단체들에게 모금 등을 통하여 재정지원 등의 소극적 활동만이 아니라 직접 자선활동을 적극적으로 하는 단체들을 의미(IRC § 170(e)(1)(B)(i))

3. 영국

가. NPO법인 관리체계

(1) Office for Civil Society(Office of the third sector)

영국의 사회적기업, 자선단체, 자원단체, 커뮤니티단체 등 제3섹터를 지원하기 위하여 2006년 Office of the Third Sector가 설립되었으며, 2010년 이후 Office for Civil Society로 전환되었다. 본 조직은 내각부처인 국무조정실 내에서 기부나 사회적기업 및 자원봉사조직에 대한 업무를 관할하고 있다.

(2) Charity Commission

㈎ 개요

영국의 Charity Commission(이하 공익위원회)은 Office for Civil Society

와는 다르게 비각료부처(non- Ministerial Department)이지만 특정 정부부처에 속하지 않는 독립기구로서 예산은 전액 국고지원을 받고 있다.[13]

공익위원회는 자선단체의 등록, 등록부의 유지, 업무에 대한 감독 등을 담당한다. 법적 지위는 고등법원(High Court)과 유사한 수준의 준사법적 권한이 부여되고 있으며, 매년 국회에 성과를 보고하도록 규정되어 있다.[14] 잉글랜드와 웨일즈에 있는 연소득 5,000 파운드 이상의 모든 자선단체는 특정한 유형에 해당하지 않는 한 등록부에 등록되도록 규정되어 있다.

(나) 공익성 인정기준

영국에서는 앞에서 언급한 바와 같이 소규모의 자선단체가 아닌 한 모든 자선단체는 공익위원회에 등록되도록 규정되어 있으므로 자선목적만 인정된다면 공익성 또한 인정되는 시스템을 운영하고 있다. 공익위원회에 등록하기 위해서는 CA 2011 s.2(1)에서 명시하고 있는 자선적 목적에 해당해야 함은 물론이다. 자선적 목적을 구분하는 핵심요건으로 공공의 이익(public benefit)을 위한 것인가를 판단한다.

(다) 사후관리

자선단체로 공익위원회에 등록되는 경우 소득세·법인세·자본이득세·인지세·증여 및 상속세 면제가 허용되고,[15] 자선목적 건물에 대한 사업용 재산세의 감면이 주어지고 있다. 이와 같은 혜택이 있는 반면 연간 총수입이 50만 파운드를 초과하거나 회계연도 말의 자

---

13) 법제사법위원회, 위의 글.

14) www.charitycommission.gov.uk/

15) http://www.charitycommission.gov.uk
http://www.charitycommission.gov.uk/detailed-guidance/registering-a-charity/registering-as-a-charity-cc21/#p61

산총액이 326만 파운드를 초과하는 대규모 자선단체의 경우 법으로 정하는 자격이 있는 전문기관 또는 감사인으로 부터 회계감사를 받아야 한다.

나. 기부금 조세제도

(1) 개인
(개) Gift Aid

Gift Aid는 자선단체에 기부한 기부금의 경우 기부자에 대한 소득공제 금액이 기부자가 아닌 기부 받은 자선단체로 추가로 지원되도록 하는 제도이다.

(내) Payroll Giving

Payroll Giving 제도는 정기적인 기부를 유인하기 위한 것으로 근로소득자의 급여에서 일정금액을 원천징수 형식으로 직접 기부금으로 차감하는 제도이며, 이에 대해 소득공제 혜택이 주어진다.

(대) 지분, 증권과 부동산, 토지의 기부(Gift of Shares, Security, Land and Building)

토지나 부동산, 주식지분 또는 증권을 기부하는 경우에도 기부하는 자산의 시장가치에 따라 소득공제가 주어진다.

(2) 법인
(개) Gift Aid

사업소득자의 경우에도 Gift Aid를 신청할 수 있게 허용되고 있으며, 영리법인, 자영업자 및 파트너십 여부 등 형태에 따라 상이하게 적용되고 있다. 자영업자와 파트너십의 Gift Aid는 개인과 동일한 방법으로 운영되고 있다.

(나) 지분의 증여(Gift of Shares)

2000년부터 법인이 지분이나 증권, 그 밖의 투자자산 등을 자선단체에 기부하는 경우 세금감면이 인정되며, 기업은 기부단체에 기부된 자산, 토지 혹은 지분의 증여에 대해 법인세의 감면을 요청할 수 있다.

4. 주요국의 비영리법인 관리체계 비교

이상에서 설명한 각국의 비영리법인 관리체계를 일목요연하게 그림으로 표시하면 [그림 Ⅳ-3], [그림 Ⅳ-4]와 같다.

[그림 Ⅳ-3]은 주요국의 비영리법인의 설립과정에 대해 그 절차 및 과정을 나타내고 있으며, 비영리법인 설립을 허가주의에서 일본과 같이 인가주의로 전환할 경우 [그림 Ⅳ-4]의 설립과정에서 보는 바와 같이 비영리법인의 설립이 간편해짐에 따라 공익활동이 더욱 활성화 될 것이다.

2011년 법무부는 '민법상 비영리법인'의 설립을 허가주의에서 인가주의로 개정하는 민법개정안을 상정하였으나, 국회에서 통과되지 못하였다. 추가적인 노력이 필요한 상황이며, 비영리법인의 관리체계 전체에 대해 개정하는 형태로 진행하는 것이 더 설득력이 있을 것으로 판단된다.

미국의 경우 [그림 Ⅳ-3]과 [그림 Ⅳ-4]에서 보는 바와 같이 IRS가 비영리법인의 설립 및 세제혜택의 자격을 부여할 뿐만 아니라 정보공개 및 사후관리 또한 IRS에서 모두 수행함으로써 비영리법인의 관리에 일관성과 투명성을 확보하고 있음을 알 수 있다.

일본의 경우 비영리법인의 관리체계가 우리나라와 상당히 유사한 형태를 가지고 있었으며 1896년 제정된 공익법인에 관한 민법 제34조의 규정을 2008년 12월 1일부터 개정 시행함으로써, 행정부의 각 주무관청에서 공익법인 설립을 허가제도로 운영하여 발생했던 비영리법인 관리체계의 문제점을 해결하기 위해 노력하였다. 일본의 신공익법인제도는 앞에서 소개한 영국의 Charity Commission 제도와 유사한 반면, NPO법인은 미국의 제도와 유사한 것을 알 수 있다.

일본에서 진행된 공익법인제도 개혁은 주요 선진국의 사례를 벤치마킹하였으며, 이를 통해 약 110년 만에 관련법을 개정한 것은 우리에게 시사하는 바가 크다고 생각된다.

[그림 IV-3] 국가별 비영리법인의 설립과정

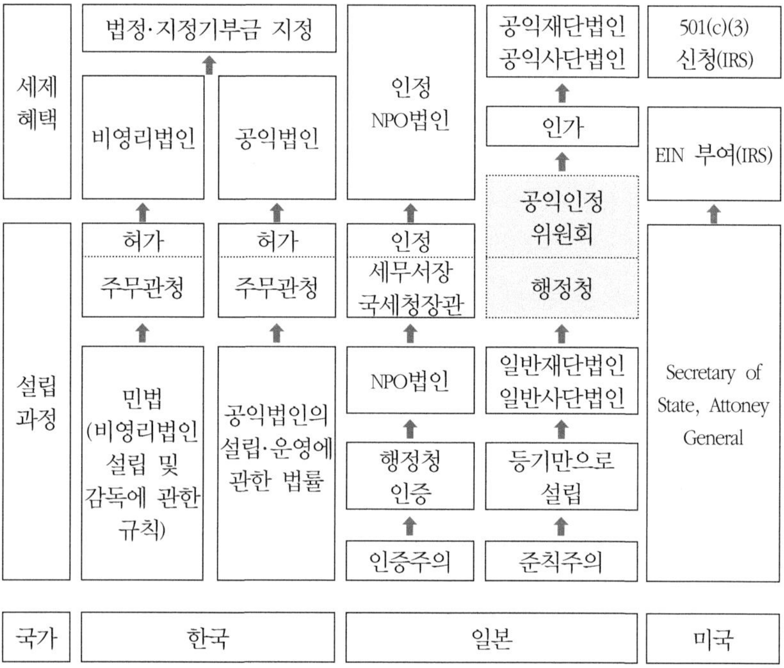

	한국		일본		미국
세제혜택	법정·지정기부금 지정		인정 NPO법인	공익재단법인 공익사단법인 ↑ 인가 ↑	501(c)(3) 신청(IRS) EIN 부여(IRS) ↑
	비영리법인 ↑	공익법인 ↑	↑	공익인정위원회 / 행정청	
설립과정	허가 / 주무관청 ↑	허가 / 주무관청 ↑	인정 / 세무서장 국세청장관 ↑	↑ 일반재단법인 일반사단법인 ↑	Secretary of State, Attoney General
	민법 (비영리법인 설립 및 감독에 관한 규칙)	공익법인의 설립·운영에 관한 법률	NPO법인 ↑ 행정청 인증 ↑ 인증주의	등기만으로 설립 ↑ 준칙주의	
국가	한국		일본		미국

자료: 손원익, 비영리법인 관련 제도의 국제 비교: 비영리법인의 정의와 설립을 중심으로, 재정포럼 179호, 2011 재구성

[그림 IV-4] 비영리법인 관리체계의 비교

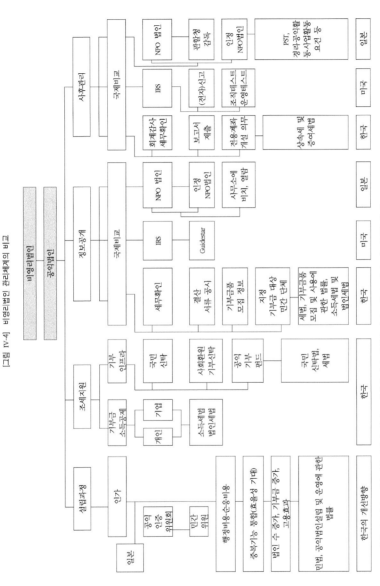

주: 손원익·김상헌, 「공인단체의 지원과 법제도 개선에 관한 정책적 분석」, 한국조세연구원(법무부 용역), 2011.5

5. 주요국의 기부금 조세제도 비교

기부금에 대한 주요국의 조세지원은 대부분 종교, 교육, 보건, 복지, 예술, 문화, 환경, 동물보호 등의 분야를 공통적으로 포함하고 있다.

기부금에 대한 세제지원 수단은 소득공제 또는 세액공제가 활용되고 있으며, 소득공제 방식을 사용하는 국가는 미국, 한국(법인), 독일, 일본, 영국, 대만이며, 프랑스와 최근의 세법개정으로 한국(개인)이 세액공제 방식을 사용하고 있다. 각 국의 기부에 대한 인식 및 문화가 다르고, 사회복지의 책임 및 재원조달 방법에 대한 인식이 차별화되고 있기 때문에 단순히 공제율을 기준으로 기부금에 대한 세제지원의 국제비교를 하는 데는 한계가 있다.

〈표 Ⅳ-3〉 주요국의 개인기부금 조세지원

소득공제인 경우		세액공제인 경우	
미국	소득금액의 50% 또는 30%	프랑스	기부액의 66% 세액공제 (과세소득의 20% 한도)
영국	기부금액의 20% 또는 40%, 공제한도 제한은 없음		
일본	(기부금액(소득금액의 40% 한도) - 2천엔) 소득공제		
대만	소득금액의 100% 또는 20% 한도	한국	15%(3천만원 이하) 25%(3천만원 초과) 소득금액의 100~30% 한도 (종교단체10%)
독일	소득금액의 20% 한도		

자료 : 김진·박태규·이상신, 나눔문화 확산을 위한 조세지원제도 도입방안 연구, 보건복지부·한국재정학회, 2013.

법인의 기부에 대한 조세지원의 수준은 대부분 국가가 비슷하여 소득의 5~10% 한도 내에서 손금산입을 허용하고 있다.

〈표 IV-4〉 주요국의 법인기부금 조세지원

	소득공제인 경우	세액공제인 경우	
미국	소득금액의 10% 한도	프랑스	기부액의 60% 세액공제 (매출의 0.5% 한도)
영국	한도 규정 없음		
일본	소득 및 자본의 금액을 고려하여 한도 결정		
대만	소득의 10% 한도		
한국	소득의 50% 또는 10% 한도		
독일	소득금액의 20% 한도		

주: 1) 일본의 경우 기부단체에 따라 소득공제 한도가 전액 손금산입(소득금액 x 25% + 자본금액 x 0.25%), (소득금액 x 25%, 자본금액 x 0.25%)x50%로 나뉘어짐

　　2) 한국의 경우 법인기부금이 법정기부금, 지정기부금으로 분류되어 공제 한도가 달라짐

　　자료 : 김진·박태규·이상신, 나눔문화 확산을 위한 조세지원제도 도입방안 연구, 보건복지부·한국재정학회, 2013.

V. 결론

비영리법인과 관련된 현행제도에서는 각 소관부처에서 비영리법인의 인가를 받으면 법인세법에 따라 세제혜택이 주어지고, 비영리법인의 주요 재원인 기부금에 대한 세제지원은 기획재정부의 공익성검증을 통해 주어진다. 그러나 비영리법인의 인·허가권이 각 소관부처에 있고 설립이 어려울 뿐만 아니라 소관부처에서 요구하는 조건도 부처별로 상이하여 행정절차의 일관성이 결여되어 있는 문제가 있다.

비영리법인과 관련된 제도개선의 기본방향은 설립은 쉽고 간편하게 하고, 사후관리는 철저히 하는 것이라 판단된다. 비영리법인의 설립을 쉽게 하면 보다 많은 다양한 비영리법인의 설립을 기대할 수 있고, 이를 통해 공익활동이 활성화될 것으로 예상된다. 그러나 비

영리법인의 설립은 쉽고 간편한 반면, 철저한 사후관리가 보장되지 않는다면 도덕적 해이 등 더 많은 사회적 문제가 야기될 가능성이 있으므로 철저한 사후관리가 전제되는 상황에서 설립이 쉽고 간편해져야 함은 물론이다.

이상에서 설명한 기본방향에 대한 대안으로 비영리법인 통합관리기관(가칭 공익위원회)의 신설이 필요하다. 신설되는 비영리법인 통합관리기관은 비영리법인의 등록에서부터 공익성 검증과 사후관리까지 책임지게 되어 비영리법인 관련행정의 일관성 및 효율성이 보장될 수 있을 것이다.

비영리법인 통합관리기관(가칭 공익위원회)을 위원회의 형태로 구상하는 이유는 정부조직 중에서 위원회가 민간전문가와 정부관계자 등으로 구성되기 때문에 다른 형태의 정부조직(부, 처, 청, 실)에 비해 해당분야에 대한 전문성을 확보할 수 있기 때문이다. 또한 위원회는 정부로 부터의 독립성과 법적 지위를 동시에 보유하므로 비영리단체 통합관리를 위한 조직으로써 위원회의 형태는 가장 바람직한 것으로 판단된다.

구체적으로 보면, 이미 설립되어 운영 중인 비영리법인의 경우 통합관리기관으로 등록을 이전해야할 것이며, 향후 공익성에 대한 검증 및 사후관리도 통합관리기관으로부터 받도록 제도화해야 한다. 일본에서 최근 수행된 공익법인 관련 개혁 작업의 사례를 보면, 기존의 공익법인 등이 신공익법인으로 이전 등록하는데 일정기간의 유예기간을 제공하였다. 이와 같이 우리도 약 2~3년 정도의 유예기간을 두고 등록이전을 독려할 필요가 있을 것이다.

비영리법인에 대한 공익성 검증의 경우 약 3~5년 정도의 공익성 검증 스케줄을 설정하고 이에 따라 공익성 검증을 주기적으로 수행할 필요가 있다. 검증 스케줄을 공시하여 비영리법인이 미리 이에 대한 준비를 할 수 있도록 해야 함은 물론이다.

비영리법인에 대한 사후관리과정에서 요구되는 모든 서류는 표준화할 필요가 있으며, 현재 여러 관련 부처에 중복적으로 제출하고 있는 서류를 일원화할 수 있어 비영리법인의 사후관리에 대한 순응비용을 대폭 절감할 수 있을 것으로 기대된다.

통합관리기관을 운영할 경우 여러 분야에서 공익활동의 수행을 희망하는 공익법인은 한 개의 비영리법인으로 여러 분야의 공익활동 수행이 가능해 막대한 비용 절감 효과가 있을 것으로 예상할 수 있다. 현행제도에서는 비영리법인의 활동분야에 따라 소관부처가 결정되기 때문에 여러 분야의 공익활동을 수행할 경우 다수의 공익법인을 설립해야 하는 문제가 존재하였으나, 이와 같은 문제를 해결할 수 있을 것으로 기대된다. 이를 위하여 기존의 비영리법인간의 통합 등 구조조정이 원활히 이루어질 수 있도록 일정기간 동안 절차를 간소화 하는 등 제도적 뒷받침이 필요할 것이다.

앞에서 언급한 바와 같이 사후관리를 위하여 비영리법인이 제출하거나 국세청 홈페이지에 공시하는 자료의 신뢰성 제고를 위해서도 지속적인 노력이 필요한 상황이다. 비영리법인 관련 자료의 신뢰성을 확보하여야 비영리법인에 대한 국민의 신뢰가 제고될 것이고, 그 결과 국민의 기부가 확대될 수 있을 것이다.

민간기부의 형태는 크게 현금기부, 현물기부, 재능기부로 나눌 수 있으나 우리나라의 세법은 현금기부에 대한 세제혜택만을 인정하고 있어 다양한 형태의 기부가 이루어지지 못하고 있다. 기부를 더욱 활성화시키기 위해서는 현금기부 이외에도 현물기부 및 재능기부 등 다양한 형태의 기부가 활성화되도록 세제상의 보완책이 필요한 시점이다.

참고문헌

〈단행본〉

국세청, 국세통계연보, 각 연도.

손원익, 비영리분야 통계의 실태와 통계 구축을 위한 정책과제, 한국조세연
구원, 2013.

손원익·김상헌, 공익단체의 지원과 법제도 개선에 관한 경제적 분석, 법무부
용역보고서, 2011.

손원익·박태규, 공익법인 관리체계의 근본적 개선방안, 한국조세재정연구원,
2013.

손원익·박태규, 『민간비영리조직(NPO)을 통한 재정지출의 효율성 제고방안
(문화예술분야를 중심으로)』, 한국조세연구원, 2012.

손원익·박태규, 『한국의 민간기부에 관한 연구-규모, 구조와 특징, 관련 정
책방향-, 한국조세연구원, 2008.

손원익·이순태·박세경, 나눔문화 확산을 위한 정책과제, 한국조세연구원,
2010.

손원익·이형민·정경화, 공익법인의 운영실태 분석 및 정책방향, 한국조세연
구원 세법연구센터, 2012.

Giving USA Foundation, "Giving USA", 각 년도

NPO연구정보센터, 「NPO 白書」, 2010.

U.N., Handbook on Nonprofit Institutions in the System of National Accounts,
ST/ESA/STAT/SER.F/91, 2003.

〈논문〉

박태규, 한국 비영리 단체의 산출물 측정과 경제적 의미에 관한 연구, 국민
계정 제4호 통권 제27호, 한국은행, 2006.

배원기, 일본의 비영리법인(공익법인)제도의 개혁과 시사점-우리나라 제도

와의 비교를 중심으로, 한국비영리연구 제11권 제1호, 2012.

손원익, 비영리법인 관련 제도의 국제 비교: 비영리법인의 정의와 설립을 중심으로, 재정포럼 179호, 2011.

오영호·손원익·황준성·전광현·양재모·윤강재, 비영리법인 제도의 개선방안에 관한 연구, 보건사회연구원, 2011.

〈기타자료〉

한국은행 경제통계시스템, ecos.bok.or.kr

영국 비영리법인 홈페이지www.civilsociety.co.uk

영국 Charity commission, www.charitycommission.gov.uk

제2절 공익신탁*

임채웅*

Ⅰ. 전주

1. 공익신탁법의 제정

오래 논의되어 왔던 공익신탁법(이하 '이 법'이라고도 한다.)이 2014. 3. 18. 제정되었고, 2015. 3. 19.부터 시행되고 있다. 공익신탁 자체는 이 법 제정 전에도 설정이 가능하였으나, 이 법으로 인하여 그 근거규정이 좀 더 명확해졌다. 특히 단행법으로 독립된 것은, 입법자들이 앞으로 우리나라에도 공익신탁의 중요성이 더 커진다고 판단했고, 그리고 될수록 공익신탁이 많이 설정되는 것이 바람직한 것으로 이해하였다고 볼 수 있다.

그러나 이 글이 작성된 시점인 2015. 2월 말 현재, 시행령, 조세관련 특례 등이 아직 확정되지 아니한 상태라 세부적인 논의를 하기에 부적당한 면이 있다. 2014. 9. 19. 시행령 제정안이 입법예고되었으나, 아직 확정되지 아니하였다.

---

* 이 글의 상당부분은 집필자가 2014년 민사법학회 동계 학술대회에서 발표한, "공익신탁에 관한 연구"의 내용에 수정가필한 것임.
** 법무법인(유한)태평양 변호사

2. 공익신탁의 현황

가. 우리나라의 실정

공익신탁을 어떻게 정의할 것인가의 문제이기는 하나, 널리 공익을 목적으로 한 신탁이라는 의미라면 이 법의 시행으로 비로소 공익신탁의 설정이 가능해진 것은 아니고 지금까지도 가능하였다. 그러나, 지금까지 우리나라에서 공익신탁의 설정은 극히 저조하였다. 그 실례도 거의 없었다고 하여야 할 것이다.[1)2)]

공익신탁은 금융기관을 통하여, 즉 금융기관을 수탁자로 해서도 설정될 수 있으나, 2014. 7월 현재 금융기관에 의한 공익신탁상품은 하나은행의 '행복나눔신탁' 한 건밖에 없는 것으로 보도되고 있다.[3)4)] 2015년 1월말 현재, 금융기관을 통하지 않은 공익신탁의 실례는 발견하기 어려웠다. 실정이 이러하므로, 공익신탁의 활발한 활용은 앞으로의 과제라 할 수 있다.

---

1) 이러한 점에 대한 간략한 설명으로, 임채웅, 환경보호수단으로서의 신탁에 관한 연구, 신탁법연구2, 박영사, 2011, 278면 본문 및 각주 참고.

2) 이러한 실정 때문에 공익신탁에 관한 연구 역시 충분하였다고 하기 어려운데, 이 법의 제정에 즈음하여, 이중기, 공익신탁과 공익재단의 특징과 규제, 삼우사, 2014라는 단행연구서가 출간되었다.

3) http://news.heraldcorp.com/view.php?ud=20140707000391&md=20140710010046_BK 이 법은 시행전에 설정된 것이므로, 이러한 공익신탁 역시 이 법에 의하지 않고 기존 신탁법리에 의하여 마련된 것이라 볼 수 있다.

4) 금융기관을 통한 공익신탁 설정의 실례로, 2014. 1월, 대전시 대덕구청이 하나은행에 기부하는 형식으로 공익신탁을 설정한 예가 있다(http://blog.naver.com/jblegok/110183937819). 관계자들에게 비공식적으로 확인해본 바에 따르면, 이 신탁은 위탁자별로 별도의 신탁계약이 설정되는 것이고, 다만 일정 범위로 묶어 하나은행에서 합동운용하고 정해진 목적을 위하여 그 수익이 사용된다고 한다.

나. 일본의 실정

2014. 11월말 현재, 일본의 신탁협회에 데이터베이스화되어 있는 공익신탁은 502건에 달한다.[5] 여기에는 전문신탁업자가 수탁자인 경우만 수록되어 있는 것으로 보인다.

위 데이터베이스에 정리되어 있는 공익신탁 2건을 소개해본다.

高田富子教育振興基金	
目的	D : 教育振興
活動内容	北九州市内の特別支援学校の教育活動を充実させるための教育施設機材等の援助を行い、もって教育振興に寄与することを目的とする。
発足年月日	2014(平成26)年3月28日
主務官庁	福岡県教育委員会
当初信託財産	100百万円
受託者 (照会先·電話番号)	三井住友信託銀行(リテール受託業務部, 03-5232-8910)
備考	

菱和設備創立記念奨学基金	
目的	A : 奨学金支給
活動内容	静岡県内の高等学校に在籍する、向上心に富み、学業の見込みのある生徒であって、経済的な理由により十分な学習環境に恵まれない事情がある者に対し、奨学金を給付することにより、将来の静岡県の産業振興を担う青少年を育成することを目的とする。
発足年月日	2013(平成25)年10月1日
主務官庁	静岡県教育委員会
当初信託財産	60百万円
受託者 (照会先·電話番号)	静岡銀行(業務部, 054-345-5411)
備考	

---

5) http://www.shintaku-kyokai.or.jp/kouekiDB/top.htm

위에서 소개되고 있는 공익신탁을 보면, 신탁재산이 1억엔, 6천만 엔으로, 우리나라 돈으로 치면 대략 10억원, 6억원 정도이다. 두 건 모두 은행이 수탁자를 맡고 있다. 주무관청은 각 지역 교육위원회이다. 그 외의 다른 공익신탁을 살펴보면 신탁재산이 우리나라 돈으로 150억원에 달하는 것도 있고, 주무관청 역시 교육문부성, 지방자치단체 등 매우 다양하다.

이와 같이 일본은 우리나라에 비해 압도적으로 활발하게 공익신탁이 이용되고 있음을 알 수 있는데, 두 나라 사이의 인구, 경제규모, 신탁실무의 역사 등에서 볼 수 있는 여러 차이를 고려하더라도 그 차이가 너무 크다. 이 점을 달리 생각해보면 우리나라에서도 앞으로 그만큼 공익신탁이 더 활용될 여지가 있는 것으로 판단해볼 수 있다.

3. 공익신탁의 구분

공익신탁은 여러 기준에 따라 구분할 수 있을 것이나, 다음과 같은 구분이 많은 의미가 있을 것으로 생각된다.

가. 공익신탁의 구분 : 공익신탁법 적용에 따른 구분

(1) 협의의 공익신탁 : 공익신탁법에 따라 법무부장관의 인가를 얻은 신탁
(2) 광의의 공익신탁 : 협의의 공익신탁을 포함하여 널리 공익을 목적으로 하는 신탁

나. 공익신탁의 구분 : 설정형태에 따른 구분

(1) 금융상품형 공익신탁 : 신탁업자가 금융상품형태로 준비하고

스스로 수탁자가 되는 공익신탁[6]

(2) 일반형 공익신탁 : 그 외의 공익신탁

설정형태에 따른 구분의 의미는 이 두 가지가 다소 다른 법리와 운영이 필요할 것으로 생각되기 때문이다. 금융상품형 공익신탁은 금융상품의 일종이기 때문에 금융당국의 규제도 받아야 하며, 상당한 정도로 정형화된 형태로 구성될 것으로 보인다.

II. 공익신탁의 설정

공익신탁법의 주요내용은 이 법에 따른 신탁을 설정하는 경우에는 법무부장관의 인가를 받아야 하는 점 등 설정단계와 그 이후 운영단계, 청산단계에서 각각 적용되는 강력한 규제를 규정한 것이다. 상당수의 조문이 기술적인 내용을 규정하고 있기도 하다. 이러한 강력한 규제는 공익신탁이 설정된 후 그 고유의 목적에 맞추어 운영이 되게 하기 위한 것이므로 충분히 이해되는 것이기는 하나, 한편으로는 지나친 규제는 그 반작용으로 제도이용의 회피로 나타날 수 있으며, 조문을 잘 살펴보면 그러한 우려를 지우기 어렵다.

공익신탁법 제1조는 "이 법은 공익을 목적으로 하는 신탁의 설정·운영 및 감독 등에 관하여 「신탁법」에 대한 특례를 정함으로써 신탁을 이용한 공익사업을 쉽고 편리하게 할 수 있도록 하여 공익의 증진에 이바지하는 것을 목적으로 한다."라고 규정하고 있는데, 이에

---

6) 지금까지 존속해온 금융상품형 공익신탁도 이 법의 시행에 발맞추어 모두 법무부장관의 인가를 다시 받아야 할 것이다. 그에 따른 필요한 조치가 이루어질 것으로 예측되는데, 이 글에서는 기존의 금융상품형 공익신탁이 새 법하에서도 여전히 그대로 유지될 수 있을 것이라고 보며, 그러한 전제하에 설명하는 것으로 한다.

따르면 공익신탁도 기본적으로는 신탁법상의 신탁임을 알 수 있다. 이 법에서 정하고 있는 특례가 추가로 적용되는 것일 뿐, 이 법에서 정함이 없으면 그 본질에 반하지 않는 한 신탁법규정이 적용된다(제29조). 이러한 구조는 이 법이 체계상 신탁법의 특별법으로서의 성격을 갖고 있는 점을 보여준다.

신탁이라는 측면에서 공익신탁을 살펴보면, 공익신탁은 공익을 목적으로 하는 목적신탁이라 할 수 있다. 목적신탁은 수익자신탁과 비교되는 개념으로 제한된 수익자가 존재하지 않는 신탁이다. 이러한 점들을 정리하여, 공익신탁을 '특히 비영리목적의 목적신탁 가운데 공익신탁법 제2조 제1호에 열거된 공익사업을 목적으로 하고 법무부장관의 인가를 받은 신탁'이라고 정의한 것이 있는데,[7] 수긍할 수 있는 견해이다. 굳이 강학상으로 구분하자면, 위 정의는 협의의 공익신탁을 정의한 것이다.

한편 이 법 제3조는 공익사업을 목적으로 하는 신탁을 인수하려는 수탁자는 법무부장관의 인가를 받아야 하는데, 여기서의 인가는 향후 공익신탁의 수탁자 지위를 인수하려는 자가 미리 포괄적으로 인가를 받는다는 의미가 아니라, 특정 공익신탁 하나씩 별개로 설정될 때마다 별도의 인가를 받아야 한다는 의미로 해석된다. 그러나 이러한 설명은 이 글에서 말하는 일반형 공익신탁에 대한 것이고, 금융상품형 공익신탁에서는 그와 같이 하기 어려울 것이다. 이러한 신탁에 대해서는 부득이 상품설계단계에서 법무부장관으로부터 포괄적으로 인가를 받아야 할 것으로 보인다.

제9조에 의하여 이 법에 따른 공익신탁, 즉, 법무부장관의 인가를 얻은 공익신탁이 아니고는 '공익신탁'이나 그와 유사한 표시를 할 수 없게 되었다. 그러나 실질적으로 동일한 신탁을 공익신탁이 아닌 신

---

7) 이중기, 위의 책, 136면.

탁으로 설정하는 것이 불가능하지는 않을 것이다. '공익신탁'이라는 표시를 하지 못할 뿐이다. 따라서 경우에 따라서 법무부장관의 관여를 바라지 않고 귀속재산 등의 처리를 원하는 대로 하기 위하여 공익신탁인가를 받지 않고, 일반적인 신탁의 형태로 신탁을 설정하는 경우도 생겨날 것으로 예측된다.

이 법에서 금지하는 것이 아니라면 신탁법의 적용을 받게 될 것이므로, 신탁선언에 의한 설정도 가능하며, 유한책임신탁으로의 설정도 가능하다. 이 법이 유한책임신탁으로의 공익신탁 설정이 가능함을 명시한 것은 아니나, 제9조 제3항은 유한책임신탁으로 인가한 경우에 관하여 규정하고 있고, 제7조 제1항 제6호는 이미 설정된 공익신탁을 유한책임신탁으로 변경하는 경우에 관하여 규정하고 있으므로, 그 설정이 가능함은 의문의 여지가 없다. 유한책임신탁으로의 설정이 가능하다면, 채무자회생 및 파산에 관한 법률 제578조의 2 이하 규정에 따라 파산절차가 개시되는 것도 가능할 것이다. 법무부장관의 인가가 필요하고 설정 이후에도 강력한 규제를 받는 공익신탁이 파산하는 경우는 발생하기 어려울 것으로 보나, 원론적으로는 그 가능성을 배제하기 어렵다.

이 법 제2조 제1호에서 공익신탁과 관련한 '공익사업'에 대해 다음과 같이 열거하고 있다.

1. "공익사업"이란 다음 각 목의 사업을 말한다.
   가. 학문·과학기술·문화·예술의 증진을 목적으로 하는 사업
   나. 장애인·노인, 재정이나 건강 문제로 생활이 어려운 사람의 지원 또는 복지 증진을 목적으로 하는 사업
   다. 아동·청소년의 건전한 육성을 목적으로 하는 사업
   라. 근로자의 고용 촉진 및 생활 향상을 목적으로 하는 사업
   마. 사고·재해 또는 범죄 예방을 목적으로 하거나 이로 인한 피해자 지원

을 목적으로 하는 사업

바. 수용자 교육과 교화(敎化)를 목적으로 하는 사업

사. 교육·스포츠 등을 통한 심신의 건전한 발달 및 풍부한 인성 함양을 목적으로 하는 사업

아. 인종·성별, 그 밖의 사유로 인한 부당한 차별 및 편견 예방과 평등사회의 증진을 목적으로 하는 사업

자. 사상·양심·종교·표현의 자유 증진 및 옹호를 목적으로 하는 사업

차. 남북통일, 평화구축, 국제 상호이해 증진 또는 개발도상국에 대한 경제협력을 목적으로 하는 사업

카. 환경 보호와 정비를 목적으로 하거나 공중 위생 또는 안전의 증진을 목적으로 하는 사업

타. 지역사회의 건전한 발전을 목적으로 하는 사업

파. 공정하고 자유로운 경제활동이나 소비자의 이익 증진을 목적으로 하는 사업

하. 그 밖에 공익 증진을 목적으로 하는 사업으로서 대통령령으로 정하는 사업

공익사업에 대한 이러한 정의는 공익법인의 그것과 상당히 다르다. 공익법인의 그것에 비하여 공익신탁에서의 공익사업이 훨씬 더 그 범위를 넓힌 것으로 볼 수 있다.[8)9)] 이러한 입법태도는 공익신탁

---

8) 同旨, 이중기, 위의 책, 58면.

9) 공익법인의 설립·운영에 관한 법률 제2조는 "이 법은 재단법인이나 사단법인으로서 사회 일반의 이익에 이바지하기 위하여 학자금·장학금 또는 연구비의 보조나 지급, 학술, 자선(자선)에 관한 사업을 목적으로 하는 법인(이하 "공익법인"이라 한다)에 대하여 적용한다."라고 하여 그 범위를 매우 한정하고 있으며, 동 법 시행령 제2조 제1항은 법 제2조에서 말하는 "사회 일반의 이익에 공여하기 위하여 학자금·장학금 또는 연구비의 보조나 지급, 학술·자선에 관한 사업을 목적으로 하는 법인"의 의미를 다음과 같은

에 비하여 공익법인의 설립을 훨씬 더 억제하려는 것으로 이해할 수 있다. 이러한 태도는 공익신탁에 비하여 공익법인이 훨씬 더 규모도 크고 사회적 영향력도 큰 것으로 본 것이라 이해할 수 있지 않은가 싶으나, 입법론으로는 공익법인에 관해서도 공익신탁에서의 공익사업 정도로 범위를 넓히는 것이 타당하다고 본다.

III. 공익신탁의 운영

공익신탁의 신탁재산 중 금전은 신탁법 제41조에서 정한 방법에 의하여서만 운용하여야 한다(제11조 제1항). 수탁자는 금전이 아닌 신탁재산을 신탁행위 외의 방법으로 취득해서는 아니된다(제11조 제2항). 이 말은 결국 금전 및 그에 준한 신탁재산은 신탁행위 이외의 방법으로도 취득할 수 있으나, 그 외의 재산, 가령 부동산의 경우 제3자로부터 매수하는 방식으로는 취득할 수 없음을 뜻한다. 반드시 위탁자가 신탁행위를 통하여 출연하는 방식으로만 취득할 수 있다는 것이 된다. 이러한 신탁행위는 애초에 신탁을 설정하는 경우는

사업을 목적으로 하는 법인으로 한정하고 있다.

1. 학자금·장학금 기타 명칭에 관계없이 학생등의 장학을 목적으로 금전을 지급하거나 지원하는 사업·금전에 갈음한 물건·용역 또는 시설을 설치·운영 또는 제공하거나 지원하는 사업을 포함한다.

2. 연구비·연구조성비·장려금 기타 명칭에 관계없이 학문·과학기술의 연구·조사·개발·보급을 목적으로 금전을 지급하거나 지원하는 사업·금전에 갈음한 물건·용역 또는 시설을 제공하는 사업을 포함한다.

3. 학문 또는 과학기술의 연구·조사·개발·보급을 목적으로 하는 사업 및 이들 사업을 지원하는 도서관·박물관·과학관 기타 이와 유사한 시설을 설치·운영하는 사업

4. 불행·재해 기타 사정으로 자활할 수 없는 자를 돕기 위한 모든 자선사업

5. 제1호 내지 제4호에 해당하는 사업의 유공자에 대한 시상을 행하는 사업

물론, 일정한 절차를 밟아 신탁재산을 추가하는 방식으로도 가능할 것으로 판단된다.

수탁자는 신탁재산을 공익사업 및 수익사업 외의 용도로 사용해서는 안되며, 신탁재산의 운용소득 중 100분의 70 이상을 공익사업에 사용하여야 한다(제11조 제4항, 제12조 제1항). 운용소득 산정방법은 대통령령에 의하여 정하여질 것이나(제12조 제2항), 위 '공익사업에 사용하여야 한다'는 의미가, 반드시 그 수익이 발생한 해에 모두 사용되어야 한다는 의미는 아니고, 가령 공익사업에 사용하기 위하여 적립하는 것도 허용되어야 할 것이다.

한편, 수탁자는 공익사업 수행을 위하여 필수적인 재산을 매도, 증여, 임대, 교환, 용도 변경 또는 담보로 제공하거나, 일정 금액 이상을 장기 차입을 하려면 법무부장관의 승인을 받아야 한다(제11조 제6항). 일정 금액 기준과 장기 기준에 대해서도 대통령령에 의하여 정하여져야 한다.

수탁자와 신탁관리인은 신탁행위에서 달리 정해져있지 않으면 필요경비 외의 보수 등을 지급받을 수 없다(제13조). 한편, 수탁자는 신탁행위에 의하여 달리 정해져 있지 아니하면 다음과 같은 신탁사무를 수탁자 외의 다른 자에게 위임할 수 있고, 그 경우 그 수임자에게 보수를 지급할 수 있다(제14조 제1항, 제2항)

1. 전문 지식이 필요한 신탁재산의 관리·운용과 관련된 사무
2. 모금활동과 관련된 사무
3. 타인에게 위임하지 아니하면 목적을 달성하기 어려운 신탁사무 또는 이와 유사한 사무로서 대통령령으로 정하는 사무

공익신탁의 회계는 공익사업 수행에 따른 회계와 수익사업 수행에 따른 회계로 구분되어야 하며(제15조), 수탁자는 일정한 기준에

따라 법무부장관에게 사업계획서와 기타 서류들을 법무부장관에게 제출하여야 한다(제16조).

이상과 같이 공익신탁의 운영은 매우 엄격한 규정에 의하여 감독을 받게 되어 있다. 그나마 수탁자의 보수 등은 신탁행위에 의하여 달리 정할 여지가 인정되고 있으므로, 애초에 신탁을 설정할 때 이러한 점에 유념하여 정밀하게 정해둘 필요가 있다.

Ⅳ. 공익신탁의 합병 및 종료

공익신탁은 법무부장관의 인가를 통하여 다른 공익신탁과 합병할 수도 있고, 공익신탁이 아닌 신탁과도 합병할 수도 있다(제20조 제1항, 제2항). 이러한 합병에는 법무부장관의 인가가 필요할뿐더러 이후 절차도 법무부장관에 의하여 엄격하게 감독되게 되어 있다. 법적으로는 이러한 합병절차가 마련되어 있으나, 실제로는 인가되기가 매우 어려울 것으로 예측된다. 특히 공익신탁이 아닌 신탁과의 합병의 경우, 그러한 합병으로 탄생하는 신탁 자체가 공익신탁이 아닌 경우에는 인가가 어렵지 않을까 생각되며, 공익신탁간의 합병 역시 그 목표로 하는 공익사업이 거의 유사하다거나 그렇게 하지 않으면 어느 공익신탁이 파산상태에 이르게 된다거나 하기 전에는 인가받기 어렵지 않을까 예측된다. 한편, 공익신탁의 분할 또는 분할합병은 불가능하다(제21조).

공익신탁에 아래와 같은 적절하지 못한 사유가 있을 경우, 법무부장관은 시정 또는 보완을 요구한 다음, 청문절차를 거쳐 인가를 취소할 수 있다(제22조).

1. 제4조 각 호의 요건을 갖추지 못하게 된 경우

2. 거짓이나 그 밖의 부정한 방법으로 인가 또는 승인을 받은 경우

3. 수탁자로부터 제3조제1항에 따른 공익신탁 인가의 취소 신청이 있는 경우

4. 제6조 제1항에 따른 인가 조건을 위반한 경우

5. 제11조를 위반하여 신탁재산을 운용한 경우

6. 제12조를 위반하여 운용소득을 사용한 경우

7. 제15조에 따른 회계 구분을 하지 아니하거나 거짓으로 한 경우

8. 그 밖에 다른 법령을 위반하여 사업을 하거나 사업에 관한 행정기관의 처분에 따르지 아니한 경우

공익신탁은 인가의 취소에 의하여서뿐 아니라, 신탁법에 따른 신탁종료사유가 있는 경우에도 종료된다. 수탁자는 그러한 사유가 발생한 경우, 지체없이 그 사실을 법무부장관에게 신고하고, 신탁사무에 관한 최종 계산을 한 후, 법무부장관의 승인을 받아야 한다(제23조 제1항).

공익신탁의 인가가 취소되거나 종료된 경우 잔여재산의 처리문제에 관해서는, 현행 관련규정에 상당한 문제점이 있는 것으로 보이므로, 장을 바꾸어 상세히 설명하기로 한다.

V. 공익신탁법의 문제점 - 귀속재산의 처리문제

1. 들어가는 말

이상 공익신탁의 현황 및 개요에 대해 간략히 알아보았는데, 이 법이 제정된 의의는 충분히 인정되나, 문제점도 없지 않다. 지나치게 강력한 규제를 가한 듯한 면도 보이며, 공익을 위한 것이라고는 하나 그 규제의 강도 때문에 공익신탁을 설정하려는 의욕을 꺾게 만

드는 것이 아닌가 하는 우려도 없지 않다. 이상적인 모습을 갖추게 하는 것은 좋으나, 그로 인하여 공익신탁이 설정되는 경우가 거의 없게 된다면, 그 또한 바람직한 것은 아니기 때문이다. 그러나 법이 제정된 뒤 아직 본격적으로 시행되지도 아니한 상태에서, 현 단계에서 규제의 강도에 대해 문제점이 있다고 단정하기도 어렵다. 어느 정도 시행이 이루어진 뒤, 그 결과를 평가한 뒤에 거론할 수 있을 것이다.

따라서 여기서는 다른 점에 대해서는 다루지 않기로 하되, 다만 문제점이 매우 심각한 것으로 보이는 귀속재산의 처리문제에 대해 주로 다루어보고자 한다. 주로 제24조의 해석론과 그 입법상의 문제점을 지적하는 내용이 될 것이다.

한편, 제24조 규정을 살펴보면, 잔여재산의 처리에 관해서는 소위 시프레원칙의 아이디어가 도입된 것으로 보인다.[10]

이 법이 귀속권리자의 지정에 관하여 규정한 것은 제4조와 제24조인데, 각각 다음과 같은 내용이다.

제4조(인가요건)

9. 신탁행위로 다음 각 목의 사항을 정할 것

---

10) 이중기, 위의 책, 488면. '시프레원칙'(Cy-Pres doctrine)이란, 권리자가 재산의 처분에 대해서 일반적인 의사를 표시하고 그 의사의 특정한 실행방법을 정한 경우에 그 방법이 위법 그 외의 이유로 실행할 수 없거나 적합하지 않을 때에 그 사건을 담당한 법원이 권리자의 의사에 따라 지정한 방법과 가능한 한 유사한 합법적인 방법으로 실행한다고 하는 형평법상의 원칙을 말한다. 이 원칙은 영미에서 공익신탁에서 적용되는 것으로, 설정자가 일반적인 공익목적을 의도하고 있다고 추정되는 경우, 당초의 공익목적이 달성되는 동시에 잉여금이 있는 경우, 재산의 일부에 대하여만 공익목적에의 사용을 규정하고 있는 경우, 당초 공익목적이 달성불가능 또는 거기에 준한 상태가 된 경우 등이 들어진다. 은행신탁연구회 편, 신탁용어사전, 도서출판 은행계, 1998, 107면, 참고.

가. 제22조제1항에 따라 공익신탁 인가가 취소되거나 「신탁법」에 따른 사
　유로 공익신탁이 종료한 경우 남은 재산을 유사 공익사업을 목적으
　로 하는 다른 공익신탁등이나 국가 또는 지방자치단체에 증여한다는
　취시

나. 공익사업을 수행하기 위한 필수적인 재산이 있는 경우에는 그 사실
　및 처분 제한에 관한 사항

다. 수탁자 및 신탁관리인에게 보수등을 지급하는 경우 그 지급기준에
　관한 사항

제24조(귀속권리자와 보관수탁관리인)

① 제22조제1항에 따라 공익신탁의 인가가 취소되거나 제23조에 따라 공
　익신탁이 종료된 경우 제4조제9호가목에 따라 정한 다른 공익신탁등
　이나 국가 또는 지방자치단체를 「신탁법」에 따른 귀속권리자로 본다.

② 제1항에 따른 귀속권리자를 정할 수 없거나 해당 귀속권리자가 없는
　경우에는 법무부장관은 신탁재산을 유사한 목적의 공익신탁등에 증여
　하거나 무상대부하여야 한다.

③ 법무부장관은 제2항의 경우 보관수탁관리인을 선임하여 신탁재산을
　증여하거나 무상대부하게 할 수 있다. 이 경우 보관수탁관리인의 선임
　방법 및 자격, 그 밖에 필요한 사항은 대통령령으로 정한다.

④ 제1항에 따라 신탁재산을 귀속받은 국가 또는 지방자치단체는 신탁재
　산을 공익사업에 사용하거나 유사한 목적을 가진 공익신탁등에 증여
　또는 무상대부하여야 한다.

이러한 규정의 취지를 살펴보면, 위탁자가 이 법에서 상정하고
있는 당사자 외, 즉, 위탁자 스스로나 기타 다른 사인(私人)을 귀속권
리자로 하는 것은 허용하지 않는 것으로 이해된다.

2. 귀속권리자와 증여의 문제

위 두 조문을 잘 살펴보면, 그 규정하고자 하는 바의 내용은 이해되나, 법률관계에 대한 혼선이 드러난다.

즉, 제24조 제1항에 따르면, 제4조 제9호에서 정한 자가 귀속권리자가 되는 것으로 상정한 듯한데, 제4조 제9호 가.목에서는 '증여한다는 취지'로 규정하고 있다.

원래 신탁이 취소되거나 종료되면 그 법적 효과로서 잔여재산이 귀속권리자에게 귀속되는 것이며, 추가의 법률행위를 필요로 하지 않는데, 이를 '증여'로 표현하는 것은 잘못이다.

만일 정말로 '증여'라는 형식을 취하라는 것이 입법자의 의도였다고 가정해보면 여러 문제점이 드러난다. 위탁자가 실질적으로 잔여재산을 증여하는 것이 되게 하려는 의사가 있었다 하더라도, 잔여재산에 대해서는 여전히 수탁자가 법적 권리를 갖는다. 위탁자는 그 귀속권리를 증여할 수 있으나, 잔여재산 자체를 자신이 증여할 수는 없다. 제3자인 수탁자에게 증여하게 할 수 있을 따름이다. 어차피 다른 공익신탁이나 국가 또는 지방자치단체에게 귀속되게 하는 것이 목적이라면, 귀속권리자로 지정하면 충분한 것이며, 공연히 증여라는 개념을 등장시킬 필요가 없었다.

3. 법무부장관이 관여하는 경우

가. 귀속재산의 처리

신탁종료시 남은 잔여재산의 귀속에 관하여 이 법에 정함이 없다면 원칙적으로 적용되어야 할 신탁법 제101조에 따르면 다음과 같은 순서에 의한다.

신탁행위로 정한 자 ⇨ 수익자 ⇨ 위탁자 또는 그 상속인 ⇨ 국가

이 법이 이런 상황의 창출을 염두에 두고 만들어지지는 않았을 것이라 생각된다. 위 조문을 읽어보면, 이 법이 원래 의도하였던 바는 다음과 같은 것이었다고 이해된다.

신탁행위로 정한 자(다른 공익신탁, 국가, 지방자치단체에 한정) ⇨ 국가

공익신탁에서는 원래 한정된 수익자가 없는 것이므로 수익자가 제외되는 것은 당연한 것이고, 나아가 위탁자나 그의 상속인들이 잔여재산을 회수하여 가지는 못하게 하려던 것이 입법의도였던 것으로 읽혀진다. 그런데, 만일 그러한 의도였다면 그 점을 명확히 하였더라면 좋았을 것이다. 현재의 조문상으로는 그러한 취지는 읽혀지나 그 실체적 법률관계는 명확하지 않고, 종료되었을 때 신탁행위로 정한 자가 없으면 법무부장관은 신탁재산을 유사한 목적의 공익신탁 등에 증여하거나 무상대부하여야 한다고 규정되어 있을 따름이다. 이러한 조문내용은, 실체적 권리관계상으로는 원칙에 따라 위탁자 또는 그 상속인에게 귀속되어야 하나, 이를 저지하기 위하여 법무부장관이 위와 같은 권한을 보유한다고 규정한 것으로 볼 여지가 충분히 있다(제1해석). 해석하기 나름으로는 증여와 무상대부 권한을 갖는다는 것은 당연히 그 소유권을 갖는 것을 전제로 하는 것이라 볼 수도 있을 것이나(제2해석), 재산의 소유권의 향방을 그런 식의 해석으로 정하는 것은 타당하지 못하다. 논리의 면에서만 본다면 제1해석의 내용이 훨씬 더 타당하다고 본다. 따라서 앞으로 개정할 기회가 있다면, 신탁행위에 의한 귀속권리자가 없는 경우 일단 국가에게 귀속되는 것으로 명확히 해두는 것이 좋을 것이다. 아래에서 살펴보는 공익법인의 설립,운영에 관한 법률 제13조와 같이 명료하

게 규정하는 것이 타당하다.

이 글에는 일단 제1해석의 경우를 취하고 논의를 더 하는 것으로 한다.

나. 증여의 주체

이상에서 설명한 이유로, 만일 잔여재산이 국가에게 귀속됨이 명확하지 아니한 상태가 유지된다면, 제24조 제2항은 '증여하게 하거나 무상대부하게 할 수 있다'라고 고쳐야 한다.

이와 같이 잔여재산의 실체법적 권리자와 증여나 무상대부를 할 수 있는 주체가 다르기 때문에 위와 같이 하게 할 수 있게 고치는 경우, 그 지시에 관한 절차규정을 두어야 한다. 이 점은 지금도 마찬가지이다. 만일 법무부장관이 증여하고자 하는데, 현재의 실체법적 권리자가 그 증여를 거부하면 어떻게 되는가? 만일 수탁자가 법무부장관의 지시를 어기거나 장관의 지시가 있기 전에 타에 처분하여 버리면 그 처분의 효과는 없는 것인가?

수탁자가 지시에 따르지 않으면 법무부장관은 제27조 제2항 제1호에 따라 수탁자를 직권으로 해임하여야 할 것이다. 그러나 그렇게 될 경우 신수탁자를 선임하여야 하는 문제가 생긴다. 보관수탁관리인에 대해서는 후술한다.

그런데 증여의 경우에는 새로운 권리자에게 재산이 완전히 이전되게 되나, 무상대부의 경우 여전히 대부관계가 남는다. 아마 위 규정은 제2항에 정한 경우에는 무주물과 같이 되고, 국가가 실질적으로 소유자가 되는 것으로 이해하였던 듯한데, 잔여재산이 명확하게 제3자에게 넘어가기 전에는 해당 시점의 수탁자가 여전히 권리자이다. 만일 이러한 해석에 따른다면, 그리고 가령 여기서 말하는 무상대부가 민법상의 개념으로 치면 사용대차라고 한다면, 이후 수탁자는 그 대주, 무상대부를 받은 자는 차주의 지위가 계속하여 남게 된다. 대주의 지위, 즉, 소유자의 지위를 계속 유지하면 소유자로서 각종 조세부담이 있을 수 있다. 이러한 점때문에라도 해당 조문은 정비기 필요한 것으로 판단된다.

다. 공익사업의 문제

한편, 제24조 제4항은 신탁행위에 의하여 국가나 지방자치단체가 귀속권리자가 될 경우, 국가 또는 지방자치단체는 공익사업에 사용할 수도 있고, 유사한 목적을 가진 공익신탁 등에 증여 또는 무상대부하여야 한다. 이 경우에는 국가 또는 지방자치단체가 실체법적으로도 권리자가 되므로, 직접 타에 증여하거나 무상대부하는 데에 아무런 문제도 없다. 그보다는, 공익사업에 사용할 수 있다고 하고 있는 부분이 경우에 따라서는 매우 넓은 용도로 사용할 수 있게 되어, 위탁자나 그 가족들이 보기에 부당하다고 보는 경우가 생길 가능성이 있어 보인다. 이 법의 입법취지, 공익신탁이 설정되는 이유 등을 생각해보면, 여기서도 유사한 공익사업이라고 규정하거나, 최소한 유사한 공익사업에 우선 사용하여야 한다고 규정하는 것이 옳지 않은가 한다.

라. 보관수탁관리인의 문제

제24조 제3항은 귀속권리자가 없게 되는 경우, 법무부장관은 '보관수탁관리인'을 선임하여 신탁재산을 증여하거나 무상대부하게 할 수 있다고 규정하고 있는데, 처리절차를 위해 이러한 제도를 둔 것은 바람직한 것으로 생각된다. 반드시 두어야 하는 것이 아니라, 둘 수 있는 것이고 법무부장관이 필요성을 검토하여 결정하게 될 것이다.

그런데 제4항의 경우에는 보관수탁관리인 제도가 적용되지 않는다. 이것을 보면, 입법당시 국가 또는 지방자치단체가 귀속권리자가 되는 경우에는 별 문제가 없으나, 귀속권리자가 없게 되는 경우에는 법적 구조상 어떤 문제가 있을 수 있다고 의식했던 것 같다. 그러나 보관수탁관리인은 관리인에 불과하므로, 위와 같은 실체법적 관계의 차이에 따라 구분할 이유가 없다. 따라서 보관수탁관리인제도를 제4항의 경우에도 준용할 수 있도록 규정함이 상당하다고 본다.

4. 공익신탁 '등'의 문제

위탁자는 신탁행위로 '다른 공익신탁 등'을 귀속권리자로 지정할 수 있는데, 다른 구체적인 공익신탁을 지정하는 것은 문제가 없을 것이다. 그런데, 여기서 '등'이라고 하고 있는 취지는 어떻게 해석하여야 하는가가 문제이다. 생각해볼 수 있는 대상은 공익법인이 있다. 법문상 '유사 공익사업을 목적으로 하는 다른 공익신탁 등'이라고 하고 있는데, 아마도 원래는 비슷한 목적의 사업을 하는 것으로 대상을 제한하고자 하는 취지였을 것이나, 위 표현에서 '등'의 범위를 어떻게 설정하느냐에 따라 대상이 넓어질 수 있다.

그 외에도 이 법에 따른 공익신탁은 아니지만 공익을 목적으로 하는 신탁을 생각해볼 수 있는데, 이 경우, 그 신탁의 종료시 잔여재산이 신탁행위에서 정한 바에 의하여 처리될 것이므로, 공익신탁법의 규정취지에 반할 우려가 있다. 따라서 이러한 지정은 허용되지 않아야 한다고 보는데, 그보다는 이 부분을 좀 더 명확히 풀어 규정하는 것이 좋을 것이다.

한편, 구체적인 공익신탁이 아니라 추상적인 지정이 가능한가? 신탁행위 당시에는 존재하지 않는 대상도 지정할 수 있는가? 사견으로는 그러한 지정도 가능하다고 본다. 최종적으로 해당 시점에 그에

해당되는 대상이 존재하지 않으면 제24조의 정함에 따라 처리되면
될 것이다.

5. 귀속권리자 한정의 타당성 문제

위에서 본 바와 같이, 이 법은 귀속권리자에 대해 매우 엄격하게
규정하고 있다. 그런데 일본의 공익신탁에 관한 법률(公益信託ニ關ス
ル法律) 제9조는 다음과 같이 규정하고 있다.

> "공익신탁이 종료한 경우, 귀속권리자의 지정에 관한 정함이 없을 때
> 또는 귀속권리자가 그 권리를 포기할 때는, 주무관청은 그 신탁의 본지
> 에 따라 유사한 목적을 위한 신탁을 계속하게 할 수 있다."[11]

이와 같이, 일본의 공익신탁법제는 최소한 법규정상으로는 우리
의 공익신탁법에 비해 위탁자가 귀속재산의 처분에 훨씬 더 많은 권
한을 행사할 수 있게 되어 있다.

공익을 위한 출연이 이루어진 뒤에는 그 재산은 실질적으로는 사
회전체의 공유가 되게 하는 것이 바람직하기는 하다. 그러나, 그와
같이 엄격하게 규정하여 이상에 가깝게 하는 대신 그로 인하여 출연
이 줄어든다면 바람직하지 않다고 생각된다. 공익을 위해 대상재산
을 완전히 내놓는 것이 아니라, 시간을 정하여 내놓고 이후에는 자
신에게 되돌아오게 할 수도 있는 것 아닌가 한다. 굳이 말하자면, 이
와 같이 이용할 수 있는 권리만을 신탁재산으로 하여 신탁을 설정할

---

11) 그 본문은 다음과 같다. "第九條　公益信託ノ終了ノ場合ニ於テ歸俗權利者
　　ノ指定ニ關スル定ナキトキ又ハ歸俗權利者ガ其ノ權利ヲ放棄シタルトキハ
　　主務官廳ハ其ノ信託ノ本旨ニ從ヒ類似ノ目的ノ爲ニ信託ヲ繼續セシムルコ
　　トヲ得"

수도 있을 것이나, 이론상으로는 그렇게 하여 가능한 것이라면 굳이 귀속재산을 위탁자가 회수해가지 못하게 할 필요도 없지 않는가 생각되고, 실무적인 차원에서는 이용권만의 양도라는 개념에 비교적 익숙하지 않은 우리 법률문화에서 이용권만을 신탁재산으로 내놓는다고 하면 현실적으로 인가가 어렵게 되지 않을까 하는 우려가 생긴다. 앞으로 공익신탁법의 개정이 논의될 경우, 이 점에 대해 논의를 거쳐 적절히 완화하는 것이 좋을 것이다.

6. 공익법인과의 관련문제

한편, 공익신탁과 주요 비교대상이라 할 수 있는 공익법인에 관해서는, 공익법인의 설립,운영에 관한 법률은 다음과 같이 규정하고 있다.

제13조(잔여재산의 귀속)
① 해산한 공익법인의 남은 재산은 정관으로 정하는 바에 따라 국가나 지방자치단체에 귀속된다.
② 제1항에 따라 국가나 지방자치단체에 귀속된 재산은 공익사업에 사용하거나 이를 유사한 목적을 가진 공익법인에 증여하거나 무상대부한다.

이와 같이 공익법인에 관해서는 바로 다른 공익법인으로 잔여재산이 귀속될 수도 없고, 일단 국가나 지방자치단체에 귀속된 다음, 이들에 의하여 공익사업에 사용하거나 유사한 목적을 가진 공익법인에 증여하거나 무상대부하도록 규정하고 있다.

공익법인과 공익신탁은 많은 점에서 비교대상이 되나, 다른 점도 많다. 공익신탁의 경우 수탁자가 동일하더라도 각 신탁별로 엄격히 구분하여 관리되나, 공익법인의 경우 일단 공익법인의 지배하에 들어온 이상 그와 같이 구분되지는 않는다. 따라서 여러 개의 공익을

실현하고자 하는 경우, 공익법인에 비해 공익신탁이 더 우수하다는 견해도 발견된다.[12]

입법자의 의도가 공익법인과 공익신탁을 같은 선상에 올려두고 소위 제도차익을 둘 수 없다는 것인지, 그렇지 않은 것인시는 확실하지 않다. 실제로 법인을 설립하거나 신탁을 설정하여야 하는 실무의 측면에서 본다면, 비록 공익신탁의 경우에도 거액의 신탁재산을 대상으로 할 수는 있으나, 통상은 공익법인의 경우가 좀 더 규모도 크고 운영도 더 공식적이고 경직되게 이루어지지 않을까 예측된다. 공익신탁의 경우 아주 작은 금액으로도 가능하고, 게다가 신탁업을 하는 업체를 통하여 간단히 입금하는 것으로 설정이 가능할 것이라는 점을 보면 그러한 점을 알 수 있다.

여하 간에, 공익을 위한다는 취지를 고려해보면, 가급적 유연하고 다양한 방식으로 사업이 영위되며 유지되도록 하는 것이 바람직하다. 공익신탁이 종료된 경우, 위에서 본 대로 귀속권리자의 후보에 공익신탁[등]이라고 하고 있으므로, 공익법인에의 이전도 가능할 것으로 보이나, 공익법인의 경우에는 오로지 공익법인에게의 이전만 가능하도록 규정되어 있다. 공익법인의 설립,운영에 관한 법률의 해당 규정의 개정이 필요하다.

VI. 공익신탁의 전망

우리나라에서 공익신탁법의 본격적인 활용은 이번 이 법의 제정 및 시행과 비로소 시작될 가능성이 있다. 가령 2015년 시행과 동시에 당장에 활발하게 활용되지 않는다 하더라도, 공익법제 중 하나로 정비작업을 하였다는 점은 큰 의미를 갖는다. 여러 제도를 잘 정비해

---

12) 이중기, 위의 책, 144면.

놓아야 그에 따라 비로소 수요가 발생할 수 있기 때문이다. 신탁제도는 다른 제도에 비해 그 유연성이 주요한 장점이다. 여타의 공익법제와 균형을 유지하여 가면서도, 다른 제도에서 획득하기 어려운 유연성을 부여하는 것이 공익신탁법제의 과제라 생각한다. 따라서 공익신탁법제를 운영함에 있어 공익목적이라는 큰 틀을 벗어나는 것이 아닌 한, 지나치게 경직되게 운영하는 것은 바람직하지 않을 것이다. 가령 위탁자에게 다른 의도가 있다고 하더라도, 공익목적도 분명히 있다면 이를 부정적으로 볼 필요가 없는 것인데, 공익법인 등에서는 유연성을 발휘하기가 쉽지 않다. 그러한 역할을 바로 공익신탁제도가 담당할 수 있을 것이다.

위에서 설명한 대로, 공익신탁의 큰 축의 하나는 주로 금융기관인 신탁업자가 수탁자가 되어, 마치 금융상품과 같이 정형화하여 이를 판매하는 형식으로 설정하게 하는 것이다. 여기서 말하는 금융상품형 공익신탁은 신탁업자로서는 영업분야의 확장이라는 면이 있을 것이며, 한편 위탁자 입장에서는 가장 간편한 공익신탁설정방식이 될 것이다. 자산가가 아닌 일반 개인들은 공익신탁 설정을 위한 비용을 따로 들이기 매우 어렵다. 이러한 사람들이 공익신탁을 설정할 수 있는 실질적인 유일한 길은 신탁업자를 통하여 하는 것이다. 위에서 소개한 대로 이 점에 관해서는 일본이 한참 앞서가 있다. 우리나라의 신탁업자 일부는 이미 많은 노력을 경주하고 있으나, 더 큰 노력이 요구되는 면이다.

최근 중국 알리바바의 창업자인 마윈과 차이충신은 알리바바 주식의 2%를 출연하여 환경오염 퇴치를 목적으로 한 공익신탁을 설립하였는데, 알리바바가 향후 뉴욕증시에 성공적으로 상장되면, 위 출연액은 약 3조원에 이를 것으로 알려졌다(http://news.khan.co.kr/kh_news/khan_art_view.html?artid=201404272111365&code=970204). 공익신탁은 대개 작은 재산이나 단일한 형태로 존재하는 재산에 대해 주로 설정될 것이라고 예측되기는 하나, 경우에 따라서는 이와 같은 천문학적인 재산을 대상으로도 설정될 수 있음을 위 보도를 통해 알 수 있다. 즉, 공익신탁이 적절한 재산범위는 다른 유사제도에 비해 그 폭이 훨씬 더 넓다는 것을 의미한다고 보며, 그 점 역시 신탁제도가 갖는 유연성에서 비롯되는 일이라 할 수 있다. 이러한 큰 규모의 공익신탁이 우리나라에서도 설정될 수도 있을 것으로 전망해본다.

제3절 기부금품의 모집·사용 및 기부금품법의 쟁점

이상신*

Ⅰ. 기부금품의 모집과 사용

1. 기부금품 모집의 개념

가. 기부금품

「기부금품의 모집 및 사용에 관한 법률」(이하 기부금품법이라고 표기한다) 제2조 제1호는 "기부금품이란 환영금품, 축하금품, 찬조금품(贊助金品) 등 명칭이 어떠하든 반대급부 없이 취득하는 금전이나 물품을 말한다. 다만, 다음 각 목의 어느 하나에 해당하는 것은 제외한다."고 정의하여, 회원 등 단체의 내부 구성원으로부터 취득하는 경우를 제외하고 있다.

일반적으로 공익을 목적으로 하는 무상(無償)의 출연(出捐)행위를 기부(寄附)라고 하며, 금품이란 금전과 물품의 줄임말로서 부동산을 제외하는 것으로 이해되므로, 결국 '기부로 인(因)하여 취득하는 금전(金錢)이나 물건 중 부동산을 제외한 것'이 기부금품이라고 할 수 있으나, 기부금품법의 목적상 단체 내부구성원으로부터 취득하는 것을 제외하는 것으로 생각된다. 자세한 설명은 후술한다.

---

* 서울시립대학교 세무학과 및 세무대학원 교수

나. 모집

기부금품의 "모집"이란 서신, 광고, 그 밖의 방법으로 기부금품의 출연(出捐)을 타인에게 의뢰·권유 또는 요구하는 행위를 말한다(제2조 2호). 즉 서신이나 광고 등의 방법을 통한 의뢰·권유가 있고 그러한 의뢰에 기인하여 재산의 출연을 하게 되는 것, 즉 의뢰와 기부금품의 출연 사이에 인과관계가 인정되는 것을 말한다. 기부금품의 출연이 있으나 의뢰가 없는 경우에는 자발적 기부가 된다. 자발적 기부인 경우에는 기부금품법의 적용대상에서 제외되므로 자발적 기부와 모집을 구별하는 것은 큰 의미가 있다. 예컨대 사회복지시설에 대한 연말 또는 명절 위문금품은 일반적으로 모집에 의한 것이 아니므로 기부금품법의 규제대상이 아니다.[1]

다만 자발적 기부를 하는 경우에도 이를 독려하기 위한 홍보가 필요한데, 어떠한 행위가 단순한 홍보행위인지 홍보를 넘어선 권유행위가 되는지 판단이 곤란한 경우가 많다. 결국 다양한 사례를 통하여 그 기준을 추론할 수밖에 없다. 예컨대 지방자치단체에 설치한 장학재단을 홍보하는 관내 현수막을 설치하여 장학재단 명칭이나 전화번호 등을 알리는 것은 단순홍보에 해당하지만, 후원가입이나 계좌번호 등을 현수막에 기입한 경우에는 광고 등을 이용한 기부금품의 모집에 해당될 수 있다.[2]

단체의 인터넷 홈페이지 메인화면에 후원안내 문구와 후원계좌를 게시하는 경우에도, 보통 검색을 통해 해당 단체의 홈페이지를 방문하는 것이 일반적이고 이미 자발적 기탁의 의사가 있는 특정인들을 대상으로 한 단순 안내 행위에 해당하는 것으로 볼 수 있다. 따라서 홈페이지 메인화면에 후원안내 배너만 올리고 배너클릭 후 간

---

1) 행정안전부, 기부금품 모집제도 해설서, 2012, 3면.
2) 서울특별시, 서울시 기부 길라잡이 100, 2014, 49면.

단한 후원회원 가입절차 등을 통해 후원계좌가 별도로 노출되는 경우에는 기부금품법에 의한 등록 없이 모금할 수 있으나, 당해 법인이 아닌 다른 법인의 홈페이지나 인터넷 포털 등에 후원안내 팝업을 게재하는 것은 기부금품법에 의한 모집등록이 필요하다.[3]

다. 기부금품 모집의 법적 성질

기부금품 모집의 법적 성질을 어떻게 보아야 할까? 일반적으로 자선단체 등 기부를 받는 자가 기부에 의하여 이익을 얻는 경우는 통상의 증여이며, 기부에 사용목적을 지정한 경우에는 부담부(負擔附) 증여로 본다.[4] 그러나 공익적 목적을 위하여 특정인이 불특정 다수인으로부터 금품을 모집하는 경우는 모집인이 기부에 의하여 이익을 얻는 것이 아니어서 보통의 증여로 보기는 어려운 점이 있고, 그래서 모집의 목적대로 사용할 의무를 수반하는 신탁적 양도로 보되 무상의 재산출연이라는 점에서는 증여와 다를 바 없으므로 민법의 증여에 관한 규정을 준용한다는 것이 통설이다.[5]

이에 대하여 신탁법이 없는 독일과 달리 신탁법이 있는 우리나라에서는 독일법상의 신탁행위론을 끌어다가 신탁적 양도라고 볼 것은 아니고 신탁법상의 요건을 충족하면 신탁법상의 신탁으로 보아야 한다는 견해가 있다. 기부와 신탁은 법률관계의 구조에 유사성이 있고, 신탁으로 구성하는 경우의 기부자 권리와 수익자의 보호, 기부자의 권리 강화 등의 효과를 얻을 수 있기 때문이라고 한다.[6] 이 외

---

3) 행정안전부, 위의 책, 113면.
4) 곽윤직, 채권각론, 제6판, 박영사, 2005, 122면.
5) 곽윤직 외, 민법주해 제14권 : 채권 (7), 박영사, 1999, 16-17면; 박준서 외, 주석민법 : 채권각칙(2), 한국사법행정학회, 1999, 163-164면
6) 이연갑, 기부금법과 신탁법리, 민사법학 39-1호, 2007, 399-401면.

에도 모금절차에 의한 모금은 '법률의 규정에 의한 취득'으로 보아야한다는 견해도 있다. 재산을 출연하여 재단법인을 설립하는 경우 법인이 성립된 때로부터 공익법인의 재산으로 의제하는 것처럼 모금절차를 통해 기부된 사적 재산을 기부자로부터 분리하여 공익재산으로 의제하는 것이 기부금품법의 태도이기 때문이라고 한다.[7]

법률의 규정에 의한 취득으로 보는 견해의 경우, 모금절차에 의한 모금은 이미 성립한 법인에 의한 행해지는 경우가 일반적이므로 재산을 출연하여 법인을 설립하는 경우와 비교하여 신속한 법률관계의 확정 필요성 등이 요구되는 법인 성립 시와 다르기 때문에 그 견해를 따르기 어려운 점이 있다. 신탁으로 보는 견해의 경우에도, 세법상 증여와 신탁은 구별되고 증여로 보아야 수증자인 공익법인에게 증여세 면제의 혜택이 주어진다는 점에서 차이가 있고, 만약 이를 공익신탁으로 보더라도 공익신탁에는 법무부장관의 인가가 필요하며(공익신탁법 제3조) 사업계획서의 내용(제4조), 재산의 사용·수익에 대한 통제(제11조, 12조) 등 여러 차이가 있다. 통설의 입장인 신탁적 양도설을 따르기로 한다.

한편 최근 자금수요자가 자신의 프로젝트나 사업을 인터넷 및 SNS를 통하여 공개 및 홍보하고 불특정다수 각자로부터 소액을 지원받아 원하는 금액의 자금을 모집하는 크라우드펀딩(Crowdfunding)이 주목받고 있는데, 이는 대중(Crowd) + 자금모집(Funding) + 온라인(Online)이 결합된 개념으로[8] 기부에서 발전한 것으로 알려지고 있으나 기부형 크라우드펀딩의 유형은 증여계약으로 볼 수 있으므로, 역

---

7) 이중기, 공익신탁과 공익재단의 특징과 규제, 삼우사, 2014, 288-289면.
8) 윤민섭, 비금융형 크라우드펀딩의 법적 제문제와 개선방안, 저스티스 통권 제142호, 2014, 99면. 미국의 기부·자원봉사사이트인 'Network for Good'에 대한 소개 및 한국형 온라인 기부포탈 시스템 구축에 관한 연구로 김인규·이상혁·박철, 기부활성화를 위한 온라인기부포탈의 구성요소와 기대효과, 한국경영정보학회 학술대회논문집 2호, 2009, 18-23면 참조.

시 기부금품법의 적용을 받는다.[9]

2. 기부금품모집법 개관

가. 기부금품모집에 대한 법의 변화 과정

(1) 원칙적 금지에서 원칙적 허용으로

기부금품모집에 대하여 법은 어떠한 태도를 취했을까? 기부금 모집과 관련한 최초의 입법부터[10] 현행법까지 살펴보면 "원칙적 금지에서 원칙적 허용 방향으로 변화"되었다고 정리할 수 있다.

㈎ 기부통제법 시기

1949년 11월 24일 법률 제68호로 제정된 「기부통제법(寄附統制法)」 제1조는 "본법은 기부금품의 모집을 통제함으로서 국민의 경제적 부담을 완화하여 그 생활 안정에 기여함을 목적으로 한다."고 규정하고, 제3조에서 "기부금품을 모집하려는 자는 내무부장관의 허가를 받아야 한다...", 제4조에서 "국가기관 또는 공무원은 기부금품을 모집할 수 없다.", 제5조에서 "기부금품의 모집은 공익(公益)을 목적으로 하는 사업이 위하는 것이 아니면 허가하지 아니한다."고 규정하여, 민간에 의한 기부금품의 모집을 원칙적으로 금지하는 태도를 취하였다. 그러나 실제 법 운용 과정에서 "학교후원회를 동법(同法)의 통제대상으로 하여 경비난(經費難)에 허덕이는 교육기관을 폐문(閉門)시키는 것"이라는 비판이 제기되어 학교후원회를 동 법의 통제대상에서 제외하는 개정안이 통과되기도 하였다.[11]

---

9) 윤민섭, 위의 글, 107-108면.
10) 이연갑, 위의 글, 380-381면에는 구한말 및 일제시대의 규제가 소개되어 있다.
11) 동아일보 "기부통제개정안 가결, 학교후원회만은 제외", 1950. 1. 25, 1면.

(나) 기부금품모집금지법 시기

6·25사변으로 국토의 태반이 전화(戰禍)를 입고 있던 1951년 11월 17일 법률 제224호로 「기부금품모집금지법」이 제정되면서 동법 부칙 제3조에 의해 「기부통제법」은 폐지되었다. 사회적 혼란을 틈타 시국 대책 또는 멸공구국운동 등의 미명 하에 반강제적인 모금행위가 행해져 국민의 재산권 침해 문제가 제기되었고[12] 이를 해결하기 위해 법률에 열거된 공익사업에 한하여 기부금품 모집을 허가하는 것으로 변경한 것인데, 동법은 총 13개 조문으로 이루어졌다.

동법 제1조는 "본법은 기부금품의 모집을 금지하여 국민의 재산권을 보장하며 그 생활안정에 기여함을 목적으로 한다.", 제3조는 "누구든지 기부금품의 모집을 할 수 없다. 단, 좌의 각호의 1에 해당하는 경우에 한하여 내무부장관과 도지사 또는 서울특별시장은 기부심사위원회의 심사를 거쳐 이를 허가할 수 있다."고 하면서 국제구호, 천재지변 구호, 국방기재 헌납, 상이군경의 위문 또는 원호, 자선사업 등으로 구체화하였다. 또한 제4조는 "국제기관 또는 공무원은 환영금, 전별금 기타 축하금 등 여하한 명목의 기부금품도 모집할 수 없다.", 제5조는 "기부금품은 모집비용에 충당할 수 없다. 단, 내무부장관이 특별한 사유가 있다고 인정한 경우에는 모집금품의 100분지 5를 초과하지 아니하는 범위 내에서 이에 충당할 수 있다."고 규정하였다. 모집사업의 종류를 구체화하여 법정(法定)하고, 공무원의 탈법적 기부금품 모집을 금지하며, 기부금품의 사용 목적 제한 등을 새로 규정함으로써 종전에 비하여 규제를 강화하는 내용으로 되어 있었다.

이후 1962년 7월 24일 법률 제1110호로 일부 개정되었는데, 동법 제3조 기부금품의 모집사업의 종류에서 '상이군경의 위문 또는 원호'

---

12) 예컨대 경향신문 "기부 강모(强募)를 금지하라", 1952. 2. .17, 1면(사설).

부분을 삭제하고, '현충기념시설의 설치와 자선사업', '전국적 규모로 사용할 수 있는 체육시설의 설치 및 올림픽에 참가할 선수의 파견을 위한 기금', '국제적인 반공기구의 설치'를 추가하는 내용이었다. 1970년 8월 12일 법률 제2235호로 일부 개정된 내용 역시 동법 3조에 '국제기능올림픽대회에 참석할 선수의 파견을 위한 금품'을 추가하는 것이었으며 이후 1995년까지 별다른 개정 없이 유지되었다.

㈐ 기부금품모집규제법 시기

「기부금품모집금지법」은 1995년 12월 30일 법률 제5126호로 전부 개정되면서 법명(法名)이 「기부금품모집규제법」으로 변경되었다.

동법 제1조는 "이 법은 기부금품의 모집절차 및 사용방법 등에 관하여 필요한 사항을 규정함으로써 기부금품의 무분별한 모집을 규제하고, 모집된 기부금품이 적정하게 사용될 수 있게 함을 목적으로 한다."고 규정하여, '국민의 재산권 보장'이라는 단어는 삭제되고 '기부금품의 무분별한 모집 규제 및 적정한 사용'이라는 단어가 새로 들어왔다. 이것은 법의 방향이 '국민의 재산권 보장'이라는 측면보다 '기부금품의 모집 및 사용의 투명성'이라는 측면으로 비중이 변화되었음을 보여주는 것이었으며, 이를 반영한 개정 및 규정 신설 등이 이루어져 현행법과 거의 비슷한 17개의 조문 체제가 되었다.

동법 제4조는 "①기부금품의 모집을 하고자 하는 자는 대통령령이 정하는 바에 의하여 내무부장관 또는 특별시장·광역시장·도지사(이하 "허가권자"라 한다)의 허가를 받아야 한다. 허가받은 사항 중 대통령령이 정하는 중요사항을 변경하는 경우에도 또한 같다. ②제1항의 규정에 의한 기부금품의 모집허가는 다음 각 호의 1에 해당하는 사업에 한한다."고 하여 기본적으로 종전과 같은 태도를 취하였으나, 사업의 종류를 국제적인 구제사업, 천재·지변 등으로 인한 구휼사업, 불우이웃돕기 등 자선사업 및 국민적 참여가 필요한 사업으로 축소하였다.

또한 제5조 제2항에서 "국가 또는 지방자치단체 및 그 소속기관과 공무원은 자발적으로 기탁하는 금품이라도 법령에 다른 규정이 있는 경우를 세외하고는 이를 접수할 수 없다. 다만, 대통령령이 정하는 바에 의하여 사용용도와 목적을 지정하여 자발적으로 기탁하는 경우로서 기부심사위원회의 심의를 거친 경우 또는 모집자의 의뢰에 의하여 단순히 기부금품을 접수하여 모집자에게 전달하는 경우에는 그러하지 아니하다."는 내용을 신설하였는데, 국가 또는 지방자치단체의 부당한 성금모금 관행을 정비하기 위한 것이었다.[13]

동법 제8조는 "모집자는 모집기간이 만료되었거나 모집을 중단 또는 종료한 때에는 대통령령이 정하는 바에 의하여 7일 이내에 허가권자에게 모집상황 및 그 결과 등을 신고하여야 한다."고 규정하고 동법 제13조에서 그 결과를 공개하도록 하였으며, 동법 제9조는 "모집된 기부금품은 모집비용에 충당할 수 없다. 다만, 허가권자의 허가를 받아 모집금품의 100분의 2를 초과하지 않는 범위 안에서 충당하는 경우에는 그러하지 아니하다."고 하여 모집비용의 충당 비율도 종전의 5%에서 2%로 강화하였다.

그러나 1999년 1월 18일 일부개정 시에 적지 않은 변화가 생겼다. 우선 구「기부금품모집금지법」제3조가 국민의 행복추구권을 침해하는 위헌법률조항이라는 헌법재판소의 위헌결정이 내려져[14] 그 취지를 반영하여 개정할 필요성이 생겼기 때문이다. 이에 따라 기부금품을 모집하는 자가 모집기간이 만료된 때 또는 모집을 중단·종료한 때에는 모집허가권자에게 모집상황 및 그 결과 등을 신고하도록 하던 제도를 폐지하는 등 기부금품모집에 관한 규제를 완화하여[15] 동

---

13) 동아일보 "관(官)서 각종 성금 부당모금, 기관장 판공비 등에 썼다", 1994. 2. 23, 1면.
14) 헌법재판소 1998. 5. 28. 선고 96헌가5 결정.

법 제7조, 제8조, 제9조 및 관련 벌칙 규정과 과태료 규정이 삭제되었다. 이후 2006년까지 큰 변화 없이 유지되었다.

㈜ 기부금품의 모집 및 사용에 관한 법률 시기

1) 한글화 법(2007년 9월 30일) 이전

「기부금품모집규제법」은 2006년 3월 24일 법률 제7908호로 일부 개정되면서 법명(法名)이 「기부금품의 모집 및 사용에 관한 법률」로 변경되었다. 동법 제1조에서 "이 법은 기부금품의 모집절차 및 사용방법 등에 관하여 필요한 사항을 규정함으로써 성숙한 기부문화를 조성하고 건전한 기부금품 모집제도를 정착시키며, 모집된 기부금품이 적정하게 사용될 수 있게 함을 목적으로 한다."고 밝혔듯이, 법의 방향이 '성숙한 기부문화 및 기부금품의 적정한 사용'으로 확실하게 변화되었음을 보여주었다. 이러한 방향 전환은 아래에서 보는 개정사항에서도 알 수 있는바, 형식은 일부개정이었으나 실제로는 전면적인 개정과 다름없었다.

주요 개정사항은 다음과 같다.

제4조는 기부금품 모집의 허가제를 등록제로 전환하여, "1천만원 이상의 금액으로서 대통령령이 정하는 금액 이상의 기부금품의 모집을 하고자 하는 자는 다음의 사항을 기재한 모집·사용계획서를 작성하여 대통령령이 정하는 바에 의하여 행정자치부장관 또는 특별시장·광역시장·도지사·특별자치도지사(이하 "등록청"이라 한다)에게 등록하여야 한다. 모집·사용계획서의 내용을 변경하고자 하는 경우에도 또한 같다."고 규정하였다. 또한 모집등록 대상에 교육문화, 소

---

15) 한겨레신문, "기부금품 모집제한 풀기로", 1998. 6. 19, 7면. 동 기사 내용에 의하면 시민·사회단체의 자립기반 마련을 위해 일부 종교단체에만 허용되던 거리모금이나 ARS모금을 시민·사회단체에도 허용하고 법인이 아닌 시민단체에도 면세 혜택을 주는 방향으로 개정한다고 되어 있다.

비자보호, 환경보전 등의 목적을 추가하였다.

　제5조는 국가 등의 기부금품 모집·접수를 제한하는 규정을 개정하여, 동조 제1항은 "국가 또는 지방자치단체 및 그 소속 기관·공무원과 국가 또는 지방사치단체에서 출자·출연하여 설립된 법인·단체는 기부금품의 모집을 할 수 없다. 다만, 대통령령이 정하는 국가 또는 지방자치단체에서 출자·출연하여 설립된 법인·단체는 그러하지 아니하다."고 하여 제한 범위를 국가 등이 출자한 법인까지 확대하였다. 또한 동조 제2항은 "국가 또는 지방자치단체 및 그 소속 기관·공무원과 국가 또는 지방자치단체에서 출자·출연하여 설립된 법인·단체는 자발적으로 기탁하는 금품이라도 법령에 다른 규정이 있는 경우를 제외하고는 이를 접수 할 수 없다. 다만, 다음 각 호의 어느 하나에 해당하는 경우에는 그러하지 아니하다."고 규정하여 자발적 기탁의 형식을 띤 기부금 모집도 원칙적으로 금지하되, 기초자치단체의 소규모 자발적 기탁금품 접수절차를 용이하게 하기 위하여 기부심사위원회를 시·군·구까지 확대 설치하도록 하였다. 특히 기부금품의 모집이 등록제로 전환됨에 따라 모집행위가 크게 증가할 것으로 예상되어 이에 따른 폐해가 있을 수 있으므로 제5조의2에서 "모집자 또는 모집종사자는 타인에게 기부금품의 출연을 강요하여서는 아니 된다."는 규정을 신설하여, 이에 대비토록 하였다.

　제11조는 허가제에서 등록제로 전환됨에 따라 등록말소사유를 구체화하였는데, "등록청은 모집자 또는 모집종사자가 다음 각 호의 어느 하나에 해당하는 경우에는 제4조 제1항의 규정에 의한 등록을 말소할 수 있으며, 등록을 말소하는 때에는 모집된 금품을 기부자에게 반환할 것을 명하여야 한다."고 규정하고, 그 예로 모집자가 부정한 방법으로 등록을 한 경우, 모집자가 모집·사용계획서의 내용과 다르게 모집을 하는 경우, 기부금품의 출연을 강요한 경우 등 위반행위를 한 경우들을 열거하였다.

또한 제12조의2에서, "모집자는 모집된 기부금품의 규모에 따라 100분의 15이내의 범위에서 대통령령이 정하는 비율을 초과하지 아니하는 기부금품의 일부를 기부금품의 모집, 관리, 운영, 사용 및 결과보고 등에 소요되는 비용에 충당할 수 있다."고 규정하여 모집비용 충당비율을 종전의 100분의 2에서 100분의 15 이내로 현실화하였다.

이 외에도 제7조에서 "등록청은 「공공기관의 정보공개에 관한 법률」 제7조의 규정에 의하여 기부금품의 모집과 사용에 관한 정보를 공개하여야 한다."고 규정하여 등록청의 정보공개 의무를 부여하였으며, 동법 제13조 제3항에서는 "모집자는 기부금품의 사용을 완료한 때에는 대통령령이 정하는 바에 의하여 모집상황 및 사용내역 등에 대한 보고서에 「공인회계사법」 제7조의 규정에 의하여 등록한 공인회계사 또는 「주식회사의 외부감사에 관한 법률」 제3조의 규정에 의한 감사인이 작성한 감사보고서를 첨부하여 등록청에 제출하여야 한다. 다만, 모집된 기부금품이 대통령령이 정하는 금액 이하인 경우에는 감사보고서의 첨부를 생략할 수 있다."고 규정하여 감사보고서 제출 의무 규정을 신설하였다.

2) 한글화 법(2007년 9월 30일) 이후

동법은 2007.5.11. 법률 제8419호로 전면 개정되어 2007년 9월 30일부터 시행되었다. 전면 개정 이유에서 밝힌 바와 같이 "법적 간결성·함축성과 조화를 이루는 범위에서 법 문장의 표기를 한글화하고 어려운 용어를 쉬운 우리말로 풀어쓰며 복잡한 문장은 체계를 정리하여 쉽고 간결하게 다듬어 일반 국민이 쉽게 읽고 잘 이해할 수 있도록 하고, 국민의 언어생활에도 맞는 법률이 되도록 하려는 것"이었으며, 내용상 변화가 있는 것은 아니었다. 다만 종전 제12조의2를 제13조로 조문 변경함으로써 현행법과 같이 총 18개 조문을 가진 법으로서 체계를 갖추게 되었다.

그 후 2008.12.26. 법률 제9194호로 일부 개정이 있었다. 동법 제17조를 "법인의 대표자나 법인 또는 개인의 대리인, 사용인, 그 밖의 종업원이 그 법인 또는 개인의 업부에 관하여 제16조의 위반행위를 하면 그 행위자를 벌하는 외에 그 법인 또는 개인에게도 해당 조문의 벌금형을 과科한다. 다만, 법인 또는 개인이 그 위반행위를 방지하기 위하여 해당 업무에 관하여 상당한 주의와 감독을 게을리하지 아니한 경우에는 그러하지 아니하다."로 단서 부분을 신설하는 내용으로 전부개정 하였는데, 관리자의 과실 여부와 무관하게 양벌을 가하는 종전 규정이 책임주의 원칙에 위반될 여지가 있었기 때문이다.

2009년 4월 1일 법률 제9567호로 과태료 규정에 관한 제18조 3, 4, 5호를 삭제하는 내용의 일부 개정이, 2010년 6월 8일 법률 제10346호로 동법의 적용 배제 대상에 「한국장학재단 설립 등에 관한 법률」에 따른 기부금품의 모집을 추가하고, 모집자나 모집종사자는 기부자에게 기부금품의 모집 및 사용 결과가 공개되는 사실을 알리도록 하며, 등록청은 모집자의 모집목표액이 대통령령으로 정하는 금액 이상인 경우에는 모집기간 중 1회 이상 소속 공무원에게 장부 등을 검사하게 하도록 하고, 기부금품의 사용 결과를 공개하지 아니하거나 거짓으로 공개한 자에 대한 벌칙을 강화하는 내용의 일부 개정이 있었다.

그 후 2번의 일부 개정이 있었으나 이는 정부조직법의 개정에 따른 용어 변경으로서 법 내용의 변경은 없었다.

(2) 허가제에서 등록제로

기부금품 모집에 대한 법의 태도는 이미 앞에서 본 바와 같이 2006년 3월 24일 법률 제7908호로 허가제에서 등록제로 변경되었다.

행정법상 허가(許可)란, 공익침해를 사전에 방지하기 위하여 일정한 행위를 법으로 금지시켰다가 개인이 법에서 정한 요건을 충족시키는 경우에 그 금지를 해제하여 적법하게 일정한 행위를 할 수 있게 하는 행정행위를 말한다.[16] 다만 미성년자의 음주·흡연금지와 같은 절대적 금지에 대해서는 허가를 할 수 없다.[17]

구 기부금품법에서의 허가는 어떤 성질을 가졌는지 여부는 두 가지 측면에서 문제된다. 첫째 강학상의 허가와의 관계이다. 실정법상으로는 면허, 인가, 허가 또는 등록 등의 용어를 혼용하여 쓰고 있으므로 실정법에서의 허가라는 용어가 반드시 강학(講學)상의 허가를 의미하는 것은 아니기 때문이다.[18] 둘째, 허가요건을 충족하는 경우 행정청은 반드시 허가를 해주어야 하는 기속(羈束)행위인지 아니면 그 판단에 따라 허가를 해주지 않아도 되는 재량(裁量)행위인지 여부이다.

대법원 판례는 구 「기부금품모집규제법」상의 기부금품모집허가에 대하여 '강학상의 허가에 해당하는 것으로서 기속행위'라고 판시하였다.[19] '허가요건이 충족되는 경우 그 자유권 행사에 장해요인이

---

16) 정하중, 행정법개론, 제8판, 법문사, 2014, 209면. 다만 허가는 공익침해 '우려'가 있는 경우의 금지를 해제하여 금지된 개인의 자유를 회복시켜 주는 것이지만, 행위 그 자체가 '유해(有害)'하여 금지된 행위를 예외적으로 행사할 수 있게 하여 개인의 법적 지위를 확대시켜 주는 예외적 승인과 구별된다고 설명한다.

17) 김남진·김연태, 행정법1, 제18판, 법문사, 2014, 238면. 김동희, 행정법1, 제19판, 박영사, 2013, 284면 등 통설.

18) 정하중, 의의 책, 209면. 김남진·김연태, 위의 책, 238면.

19) 대법원 1999. 7. 23. 선고 99두3690 판결. 이 판결에 따르면, "기부금품모집허가절차는 기부금품을 자유로이 모집할 수 있는 권리(이는 헌법상의 행복추구권에서 파생되는 일반적 행동자유권에 속한다) 자체를 제거해서는 아니되고, 허가절차에 규정된 법률요건을 충족하는 경우에는 국민에게 기본권 행사의 형식적 제한을 다시 해제할 것을 요구할 수 있는 법적 권리를 부여하여야 하므로, 같은 법이 비록 기부금품의 모집허가 대상사업을 같은 법 제4조 제2항 각 호에 규정된 사업에 국한시킴으로써 위 규정에 열거

없다는 것을 의미하므로 기속행위에 해당한다.'는 견해[20] 또는 '법령
에서 특별한 재량을 부여하지 않는 한 행정청은 허가를 하여야 할
기속(羈束)을 받으며, 이 점에서 재량행위인 예외적 승인과 구별된
다.'는 견해[21] 역시 판례의 태도와 동일한 것으로 보인다.

한편, 행정법상 등록(登錄)이란, 일정한 법률사실 또는 법률관계
를 행정청 등 특정한 등록기관에 비치된 장부에 기재하는 것을 말하
며, 어떤 사실이나 법률관계의 존재를 공적으로 공시 또는 증명하는
공증행위에 속하여 그 직접 효과는 공증력(公證力)이 발생하는 데
있으나, 허가의 성질을 갖는 경우도 있다.[22]

결국 허가제에서 등록제로 변경되었다는 것은, 예외적 허용에서
원칙적 허용(공증)으로 변화되었다는 의미로 해석할 수 있으나 기부
금품법에서 열거한 사업에 대해서만 모집이 가능하다는 점을 고려
한다면 기부금품의 모집이 원칙적으로 허용된다고 표현하기는 어려
운 점이 있다. 다만 원칙적으로 허용하는 방향 쪽으로 변경되어 왔
다고 표현할 수는 있다.[23]

한 사항에 해당하지 아니한 경우에는 허가할 수 없다는 것을 소극적으로
규정하고 있다 하더라도 기부금품모집허가의 법적 성질이 강학상의 허가
라는 점을 고려하면, 기부금품 모집행위가 같은 법 제4조 제2항의 각 호의
사업에 해당하는 경우에는 특별한 사정이 없는 한 그 모집행위를 허가하
여야 하는 것으로 풀이하여야 한다."

20) 김동희, 위의 책, 286면.
21) 정하중, 위의 책, 210면.
22) http://terms.naver.com/entry.nhn?docId=1085730&cid=40942&categoryId=31721(최종
  접속일 2015. 2. 28.). 기타의 효력은 각종 등록에 따라 여러 가지가 있다.
  예컨대, 주민등록처럼 주민이 되는 요건인 경우도 있고, 실용신안 ·의장
  (意匠) 또는 상표의 등록처럼 권리발생의 요건인 경우도 있으며, 어업권의
  등록, 자동차의 등록, 항공기의 등록처럼 권리득상(權利得喪)의 제3자에
  대한 대항요건인 경우도 있고, 건설업자의 등록, 의사의 등록, 농약제조업
  자 및 수입업자의 등록처럼 일정한 영업을 하기 위한 요건인 경우도 있다.
  최후의 경우는 허가의 성질을 가지는 것이다(네이버 지식백과(두산백과).

나. 현행법의 구성

(1) 목적

현행법은 제1조에서 "이 법은 기부금품(寄附金品)의 모집절차 및 사용방법 등에 관하여 필요한 사항을 규정함으로써 성숙한 기부문화를 조성하고 건전한 기부금품 모집제도를 정착시키며, 모집된 기부금품이 적정하게 사용될 수 있게 함을 목적으로 한다."고 규정한다. 기부금품 모집절차와 사용방법을 법정하여 성숙한 기부문화 조성 등 목적을 달성한다는 취지이므로, 기부금품 모집행위가 권리의 하나라는 것을 전제로 한 규정이다. "기부금품의 모집행위는 권리인가?" 여부에 대하여, 헌법재판소는 '행복추구권에 속하는 일반적 행동자유권의 하나'로 파악하면서 "공공복리 등을 위해 제한할 수 있다."는 취지로 판단하였다.[24]

(2) 조문 체계

총 18개의 조문으로 구성되어, 법의 목적과 정의 규정, 적용 범위, 기부금품 모집자, 기부금품 모집절차, 등록관청, 기부금품의 사용 및 결과 공개, 의무위반에 대한 제재 등의 내용을 규정하고 있다.

---

23) 2013년 11월 29일 정부가 국회에 제출한 개정법률안에서는 '원칙적 금지, 예외적 허용'의 포지티브 방식에서 벗어나, '원칙적 허용, 예외적 금지'의 네거티브 방식을 채택하여, 목적사업이 영리, 정치 또는 종교 활동을 목적으로 하는 사업, 불법행위를 목적으로 하는 사업, 공공질서, 사회윤리를 현저히 침해하는 것을 목적으로 하는 사업을 제외하고는 모두 등록을 해주도록 변경하고 있다(동 제4조 제2항).

24) 헌법재판소 1998. 5. 28 선고 96헌가5 결정.

3. 적용범위

가. 적용대상

기부금품의 모집 및 사용에 관한 법률 제2조에서는 "환영금품, 축하금품, 찬조금품(贊助金品) 등 명칭이 어떠하든 반대급부 없이 취득하는 금전이나 물품 중 그 소속원, 신도, 구성원 등으로부터 모은 금품을 제외한 것을 기부금품으로 한다."고 정의하고 있으므로[25] 이를 단순화하면 단체 외부의 자로부터 대가 없이 모은 금품이 기부금품에 해당한다고 할 수 있다.

(1) 대가(반대급부) 없는 금품일 것

계약당사자가 서로 대가적 의미의 채무를 부담하는 계약을 쌍무계약이라고 하고, 그 쌍무계약에서 당사자 일방의 급부에 대한 상대방의 급부를 반대급부라고 하는데, 반대급부는 채무의 내용인 급부가 객관적·경제적으로 동일한 가치를 가져야 한다는 것이 아니라 당

---

25) "기부금품"이란 환영금품, 축하금품, 찬조금품(贊助金品) 등 명칭이 어떠하든 반대급부 없이 취득하는 금전이나 물품을 말한다. 다만, 다음 각 목의 어느 하나에 해당하는 것은 제외한다(동조 제1호).

　가. 법인, 정당, 사회단체, 종친회(宗親會), 친목단체 등이 정관, 규약 또는 회칙 등에 따라 소속원으로부터 가입금, 일시금, 회비 또는 그 구성원의 공동이익을 위하여 모은 금품

　나. 사찰, 교회, 향교, 그 밖의 종교단체가 그 고유활동에 필요한 경비에 충당하기 위하여 신도(信徒)로부터 모은 금품

　다. 국가, 지방자치단체, 법인, 정당, 사회단체 또는 친목단체 등이 소속원이나 제3자에게 기부할 목적으로 그 소속원으로부터 모은 금품

　라. 학교기성회(學校期成會), 후원회, 장학회 또는 동창회 등이 학교의 설립이나 유지 등에 필요한 경비에 충당하기 위하여 그 구성원으로부터 모은 금품

사자 일방이 급부를 하니까 다른 당사자가 급부를 한다는 것, 즉 상호 의존관계에 있는 것을 말한다.

이미 앞에서 본 바와 같이 기부금품 모집이란 상호 의존관계가 없는 재산출연행위만 있는 것으로서 이 경우 증여 규정이 준용되므로, 결국 기부금품 모집법의 적용 대상이 되는 것은, 대가 없는 금품인 경우에 한한다. 반대급부에 해당하는지 여부는 금품제공자의 제공동기 등을 포함한 제공경위, 제공한 금품의 내용과 제공자가 그로 인하여 취득하는 급부의 내용 및 양 급부 사이의 객관적 가치의 균형 여부 등을 고려하여 일반인의 통념에 따라 객관적, 종합적으로 판단해야 한다.[26]

예컨대 바자회나 일일찻집 등의 경우와 같이 통상 금전의 가치에 상응하는 물건이나 음식이 제공되는 경우는 동법의 적용대상이 아니다.[27] 행사안내용 전단지에 행사와 관련된 금품제공자의 성명 내지 단체명이나 그 경력 등을 게재하는 것은 일반적으로 금품제공에 따라 당연히 이루어지는 것으로서, 행사관계자와 참석자들에게 금품제공자를 소개하는 것에 불과하여 특별한 사정이 없는 한 이를 금품제공에 대한 반대급부라고 볼 수 없다.[28]

예를 들어 지방자치단체가 「지방재정법」의 규정에 의하여 금융기관과 체결한 쌍무계약인 금고지정약정에 그 금융기관으로 하여금 신용보증재단에 출연하도록 하는 내용이 포함되어 있는 경우 기부금품 모집에 해당되는지 여부는 그 신용보증재단에의 출연행위의 성질에 따라 결정된다. 즉 신용보증재단에의 출연이 그 금고의 지정과 상호 의존관계에 있는 것으로 규정되어 있다면 신용보증재단에의 출연은 금고의 지정에 대한 대가적 의미를 가져 반대급부에 해당

---

26) 대법원 2007. 10. 25. 선고 2005도1991 판결.
27) 행정안전부, 위의 책, 112면 질의회신.
28) 대법원 2007. 10. 25. 선고 2005도1991 판결.

되므로 「기부금품규제법」상의 기부금품에 해당되지 않지만, 상호 의
존관계에 있지 아니한 것으로 규정되어 있다면 신용보증재단에의
출연은 반대급부에 의한 것이 아니게 되어 동법상의 기부금품에 해
당한다.[29]

(2) 단체 외부로부터 모은 금품일 것

단체 외부로부터 모은 금품이어야 하므로 소속원·신도·구성원(회
원)으로부터 모은 금품은 「기부금품모집법」의 적용 대상이 아니다.
회원으로부터 받은 금품을 제외하는 것은, 회원은 단체 운영에 참여
할 권리를 부여받으면서 동시에 회비를 낼 의무를 부담하는 것이므
로 대가관계에 있다고 볼 수도 있고 또한 회비는 그 사용에 대한 법
적 제한이나 사용 결과에 대한 보고의무 등이 인정되지 않으므로 그
러한 제한이나 의무가 인정되는 기부와 구별해야 하기 때문이다.[30]
따라서 소속원으로부터 모은 금품인 한 동법의 적용대상에서 제외
되는데, 예컨대 불미스런 사건에 연루되어 퇴직한 직원의 소송을 돕
기 위해 직원들을 대상으로 하여 기부금품을 모은 경우이다.[31]

인터넷카페의 설립 목적 및 회칙에 찬동하여 일정한 회원절차를
거쳐 가입된 회원들을 대상으로 회원들의 공동 목적을 위해 기부금
품을 모집하는 경우, 당해 사이트의 성격이나 운영형태, 회칙, 회원
의 가입절차 및 활동범위 등을 종합적으로 고려하여 판단해야 하지
만, 일반적으로는 단체 외부로부터 모은 금품으로 볼 수 없어 동법
의 적용대상에서 제외된다. 다만 다음이나 네이버 등 인터넷 포털의

---

29) 법제처, 질의회신 6, 2002.5.31.('기부금품'으로 검색한 결과이며 이하 모두
   동일함)
   http://www.moleg.go.kr/lawinfo/lawAnalysis/nwLwAnList?searchCondition=3&search
   Keyword=%EA%B8%B0%EB%B6%80%EA%B8%88&x=19&y=6 : 최종접속일 2015. 2. 28.
30) 서울특별시, 위의 책, 21면.
31) 행정안전부, 위의 책, 113면 질의회신.

경우에는 회원가입 절차를 거쳤다 하더라도 이는 회원이 아닌 사용자(user)에 해당하므로 이를 통한 기부금품의 모집은 동법의 적용대상에 포함된다.[32]

(3) 일천만원 이상의 금품일 것

일천만원 이상의 기부금품 모집에 대해서만 등록의무가 부여되므로, 일천만원 미만의 기부금품 모집은 적용대상에서 제외된다.[33] 일천만원 미만의 기부금품 모집을 등록대상에서 제외한 것은 민간의 소액 기부행위를 활성화하기 위한 정책적 목적에 의한 것인데, 이 경우에도 모집 목적에 따른 적정한 사용을 하여야 하고 이를 위반한 경우에는 형법에 의한 사기죄나 횡령죄 등으로 처벌될 수 있다.[34] 일천만원의 기준은 1회 모집금액이 아니고 특정한 모집 목적으로 1년 이내의 기간 중에 모집하려는 모집 목표액의 총액을 말한다.[35] 따라서 모집 중 일천만원을 초과하게 되는 경우 기부금품법의 적용대상이 되므로 즉시 모집을 중단하여야 하고 그 초과분을 즉시 기부자에게 반납하여야 한다.

나. 타 법과의 관계

기부금품법의 적용을 받는다는 것은, 기부금품의 모집을 하기 위해서 동법의 규정에 따른 등록과 모집절차에 따라야 한다는 의미이다. 그러나 기부금품 모집방법 등의 특수성이 인정되거나, 당해 법률이 기부금품법을 보완하여 모금의 방법 및 절차 등을 규정한 별도

---

32) 행정안전부, 위의 책, 111면 질의회신.
33) 이연갑, 위의 측, 384면.
34) 행정안전부, 위의 책, 111면 질의회신.
35) 행정안전부, 위의 책, 112면 질의회신.

의 법률이 있는 경우에는 그 법률이 특별법에 해당되므로 그러한 법률에 의한 기부금품의 모집에 대하여는 그 법률을 적용하고, 기부금품법을 적용하지 않는다. 예컨대 사회복지공동모금회나 한국장학재단의 경우에는 모집등록 없이 기부금품을 모집할 수 있다.

그러한 법률로는 ①「정치자금법」, ②「결핵예방법」, ③「보훈기금법」, ④「문화예술진흥법」, ⑤「한국국제교류재단법」, ⑥「사회복지공동모금회법」, ⑦「재해구호법」, ⑧「문화유산과 자연환경자산에 관한 국민신탁법」, ⑨「식품기부 활성화에 관한 법률」, ⑩「한국장학재단 설립 등에 관한 법률」등 10개가 규정되어 있다(제3조).

4. 기부금품 모집자

가. 모집자격 및 제한

⑴ 모집자의 의의 및 자격
㈎ 의의

"모집자"란 기부금품법 제4조에 따라 기부금품의 모집을 등록한 자를 말한다. 즉 "등록"이라는 형식적 요건을 충족한 모집자만이 동법상의 모집자에 해당한다. 넓은 의미로는 모집자로부터 지시·의뢰를 받아 기부금품의 모집에 종사하는 자 즉, "모집종사자"를 포함한다(제2조).

이러한 모집자가 될 수 있는 자격에는 원칙적으로 제한이 없다. 따라서 국내에 소재한 외국인 단체도 모집자로서 기부금품모집허가 신청을 할 수 있다. "일반적으로 행정법규는 법령에서 외국인 또는 외국인 단체에 대한 특칙을 두거나 상호주의의 유보 하에서 달리 적용하는 경우 등을 제외하고는 외국인 또는 외국인 단체에 대하여도 적용된다."는 점 등을 근거로 한다.[36]

(나) 등록사항

1천만원 이상의 금액을 모집하려는 자는 모집자 인적 사항, 모집목적과 모집목표액 및 기간, 모집비용 등 일정한 사항을 적은[37] 모집·사용계획서를 작성하여 등록청에 등록하여야 한다. 모집액이 10억원 이하인 경우에는 모집자의 주소지를 관할하는 시·도지사, 10억원을 초과하는 경우에는 행정자치부장관이 등록청이 된다(동법시행령 제2조). 모집목표액을 판단할 때, 금융기관에 예치하여 발생한 이자수익은 포함되지 않는다. 그 이자수익은 모집자가 반대급부 없이 취득하는 금전이 아니어서 그 자체가 기부금품이 아니고 나아가 기부금품을 모집한 것도 아님이 명백하기 때문이다.[38] 또한 기존 회원의 후원금 또는 가입비는 모집계획상의 기부금품 대상에서 제외하여야 한다.[39]

모집·사용계획서의 내용을 변경하려는 경우에도 또한 같다(제4조제1항). 내용의 변경이란 모집기간의 연장, 목표액의 증액 등이 필요한 경우를 말하며, 이 경우에도 등록청에 기부금품 모집변경신청을 해야 한다는 의미이다. 다만 이러한 변경신청은 반드시 사전에 하여야 한다. 즉 모집기간이 만료된 후에는 모집기간 연장 신청을 할 수 없고, 모집목표액이 도달된 후에는 목표액을 증액하는 변경신청을

---

36) 법제처, 질의회신 8(안건번호 05-0025), 2005. 9. 15.

37) 1. 모집자의 성명, 주소, 주민등록번호 및 연락처(모집자가 법인 또는 단체인 경우에는 그 명칭, 주된 사무소의 소재지와 대표자의 성명, 주소, 주민등록번호 및 연락처) 2. 모집목적, 모집금품의 종류와 모집목표액, 모집지역, 모집방법, 모집기간, 모집금품의 보관방법 등을 구체적으로 밝힌 모집계획. 이 경우 모집기간은 1년 이내로 하여야 한다. 3. 모집비용의 예정액 명세와 조달방법, 모집금품의 사용방법 및 사용기한 등을 구체적으로 밝힌 모집금품 사용계획 4. 모집사무소를 두는 경우에는 그 소재지 5. 그 밖에 대통령령으로 정하는 기부금품의 모집에 필요한 사항

38) 법제처, 질의회신 13(안건번호 14-0030), 2014. 2. 27.

39) 서울특별시, 위의 책, 56면.

할 수 없을 뿐 아니라 오히려 초과 모집한 액에 대하여 등록 없이 기부금품을 모집한 것으로 간주되어 처벌될 수 있다.[40]

(대) 등록사업

기부금품 모집 등록은 법에 열거된 사업의 경우에만 허용되며(포지티브방식), 허용되는 11개의 사업유형은 법에 열거되어 있다.[41] 같은 사업을 위하여 둘 이상의 등록청에 등록하여서는 아니 된다(제4조 제2항). 다만 법에 열거된 사업의 종류에 대해서만 등록을 허용하는 것이 적정한 것인지 여부에 대해서는 다툼이 있으며, 현재 국회에 계류 중인 기부금품법 개정안은[42] 영리, 종교활동, 정치, 법령위반 또는 공공질서·사회윤리 등을 해害할 목적이 아니면 모집등록을

---

40) 행정안전부, 위의 책, 26면.
41) 법령에 열거된 사업의 종류는 다음과 같다.
  1. 국제적으로 행하여지는 구제사업
  2. 천재지변이나 그 밖에 이에 준하는 재난(「재난 및 안전 관리기본법」 제3조 제1호 가목에 따른 재해는 제외한다)의 구휼사업(救恤事業)
  3. 불우이웃돕기 등 자선사업,
  4. 영리 또는 정치·종교 활동이 아닌 사업으로서 다음 각 목의 어느 하나에 해당하는 사업
   가. 교육, 문화, 예술, 과학 등의 진흥을 위한 사업
   나. 소비자 보호 등 건전한 경제활동에 관한 사업
   다. 환경보전에 관한 사업
   라. 사회적 약자의 권익 신장에 관한 사업
   마. 보건·복지 증진을 위한 사업
   바. 남북통일, 평화구축 등 국제교류·협력에 관한 사업
   사. 시민참여, 자원봉사 등 건전한 시민사회 구축에 관한 사업
   아. 그 밖에 공익을 목적으로 하는 사업으로서 대통령령으로 정하는 사업
42) 국회 의안정보시스템(http://likms.assembly.go.kr/bill/jsp/main.jsp : 최종 접속일자 2015. 2. 28.)을 접속하면 총 17개의 동법 개정안이 소관위원회에 계류된 것으로 검색되는데, 여기에서의 개정안이란 그 중 정부가 제출한 개정안을 의미한다.

할 수 있는 것으로 되어 있고, 이에 따라 현행법에 열거되지 않은 유기견 등 유기동물 보호를 목적으로 하는 모금도 법 개정 이후에는 가능하게 된다.[43]

(2) 모집자격의 결격

모집자로서의 자격이 없는 경우도 있는데, 법률행위를 단독으로 할 능력이 없는 자(행위무능력자), 복역 중 또는 집행유예 중이거나 복역 후 2년이 경과하지 않은 자, 등록말소 후 1년이 지나지 않은 단체 등 또는 대표자나 임원에게 이러한 사유가 있는 경우에는[44] 모집 등록을 할 수 없다(제4조 제3항).

나. 국가·지방자치단체의 특례

(1) 기부금 모집금지
국가나 지방자치단체 및 그 소속 기관·공무원과 국가 또는 지방

---

43) 서울특별시, 주 2, 59-61면. 다만 2014년의 법 개정이 이루어졌음을 전제로 한 다른 설명들은, 착오이다.
44) 다음 각 호의 어느 하나에 해당하는 자는 제1항에 따른 등록을 할 수 없다.
  1. 미성년자, 금치산자 또는 한정치산자
  2. 파산선고를 받은 자로서 복권되지 아니한 자
  3. 금고 이상의 실형을 선고받고 그 집행이 끝나거나(집행이 끝난 것으로 보는 경우를 포함한다) 그 집행을 받지 아니하기로 확정된 날부터 2년 이 지나지 아니한 자
  4. 집행유예를 선고받고 그 유예기간 중에 있는 자
  5. 제10조 제1항에 따라 등록말소가 된 후 1년이 지나지 아니한 자(법인이 나 단체가 등록말소된 경우에는 등록말소사유가 발생한 당시의 대표자 나 임원을 포함한다)
  6. 대표자나 임원이 제1호부터 제5호까지의 어느 하나에 해당하는 법인이 나 단체

자치단체에서 출자·출연하여 설립된 법인·단체는 기부금품을 모집할 수 없다. 다만, 대통령령으로 정하는 국가 또는 지방자치단체에서 출자·출연하여 설립된 법인·단체는 기부금품을 모집할 수 있다 (제5조 제1항). "대통령령으로 정하는 국가 또는 지방자치단체에서 출자·출연하여 설립된 법인·단체"란 국가기관이나 지방자치단체의 장으로부터 대표자의 임면과 업무 감독, 예산 승인, 조직원에 대한 인사 등에 실질적인 지휘·통제를 받지 아니하는 법인·단체를 말한다 (동법시행령 제13조).

결국 국가나 지방자치단체 또는 그 지휘·통제를 받는 법인·단체는 기부금품을 모집할 수 없다는 것 즉 모집자가 될 수 없다는 것을 규정하고 있으며, 그러한 지휘·통제를 받지 않는 순수 민간법인·단체만이 모집자가 될 수 있다는 취지의 규정이다. 실제로는 지휘·통제를 받는다는 것의 의미가 문제되는 경우가 많을 것인데, 대표자의 임면과 업무감독, 예산승인, 조직원에 대한 인사 등에 대한 영향력 등을 기준으로 하여 판단하게 된다. 매년 예산지원을 받고 사업계획 및 예·결산서를 제출하거나, 공무원이 당연직 임원이거나 또는 파견된 경우 또는 국가나 지방자치단체의 지속적인 출연이 없으면 운영이 불가능한 경우 등에는 실질적인 지휘·통제관계를 인정할 수 있다.[45)]

대법원 판례는, "기부금품을 모집할 수 없는 자로 공무원을 규정한 것은 기부행위가 공무원의 직무와 외관상 대가관계가 없는 것으로 보이더라도 사실상 공권력의 영향력에 의한 것이거나 또는 그러한 의심을 자아내는 경우가 있음을 경계하여 직무 관련 여부를 묻지 아니하고 이를 금지함으로써 공무의 순수성과 염결성(廉潔性)이 훼손되지 않도록 함에 그 취지가 있다."고 한다.[46)]

---

45) 서울특별시, 위의 책, 48면.
46) 대법원 2009. 12. 10. 선고 2007다63966 판결. 대법원 2010. 1. 28. 선고 2007도 9331 판결 등 따름 판례가 여럿 있다.

따라서 명문(明文)의 규정은 없으나 공무원 노동조합 역시 기부
금품을 모집할 수 없다. 만약 이를 허용한다면 개인으로는 기부금품
을 모집할 수 없는 공무원이 별도의 법인·단체를 설립하여 기부금품
을 모집할 수 있게 되어, 실질적으로 공무원 개인이 기부금품을 모
집하는 것과 유사한 결과를 초래하여 사실상 이 법의 취지에 반(反)하
기 때문이다.[47]

이러한 의무에 위반하여 기부금을 받기로 한 경우, 예컨대 지방
자치단체가 골프장사업계획승인과 관련하여 사업자로부터 기부금
을 지급받기로 한 증여계약[48]은 공무수행과 결부된 금전적 대가로서
그 조건이나 동기가 사회질서에 반(反)하므로 민법 제103조에 의해
무효가 된다.[49] 그 무효는 절대적인 것이고, 선의의 제3자라도 사회
질서 위반행위의 유효를 주장할 수 없다.[50]

(2) 자발적 기탁 접수 제한 및 예외

(가) 접수 제한

국가 또는 지방자치단체 및 그 소속 기관·공무원과 국가 또는 지
방자치단체에서 출자·출연하여 설립된 법인·단체는 자발적으로 기
탁하는 금품이라도 법령에 다른 규정이 있는 경우 외에는 이를 접수

---

47) 법제처, 질의회신 15(안건번호 14-0326), 2014. 6. 17.
48) 사실관계에 따르면, 공무원이 인·허가 등 수익적 행정처분을 하면서 상대
　　방에게 그 처분과 관련하여 이른바 부관으로서 부담을 붙일 수 있으나 그
　　러한 부담은 법치주의와 사유재산 존중, 조세법률주의 등 헌법의 기본원
　　리에 비추어 비례의 원칙이나 부당결부의 원칙에 위반되지 않아야 적법한
　　것인데, 이 사례에서는 골프장인·허가라는 행정처분과 부관 사이에 실제
　　적 관련성이 없어 부당결부원칙에 위반하는 결과가 되므로 이를 회피하고
　　자 행정처분의 상대방과 사이에 사법상 거액의 협력기금을 출연하기로 하
　　는 증여계약을 체결한 것이었다.
49) 대법원 2009. 12. 10. 선고 2007다63966 판결.
50) 송덕수, 민법총칙 제2판, 박영사, 2013, 253-255면.

할 수 없다(제5조 제2항). 자발적으로 기탁한다는 것은, 기부금품의 출연에 대한 의뢰나 권유, 요청 등이 없이 개인의 자유의사에 따라 행하는 기부행위를 말하며,[51] 개념상 모금에 속하지 않는다. 그러나 국가나 지방자치단체 또는 그 실질적인 지휘통제를 받는 단체에 대하여 자발적 기탁에 의한 접수를 제한하는 것은 그것이 '자발적 기탁 형식'을 띤 실질적인 모금행위가 이루어질 수 있기 때문이다.

다만 법령에 다른 규정이 있는 경우에는 예외적으로 자발적 기탁에 대한 접수가 인정되는데, 그러한 예외로는 「도서관법」 제9조에 의한 금전 등의 기부, 「공유재산 및 물품관리법」 제7조에 의한 기부채납 등을 예로 들 수 있다. 예컨대 지방자치단체가 설치·운영하는 도서관이더라도 「도서관법」 제9조에서 법인 등에 의한 금전 등의 재산 기부를 허용하고 있으므로, 그 상대방인 도서관은 법인 등이 기부한 재산을 당연히 접수할 수 있다고 해석해야 한다.[52] 다만 이 경우에도 모집을 하는 것은 허용되지 않는다.[53]

(나) 접수가 허용되는 경우
1) 허용 요건
국가나 지방자치단체 또는 그 실질적인 지휘·통제를 받는 단체의 경우에도 예외적으로 자발적으로 기탁하는 금품을 접수할 수 있는 예외가 인정된다. 법에 정해진 것은 다음과 같은 경우이다(제5조 제2항).

① 사용용도와 목적을 지정하여 자발적으로 기탁하는 경우로서 기부심사위원회의 심의를 거친 경우
이것은 행정목적 수행을 위하여 필요한 경우 등에 인정되는 경우

---

51) 서울특별시, 위의 책, 49면.
52) 법제처, 질의회신 11(안건번호 07-0242), 2007. 11. 2.
53) 서울특별시, 위의 책, 50면.

인데, 구체적으로는 다음의 경우에 인정된다.

  ㉮국가기관의 장 또는 국가가 출자하거나 출연하여 설립된 법인·
    단체가 행정목적을 수행하거나 해당 법인·단체의 설립목적을
    수행하기 위하여 직접적으로 필요한 경우로서 기부심사위원회
    의 심의를 거친 경우

  ㉯지방자치단체의 장 또는 지방자치단체가 출자·출연하여 설립된
    법인·단체가 행정목적을 수행하거나 해당 법인·단체의 설립목
    적을 수행하기 위하여 직접적으로 필요한 경우로서 기부심사위
    원회의 심의를 거친 경우

② 모집자의 의뢰에 의하여 단순히 기부금품을 접수하여 모집자
에게 전달하는 경우

적십자, 사회복지공동모금회 등 모금단체의 협조 요청에 따라 지
방자치단체 등에서 기부금품을 접수하여 모금단체에 전달하는 경우
를 말하며,[54] 모집자의 의뢰에 의하여 접수하는 것이므로 이 경우 지
방자치단체 등은 일종의 도관(導管)에 불과하기 때문이다.

③ 국가 또는 지방자치단체에서 출자·출연하여 설립한 법인·단체
이나 실질적인 지휘·통제관계가 없는 법인·단체가 기부금품을 접수
하는 경우

실질적인 지휘·통제관계가 있는 법인·단체에 대해서 자발적 기탁
의 접수가 금지되므로, 실질적인 지휘·통제관계가 없는 법인·단체는
이를 접수할 수 있다고 해석하는 것이 자연스럽기 때문이다. 본 규
정은 이를 명확화 한 것이다.

---

54) 서울특별시, 위의 책, 50면.

2) 기부심사위원회

자발적으로 기탁하는 금품의 접수 여부를 심의하기 위하여 일정한 중앙기관이나 지방자치단체에 설치하는 심의기관을 말하며, ①국회, 대법원, 헌법재판소 및 중앙선거관리위원회(제5조 제3항 1호), ②행정자치부 및 대통령령으로 정하는 기관(동조 동항 2호)[55] 등에 설치한다. 이러한 기부심사위원회의 위원에는 민간인 위원이 포함되어야 한다(제5조 제4항).

다. 모집자 등의 의무

(1) 강요금지

모집자나 모집종사자는 다른 사람에게 기부금품을 낼 것을 강요하여서는 아니 된다(제6조 제1항). 강요한 경우에는 등록말소 사유가 되며(제10조 제5항), 3년 이하의 징역 등 형벌을 받을 수 있다(제16조).

(2) 현명(顯名)

모집종사자는 자신의 모집행위가 모집자를 위한 것임을 표시하여야 한다(제6조 제2항). 모집종사자는 모집자의 지시·의뢰를 받아

---

55) 법 제5조 제3항 제2호에서 "대통령령으로 정하는 기관"이란 다음 각 호의 기관을 말한다(동법시행령 제15조 제1항).
  1. 국방부장관이 정하는 다음 각 목의 기관
   가. 국방부 본부
   나. 합동참모 본부
   다. 한미연합사령부
   라. 국방부의 직할부대 및 소속기관
   마. 각 군 본부 및 각 군의 장성급 지휘부대 및 기관
  2. 지방경찰청 이상 경찰관서
  3. 지방해양경찰본부 이상 해양경찰관서
  4. 「교정시설 경비교도대 설치법」에 따라 법무부장관 소속으로 두는 지방교정청

기부금품의 모집에 종사하므로, 즉 모집자에 종속되어 모집행위를 하므로, 모집자를 위한 것임을 표시하여야 법률효과도 모집자에게 발생한다는 취지의 규정으로 볼 수 있다. 상행위의 대리권은 본인을 위한 것임을 표시하지 않아도 본인에 대해 효력이 발생하므로(상법 제48조) 그 취지를 현명해야 하는 민법상의 대리(민법 제115조)와 다른데, 모금행위의 성질이 비영리성(非營利性)을 갖는 점을 고려하여 민법상의 대리 원칙에 따른 것으로 보인다. 모집종사자가 모집 과정에서 일정한 법령위반행위를 한 경우에도 등록말소의 사유가 되며(제10조 5항, 6항 등), 현명의무 위반의 경우에는 과태료 부과사유가 된다(제18조).

5. 모집절차

기부금품의 모집절차는 크게 등록, 접수, 결과 보고의 순으로 이루어진다. 접수 과정 중 모집계획에 변경이 생긴 경우에는 기간만료 전 또는 초과액 달성 전 등 사전에 변경등록을 하여야 함은 전술(前述)하였다.

가. 등록

모집인의 등록신청을 받은 등록청은 모집·사용계획서의 내용이 등록에 적합한 사업종류인지 여부 신청인에게 결격사유가 있는지 여부 등을 확인한 후 신청인에게 등록증을 내주어야 한다(제4조 제4항). 기부금품 모집행위가 동법에서 규정하는 대상 사업에 해당하는 경우는 특별한 사정이 없는 한 그 모집행위를 허가하여야 한다.[56] 시·도지사가 이러한 사항을 확인하고 등록증을 내준 경우에는 그 사

---

56) 대법원 1999. 7. 23. 선고 99두3690 판결.

실을 지체 없이 행정자치부장관에게 알려야 한다(5항). 등록에 관한 통합정보를 행정안전부장관이 관리할 필요성이 있기 때문이다.[57]

나. 접수

(1) 접수의 의의 및 장소

기부 또는 기부금품의 모금의 법적 성질을 증여와 유사한 재산이전행위라고 보면, 기부금품의 접수는 예컨대 현장모금과 같은 경우에는 증여계약에서의 승낙과 같은 지위를 가지며, 기부약정을 받는 경우라면 그 이행행위로서의 의미가 있다.

이러한 기부금품의 접수는 국가기관, 지방자치단체, 언론기관, 금융기관, 그 밖의 공개된 장소에서 행하여야 한다(제7조 제1항). 그 밖의 공개된 장소란 광장이나 사거리, 쇼핑센터, 정류소 기타 공중이 많이 모일 수 있는 공공장소를 의미한다.[58] 온라인에서 접수를 받는 기부형 크라우드펀딩의 경우에는, 모집관련 정보가 게시된 사이트에 회원가입 등의 절차 없이 누구나 접속할 수 있는 환경이라면 공개된 장소라고 보아야 한다.[59] 따라서 공공장소의 모금으로 보기 어려운 방문모금은 원칙적으로 금지된다.[60]

(2) 접수방법

㈎ 장부기재 및 영수증 발급

모집자나 모집종사자는 기부금품의 접수사실을 장부에 적고, 기부자에게 영수증을 내주어야 하며, 기부금품의 모집 및 사용 결과가 공개되는 사실을 알려야 한다. 다만, 익명기부 등 기부자를 알 수 없

---

57) 이중기, 위의 책, 278면.
58) 이중기, 위의 책, 275-277면.
59) 윤민섭, 위의 글, 108면.
60) 이중기, 위의 책, 277면.

는 경우에는 그러하지 아니하다(제7조 제2항).

⒩ 기부금품의 인계

모집종사자는 기부금품의 모집을 중단하거나 끝낸 후 5일 이내에 모집자에게 접수명세와 접수금품을 인계하여야 한다(제7조 제3항).

다. 결과 보고

모집기간이 끝나거나 모집목표액에 이른 경우 모집자는 즉시 모집을 중단하여야 하며, 중단한 날부터 30일 이내에 별지 제8호서식의 기부금품 모집 완료보고서를 등록청에 제출하여야 한다(동법시행령 제19조 제4항). 그런데 기부금품의 모집을 중단하거나 끝낸 경우에는 모집자의 성명 또는 명칭, 등록일자 및 등록번호, 모집금품의 총액 및 수량, 기부금품의 사용명세 등을 해당 등록청에 지체 없이 알려야 하고 모집자의 인터넷 홈페이지에 14일 이상 게시하여 일반인이 열람할 수 있도록 하여야 하므로(동법시행령 제19조 제3항), 주의하여야 한다.

6. 등록관청

기부금품모집법은 기부금품 모집 등록과 관련한 등록관청의 권한과 의무에 관하여도 규정하고 있다.

가. 의무

⑴ 정보공개의무

등록청은「공공기관의 정보공개에 관한 법률」제7조에 따라 기부금품의 모집과 사용에 관한 정보를 공개하여야 한다(제8조). 공개하는 정보는, 기부금품의 모집등록 및 말소, 모집 및 사용명세, 기부금품의 처분승인 또는 사용승인 등에 대한 전반적인 상황이다(동법시행령 세19조 제5항). 또한 능록청은 기부금품 모집등록증을 내주거나 등록을 말소한 경우 또는 모집된 기부금품을 다른 용도에 사용하도록 승인한 경우에는 관보나 공보에 이를 공고하여야 한다(동법시행령 제21조).

(2) 검사의무

모집자의 모집목표액이 50억원 이상인 경우에는 모집기간 중 1회 이상 검사하도록 하여야 한다(제9조 1항 단서 및 동법시행령 제16조 제1항). 검사를 행하는 공무원은 그 권한을 표시하는 증표를 지니고 이를 관계인에게 내보여야 한다.

나. 권한

(1) 검사권

등록청은 기부금품의 모집 또는 접수행위가 이 법 또는 이 법에 따른 명령에 위반하는지를 확인하기 위하여 필요하다고 인정하면 모집자나 모집종사자에게 관계 서류, 장부, 그 밖의 사업보고서를 제출하게 하거나 소속 공무원에게 모집자의 사무소나 모금장소 등에 출입하여 장부 등을 검사하도록 할 수 있다(제9조 제1항). 즉 모집목표액이 50억원 미만인 경우 검사권의 행사 여부는 재량에 맡겨져 있다. 검사를 행하는 공무원은 그 권한을 표시하는 증표를 지니고 이를 관계인에게 내보여야 한다(동조 제2항).

(2) 등록의 말소권

㈎ 등록말소 사유

등록청은 모집자나 모집종사자에게 법령에서 정하는 일정한 의무위반 사유가 있는 경우 기부금품 모집 등록을 말소할 수 있으며, 이러한 등록말소사유는 다음과 같이 열거되어 있다(제10조 제1항).

① 모집자가 속임수나 그 밖의 부정한 방법으로 등록을 한 경우(1호)

② 같은 사업을 위한 기부금품의 모집을 둘 이상의 등록청에 등록한 경우(2호)

③ 모집자가 모집·사용계획서와 달리 기부금품을 모집한 경우(3호)

④ 모집자에게 제4조 제3항에 규정하는 어느 하나의 결격사유가 있는 경우. 다만, 법인 또는 단체의 대표자 또는 임원 중 결격사유에 해당하는 자가 있으나 해당 등록을 말소할 사유가 발생한 날부터 3개월 이내에 그 대표자나 임원을 개임改任한 경우에는 그러하지 아니하다(4호).

⑤ 모집자나 모집종사자가 기부금품을 낼 것을 강요한 경우(5호)

⑥ 모집자나 모집종사자가 공개된 장소가 아닌 장소에서 기부금품을 접수한 경우(6호)

⑦ 모집자나 모집종사자가 등록관청의 검사에 따른 관계 서류 등의 제출명령을 따르지 아니하거나 관계 공무원의 출입·검사를 거부·기피 또는 방해한 경우(7호)

⑧ 모집자가 기부금품을 모집목적 외의 용도로 사용하거나, 승인을 받지 아니하고 기부금품을 모집목적과 유사한 용도로 사용한 경우(8호)

⑨ 모집자나 모집종사자가 기부금품의 모집상황과 사용명세를 나타내는 장부·서류 등을 갖추어두지 아니한 경우(9호)

⑩ 모집자가 모집중단, 모집금품의 사용에 따른 공개의무를 이행

하지 아니하거나 거짓으로 공개한 경우(10호)

(나) 필요적 청문

등록청은 제10조에 따라 모집자의 등록을 말소하려면 청문을 하여야 한다(제11조).

(다) 등록말소의 효력

등록을 말소하면 모집된 금품을 기부자에게 반환할 것을 명령하여야 한다(제10조 제1항). 다만, 반환명령을 받은 모집자가 모집금품을 기부한 자를 알 수 없는 경우에는 기부금품의 처분계획서를 등록청에 제출하여 그 승인을 받아 모집목적과 유사한 용도에 처분하여야 한다. 이 경우 등록청은 모집금품을 처분하려는 용도가 당초의 모집목적과 같은 사업(제4조 제2항의 구분에 따른 사업을 말한다)에 해당되면 승인을 하여야 한다(제10조 제2항). 승인을 받아 기부금품의 처분을 마치면 지체 없이 그 결과를 등록청에 보고하여야 한다(동법시행령 제17조 제2항).

(3) 권한의 위임

행정자치부장관은 이 법에 따른 권한의 일부를 대통령령으로 정하는 바에 따라 특별시장·광역시장·도지사 또는 특별자치도지사에게 위임할 수 있다. 제1항에 따라 권한을 위임받은 특별시장·광역시장 또는 도지사는 행정자치부장관의 승인을 받아 위임받은 권한의 일부를 해당 지방자치단체의 규칙으로 정하는 바에 따라 시장·군수 또는 구청장에게 재위임(再委任)할 수 있다(제15조).

7. 기부금품의 사용

모집된 기부금품의 사용절차는 모집목적에 따른 사용 및 그 사용완료보고 순으로 이루어지며, 모집목적에 따른 사용이 곤란한 경우의 유사목적 사용, 비용 충당 등에 대한 별개 규정이 있다.

가. 사용 용도의 제한

(1) 모집목적에 따른 사용

모집된 기부금품은 모집비용에 충당하는 경우 외에는 모집목적 외의 용도로 사용할 수 없다(제12조 제1항). 따라서 등록신청 시 제출한 계획대로 기부금품을 집행하고 집행내역을 장부에 기재하는 방식으로 사용하여야 한다. 한편 모집등록을 신청할 때, 모집금품의 사용방법 및 사용기간 등을 구체적으로 적은 모집금품의 사용계획서를 필요적으로 제출하므로(동법시행령 제3조 제2항), 사용계획서상의 사용기한까지 기부금품을 사용할 수 없는 사유가 있으면 그 사용기간 만료 이전에 기부금품 사용기한 연장신청을 하여야 함은 모집등록 변경신청과 같다.[61]

다만 기부금품법 개정안(제4조 제1항 3호)은 모집완료 이후 2년 이내에 기부금품을 원래 목적에 사용하여야 할 의무를 부과하고, 연장 승인 없이 사용기한 이후에도 기부금품을 보유하는 경우에는 등록청이 등록을 말소할 수 있도록 한다(제10조 제1항 8호의2). 거액의 기부금을 모금한 후 사업목적에 사용하지 않고 그 이자수입만으로 장학사업을 수행하는 등 법인의 기본재산으로 사용하려는 사례를 방지하기 위한 것이다.[62]

---

61) 행정안전부, 위의 책, 29면.
62) 행정안전위원회 수석전문위원, 기부금품법개정법률안 검토보고서 , 2012.2,

(2) 유사목적 사용

기부금품의 모집목적을 달성할 수 없는 경우 또는 모집된 기부금품을 그 목적에 사용하고 남은 금액이 있는 경우에는 등록청의 승인을 받아 등록한 모집목적과 유사한 용도로 사용할 수 있다(제12조 제1항 단서). 목적사업에 집행하고 잔액이 있다는 것은 그 목적사업이 존재하지 않는 것과 같으므로 기부금품의 모집목적을 달성할 수 없는 경우와 같이 취급한다. 따라서 등록청의 승인을 받아 유사목적에 사용하도록 한 것인데, 유사목적의 판단은 제4조 제2항의 구분에 따른 동일한 사업에 속하느냐 여부로 결정한다. 그래서 모집금품을 사용하려는 용도가 당초의 모집목적과 같은 사업에 해당되면 등록청이 반드시 승인을 하도록 정하고 있다(제12조 제2항).

(3) 모집비용 충당

모집자는 모집된 기부금품의 규모에 따라 기부금품의 일부를 기부금품의 모집, 관리, 운영, 사용, 결과보고 등에 필요한 비용에 충당할 수 있는데(제13조), 실제 모집금액이 10억원 이하인 경우에는 모집금액의 15%, 10억원 초과 100억원 이하인 경우에는 13%, 100억원 초과 200억원 이하인 경우에는 12%, 200억원 초과인 경우에는 10% 이하를 충당할 수 있다(동법시행령 제7조).

나. 모집명세와 사용결과 등 공개

(1) 모집명세 장부작성

모집자와 모집종사자는 기부금품의 모집상황과 사용명세를 나타

13면.
http://likms.assembly.go.kr/bill/jsp/BillDetail.jsp?bill_id=ARC_T1C3F1W1U2A9I1W5F0U6B5L3U0H6G2(최종접속일 2015. 2. 28).

내는 장부·서류 등을 작성하고 모집장소에 갖추어 두어야 하는데(제 14조 제1항), 기부모집금출납부, 기부모집물품출납부, 기부금품 모집 비용 출납부 등의 장부가 이에 해당한다(동법시행령 제19조 제1항). 또한 모집금품을 출납하면 영수증이나 그 밖에 그 사실을 증명하는 증빙서류를 작성·보관하여야 한다(동법시행령 제19조 제2항).

(2) 사용완료 보고 및 결과 공개

모집자는 기부금품의 사용을 끝낸 날부터 60일 이내에 기부금품 모집 및 사용명세 보고서에 회계감사기관이 작성한 회계감사보고서 를 첨부하여 등록청에 제출하여야 한다(제14조 제3항 및 동법시행령 제20조 제2항).

모집자가 기부금품의 모집을 중단하거나 끝낸 때, 모집된 기부금 품을 사용하거나 유사목적에 사용한 때에는 그 결과를 공개하여야 한다(제14조 제2항). 이 경우 모집자의 성명 또는 명칭, 등록일자 및 등록번호, 모집금품의 총액 및 수량, 기부금품의 사용명세 등을 해당 등록청에 지체 없이 알려야 하고 모집자의 인터넷 홈페이지에 14일 이상 게시하여 일반인이 열람할 수 있도록 하여야 한다(동법시행령 제19조 제3항). 모집자는 모집 및 사용명세 등을 모집자의 인터넷 홈 페이지 등에 공개하여 기부자 등이 모집 상황을 수시로 알 수 있도 록 노력하여야 한다(동법시행령 제19조 제5항).

(3) 감사보고서 등 제출

모집자가 기부금품의 사용을 끝낸 때에는 대통령령으로 정하는 바에 따라 '모집상황과 사용명세 등에 대한 보고서'에 「공인회계사 법」 제7조에 따라 등록한 공인회계사나 「주식회사의 외부감사에 관 한 법률」 제3조에 따른 감사인이 작성한 감사보고서를 첨부하여 등 록청에 제출하여야 한다. 다만, 모집된 기부금품이 1억원 이하이면 감사보고서의 첨부를 생략할 수 있으나 기부금 사용에 따른 영수증 등 지출증빙서류를 제출하여야 한다(제14조 제3항 및 동법시행령 제20조 제2항). "기부금품의 사용을 끝낸 때"에는 기부금품을 모집목적으로 사용하고 남은 잔액을 등록청의 승인을 받아 모집목적과 유사한 용도로 사용하는 것을 완료한 경우도 포함되므로, 이 경우에도 '모집상황과 사용명세 등에 관한 보고서', 회계감사보고서를 제출하여야 한다.[63] 특별시장·광역시장·도지사 또는 특별자치도지사는 위의 보고서를 제출받은 경우에는 이를 행정자치부장관에게 통보하여야 한다(제14조 제4항).

다만 공익법인은 공익법인법이나 세법 등에 따라 이미 관리감독, 공시의무, 회계감사 등의 의무를 준수하고 있음에도 이러한 의무를 부담시키는 것은 행정상 중복적인 의무를 부담시키는 결과가 되어 문제가 있다. 특히 건件별로 등록의무를 부담하는 경우에는 건 별 감사, 사업연도별 감사 등 중복적인 의무이행을 요구받으므로 과도한 행정비용을 부담하는 결과가 되기 때문이다. 이러한 사항들을 종합적으로 고려한 개선안이 필요할 것으로 생각한다.

8. 의무위반에 대한 제재

가. 개관

기부금품법은 동법상의 의무에 위반한 자에 대하여 제재를 가하는 규정을 두고 있는데, 의무위반이 중대한 경우에는 행정형벌(제16조)을, 상대적으로 경미한 경우에는 행정벌(行政罰)인 과태료(제18조)를 부과하고 있으며, 행위자 외에 법인 또는 개인에 벌금형을 부과

---

63) 법제처, 질의회신 14(안건번호 14-0102), 2014. 6. 17.

하는 양벌(兩罰) 규정(제17조)을 두고 있다. 그러나 형벌은「형법」과, 과태료의 경우에는「질서위반행위규제법」과 관련하여 검토할 점이 있다.

나. 형벌

(1) 형법상 형벌과의 관계

형법상의 형을 처벌내용으로 하는 행정형벌에 대하여도 원칙적으로 형법총칙이 적용된다.[64] 따라서 범죄 성립을 위해서는 고의(故意)가 있어야 하며, 과실인 경우에는 명문 규정이 있거나 과실범도 벌한다는 취지가 명백한 경우에만 범죄가 성립하므로,[65] 과실범을 처벌한다는 명문의 규정이 없다는 점, 그 처벌의 정도가 중하다는 점을 고려하면 기부금품법의 경우에는 고의범만이 처벌된다. "자기의 행위가 법령에 의하여 죄가 되지 아니하는 것으로 오인한 경우 그 오인에 정당한 이유가 있으면 벌하지 않는다."는 형법 제16조의 규정도 원칙적으로 행정형벌에 적용되므로,[66] 그 규정을 배제하는 특별규정이 없는 이상 적용된다. 심신장애자나 농아자의 형벌을 감경하고 14세 미만자의 행위는 벌하지 않는 형법 제9조의 규정도 원칙적으로 적용되겠지만,[67] 대부분 모집자의 결격사유에 해당하여 실제로 처벌이 문제되는 경우는 거의 없을 것이다.

어쨌든 별도의 배제 규정이 없으므로, 형법총칙상의 범죄성립요건에 따라 정범(正犯), 교사범(敎唆犯)이나 방조범(幇助犯) 등의 공범(共犯) 등으로 처벌될 수 있으며 그 처벌은 형사소송절차에 의하게

---

64) 정하중, 위의 책, 504면. 김남진·김연태, 위의 책, 540면.
65) 김남진·김연태, 위의 책, 542면.
66) 정하중, 위의 책, 505면 등 통설이다.
67) 김남진·김연태, 위의 책, 542면 등 통설이다.

될 것이다.[68] 기부금품법은 그 의무위반의 유형과 중대성 등을 고려하여, 3년 이하의 징역을 부과하는 경우와 1년 이하의 징역을 부과하는 경우로 나누어 규정한다.

(2) 3년 이하 징역 또는 3천만원 이하의 형벌을 받는 경우

다음의 행위를 한 자에 대하여는 3년 이하의 징역이나 3천만원 이하의 벌금에 처한다(제16조 제1항).

① 1천만원 이상의 기부금품 모집에 대한 등록을 하지 아니하였거나, 속임수나 그 밖의 부정한 방법으로 등록을 하고 기부금품을 모집한 자(1호)

처벌대상이 되는 것은, 모집기간인 1년 이내에 1천만 원을 초과하여 기부금품을 모집한 경우에 한정된다. 따라서 관할관청에 등록하지 아니하고 1천만 원을 초과하여 기부금품을 모집한 것으로 보이는 경우에도, 소속 회원들로부터 모은 금원은 회원들이 자발적으로 납부한 회비 또는 후원금에 해당하여 기부금품법의 적용 대상인 '기부금품'에서 제외되는 것으로 보아야 하고, 이를 제외한 나머지 기부금품의 총액이 2006년 900만원, 2007년 320만원, 2008년 417만원인 경우에는 처벌할 수 없다.[69]

한편 도의회 의원이 도내 행사를 개최하면서 지방공사 등으로부터 광고비 명목의 금품을 받고 행사안내용 전단지에 금품제공자의 성명 내지 단체명이나 경력 등을 게재한 경우, 이러한 게재행위는 금품의 제공에 대한 반대급부로 볼 수 없어 결국 반대급부 없이 금품을 모집한 경우에 해당하므로 기부금품법 위반죄 성립이 인정된다.[70]

---

68) 정하중, 위의 책, 507-508면 등 통설이다.
69) 대법원 2010. 9. 30. 선고 2010도5954 판결.
70) 대법원 2007. 10. 25. 선고 2005도1991 판결.

② 기부금품을 낼 것을 강요한 자(2호)

③ 등록말소에 따른 반환명령에 따르지 아니한 자(3호)

④ 등록말소에 따른 등록청의 승인을 받지 아니하고 기부금품을 등록한 모집목적과 유사한 용도로 처분하거나 승인을 받은 내용과 달리 기부금품을 처분한 자(4호)

⑤ 모집된 기부금품을 사용하면서 기부금품을 모집목적 외의 용도로 사용하거나 등록청의 승인을 받지 아니하고 기부금품을 등록한 모집목적과 유사한 용도로 사용한 자(5호)

⑥ 모집비용 충당비율을 초과하여 모집금품을 모집비용에 충당한 자(6호)

⑦ 모집중단, 사용 또는 유사목적 사용에 따른 공개의무를 이행하지 아니하거나 거짓으로 공개한 자(6의2호)

⑧ 기부금품 사용완료에 따른 감사보고서와 모집상황이나 사용명세 등에 대한 보고서를 제출하지 아니한 자(7호)

(3) 1년 이하 징역 또는 1천만원 이하의 형벌

위의 사항과 비교하여 상대적으로 경미한 다음의 행위자에 대하여는 1년 이하의 징역이나 1천만원 이하의 벌금에 처한다(제16조 제2항).

① 국가 또는 지방자치단체, 그 실질적인 지휘·통제를 받는 단체의 모집금지 규정을 위반하여 기부금품을 모집한 자(1호)

② 기부금품의 접수사실을 적는 장부에 기부금품의 접수사실을 거짓으로 적은 자(2호)

③ 기부금품의 모집상황과 사용명세를 나타내는 장부나 서류 등을 갖추어 두지 아니한 자(3호)

(4) 형벌이 확정된 경우의 세법상 조치

법인세법시행령 제36조 제8항은, 「민법」 제32조에 따라 주무관청의 허가를 받아 설립된 비영리법인이 「국세기본법」 제85조의5에 따라 불성실기부금수령단체로 명단이 공개된 경우(3호) 또는 법인의 대표자, 대리인, 사용인 또는 그 밖의 종업원이 「기부금품의 모집 및 사용에 관한 법률」을 위반하여 같은 법 제16조에 따라 법인 또는 개인에게 징역 또는 벌금형이 확정된 경우(4호) 국세청장이 지정기부금단체 지정의 취소를 기획재정부장관에게 요청할 수 있음을 규정한다. 소득세법이 적용되는 비영리민간단체의 경우에는 소득세법시행령 제80조 제항에서, 수입(국가 또는 지방자치단체로부터 받는 보조금 수입은 제외한다) 중 개인의 회비·후원금이 차지하는 비율이 100분의 50을 초과할 것(5호 나목) 또는 과세기간별 결산보고서의 공개에 동의할 것(5호 마목) 등의 조건을 위반한 경우에도 기부금대상민간단체 지정의 취소를 요청할 수 있음을 규정하고 있어서, 법인세법의 규정보다 지정취소 가능성이 넓다. 모집자인 법인 또는 단체로서는 형벌을 받는 것에 덧붙여 세제 혜택이 박탈될 수 있으므로 주의를 요한다.

다. 법인 등 양벌 규정

(1) 형법상 형벌과의 관계

형법학에 있어서는 법인의 범죄능력을 부인하는 것이 종래의 다수설이지만, 행정범에 있어서는 법인의 대표자나 대리인 또는 종업원 등이 법인의 업무에 관하여 의무를 위반한 경우에도 행위자 외에 법인을 처벌하는 경우가 많고,[71] 형사범에 있어서는 행위자 이외의 자를 벌하는 경우가 없으나 행정범에 있어서는 종업원의 위반행위에 대하여 사업주를 처벌하는 등 타인의 행위에 대한 책임을 지우는

---

71) 정하중, 위의 책, 506면 등 다수.

경우도 많다.[72] 구 기부금품법 제17조의 규정 역시 그러하였다.

그런데 이러한 규정은 형사법상 책임주의의 원칙에 어긋나는 점이 있어서 논란이 있었으며, 종업원의 업무 관련 무면허의료행위가 있으면 자동적으로 영업주도 처벌하도록 규정하고 있는 「보건범죄단속에 관한 특별조치법」제6조의 위헌 여부사건에서 표면화되었다. 헌법재판소는 "위 법률조항은 다른 사람의 범죄에 대해 그 책임 유무를 묻지 않고 형벌을 부과함으로써, 법정형에 나아가 판단할 것 없이, 형사법의 기본원리인 '책임 없는 자에게 형벌을 부과할 수 없다'는 책임주의에 반한다."고 위헌결정을 선고하였다.[73] 이것은 "종업원 등의 행정법규 위반행위에 대하여 양벌규정으로 영업주의 책임을 묻는 것은 종업원 등에 대한 영업주의 선임감독상의 과실책임을 근거로 하는 것."이라고 판시한 대법원의 일관된 태도와도 부합하는 것이었다.[74] 이에 따라 유사한 양벌 규정을 가지고 있던 각종 법규의 양벌규정이 책임주의에 부합하도록 개정되었는데, 본 규정도 헌법재판소의 위헌 결정 이후인 2008. 12. 26. 법률 제9194호로 개정되면서 단서 규정이 신설되었다.

(2) 관리감독책임에 따른 양벌규정

법인의 대표자나 법인 또는 개인의 대리인, 사용인, 그 밖의 종업원이 그 법인 또는 개인의 업무에 관하여 제16조의 위반행위를 하면 그 행위자를 벌하는 외에 그 법인 또는 개인에게도 해당 조문의 벌금형을 과科한다. 다만, 법인 또는 개인이 그 위반행위를 방지하기 위하여 해당 업무에 관하여 상당한 주의와 감독을 게을리하지 아니한 경우에는 그러하지 아니하다(제17조). 행위자에게 제16조의 형벌

---

72) 정하중, 위의 책, 506-507면.
73) 헌법재판소 2007. 11. 29. 선고 2005헌가10 결정.
74) 대법원 1987. 11. 10. 선고 87도1213 판결 등 다수.

을 부과하는 경우 관리감독책임이 있는 자에 대해서도 해당 조문의 벌금형으로 처벌을 하지만, 그가 관리감독책임을 다 한 경우에는 처벌하지 않는다는 내용이다.

라. 과태료

(1) 과태료 부과의 일반절차

과태료를 처벌내용으로 하는 행정질서벌에 대해서는 형법총칙이 적용되지 않고,[75] 「질서위반행위규제법」에 의한다. 동법은 질서위반행위의 성립요건과 과태료의 부과·징수 및 재판 등에 관한 사항을 규정하는 것을 목적으로 하며(제1조), 계약관계에 따른 채무불이행 등의 법리에 따르거나 민사소송법 등 법원에서의 절차에 따르거나 아니면 변호사협회 등 단체법상의 의무에 따르는 경우 등을 제외하고, 법률(지방자치단체의 조례를 포함)상의 의무를 위반하여 과태료를 부과하는 경우에 원칙적으로 적용된다(제2조). 이에 따르면, 법률에 따르지 아니하고는 어떤 행위도 질서위반행위로 과태료를 부과하지 아니하고(제6조), 고의 또는 과실이 없는 질서위반행위는 과태료를 부과하지 않으며(제7조), 과태료를 부과하는 경우 행정청이 부과하되 사전통지 및 의견절차를 거쳐야 하고(제16조, 제17조), 그 부과처분에 대해 60일 이내에 서면으로 이의제기를 받은 경우 법원에서 과태료 재판을 하게 된다(제20조, 제21조).

(2) 과태료 부과 주체 및 대상

「질서위반행위규제법」의 규정에 부합하여 기부금품법은 과태료 부과대상인 행위, 액수 및 부과 주체에 대해서, "등록청은 다음의 위반행위자에 대하여 500만원 이하의 과태료를 부과·징수한다."고 규

---

75) 정하중, 위의 책, 509면 등 다수.

정하고 있다(제18조).

① 모집자를 위한 행위임을 현명(顯名)해야 하는 의무를 위반하여 모집행위가 모집자를 위한 것임을 표시하지 아니한 모집종사자(1호)

② 국가기관, 지방자치단체, 언론기관, 금융기관, 그 밖의 공개된 장소에서 접수하여야 한다는 의무를 위반하여 공개된 장소가 아닌 장소에서 기부금품을 접수한 자(2호)

③ 모집 또는 접수행위에 관한 등록청의 검사에 따른 관계 서류 등의 제출명령에 따르지 아니하거나 관계 공무원의 출입·검사를 거부·기피 또는 방해한 자(3호)

II 기부금품법의 쟁점

1. 기부금품 모집행위의 권리성 및 그 제한

가. 헌법재판소의 결정례 분석

(1) 헌법재판소 1998. 5. 28. 선고 96헌가5 결정

구 기부금품모집금지법 제3조 (모집의 금지와 허가)

누구든지 기부금품의 모집을 할 수 없다. 다만, 좌의 각 호의 1에 해당하는 경우에 한하여 내무부장관과 도지사 또는 서울특별시장은 기부위원회의 심사를 거쳐 이를 허가할 수 있다.

1. 국제적으로 행해지는 구제금품 (이하 생략)

동법은 모집행위를 원칙적으로 허용되는 행위로 보고 모집과정에서 발생하는 위법적 행위를 통제하기 위하여 허가절차가 필요하다는 사고에서 출발하는 것이 아니라, 기부금품의 모집행위를 원칙

적으로 사회적으로 바람직하지 않은 것 또는 유해한 것으로 간주하고 단지 국가가 모집의 필요성이 있다고 판단한 예외적인 경우에 한해서만 허용하고 있다.

이에 대하여 헌법재판소는, 법 제3조에 의하여 제한되는 기본권은 행복추구권이며, 동법 제3조에서 기부행위의 허가 여부를 행정청의 재량행위로 한 것,[76) 기부행위의 모집목적을 과도하게 제한한 것[77)은 위헌이라고 판단하였다.

헌법재판소의 논리는, 첫째 기부금품의 모집행위 그 자체는 공익이나 타인의 법익을 침해하는 사회적으로 유해한 행위가 아니고 다만 모집과정에서 타인에 대한 피해나 공공의 안녕과 질서에 대한 침

---

76) 법 제3조는 허가를 받지 않은 기부금품의 모집을 전면적으로 금지하고, 다만, 입법자가 모집행위의 필요성을 인정한 7가지의 경우에 한하여 "내무부장관과 도지사 또는 서울특별시장은 기부위원회의 심사를 거쳐 이를 허가할 수 있다"고 규정하고 있다. 따라서 법 제3조에 열거된 모집목적이 존재하는 경우에도 허가여부를 행정청의 재량에 맡기고 있으므로 비록 기부금품을 모집하고자 하는 목적이 법에 규정된 경우에 해당한다 하더라도 허가를 청구할 수 있는 개인의 법적 권리는 존재하지 않기 때문이다..... 기부금품의 모집행위도 행복추구권에서 파생하는 일반적인 행동자유권에 의하여 기본권으로 보장되기 때문에, 법의 허가가 기본권의 본질과 부합하려면, 그 허가절차는 기본권에 의하여 보장된 자유를 행사할 권리 그 자체를 제거해서는 아니되고 허가절차에 규정된 법률요건을 충족시킨 경우에는 기본권의 주체에게 기본권행사의 형식적 제한을 다시 해제할 것을 요구할 수 있는 법적 권리를 부여하여야 한다.
77) 법이 의도하는 목적인 국민의 재산권보장과 생활안정은 모집목적의 제한보다도 기본권을 적게 침해하는 모집행위의 절차 및 그 방법과 사용목적에 따른 통제를 통해서도 충분히 달성될 수 있다 할 것이므로, 모집목적의 제한을 통하여 모집행위를 원칙적으로 금지하는 법 제3조는 입법목적을 달성하기에 필요한 수단의 범위를 훨씬 넘어 국민의 기본권을 과도하게 침해하는 위헌적인 규정이라 아니할 수 없다.

해 우려가 있으므로 그에 대한 제한과 규율의 필요성이 있을 뿐이다.

둘째, 행복추구권에서 파생하는 일반적인 행동자유권은 모집행위를 감독하고 통제하는 모든 형태의 법적 규율까지 금지하는 것은 아니고, 기부금품의 모집과정에서 타인의 법익에 대한 침해나 법질서에 대한 위반이 빈번하게 발생할 우려가 있으므로(지난날 우리 사회에는 그러한 일들이 흔히 있었다), 공공의 안녕과 질서, 사기·강박, 불공정경쟁, 그 외 질서위반행위를 방지하기 위하여 허가절차를 통하여 모집행위에 대하여 사전에 규율하는 것은 그 필요성이 인정되고, 헌법적으로도 전혀 하자가 없다.

셋째 법 제3조가 모집행위를 원칙적으로 금지하고 다만 예외적으로 국가가 정당한 것으로 정한 경우에만 모집행위를 허용하고 있으므로, 기부금품을 모집하고자 하는 국민에게 허가를 청구할 법적 권리를 부여하지 아니 함으로써 국민의 기본권 -행복추구권-을 침해하고, 모집목적을 제한하는 이러한 형태의 허가절차는 입법목적을 달성하기에 필요한 수단의 범위를 훨씬 넘어 국민의 기본권을 과도하게 침해하는 위헌적인 규정이다.

(2) 헌법재판소 2010. 2. 25. 선고 2008헌바83 결정

구 기부금품모집규제법(1999. 1. 18. 법률 제5631호로 개정되고, 2006. 3. 24. 법률 제7908호로 개정되기 전의 것) 제4조(기부금품의 모집허가) ① 기부금품의 모집을 하고자 하는 자는 대통령령이 정하는 바에 의하여 행정자치부장관 또는 특별시장·광역시장·도지사의 허가를 받아야 한다. 허가받은 사항 중 대통령령이 정하는 중요사항을 변경하는 경우에도 또한 같다.

② 제1항의 규정에 의한 기부금품의 모집허가는 다음 각호의 1에 해당하는 사업에 한한다.

1. 국제적으로 행하여지는 구제사업 (이하 생략)

이 사례는, 청구인들이 '○○시 소각 잔재물 매립 반대 투쟁위원
회'의 전직 위원장, 전직 사무국장으로, 허가를 받지 않고, 인터넷 홈
페이지 및 전단지 등을 통해 위 투쟁위원회의 투쟁기금을 모집한다
는 광고를 하여 불특정 나수의 지역주민이나 상가 입주자들로부터 2
억 3천여만 원의 기부금품을 모집하였다는 이유 등으로 기소되어 유
죄판결을 선고받아(의정부지방법원 2006고단3051), 이에 불복하여 항
소하면서(의정부지방법원 2007노2273), 청구인들에게 적용된 구(舊)
기부금품모집규제법 제15조 제1항 제1호 및 제4조 제1항에 대해 위
헌법률심판 제청신청을 하였으나 2008. 6. 27. 기각되자(의정부지방법
원 2008초기106), 2008. 8. 5. 위 조항들의 위헌확인을 구하는 헌법소원
심판을 청구한 사례이다.

헌법재판소는 동법 4조에 대하여 합헌 결정을 하였는데, 그 논거
는 다음과 같다.[78] 첫째, 기부금품을 자유로이 모집할 수 있는 권리
자체를 부정하지 않고, 허가절차에 규정된 법률요건을 충족하는 경
우 국민에게 기본권 행사의 형식적 제한을 다시 해제할 것을 요구할
수 있는 법적 권리를 인정하고 있으며 …… 동법 제4조 제2항은 국제
적으로 행하여지는 구제사업(제1호), 천재·지변 기타 이에 준하는 재
난의 구휼사업(제2호), 불우이웃돕기 등 자선사업(제3호)과 같이 특
정한 공익사업을 위한 기부금품 모집을 긍정할 뿐만 아니라, 더 나
아가 공익을 목적으로 국민의 적극적인 참여가 필요한 경우로서 대
통령령이 정하는 바에 의해 기부금품 모집의 필요성이 인정된 사업
(제4호)의 경우에도 기부금품 모집을 허가하도록 일반조항을 두어,
대부분의 공익사업에 대한 기부금품 모집이 이루어질 수 있도록 하
고 있다.

---

78) 연구자가 정리한 것임

둘째, ① '정치자금에 관한 법률', '결핵예방법', '보훈기금법', '문화예술진흥법', '한국국제교류재단법'에 의한 기부금품이나 ② 법인·정당·사회단체·종친회·친목단체 등이 정관이나 규약 또는 회칙 등에 의하여 그 소속원으로부터 가입금·일시금·회비 또는 그 구성원의 공동이익을 위하여 갹출하는 금품, ③ 사찰·교회·향교 기타 종교단체가 그 고유활동에 필요한 경비에 충당하기 위하여 신도로부터 갹출하는 금품, ④ 국가·지방자치단체·법인·정당·사회단체 또는 친목단체 등이 소속원 또는 제3자에게 기부할 목적으로 그 소속원으로부터 갹출하는 금품, ⑤ 학교기성회·후원회·장학회 또는 동창회 등이 학교의 설립 또는 유지 등에 필요한 경비에 충당하기 위하여 그 구성원으로부터 갹출하는 금품 등과 같이, <u>기부금품의 모집이 무분별하게 이루어지지 않을 것으로 기대되거나, 또는 적정한 사용이 담보될 수 있을 것으로 보이는 일정한 경우에는 공익적 목적이 아닌 경우에도 모집행위에 허가를 요구하지 아니하여 기본권 제한을 최소화하고 있다</u>(법 제2조 제1호, 제3조).

셋째, 입법목적의 정당성과 침해의 최소성이 인정되며, 허가를 요하는 기부금품 모집의 범위가 한정적이고, 넓은 범위의 공익목적 사업에 대하여 허가가 기속(羈束)적으로 이루어진다는 점을 고려할 때, 이 사건 허가조항에 의한 기본권 제한이 이 사건 법률조항에 의하여 달성하고자 하는 공익에 비해 현저히 중대하여 법익균형성의 원칙에 반(反)한다고 보기도 어렵다.

나. 헌법재판소 결정에 비추어 본 현행법의 태도

(1) 등록제의 합헌성

현행 「기부금품의 모집 및 사용에 관한 법률」 제4조는 등록제를 규정하고 있으므로, 위 96헌가5 결정에서 제시한 위헌 결정의 논지는

모두 해소된 것으로 볼 수 있다. "공공의 안녕과 질서, 사기·강박, 불
공정경쟁, 그 외 질서위반행위를 방지하기 위하여 허가절차를 통하
여 모집행위에 대하여 사전에 규율하는 것은 그 필요성이 인정되고,
헌법적으로도 전혀 하자가 없나."고 판시하였기 때문이다. 특히 합
헌결정을 한 2008헌바83 결정의 심판대상이 된 구 「기부금품모집규
제법」조항은 더 엄격한 허가제를 취하고 있었으므로, 등록제를 취하
고 있는 현행 법률 규정 역시 합헌으로 판단된다.

  (2) 모금행위 규제와 입법정책

  미국의 경우 모금행위에 대해서는 각 주(州)의 모금법(solicitation
act)에 따라 등록을 하도록 하는 등 일부 규제가 있으나,[79] 일본의 경
우 모금행위를 규제하는 별도의 법령은 없다. 영국의 경우에는 적격
신청인이 모금증서를 발급받은 후 모금활동을 행하는 공공장소를
관할하는 지방자치단체의 허가를 받도록 하고 있으므로[80] 모금행위
에 대하여 규제를 해야 하는지, 어떻게 해야 하는지는 그 나라의 입
법정책에 맡겨져 있다. 결론적으로 기부금품의 모집행위에 대한 동
록제를 요구하는 현행법에 대하여는 헌법재판소의 결정, 다른 나라
의 입법례를 고려할 때 위헌으로 보기 어렵다.

---

79) 예컨대 펜실바니아주의 The Solicitation of Funds for Charitable Purposes Act. 그
   적용 범위를 다음과 같이 규정하고 있다. Relating to charitable organizations;
   requiring the registration of such organizations; and regulating the solicitation of
   money and property by or on behalf of charitable organizations. This legislation
   went into effect on February 21, 1991....
   http://www.dos.pa.gov/BusinessCharities/Charities/Resources/Pages/The-Solicitation-of-
   Funds-for-Charitable-Purposes-Act.aspx#.VPF-hGD9mUk : 최종접속일 2015. 2. 28.
80) 이중기, 위의 책, 277-278면.

2. 기부금품의 모집 및 이용에 관한 법률의 문제점과 개선방안

모집행위에 대한 규제가 합헌적이라면 동법의 폐지 주장은 현실적으로 받아들이기 어렵고,[81] 그 시행상 문제점들에 대한 개선방안을 주장하는 것이 필요하다. 현재 동법의 문제점과 개선방안으로 논의되는 3개의 중요한 쟁점을 정리하면 다음과 같다.

가. 적용범위의 문제 : 동법 제2조

제2조 (정의) 1. "기부금품"이란 환영금품, 축하금품, 찬조금품(贊助金品) 등 명칭이 어떠하든 반대급부 없이 취득하는 금전이나 물품을 말한다. 다만, <u>다음 각 목의 어느 하나에 해당하는 것은 제외한다.</u>

가. 법인, 정당, 사회단체, 종친회(宗親會), 친목단체 등이 정관, 규약 또는 회칙 등에 따라 소속원으로부터 가입금, 일시금, 회비 또는 그 구성원의 공동이익을 위하여 모은 금품

나. 사찰, 교회, 향교, 그 밖의 종교단체가 그 고유활동에 필요한 경비에 충당하기 위하여 신도(信徒)로부터 모은 금품

다. 국가, 지방자치단체, 법인, 정당, 사회단체 또는 친목단체 등이 소속원이나 제3자에게 기부할 목적으로 그 소속원으로부터 모은 금품

라. 학교기성회(學校期成會), 후원회, 장학회 또는 동창회 등이 학교의 설립이나 유지 등에 필요한 경비에 충당하기 위하여 그 구성원으로부터 모은 금품

---

81) 하승수, 기부금품모집규제법의 개정 경과와 법제도적 함의, 한국비영리연구, 제5권 2호, 2006. 10, 12-13면에서는 구 기부금품모집규제법 개정에 있어서의 폐지 또는 전면개정과 관련된 논의를 소개하고 있다. 동법의 폐지 논란이 최근에도 계속되고 있다는 언론보도로, 염형국, "기부문화 싹 자르는 기부금품모집법", 머니투데이, 2014.7.31(http://news.mt.co.kr/mtview.php?no=2014073009564862327 : 최종접속일 2015. 2. 28).

2. "기부금품의 모집"이란 서신, 광고, 그 밖의 방법으로 기부금품의 출연 (出捐)을 타인에게 의뢰·권유 또는 요구하는 행위를 말한다.

동법 제2조에 따라 적용이 배제되는 것은, 1호의 경우 단체의 구성원으로부터 모은 금품, 2호의 반대해석에 따라 모집행위에 의하지 않은 자발적 기부의 경우이다. 그러나 실제 해석상 문제가 되는 경우가 있는데, 1호의 경우 후원회원을 단체의 회원으로 볼 수 있는지 여부 등 그 소속원의 정의와 관련하여 애매한 경우가 있고, 2호의 경우 인터넷이나 SNS 등을 통한 모집행위, 특히 크라우드펀딩과 같은 새로운 모집방식과 관련해 해석상의 어려움이 있다.[82]

또한 상품의 판매수익 일부를 기부하겠다는 회사의 광고에서 보는 바와 같이 '기부의 권유'를 통한 상품의 판매와 모금활동이 결합된 경우 이것이 기부의 권유인지 여부, 반대급부 없이 취득한 금전으로 볼 수 있는지 여부 등 기부금품법의 적용범위인지 여부가 명확하지 않으므로, 위와 같은 상업적 참가자에 대한 모금활동도 규제대상행위로 포함시켜야 한다는 주장도 있다.[83] 이 외에 법 취지에 맞게 정기후원금 형태의 기부참여는 적용 범위에서 제외해야한다는 주장도 있다.[84] 그 주장의 당부(當否)는 논란이 있더라도, 기부금품

---

82) 한겨레21, "기부할수록 곤란해지는 이상한 기부법", 2012.8.29. 동 기사에 따르면 모금주체가 플랫폼 제공자인지 프로젝트 제안자인지 논란이 있고, '키바(www.kiva.org)'와 같은 새로운 기부모델이 등장하기 어렵다는 점 등을 지적하고 있다(http://h21.hani.co.kr/arti/cover/cover_general/32826.html : 최종접속일 2015. 2. 28).

83) 이중기, 위의 책, 282-284면.

84) 조선일보, "[더 나은 미래]후원만 했을 뿐인데 범법자 되다니 … 기부문화 발목잡는 규제들", 2014.5.13. 동 기사에서는 ①등록 모금액 초과시 불법모금이 되고, 재등록하려면 2주가 걸려 모금의 시의성을 놓침, ②모집기준이 포괄적이라 정기후원금의 방송모금, 편지모금, 지인을 만나 우연히 기부를 받는 경우까지 불법모금이 됨, ③소형 NPO일수록 15% 비율 때문에 모금 집

의 모집 및 사용에 대한 부정적 시각도 있지만 기부를 통하여 금품의 성격이 사적(私的)인 영역에서 공적(公的)인 영역으로 변경되는 것을 고려하면, 기부의 범위를 확대하는 방향에서 해석이 이루어지는 것이 바람직하다.

나. 등록의 대상 및 범위 : 제4조

제4조 (기부금품의 모집등록)
①1천만원 이상의 금액으로서 대통령령으로 정하는 금액 이상의 기부금품을 모집하려는 자는 다음의 사항을 적은 모집·사용계획서를 작성하여 대통령령으로 정하는 바에 따라 행정안전부장관 또는 특별시장·광역시장·도지사·특별자치도지사(이하 "등록청"이라 한다)에게 등록하여야 한다. 모집·사용계획서의 내용을 변경하려는 경우에도 또한 같다.
②제1항에 따른 등록은 다음 각 호의 어느 하나에 해당하는 사업의 경우에만 할 수 있다. 이 경우 같은 사업을 위하여 둘 이상의 등록청에 등록하여서는 아니 된다.
1. 국제적으로 행하여지는 구제사업(이하 생략)

동법 제4조 제1항 및 동법시행령 제2조에 의하면 10억원 이상은 행정자치부장관, 1천만원 이상 10억원 미만은 광역단체장에게 등록하는 것으로 되어 있고, 1천만원을 초과하는 모든 모금행위에 대해서 매 건件마다 등록을 요구하는 취지로 해석된다. 이러한 현행법의

행 자체가 불가능해짐, ④대형 재난 이후 2차 재건이나 유산기부 등 사업 특성상 집행기간이 오래 걸리는 상황 고려안 함 등의 문제점과 이에 관한 개정안을 소개하고 있다
(http://news.chosun.com/site/data/html_dir/2014/05/12/ 2014051202499.html : 최종 접속일 2015.2.28).

해석상 다음과 같은 문제가 있다.

첫째 1,000만원 이상이면 무조건 등록을 요구하는 것의 적정성 문제이다. 모금행위를 하는 단체의 경우도 소규모단체에서부터 자산규모가 수백(數百) 억이 되는 단체도 있는데, 이러한 차이를 고려하지 않고 1,000만원 이상이면 무조건 등록을 요구하는 것은 문제가 있다. 자산규모 등을 고려하여 차등을 둘 필요가 있다

둘째 등록제는 단일 모집행위만을 전제로 하고 있으나, 실제로는 계속 사업으로 행해지는 모금행위도 있기 때문에, 복수의 사업연도에 걸친 모집행위에 대해서는 초기에 1회의 등록을 하면 되는 것으로 할 필요가 있다.

셋째 사업목적에 따른 규제가 타당한지 여부이다. 법령상 인허가제도를 네거티브방식으로 전환할 필요가 있다는 국가경쟁력강화위원회의 권고에 따라 기부금품법 정부개정안은 원칙적으로 기부금품의 모집을 허용하고 예외적으로 금지하는 체계로 전환하였는데,[85] 특히 개정안 중 국가 또는 지방자치단체의 정책에 찬성 또는 반대할 목적으로 하는 사업을 금지사업으로 규정하고 있어 이에 대하여도 논란이 제기되고 있다.[86]

한편 현행법은 크라우드펀딩과 같은 온라인모금방식의 경우 적용상 어려움이 있다. 먼저 등록청을 어디로 해야 하는지 해석상 문제가 있다.[87] 또한 모집등록시 모집목표액이 구체적으로 기재된 모집계획서를 첨부하여야 하므로 모집기간 동안 모집된 금액이 목표금액을 초과할 것을 조건으로 모금하는 이른바 혼합형 조건의 크라

---

85) 행정안전위원회 수석전문위원, 위의 책, 14-16면.
86) 위 보고서, 16면에 의하면 2006년 모집등록 없이 남양주시 소각 잔재물 매립장 반대를 목적으로 2억원을 모금하여 유죄판결을 받은 사례 등이 소개되어 있다.
87) 이중기, 위의 책, 279면에 의하면 행정자치부장관이 될 수밖에 없으나, 결국 통일된 규제기관으로서 공익위원회가 필요하다는 입장을 취한다.

우드펀딩이 부정되는 결과 변칙적인 모금이 행해진다는 문제가 있다.[88] 즉 이러한 점들을 해결하기 위한 입법이 필요한데, 이를 위해서는 모집사업에 대한 규제를 아예 폐지하고 절차적 규제나 사후규제로 대신하거나 아니면 기부형 크라우드펀딩 또는 특정 사업자에 한해서 위 규정의 적용을 배제하는 방향으로 하고, 모집기간 내라면 초과 모집된 금액도 모집금액으로 인정하는 등 모집종료의 조건 등에 대한 조건을 보다 자유롭게 하는 것이 필요하다.[89]

다. 모집비용과 운영비의 문제 : 동법 제13조

제13조 (모집비용 충당비율) 모집자는 모집된 기부금품의 규모에 따라 <u>100분의 15 이내의 범위에서</u> 대통령령으로 정하는 비율을 초과하지 아니하는 기부금품의 일부를 <u>기부금품의 모집, 관리, 운영, 사용, 결과보고 등에 필요한 비용에</u> 충당할 수 있다.

시행령 제18조 (모집비용 충당비율 적용) 법 제13조에서 "대통령령으로 정하는 비율"이란 별표 1의 비율을 말한다. (별표 1은, 10억원 이하는 15% 이하, 100억원 이하는 13% 이하, 200억원 이하는 12%, 200억원 초과는 10%로 규정하고 있음)

이에 대하여는 다음과 같은 세 가지 측면에서 문제제기가 되고 있다. 즉 모집비용에 대해서 규제하는 것이 적당한 것인지, 그 규제를 인정하더라도 15%가 적절한 것인지, 그 비용항목을 제한하는 것이 타당한 것인지 등이다.

---

88) 윤민섭, 위의 책, 109-110면.
89) 윤민섭, 위의 책, 116면.

첫째, 모집비용을 규제하는 조항은 미국 등 다른 나라의 입법례에서 찾기 어렵다.[90] 그래서 모금액 중 모집비용을 얼마를 썼는지를 정부가 규제할 것이 아니라 기부자가 기부를 할 때 판단자료로 사용할 수 있도록 하면 족하다는 주장도 제기되고 있다. 모금단체 스스로가 기부금을 더 많이 모금하기 위해 행정비용을 관리하도록 하는 것이 비영리단체들의 효율적 운영에 더 도움이 될 것이고,[91] 실제 분석 결과 행정효율성이 낮아질수록 기부금 모집에 부정적 영향을 주었으며 고액기부자의 경우 비영리단체의 행정효율성에 민감하게 반응하였기 때문이다.[92]

둘째, 15%의 모집비용에 대해서도, 모금규모나 단체 규모, 단체 사업성격에 따른 차이를 고려하지 않았다는 문제가 제기되고 있다. 즉 정부보조금을 받지 않거나 수익사업을 하지 않는 단체의 경우 운영비를 전적으로 기부금에서 충당할 수밖에 없으므로 모집비용이 상대적으로 높을 수밖에 없고, 법 제4조 2항에서와 같이 열거된 사업에 대해서민 모금을 할 수 있으므로 순수한 모금단체나 소형 비영리단체는 단체운영비를 확보할 방법이 없다.[93] 따라서 이러한 부분에 대한 고려가 필요한데, 특히 별표의 최소기준이 10억 원이므로 1,000만원 등록을 요구하는 것과 비교하여 균형이 맞지 않는다.

셋째, 비용항목의 경우 모집비용을 모집, 관리, 운영, 사용, 결과보고 등의 항목에 제한하므로 즉 모집과 직접적으로 연결되는(인과관계가 있는) 비용만 인정하는 취지로 해석되어 다양한 비영리공익

---

90) 미국이나 영국 등 대부분의 선진국은 운영비용 규제를 하고 있지 않으며, OECD 국가 중에서 스페인의 경우만 운영비용에 대해 30% 규제를 하고 있다(신현재·이석원, 비영리단체의 행정효율성이 기부금 모금에 미치는 영향 분석, 한국정책과학회보 제12권 제3호, 2008, 276면 및 각주2).
91) 신현재·이석원, 위의 글, 278면.
92) 신현재·이석원, 위의 글, 292면.
93) 조선일보, 위의 글.

법인의 활동을 반영하지 못하는 경우가 발생한다. 예컨대 모금에 필요한 기본운영비나 인건비, 간접경비가 포함되는지 불명확할 뿐 아니라,[94] 모금액의 사용용도가 교육사업인 경우 고유목적 사업 자체가 인건비 또는 교육진행비로 구성되는데 이 경우 현행법에 의한 모집비용과 부합하지 않는다는 문제점이 있다.

특히 기부금품법을 적용받지 않는 사회복지공동모금회의 경우 사전 등록이나 모집비용 제한을 받지 않을 뿐 아니라 유니세프와 같이 국내에서 모금된 기부금을 국제본부로 보낸 뒤 따로 운영비를 지급받는 국제기구의 경우에도 모집비용 제한을 피해갈 수 있기 때문에,[95] 단체 간 형평성의 문제도 제기되고 있다.

모집비용에 대해서는 기부자의 판단과 자율에 맡기는 방안도 있지만, 이를 규제하는 경우에도 현행 규정은 문제가 있으므로 모집비용 적용비율을 20% 정도로 인상하거나[96] 또는 모금액이 1억원 미만인 경우에만 적용비율을 20%로 인정하는 등 단체의 규모나 사업의 성격을 고려한 개선안이 필요하다. 모금비용에 인건비나 운영비와 같은 간접비를 인정하는 것이 필요하다는 주장을 감안하여[97] 직접비와 간접비의 비율을 사업의 성격에 따라 구분하여 비용 규제를 하는 것도 한 방법이 될 수 있다.

---

94) 하승수, 위의 글, 18면.
95) 조선일보, 위의 글.
96) 양용희, 우리나라 기부문화의 현황과 과제-기부금품모집규제법 개정을 중심으로-, 기부금품모집규제법 개정에 관한 공청회 자료, 행정자치위원회, 2003, 47면. 또한 위 자료집에 있는 박준서, 기부금품모집규제법 개정에 따른 쟁점사항에 대한 고찰, 15-19면 참조.
www.dibrary.net/jsp/download.jsp?file_id=FILE-00003168500(최종접속일 2015. 2. 28).
97) 양용희, 위의 글, 48면.

참고문헌

〈단행본〉

곽윤직, 채권각론, 제6판, 박영사, 2005.

곽윤직 외, 민법주해 제14권 : 채권 (7), 박영사, 1999.

김남진·김연태, 행정법1, 제18판, 법문사, 2014.

김동희, 행정법1, 제19판, 박영사, 2013.

박준서 외, 주석민법 : 채권각칙(2), 한국사법행정학회, 1999.

송덕수, 민법총칙, 제2판, 박영사, 2013.

이중기, 공익신탁과 공익재단의 특징과 규제, 삼우사, 2014.

정하중, 행정법개론, 제8판, 법문사, 2014.

서울특별시, 서울시 기부 길라잡이 100, 2014.

행정안전부, 기부금품 모집제도 해설서, 2012.

〈논문〉

김인규·이상혁·박철, 기부활성화를 위한 온라인기부포탈의 구성요소와 기대
    효과, 한국경영정보학회 학술대회논문집, 2호, 2009.11.

신현재·이석원, 비영리단체의 행정효율성이 기부금 모금에 미치는 영향 분
    석, 한국정책과학회보, 제12권 제3호, 2008. 6.

윤민섭, 비금융형 크라우드펀딩의 법적 제문제와 개선방안, 저스티스 통권
    제142호, 2014.6.

이연갑, 기부금법과 신탁법리, 민사법학 39-1호, 2007.12.

하승수, 기부금품모집규제법의 개정 경과와 법제도적 함의, 한국비영리연구,
    제5권 2호, 2006. 10.

〈판례〉

헌법재판소 1998. 5. 28. 선고 96헌가5 결정.

헌법재판소 2007. 11. 29. 선고 2005헌가10 결정.

대법원 1987. 11. 10. 선고 87도1213 판결.

대법원 1999. 7. 23. 선고 99두3690 판결.

대법원 2007. 10. 25. 선고 2005도1991 판결.

대법원 2009. 12. 10. 선고 2007다63966 판결.

대법원 2010. 1. 28. 선고 2007도9331 판결.

대법원 2010. 9. 30. 선고 2010도5954 판결.

〈기타자료〉

박준서, 기부금품모집규제법 개정에 따른 쟁점사항에 대한 고찰, 기부금품모
　　　집규제법 개정에 관한 공청회 자료, 행정자치위원회, 2003.

양용희, 우리나라 기부문화의 현황과 과제–기부금품모집규제법 개정을 중
　　　심으로–, 기부금품모집규제법 개정에 관한 공청회 자료, 행정자치
　　　위원회, 2003.

염형국, "기부문화 싹 자르는 기부금품모집법", 머니투데이, 2014.7.31.

경향신문 "기부 강모(強募)를 금지하라", 1952. 2. 17, 1면(사설).

동아일보 "기부통제개정안 가결, 학교후원회만은 제외", 1950. 1. 25, 1면.

동아일보 "관(官)서 각종 성금 부당모금, 기관장 판공비 등에 썼다", 1994. 2.
　　　23, 1면.

한겨레신문, "기부금품 모집제한 풀기로", 1998. 6. 19, 7면.

한겨레21, "기부할수록 곤란해지는 이상한 기부법", 2012.8.29.

행정안전위원회 수석전문위원, 기부금품법개정법률안 검토보고서, 2012.2.

www.dibrary.net/jsp/download.jsp?file_id=FILE-00003168500

http://www.dos.pa.gov/BusinessCharities/Charities/Resources/Pages/The-Solicitation-of-Fu nds-for-Charitable-Purposes-Act.aspx#.VPF-hGD9mUk

http://h21.hani.co.kr/arti/cover/cover_general/32826.html

www.kiva.org

http://likms.assembly.go.kr/bill/jsp/main.jsp

http://likms.assembly.go.kr/bill/jsp/BillDetail.jsp?bill_id=ARC_T1C3F1W1U2A9I1W5F0U6B
    5L3U0H6G2

http://www.moleg.go.kr/lawinfo/lawAnalysis/nwLwAnList?searchCondition=3&searchKey
    word=%EA%B8%B0%EB%B6%80%EA%B8%88&x=19&y=6

http://news.chosun.com/site/data/html_dir/2014/05/12/2014051202499.html

http://news.mt.co.kr/mtview.php?no=2014073009564862327

제3장

공익법인제도의 개선방향

제3장 공익법인제도의 개선방향

권철*

I. 머리말

제1장과 제2장에서 살펴본 대로 현행 제도는 민법, 공익법인법, 공익신탁법을 비롯한 다수의 관련 법령으로 이루어져 있으나, 제도 상호간의 정합성이라는 면에서 보면 다소 불안정한 상태라고 할 수 있다.

우선 공익법인의 개념이 명확하지 않다는 점을 지적해야 할 것이다. 좁은 의미의 공익법인은 공익법인법에서 규율하는 공익법인일 것이지만, 강학상의 용어가 매우 혼란스럽게 사용되고 있는 것을 고려하면 적어도 실정법상의 공익법인 개념을 정리하는 것이 시급한 과제라고 생각된다.

본고에서는 우선 여러 선진국의 비영리·공익법인 제도를 개관할 것인데, 우선 그 특징을 한마디로 정리하면 비영리법인·단체의 설립을 폭넓게 인정하면서 그 중에서 공익성이 인정된 단체를 공익법인으로 하는 제도를 채택한 국가가 많다는 것이다.

해외의 공익법인 제도를 개관한 후에는 우리나라의 공익법인 제도의 개선에 어떠한 시사를 줄 수 있는 지 생각해 보기로 한다. 그 전제로서 현행 제도의 특징을 정리할 필요가 있다. 민법 상의 비영리법인, 공익법인법 상의 공익법인, 비영리민간단체법 상의 비영리

---

* 성균관대학교 법학전문대학원 부교수

민간단체, 상증세법 상의 '공익법인등' 등 난립되어 있는 현행법상의 개념을 정리하고 보다 체계적인 구성을 제안하려고 한다.

Ⅱ. 해외 공익법인제도가 주는 시사점

1. 개관

가. 주요국의 공익법인제도 개관

이른바 '공익법인'의 공익성 인정(및 이에 따른 세금 우대 등)을 외국에서는 누가 결정하는가? 나라에 따라 다른 제도를 비교하기 위해서는 몇 가지 착안점이 필요하다. 예컨대 (1) 일반적인 비영리 또는 공익을 위한 법인제도를 가지고 있는지 여부, (2) 공익성에 대하여 규정하는 법제도의 특성 및 공익성 판단 기관의 현황, (3) 세법이 규정하는 세금 우대가 공익성 판단과 실질적으로 연동되어 있는지 여부 등의 점이다. 상세한 분석은 별도로 하고, 공익성의 판단을 하는 기관을 유형별로 분류하면 다음과 같다.

첫째로 세무당국이다. 민간법인의 공익성에 대하여 판단하는 규정이 세법에 있기 때문에 세무당국이 법인에 대하여 공익성 유무를 결정함으로써 조세의 공제 등 재정상의 우대조치를 부여하고 있다. 이러한 유형에는 독일, 아일랜드, 네덜란드, 스웨덴, 핀란드, 포르투갈, 덴마크 등이 있다.

둘째로 장관이 수반이 되는 통상의 행정기관이 있다. 미국에서는 비영리법인의 설립은 각 주의 법률에 의하기 때문에 각 주에 따라서 담당행정청이 다르다. 예컨대 공익목적의 비영리법인이 되기 위한 서류는 캘리포니아 주에서는 주 법무장관에게 제출하고 뉴욕 주에서는 주무장관에게 제출한다.

셋째로 위원회 등의 합의제 기관이 있다. 영국의 Charity위원회와 일본의 공익인정등위원회가 이에 해당한다. 이러한 위원회는 행정 기관인 경우와 자문기관인 경우가 있는데, 모두 실질적 판단권을 합의제 기관에 맡김으로써 판단의 중립성과 전문성을 확보하려고 하는 것이다.

마지막으로 법원이 공익성을 인정하는 경우가 있다. 프랑스, 그리스, 헝가리가 이에 해당한다.

어느 경우에도 조세우대조치의 판단은 세법규정에 의하게 되는데, 세무당국 이외에서 공익성 인정을 담당하는 경우에는, 공익성 인정과 조세우대조치가 연동되어 대상이 일치하는 경우와 공익성 인정을 받은 것 중에서 일부가 조세우대조치를 받는 경우로 나뉠 수 있다. 우리나라의 경우 세대우대조치(상증법)를 받는 '공익법인등'에는 공익법인법상의 공익법인은 당연히 포함되지만 민법상의 비영리법인 및 비법인단체의 경우에는 선정된 일부만이 포함된다.

나. '비영리'·'공익'법인 규정

우선 최근에 공익법인 법제 개혁을 단행한 일본의 경우를 보면, '공익법인'은 비영리이고 또한 불특정다수의 자의 이익(=공익) 증진에 기여하는 법인이다. 공익인정위원회에서 공익법인으로 인정하기 위해서는 공익목적으로 하는 사업이 '학술, 기예, 자선 그 밖의 공익에 관한 별표 각호에 든 종류의 사업으로 불특정다수의 자의 이익 증진에 기여하는 것'이어야 한다(인정법 제2조). 인정법 별표에는 23 종류의 사업이 포함되어 있다. 또한 일본의 공익법인은 일반법인법에 기한 일반법인이 신청하여 인정을 받는 것이어서 비영리성이 전제되어 있다. 이와 같이 일본의 공익인정등위원회가 인정하는 공익법인은 특정비영리법인제도(NPO법)와 함께 비영리이고 공익목적 법

인의 일반규정인데, 종교, 학교, 의료, 사회복지, 갱생보호의 각 법인
은 애초에 따로 규정되어 있다.

　종교법인의 인증은 문부과학성 장관 또는 도도부현 지사가 한다
(종교법인법). 사립대학 및 사립고등진문학교를 설치하는 학교법인
의 인가는 문부과학성 장관이 하고, 사립고등학교 이하의 학교만을
설치하는 학교법인의 인가는 도도부현 지사가 한다(사립학교법). 의
료법인은 설립에는 도도부현(都道府縣) 지사의 인가가 필요하고(의
료법), 사회복지법인은 도도부현 지사 또는 지정도시 시청이 관할청
으로 인가를 한다(사회복지법). 갱생보호법인의 설립은 법무성 장관
이 인가한다.

　특정비영리활동법인(NPO법인)의 경우에도, 제도는 내각부 본부
(경제사회시스템담당정책통괄관)가 소관하고 있지만, NPO법인의 소
관청은 당해 NPO법인의 사무소가 있는 도도부현이다(특정비영리활
동촉진법).

　이와 같이 일본의 '공익법인'(협의)에는 일부의 예외(공익법인이
운영하는 병원 등)는 있지만, 사찰, 교회, 학교, 병원, 사회복지시설
등은 기본적으로 포함되지 않는다. 이에 비하여 '공익법인'에 해당되
는 것으로 생각되는 외국의 제도에는 많은 경우 일본에서 말하는 종
교법인, 학교법인, 의료법인, 사회복지법인에 해당하는 것이 포함되
어 있다. 뿐만 아니라 일본에서는 독립행정법인이나 인가법인, 특수
법인 등의 공적법인이 되어 있는 법인이 포함되는 경우도 있다.

　미국에서도 교회, 학교, 병원 등의 기관은 연방내국세입법 상의
public charity의 대표적인 유형이다.

　독일에서는 교회, 대학, 상공회의소, 전문직업단체 등은 공법상의
비영리법인이다. 일본의 독립행정법인에 상당하는 기관 등에 대해
서도 공법상의 법인으로 되어 있는 경우가 많다. 또한 프랑스에서는
대학교육은 기본적으로 공교육인데 형태는 국가의 직영이다.

이와 같이 각각의 국가와 사회에서 전제로 하는 제도의 차이가 있기 때문에 비영리부문이 담당하는 영역도 같지는 않다. 이 때문에 '민간의' 비영리, 공익단체(법인)에 대하여 비교하는 경우에는 어떠한 목적으로 무엇을 비교하는지에 대해서 음미를 요한다.

다. 각국 법계의 차이

동시에 각국의 단체, 법인법제와 이에 따른 조세우대에 대하여 비교하는 것은 비교법의 문제이다. 제도에 대해서는 여러 나라 사이에 다양한 면에서 차이가 눈에 띄는데 영미는 커먼로 국가로서 'charity'나 'charitable'이라는 커먼로 개념을 공유하고 있기 때문에, 대륙법계에 속하는 독일, 프랑스의 제도와 대조적인 면이 있다.

이 글에서는 넓은 의미의 공익법인 제도에 가장 가깝다고 생각되는 것을 특정하여 이러한 제도를 비교하는 것이 주된 내용인데, 널리 사회경제에서의 비영리부문의 활동범위나 규모를 비교하는 경우에는 다른 관점이 필요할 것이다.

라. '법인'의 권리능력 등의 차이

이 글에서는 비영리, 공익의 '단체 또는 법인'으로 특별히 정의를 하지 않고 사용했는데, 모든 것이 법인 또는 법인화할 수 있는 단체라고는 할 수 없다. 또한 법인이라고 하더라도 재산취득, 처분능력, 소송능력에는 차이가 있는 경우도 있다.

영국의 charity에는 charity목적의 신탁(trust)이 포함된다. 다만 최근에는 법인형식의 charity가 늘어나고 있다는 지적도 있다. 미국에서도 많은 재단이 신탁(trust)의 형태로 설립되고 있다. 미국에서는 많은 학회, 전문직업자격자 단체, 클럽은 연방세법의 규정에 의한 '단체성

테스트'를 충족하면, 주법에 기한 법인격을 취득하지 않고서도, 연방세 및 주세의 면세자격을 취득한다. 다만 이러한 신탁이나 법인격없는 사단의 경우 임원 등의 개인배상책인의 한정은 없다.

독일은 임직원의 유한책임 때문에 최근 상법에 기한 유한책임회사나 비공개회사의 법형식이 비영리목적으로 사용되고 있다. 등록의무나 공적감시가 최소한이고 설립하기 쉬울 뿐만 아니라 비영리사업에도 사용하기 편리한 조직형태로 주목을 받고 있다.

프랑스에서는 비영리법인(association)에 대한 법규제는 영리법인(société)에 비하여 완화되어 있는데 비영리법인은 법인의 사업에 직접 필요한 부동산만을 취득할 수 있고 또한 공익인정 비영리법인이 아니면 유증을 받을 수 없다.

마. 사단과 재단

우리나라의 민법에 의하면 사단과 재단이 제도로서 함께 규정되어 있다. 그러나 1804년부터 시행된 프랑스민법전에는 사단 및 재단에 대한 규정이 없다. 프랑스에서는 1901년법에서 사단의 설립근거가 명확하게 규정된 이후에도 재단에 대해서는 1987년의 메세나진흥법이 제정될 때까지 그 설립에 대한 근거법률이 없었고, 국사원(Conseil d'État, 꽁세이유 데따)가 데크레에 의하여 개별적으로 설립인가를 하고 있었다. 독일에서도 사단에 대해서는 연방민법이 설립근거인데 사적재단의 구체적 요건은 실질적으로 각 주법에 맡기고 있다. 이상과 같이 재단과 사단의 취급도 나라에 따라서 차이가 있다. 다만 기본적 인권으로서 결사의 자유와의 관계도 있어서, 사람의 결합인 사단이 기본이라고 할 수 있을 것이다. 이와 같이 비영리, 공익의 법인에 관한 기본법제에서 재단과 사단을 병렬적으로 규정하는지 여부에 대해서도 반드시 자명한 것은 아니다.

	비영리단체의 유형	공익성의 기준 및 판단	조세우대조치
영국 (England and Wales)	- 유한책임회사 [회사법] - 법인격없는 사단 - 신탁 [그 밖의 비영리단체로서, 직능조합, 주택협회 등]	charity법 [charity위원회에 charity 등록] (다만 전통있는 대학 등 등록대상 외의 charity, 보이스카우트 등의 등록면제 charity 있음)	별도로 세법 규정 및 그와 관련된 관행이 있음.
미국	- 비영리법인 [각 주의 비영리법인법(또는 회사법)] (각 주의 당국에 등록) - 법인격없는 사단 (학회, 전문직업자격자단체, 클럽의 많은 부분이 이 형태이고 연방세를 면제받고 있음) - 신탁 (이 형식의 재단이 많음)	법인제도는 왼쪽 참조, 조세우대에 대해서는 오른쪽 참조. (커먼로의 전통인 charity개념을 공유. 예컨대 연방내국세입법 501(c)(3)은 연방소득세의 면제대상으로 charitable단체를 규정함)	연방 내국세입법 [Form 1023 제출에 의하여 내국세입청이 인정] (Public Charity와 Private Foundation의 구분 등) 각 주 세법
독일	- 등록사단 [연방민법] (공증인에 의한 인증과 구법원에의 등록) - 재단 [실질적으로는 각 주 재단법에 위임] (각 주가 허가)	연방조세통칙법 [지방세무당국 (공익, 자선, 교회지원에 해당하는지 여부를 판단)]	연방조세통칙법 및 동규칙에 기하여, 주 세무당국이 판단함.
프랑스	- 사단 [1901년 7월 1일법] - 재단 [1987년 메세나진흥법, 1990년기업재단법에 의하여 국사원의 데크레로 인가] (그 밖의 비영리단체로, 공제조합, 협동조합, 노동조합)	왼쪽과 같음.	별도 세법의 규정 있음.
일본	- 일반사단법인, 일반재단법인 [일반법인법] (공증인에 의한 인증과 법무국에의 등록)(준칙주의)	공익인정법 [공익인정등위원회등의 합의제기관이 판단, 행정청의 인정처분]	소득세법 및 법인세법 (공익인정에 연동됨)
한국	- 비영리사단법인, 비영리재단법인 [민법] - 공익법인 [공익법인법] - 비법인단체	- 공익법인법 [한정적인 범위에서 규정] 비영리민간단체법 [등록제]	상증법 상 '공익법인등'.

2. 영국

우리나라의 비영리법인, 공익법인에 상당하는 민간 공익활동의
주체에 관련된 제도로 영국(잉글랜드와 웨일즈 지역)에서는 Charity
(자선단체, 공익신탁) 제도가 있다.

가. 법제도

영국의 Charity는 400년 이상의 역사가 있다. Charity에 관한 가장 오
래된 법률은 1601년에 제정된 '공익 유스 법(Statute of Charitable Uses)'
이다. 이 법에 의하여 일정한 조건으로 공익신탁이 인정되게 되었다.
이 시기에 신탁의 기원인 'Use(trust)신탁의 전신으로 수탁자에게 재산
을 이전하지만 수익자를 위하여 관리하는 하는 것)'을 이용하여 교
회에 재산을 기부하는 종교목적의 Charity가 활발하게 행하여졌다.
이 법의 제정은 Charity의 남용을 방지하는 의미도 있었다.

그 후 2세기 반을 지나서 1853년에 '공익신탁법(Charitable Trust Act)'
이 제정되었다. 이 법률에 의하여 수탁자의 의무위반이나 신탁재산
의 관리 부실 등을 방지하는 것을 목적으로 'Charity 위원회(Charity
Commission)'가 설치되었다. 이 위원회는 공익신탁의 감독·지도기관
이 되었고 또한 Charity를 통일적으로 관리하는 역할을 담당하게 되
었다.

그리고 Charity의 감독강화나 등록제도의 도입 등을 규정한 'Charity
법(Charities Act)'이 1960년에 제정되었다. 이 Charity은 1985년, 1992년,
1993년, 2000년, 2006년, 2011년에 각각 개정되어 Charity위원회의 권한
강화 등이 이루어졌다. 영국에서는 현재 이 2011년 Charity법에 의거
한 형식으로 Charity위원회가 Charity의 등록과 감독을 하고 있다.

나. 공익성을 인정하는 기관

영국에서 Charity단체의 등록과 감독을 행하는 기관은 Charity위원회이다. 이 기관의 관할구역은 영국 내의 잉글랜드와 웨일즈이다. Charity위원회는 독립된 행정기관(department)이고 스스로의 이름으로 행정행위를 한다.

Charity위원회는 위원장을 포함하여 최대 8명의 위원으로 구성된다. 위원의 임기는 1기 3년, 위원 중 2명은 법조자격을 가지는 자로 임명된다. 위원은 위원회의 전략결정, 사무집행 감시, 회계관리 책임을 지지만 개별적인 결정에는 관여하지 아니하는 '비집행형(non-executive)' 기관이다. 이 때문에 위원회의 회의는 연 7회 정도, 그 밖에 연차의 공개회의가 2회 정도 개최된다. 위원회가 행하는 개개의 결정이나 경영·운영은 최고집행책임자와 11명으로 구성되는 상급간부 팀으로 구성된다. 현재 직원 수는 약 300명이다.

Charity위원회의 주된 권한은 2가지이다. '규제감독권한'과 'Charity의 지원기능'이다. 규제감독권한의 경우 Charity조직 내의 관리·운영 등에는 원칙적으로 개입하지 않는다. Charity법이나 당해 Charity의 정관 등에 저촉되고 당해 Charity의 수익자나 Charity전체에 대한 신용이 위험에 처할 수 있다고 판단한 경우에 개입한다. 이것도 당해 Charity 이사를 통하여 '정보개시요구'(Charity법 제9조)와 '심문'(같은 법 제8조) 등이 행사된다. 한편 지원기능은 Charity의 실효성 있는 활동을 뒷받침한다. Charity위원회가 구체적으로 행하는 것은 '정보제공', 'Charity지원 업무부문의 서포트' 등이다.

현재 Charity위원회는 잉글랜드 및 웨일즈 지방에 존재하는 약 16만 5000개의 Charity(자선단체)를 소관하고 있다.

덧붙이면, 최근 시행되고 있는 일본의 공익법인개혁에서는 공익성 인정과 공익법인 감독을 하는 위원회제도를 도입함에 있어서,

Charity위원회를 운영하는 영국의 제도를 참고로 하였다.

다. Charity의 등록

영국에서는 재정(자산) 규모가 5000파운드(약 850만원)을 넘는 Charity 는 Charity위원회에 등록해야 한다. 5000파운드 이하의 소규모 단체는 등록의무가 없지만 신용도를 증명하기 위해서 등록을 하는 경우가 적지 않다.

Charity가 되기 위한 법형식으로는 (1) 신탁, (2) 유한책임회사 (company limited guarantee), (3) 공제조합(provident society), (4) 칙허장에 의하여 설립된 단체(대학이나 박물관 등), (5) 법인격이 없는 사단, (6) Charity법인이 있다. Charity로 등록을 원하는 단체는 일정의 서류를 Charity위원회에 제출하고 심사를 받는다. Charity위원회에 의한 등록 인가를 받기까지의 기간은 일률적이지는 않아서 약 2-3주간 정도부 터 길게는 2년 가까이 걸리는 경우도 있다.

라. Charity의 인정 기준

Charity로 등록을 하기 위한 자격을 판정하는 기준은 '2011년 Charity 법'이 정하고 있는데 이 법에는 Charity로 인정되는 '목적'으로 이하의 13항목이 열거되어 있다.
  ○ 빈곤의 방지·구제
  ○ 교육의 진흥
  ○ 종교의 보급
  ○ 건강의 증진
  ○ 시민권 또는 지역개발 진흥
  ○ 예술, 문화, 문화유산 또는 과학의 진흥

○ 아마추어 스포츠의 진흥
○ 인권향상, 분쟁해결, 융화촉진, 종교적·인종적인 조화 또는 평
　등·다양성의 촉진
○ 환경의 보호 및 개선
○ 청소년, 고령자, 병자, 신체장애자 또는 재정적 곤궁자 그 밖의
　사회적인 약자에 대한 구제
○ 동물애호의 추진
○ 국군의 효율, 경찰, 소방, 구난 서비스 또는 구급 서비스의 효
　율 향상
○ 그 밖의 법률상 인정된 목적

'교육 진흥' 목적의 Charity에는 대학 등의 교육기관을 설치하는 법
인이 포함된다. 또한 '종교의 보급' 목적의 Charity 중에는 종교단체도
포함된다.

마. Charity의 조세제도

Charity위원회에 등록되어도 Charity는 자동적으로 세제우대를 받는
것이 아니고 별도로 세입세관청(HMRC : Her Majesty's Revenue and
Customs)에 신청해야 한다. 인정을 받으면 소득이 있어도 '본래의 사
업'에 충당되는 것이라면 원칙적으로 소득세와 법인세가 과세되지
않는다. '본래의 사업'이라 함은 당해 Charity의 공익목적사업을 말한
다. 따라서 Charity는 본래의 공익사업과는 관례없는 수익사업을 할
수 없다. 이와 같은 수익사업을 하는 경우에는 별도 회사를 설립하
여 수익사업을 하여야 한다. 그리고 자본이득(capital gain)도 세금이
면제된다.

2000년에 이루어진 세제개정 전에는 개인이 Charity에 기부한 경우

적어도 3년 이상 같은 액수를 같은 Charity에 기부하는 '계속적 계약
(covenant)'이라는 제도가 있었다. 이것은 어떤 Charity에 매년 100파운
드를 기부하는 계약을 하는 경우 기부자는 100파운드로부터 기본세
율 22% 원천징수된 후의 78파운드를 3년간 기부하는 것이다. 이
Charity는 원천징수된 22파운드분을 국가에 대하여 반환청구할 수 있
어서 매년 합계 100파운드의 기부를 취득할 수 있었다.

그러나 2000년의 세제개정에 의하여 '계속적 계약'이 '1회의 기부
(Single Donations)' 또는 'Gift Aid'라는 기부제도로 통일되었다. 이것은
Charity에 단발성 기부를 하는 개인에 대한 소득세를 경감해주는 것
(소득공제)이다. 당초는 '1회의 기부(Gift Aid)'에 의한 기부의 최저액
은 250파운드였는데 그 후 최저액은 철폐되었다.

또한 종업원이 월급에서 공제되는 기부(Payroll Giving)을 한 경우
그 상한은 1200파운드였는데, 그 후 상한이 철폐되어 급여액 중에서
얼마든지 기부할 수 있게 되었다.

3. 미국

미국에서는 비영리단체(non-profit/not-for-profit organization)의 법인
격 취득에 대해서는 각 주의 법률이 규정하고 있다. 또한 비영리단
체에 대한 조세우대조치는 주로 연방정부의 국내세입법(Internal
Revenue Code)에 의해서 규율되고 있다. 물론 각 주의 세법에도 규정
되어 있지만 일반적으로 주법보다 연방소득세율이 높아서 조세우대
에 대해서는 연방법의 규정을 따라가는 주가 많은 이유 등으로 연방
세법의 영향력이 크다고 할 수 있다.

미국에서는 1776년 건국 전부터 각종의 자발적 결사(association)의
결성이 활발하였다. 프랑스의 정치사상가인 알렉시스 드 토크빌
(Alexis de Tocqueville)은 그의 저서 '미국의 민주주의'(1840)에서 "세계

에서 미국만큼 단체를 잘 활용하고 있는 나라는 없다"고 지적하고 있다.

이러한 역사적 배경 하에 미국에서는 비영리단체가 널리 국민에게 알려져 있다. 예컨대 2011년의 통계자료에 의하면 약 1350만명이 비영리조직에서 일하고 있고 이것은 총노동인구의 약 10%에 해당한다. 이 수는 건설, 운수, 출판, 공익사업의 4부문에서 일하는 사람들보다 많은 것이다. 국민총생산(GDP)에서 차지하는 비율은 5%로 이를 국가로 가정한다면 세계 17위 정도의 경제규모가 된다.

가. 비영리법인의 종류

캘리포니아주에서는 1978년에 '비영리법인법(California Nonprofit Corporation Law)'가 제정되어 1980년부터 시행되고 있다. 이 주의 비영리법인은 (1) 비영리공익법인(nonprofit public benefit corporations), (2) 비영리공동이익법인(nonprofit mutual benefit corporations), (3) 비영리종교법인(nonprofit religious corportions)로 분류되고 있다. 이러한 구별의 기준은 '설립목적의 차이', '해산시 잔여재산을 회원에게 분배할 수 있는가', '이사 자격에 조건이 부가되는가', '주 법무장관에 대한 관계서류 제출의무' 등이다.

설립목적으로 비영리공익법인은 공익 또는 자선목적이어야 한다. 비영리공동이익법인은 공익, 자선, 종교 이외의 목적으로 위법이 아닌 것은 어떤 것이라도 무방하다. 비영리종교법인은 용어 그대로 종교목적이어야 한다.

비영리공익법인은 해산 시에 잔여재산을 회원에게 분배할 수 없고 주 법무장관이 적절한 양도처를 인정하게 되어 있다. 비영리공동이익법인은 해산 시에 회원에게 잔여재산을 분배할 수 있지만 법인으로서의 양도처는 공동이익목적의 법인에 한정된다. 비영리종교법인은 회원에 대한 분배는 할 수 없다.

비영리공익법인에서는 이사의 반수 이상을 친족 등의 이해관계인이 차지해서는 안되게 되어 있다. 비영리공동이익법인과 비영리종교법인에는 그러한 제한이 없다. 주 법무장관에 대한 관세서류 제출의무는, 비영리공익법인은 매년 사업보고서와 관계보고서 제출의무가 부과되어 있다. 비영리법인은 설립당시의 자산을 공익신탁으로 보유하고 있는 경우를 제외하고, 제출의무가 있다. 비영리종교법인에는 그러한 의무가 없다.

뉴욕주에서는 1969년에 '비영리법인법(Not-for-profit Corporation Law)'가 제정되어 1970년부터 시행되었다. 비영리법인의 종류는 목적에 따라 4가지로 분류된다. 첫째로 'A타입 법인'은 비영리목적으로 회원을 위해서 설립된 것으로 대학의 동창회, 노동조합, 정당, 스포츠클럽, 동업자단체가 해당된다. 둘째로 'B타입 법인'은 비영리목적으로 자선, 교육, 종교, 과학, 문예, 문화, 아동 및 동물학대의 보호 등을 목적으로 하는 법인이다. 셋째로 'C타입 법인'은 합법적으로 수익사업을 할 수 있는 공적 또는 준공공적인 단체이다. 얻은 수익은 관계자 사이에 분배할 수 없다. 네 번째로 'D타입 법인'은 종교법인 등 특별법에 의한 법인이다. 이러한 법인들에 대해서는 법으로 인정된 경우를 제외하고 수익이나 자산을 임원이나 회원에게 분배할 수 없다. 위의 4유형 중에서 전통적인 공익목적의 단체로 분류되는 것은 'B타입 법인'이다.

나. 비영리법인의 등록

캘리포니아 주에서 비영리공익법인을 설립하기 위해서는 일정한 요건에 맞춘 정관을 작성하고 그 정관과 그 밖의 필요한 서류를 갖추어 주 법무장관에게 제출한다. 서류심사를 받은 후에 법인등록을 할 수 있다.

정관에는 법인의 명칭, 공익목적, 설립당초의 사무절차를 행하는 사무소 명칭, 소재지 등을 기재한다. 또한 '비영리공익목적의 법인으로 사적 이익을 위하여 설립된 것이 아닌 것, 예컨대 교육진흥, 복지증진 등의 공익목적 단체일 것' 등을 기재한다. 그 밖에 선거활동 금지나 잔여재산의 공익법인에 대한 양도 등의 기재도 필요하다.

뉴욕 주에서 'B타입 법인'을 설립하기 위해서는 최초로 18세 이상의 1인 또는 복수의 설립자가 뉴욕 주 비영리법인법에 기하여 정관을 작성하고 각 설립자가 서명한 후에 성명과 주소를 기재하여 주무장관에게 제출한다.

정관의 기재내용에는 (1) 법인의 명칭, (2) 비영리법인법에 정의되어 있는 'B타입 법인'인 것, (3) 목적, (4) 법인이 사무소를 두는 곳의 주소, (5) 주된 활동 지역, (6) 설립당시의 이사의 성명 및 주소, (7) 존속기간을 둔 경우에는 그 기간 등이 있다. 이 정관이 수리되면 법인을 설립할 수 있다.

다. 비영리법인의 조세제도

캘리포니아 주에서는 법인등록만으로 조세우대를 받을 수는 없다. 매출세와 자산세의 면세를 받은 경우에는 주 형평위원회(Board of Equalization), 급여세의 면세는 고용개발국(Employment Development Department), 소득세의 면세는 면허세위원회(Franchise Tax Board)에 각각 신청해야 한다.

뉴욕 주에서도 법인등록만으로 조세우대를 받을 수는 없다. 면세의 종류는 매출세만이고, 'form ST-119. 1'이라는 서류를 제출하고 주 세무국의 인정을 받을 필요가 있다.

연방 차원에서 사업수입에 대한 법인세 면세나 '내국세입법(Internal

Revenue Code : IRC) 501조(c)(3)'의 기부금우대 단체가 되기 위해서는 내국세입청(Internal Revenue Service : IRS)에 'form 1023'이라는 서류를 제출하고 같은 청의 인정을 받아야 한다. 미국의 면세 단체 수는 2009년에 약 163만 4000개이나. 그 중에서 501조(c)(3)에 해당하는 비영리법인은 123만 8201개이고 전체의 약 70%를 차지하고 있다.

'form 1023'은 네 개의 부분으로 구성된다. 첫째는 명칭이나 주소 등 단체의 개요이다. 둘째는 단체의 과거와 현재의 활동, 차년도 이후의 활동예정, 활동의 자원, 모금의 예정, 지원금 등의 응모현황이다. 그리고 임원의 성명, 친족간이나 기업관계자등의 유무, 정치단체나 다른 공익법인과의 관계 등, 14항목의 질문에 답하게 된다. 셋째는 기부금 우대단체로서 public charity(공적 자선단체)이나 private foundation(사적 재단) 중 하나를 선택한다. 넷째는 재정적 통계를 과거 4년간 소급하여 기재(4년 이상의 실정이 없는 경우에는 현재 상태와 2년간의 예산을 기재)한다. 이렇게 기재된 내용을 심사함으로서 내국세입청은 법인세 면세 단체인지 여부를 인정하게 된다.

인정 기준은 501조(c)(3)에 기재되어 있는 바와 같이 '종교, 자선, 학술, 공공안전검사, 문예, 교육, 국제적인 아마추어 스포츠경기의 조성, 아동·동물에 대한 학대 방지의 8개 항목을 목적으로 할 것', '그 수익이 어떠한 부분도 개인지분이나 개인의 이익에 공여되지 아니할 것', '그 활동이 입법에 영향을 줄 수 있는 직접적인 선전활동으로 이어지거나 그 밖의 간접적인 형태로 입법에 영향을 주는 것이 아닐 것', '공직선거에 참가하거나 방해하지 아니할 것', '해산 시의 잔여재산을 당해 법인의 임원이나 기부자 등에게 귀속시키지 않는 규정이 있을 것. 동종의 비영리공익단체에 양도할 것'으로 되어 있다.

그리고 내국세입청은 기부금의 우대단체인 public charity(공적 자선단체)이나 private foundation(사적 재단)으로 인정도 행한다. 인정된 단체 중 public charity에 해당하는 것은 전체의 63.5%이고 private foundation

에 해당하는 것은 전체의 7.5% 정도이다.

미국에서는 기부세제의 우대를 받기 위해서 'public support test'가 존재한다. 이것은 단체가 연방정부, 주정부, 기업, 재단, 개인 등 많은 자로부터 기부금 등을 받고 있는지 조사하는 것으로 가능한 한 많은 곳으로부터 지원을 받고 있다면 세금의 우대를 받을 수 있도록 되어 있다.

라. public charity와 private foundation

public charity에 해당하는 단체는 (1) 교회, 학교, 병원 등의 공적 기관, (2) 공적 지원을 받고 있는 단체, (3) 공적 기관이나 공적 지원단체를 지원하는 단체, (4) 공공안전의 심사를 목적으로 하는 단체의 네 가지로 분류되고 있다.

private foundation은 1969년의 세법개정으로 유형화된 것으로 세계적으로 유명한 포드재단이나 록펠러재단 등 기업이나 개인이 기본재산을 출연하여 설립된 민간재단의 대부분이 이에 해당한다. private foundation에는 몇 가지 규제가 있다. 우선 배당, 이자, 로열티, 차임 등 매년의 순투자수익에 대하여 1% 또는 2%의 규제세가 부과된다. 다음으로 재단과 재단관계자 사이의 자기거래가 금지된다. 이것에 위반하는 경우 금전을 재단에 반환해야 하고 원칙적으로 자기거래를 한 자에게는 거래액의 5% 이에 동의한 재단임원 등에는 2.5%의 세금이 부과된다. 그리고 전년도의 투자자산의 5%를 기부금이나 공익목적 사업에 지출해야 한다. '5% pay out rule'이라고 하는데 private foundation이 부정한 사적 자산의 축적에 이용되지 않도록 하는 것이 이유이다.

public charity와 private foundation 사이에는 기부금 공제율에 차이가 있다.

4. 독일

가. 개관

독일의 민간 비영리공익활동은 전통적으로 종교단체나 정부주도의 복지단체 등이 중심으로 활동을 해오고 있다. 16세기에 들어서 종교개혁 후 공익활동이 활발하게 되고, 19세기에는 자본주의의 발전에 따라 민간 비영리활동이 활발해졌다. 그리고 제2차 세계대전 후의 경제발전에 의하여 비영리활동이 다시 활발하게 되었다. 특히 1970년 이후, 복지, 문화, 환경보호, 개발도상국에 대한 원조 등의 영역에서 활동이 활성화되고, 특히 요양보험제도가 도입되면서 복지분야의 비영리조직이 커다란 존재가 되었다.

비영리 또는 공익목적의 법인제도로서 독일에서는 등록사단(eingetragener Verein)과 재단(Stiftung) 제도가 있다. 등록사단은 설립이 용이하고, 재단은 연방제도 하에서 각 주법에서 인가주의를 채택하고 있고 16개 주 모두가 재단법을 가지고 있다.

나. 법인제도

독일연방기본법(Grundgesetz)에 따라 독일에서는 결사의 자유가 인정되고 있다. 비영리목적의 단체에 대해서도 특히 사단법인은 간이한 방법으로 법인화할 수 있어서 비영리 또는 공익목적의 활동을 촉진하는 시스템이라고 할 수 있다. 비영리목적 단체는 '사법상의 법인'과 '공법상의 법인'으로 나눌 수 있다. 그러나 실제로는 사법의 규정이 공적 기관의 거래에 준용되거나 공법에 기한 기관을 예외적으로 사인이 설립할 수 있는 경우도 있어서 혼재되어 있다고 할 수 있다.

비영리목적 또는 공익목적의 사법상의 법인은 이하와 같다. 우선

'사단(Verein)'을 들 수 었다. 이것은 연방법인 민법 제21조에서 규정하고 있다. 제21조에서는 비영리목적의 사단은 관할법원에 등록함으로써 권리능력을 취득한다고 규정한다. 사단의 정의는 민법상 규정되어 있지 않지만 일반적으로는 많은 개인이나 법인 등이 어떤 목적을 달성하기 위하여 임의로 또는 계속적으로 집합한 단체를 말한다.

재단(Stiftung)에 대해서는 민법 제80조부터 제88조에 규정하고 있다. 재단법인은 일정한 목적을 위하여 개인 또는 법인이 재산을 출연하고 일정한 요건을 충족하면 설립이 가능하다. 그러나 민법에서는 재단은 주의 허가에 의하여 법인격을 취득할 수 있다고 규정하고 있을 뿐이고, 구체적 요건이나 절차에 대해서는 각 주법에 위임하고 있다. 사적 재단에는 학술연구목적, 환경보호, 청소년육성 재단, 박물관이나 미술관, 병원, 커뮤니티 재단 등 다양한 것이 있다. 2001년 법개정으로 재단의 설립이 인가(Genehmigung)에서 인증(Anerkennung)으로 개정되었다.

세 번째는 '공익유한회사'이다. 이것은 기업의 사회적 책임(CSR)의 일환으로 사회공헌활동을 추진하기 위한 법인이다. 이러한 공익유한회사 중에는 재단법인격을 가지는 '재단유한회사'도 존재한다. 재단유한회사는 민법에 의거하지 않는 재단으로 주식회사이면서 사회공헌활동을 하는 '기업재단'으로 취급되고 있다. 독일에서는 기업이 소유하는 재단은 일반적으로 유한회사의 형태를 취하고 있다.

네 번째는 '신탁(Treuhand)'이다. 신탁은 수탁자가 일정한 목적을 위하여 재산을 관리하는 제도로서 법인은 아니지만 성립전 또는 설립중의 재단의 기본재정을 일정한 목적을 위하여 수탁자가 보유, 관리하는 형태이다.

다섯 번째는 공동조합(Genossenschaften)이고 영리를 목적으로 하지 않는 농업협동조합이나 주택공동조합, 상호보험회사 등이 있다.

그리고 공법상의 비영리단체(법인)이 존재한다. (1) 공법인, (2) 공법상의 공동조합, (3) 공법상의 기관, (4) 공법상의 재단이다. 이들은 공적 목적을 위한 것이고 특히 공적 기관(관청)을 위한 기관인 경우가 많다. 독일교회, 대학, 상공회의소, 직업조합 등은 이러한 '공법상의 법인'에 포함된다.

다. 등록사단의 설립절차

등록사단을 설립하는 경우에는 민법의 규정에 의한다. 우선 (1) 7인 이상의 사원의 존재, (2) 설립총회의 의사록, (3) 목적, 명칭, 주소, 사원의 자격, 이사, 총회의 소집방법 등을 기재한 정관을 작성하여 공증인에게 인증을 받아야 한다. 그리고 (4) 비영리를 목적으로 할 것, (5) 단체의 목적이 공서양속에 위반하지 아니할 것을 명확히 하고 대표자의 주소지 또는 사무소의 소재지를 관할하는 법원에 신청한다. 사단에는 기금의 요건은 없다. 법원에서는 법원서기관이 사무처리를 하고 활동내용이나 서식등에 문제가 없으면 등록신청서가 수리되고 법인등록부에 등록된다. 등록 후 당해정관은 법원의 관보에 게재되고 게재 후 일정기간내에 제3자의 이의신청을 받는다. 이의신청이 있는 경우에는 법원이 결정을 한다. 이러한 과정을 모두 거친 후에 등록사단은 활동할 수 있게 된다. 또한 정관이아 대표자가 변경된 경우에는 그 변경을 결의한 총회의 의사록 등을 관할 법원에 제출하여야 한다.

라. 법인의 내부 거버넌스

사단은 내부조직에 대하여 큰 폭의 자유를 가진다. 민법 상 사원총회와 이사회의 2개 기관을 두는 것이 법인격을 취득하기 위한 최소한의 조건이고, 정관 또는 조직규칙에 정함을 둘 필요가 있다. 최고의 권한은 1년 또는 2년에 1회 개최되는 사원총회에 있고, 사원총회가 선임된 이사회가 외부와의 거래에 대하여 법인을 대표한다. 사원총회에서는 사원은 각 1표를 가지고 다수결로 결정한다. 정관 등에 정함이 있으면 대리투표도 허용된다. 민법 상 이사는 1인이어도 무방하다.

재단에 대해서는, 이사회가 유일의 필수기관이다. 민법에 의하면 이사는 1인이어도 무방하다.

마. 비영리법인에 대한 조세

비영리목적의 단체에 대한 조세우대조치는 조세통칙법(Abgabenord-nung: AO)에서 규정하고 있다. 조세우대조치는, 비영리단체 자체의 수입에 관한 법인세와, 비영리단체에 기부한 개인 또는 법인에 대한 소득공제가 존재한다.

조세통칙법에 의하면 단체에 조세우대조치을 부여하는 경우의 적격성에 대해서는 (1) 단체의 목적, (2) 단체 소득의 종류, (3) 법정요건의 해당성 등의 점으로 판단한다고 규정한다.

조세통칙법 제51조에서 조세우대를 받는 단체는 그 본래의 목적이 (1) 공익, (2) 자선, (3) 교회의 지원 중 하나 또는 복수의 목적을 가지는 단체이어야 한다고 규정한다. (1)의 공익목적에 대해서는 같은 법 제52조에서 '자기의 이익을 도모하지 아니하고, 불특정다수의 이익 증진을 도모하는 것을 말한다'고 하여 그 구체적 내용을 4가지로 나누고 있다. (a) 학술연구, 교육, 문화, 종교, 국제교류, 개발원조, 환경보전, 경관, 기념물보호, 지역의 역사·전승검토, (b) 청소년보호, 식물보호, 원예, 제례, 지방전통문화, 병사·예비병 돌봄, 아마추어 무선, 모형비행기 등으로 광범위하다. (2)의 자선목적이란 신체적, 정신적, 경제적 이유로 원조를 필요로 하는 자를 돕는 경우를 말한다. (3)

의 교회지원 목적이라 함은 기존의 교회활동을 지칭하는 것이 아니라 종교교육의 보급이나 목사의 육성 등 지원을 말한다(교회는 공법상의 법인으로 법인세가 비과세이다).

단체의 소득은 그 종류에 따라 과세의 취급이 나르다. 비영리단체의 회비, 보조금, 기부금 등의 수입은 비과세이다. 또한 비영리단체가 받는 이자나 배당, 차임 등의 자산 운용이익은 원칙적으로 비과세이다. 다만 당해 단체가 주식의 운용이나 부동산 임대 등을 계속적으로 하고 있는 경우에는 적극적으로 수익활동을 하고 있다고 보고 과세의 대상이 된다.

또한 수익사업이어도 그것이 단체 본래의 사업활동과 관련이 있는 경우에는 그 소득세는 과세되지 않는다. 본래의 사업에 관련 있는 사업활동인지 여부에 대하여 조세통칙법 제65조에서 (1) 수익사업이 정관에 규정하는 본래의 사업에 해당할 것, (2) 그 수익사업이 본래의 사업수행에 불가결할 것, (3) 동종의 사업을 하는 다른 영리기업과의 공정한 경쟁을 해치지 않는 것 등이 기준이 된다.

그리고 단체 본래의 사업과는 전혀 관련이 없는 수익사업의 수입은 과세대상이 된다.

이상과 같은 점에서 지방세무 당국이 조세우대단체인지 여부를 판단하여 비영리단체에 대하여 법인세, 고정자산세, 부가가치세 등의 우대조치를 부여한다. 각 비영리단체는 관할하는 지방세무 당국에 일정한 시기에 사업보고서를 제출해야 한다. 지방세무 당국은 약 3년마다 심사를 하여 문제가 있으면 우대조치를 취소할 수 있다.

조세우대단체에 대한 개인이나 법인의 기부금에 대해서는 원칙적으로 기부공제가 인정된다. '소득세법'은 개인이 하는 단체에 대한 기부에 대하여 연간 소득의 5%까지 공제를 인정한다. 특히 학술, 문화 등에 관한 기부금은 10%까지 공제가 인정되고 있다. 한편 법인의 기부에 대해서는 총 근로자의 임금과 매상 합계의 0.2%나 과세소득의 10%를 한도로 공제된다.

바. 일반에 대한 의무

독일에서는 일반적으로 소득이나 과세에 관한 것은 개인이든 법인이든 사적인 사항으로 비밀유지의 대상이 된다. 이것은 비영리단체에 대해서도 마찬가지이고 이 때문에 유한책임회사의 경우를 제외하고 공중에 대한 재무개시 규정은 없다. 지방세무당국이 가지는 개개의 기부 기록은 일반 공중에게 제공된 정보로 되어 있지 않다 (총액이 연방통계청의 조세통계에 게재된다).

사단이든 재단이든 비영리단체 이사회의 권한은 기본적으로 정관 등의 정한 바에 따른다. 다만 민법 규정에 의하여 일정 사항을 평의원회에 위임하는 것이 가능하다. 또한 이사회가 여러 명인 경우에는 정관 등에서 정함으로써 일부 임원 또는 1인의 이사에게 법적인 책임을 위임하는 것도 가능하다. 다만 이러한 자와 외부와의 거래가 유효하기 위해서는 당해 정관 등이 지방법원의 사단등록부에 등록되어 있어야 한다.

5. 프랑스

가. 개관

현재의 프랑스에서는 결사의 자유가 법에 정착되어 있지만 이것은 오래전부터의 전통은 아니다. 프랑스에서는 1789년의 프랑스혁명에 의하여 봉건제도하의 종교단체나 동업자단체등이 해체되었다. 당시의 프랑스에서는 단체(아소시아시옹, association)는 민주적으로 선임된 국가의 '일반의지'에 반하는 것으로 여겨져서 개인과 국가 사이에 있는 중간단체가 법률로 금지되었다. 예컨대 1791년의 르샤플리에법(Le Chapelier가 제안한 법률)은 단체를 금지하고 1804년에 시행된 프랑스민법전에서도 사단이나 재단에 관한 규정을 두지 않았다. 기부행위(fondation)도 민주적인 인민의 의사에 맞지 않는 영속적인 경제력을 형성하는 것으로 여겨져 엄격하게 제약되었다.

그러나 1848년의 2월혁명에 의하여 제2공화정이 성립되고 1864년에 결사의 자유, 1868년에 집회의 자유가 각각 인정되게 되었다. 그리고 1875년에 제3공화국이 성립하고 1884년에 노동조합이 합법화되었다. 1901년에 '아소시아시옹 계약에 관한 1901년 7월 1일법(Loi du 1er juillet 1901 relative au contrat d'association)'(이하 '1901년법'이라 한다)가 성립함으로써 중간단체를 엄격하게 규제하는 '루소 주의적 전통'은 무너졌다.

다만 결사의 자유가 인정되었다고는 하지만 비밀·반체제 단체나 불변의 대규모자산을 지배하는 단체의 등장을 국가의 정치적 또는 경제적인 평화에 대한 위협으로 보는 관점은 계속되었다. '1901년법'이 사단에 대하여 사업에 직접 이용하는 이외의 부동산을 소유하는 것을 금지한 배경도 이러한 점에 있다고 할 수 있다.

아소시아시옹이란 계속적인 형태로 2인 이상의 자가 이익의 분배 이외의 목적을 위하여 지식과 활동을 공동으로 하는 합의이다('1901년법' 제1조). 또한 허가 없이 또한 사전신고 없이 자유롭게 설립할 수 있다(같은 법 제2조).

비영리단체는 주로 (1) 사단(association), (2) 재단(fondation), (3) 호조단체, (4) 공동조합, (5) 노동조합 등으로 나눌 수 있다. 이 중 비영리·공익법인에 해당하는 것으로는 사단과 재단을 들 수 있다.

나. 비영리사단

'1901년법'에 의하여 설립된 비영리사단은 (1) 미신고 아소시아 시웅(associations non-déclarées), (2) 신고 아소시아시웅(associations déclarées), (3) 공익인정 아소시아시웅(associations reconnues d'utilité publique)으로 대별된다.

(1) 미신고 아소시아시웅(associations non-déclarées)

'1901년법'은 제2조에서 '허가 없이 그리고 사전 신고를 하지 않고 아소시아시웅을 자유롭게 설립할 수 있다'고 규정한다. 미신고 아소 시아시웅은 이에 해당하는데 법인격이 인정되지 않는다. 단체의 이름으로 계약의 주체가 될 수 없고 그 재산은 복수의 회원의 공유가 되고 원칙적으로 단체의 이름으로 소송을 제기할 수 없다. 또한 미신고 아소시아시웅에는 조세상의 우대조치가 거의 없다.

(2) 신고 아소시아시웅(associations déclarées)

신고 아소시아시웅은 소재지의 도청이나 군청(소재지가 파리 시내인 경우는 파리경찰)에 (a) 아소시아시웅의 명칭, (b) 목적, (c) 소재지, (d) 관리책임자의 성명, 직업, 주소 등을 기재한 서면을 제출한다. 신고를 받은 도청, 군청 또는 파리경찰은 이 신고에 대해서 수령증을 교부한다. 그 후 관보에 당해 아소시아시웅을 게재하여 공시함으로써 당해 아소시아시웅은 법인격을 취득한다. 법인격을 취득하면 아소시아시웅은 소송제기가 가능해진다.

활동범위는 광범위한데 그 중에서도 문화나 레크리에이션 분야의 아소시아시웅이 많다. 신고 아소시아시웅이 해산한 경우 그 잔여재산을 구성원이 나누어가지는 것을 총회에서 결정하는 것은 인정되지 않는데, 출자한 구성원에게 그 액을 반환하는 것은 위법이 아니다.

신고 아소시아시옹에 대하여는, 본래의 사업수입이 비과세되는 조세 우대조치가 있다. 또한 기부에 대한 우대조치는 원칙적으로 공익인정 아소시아시옹(3)에서만 인정되는네 '1987년 7월 23일법(이른바 '메세나 진흥법')'에 의하여 복지, 과학, 의학연구, 문화 등에 대한 기부 과세우대가 신고 아소시아시옹에도 인정되게 되었다.

(3) 공익인정 아소시아시옹(associations reconnues d'utilité publique)

신고 아소시아시옹이 일정한 요건을 충족하고 공익성이 높은 것으로 인정되면 공익인정 아소시아시옹이 될 수 있다. 이 신청에는 신고 아소시아시옹으로 게재된 관보, 아소시아시옹의 개요, 정관, 임원명부, 사원명부, 재무제표, 예산서 등의 필요서류를 내무부에 제출하고 내무부가 아소시아시옹의 공익성을 판단한다. 이러한 심사를 거쳐 국사원(Conseil d'État)에 답신되면 데크레(décret)에 의하여 인정된다. 심사에는 국사원의 모델 정관에 따를 것, 3년 이상의 활동실적이 있을 것, 사원이 200명 이상 있을 것 등이 포함된다.

공익인정 아소시아시옹이 수익사업을 하는 경우에는 회계보고서를 과세청에 제출해야 한다. 이 아소시아시옹이 총회에서 해산을 결의한 경우에는 내무부에 해산을 위한 신청절차를 하고 데크레 취소의 승인을 국사원으로부터 받게 된다. 잔여재산에 대해서는, 정관에 정한대로 처분하게 되는데 정관에 정함이 없는 경우 공공단체나 유사 공익단체 또는 공익재단에 양도한다. 그리고 공익인정 아소시아시옹에 기부한 개인 또는 법인에 대해서는 기부금 공제나 손금산입이 인정된다.

공익인정을 받을지 여부는 원칙적으로 임의이지만, 비영리 여행대리업, 청소년단체, 어업·양식어업단체, 환경운동 등의 일정한 사업은 인정을 받고 활동하여야 한다. 그리고 예컨대 유치원, 보육원, 젊은 노동자 또는 고령자 주택, 장애자 또는 소년범죄자 교육 등 사업에 대해서는 사업내용의 질을 확보하는 관점에서 허가를 받아야 한다. 허가신청은 도청에 제출되고 도청은 스스로 판단하든지 또는 소관청에 부의한다.

다. 재단

재단(fondation, 퐁다시옹)에는 공익인정 재단(fondations reconnues d'utilité publique)와 기업재단(fondations d'entreprise)의 두 종류가 있다. 2종의 재단은 법인의 존속기간과 권리능력에 차이가 있다.

공익인정 재단의 존속기간은 일반적으로 무제한이고 권리능력도 넓게 인정되어 부동산취득에 제한이 없고 기부나 유증을 받을 수 있다. 제정법이나 국사원에 의하여 기금의 액수가 정해지는 것은 아니지만, 공익인정 재단을 운영해 나가기 위한 100만 유로 정도는 필요하다고 한다.

기업재단은 15만 유로 이상의 기금이 필요하고 도지사의 허가에 의하여 설립할 수 있다. 이 재단사무소가 소재하는 도나 내무부 장관에 대하여 연차보고서나 회계보고서를 제출할 의무가 있다. 기업재단이 증여나 유증을 받는 것은 인정되지 않고 그 활동기간은 최장 5년이고 기간은 최장 3년 갱신할 수 있다.

프랑스민법에는 재단에 관한 규정이 없기 때문에 국사원(Conseil d'État)의 데크레를 근거로 하여 즉 법률의 근거가 아닌 행정적 절차에 의하여 공익인정 재단이 설립되어 왔다. 그리고 1987년에 '메세나 진흥에 관한 법률(Loi n. 87-571 du 23 juillet 1987 sur le développment du mécénat)'(이하 '메세나 진흥법'이라 한다)가 제정되어 법률에 재단에 관한 규정이 두어지게 되었다.

이에 해당하는 재단은 공익인정 아소시아시옹과 같은 절차에 따라 내무부에 필요서류를 제출하여 설립신청을 한다. 내무부의 심사 후 국사원에 회부되어 심사를 받은 후에 데크레에 의하여 허가된다. 그러나 메세나진흥법은 이 법률에 의한 재단 이외에 '재단'이라는 명칭을 사용하지 못하게 한 점 등에 비판이 있었기 때문에 1990년에 메세나진흥법의 일부개정과 기업재단의 설립근거를 규정하는 '기업재단설립법'이 제정되었다.

라. 법인의 내부 거버넌스

사단 일반에 대한 내부기구를 정하는 법률의 규정이 없고 각 법인의 정관, 조직규칙, 그 밖의 규정의 정하는 바에 의한다. 공익인정 아소시아시옹 등 일정한 사단에 대해서는 법률로 사업보고와 재무보고를 승인하기 위한 사원총회를 1년에 1회 이상 개최하여야 하는 것으로 규정되어 있다.

사단과는 대조적으로 공익인정 재단에 대해서는 그것이 누리는 특권의 댓가로 국가에 의한 감독을 받아야 하고 설립자에 의한 이사의 임명권은 제약되어 대략 3분의 1의 이사는 국가에 의하여 임명된다.

마. 비영리법인에 대한 조세제도

프랑스의 세법은 법인격을 취득한 비영리단체의 본래 사업 수입에 대하여 과세하지 않는 조치를 취함으로써 단체의 활동에 대하여 지원을 하고 있다. 그러나 비관련 수익사업에 대해서는 표준의 법인세를 부과한다.

또한 비영리단체 중 공익인정 아소시아시옹, 공익재단, 증여·유증을 받을 수 있는 문화나 자선을 목적으로 한 신고 아소시아시옹, 공립 고등교육기관 등 공익성이 높은 단체에 기부한 경우에는 일정한 공제가 인정된다.

개인이 상기의 공익단체에 지출한 기부금은 과세소득의 1.25% 또는 5%를 상한으로 기부금 합계액의 50%를 세액공제할 수 있다. 한편 기업이 공익재단에 지출한 기부금에 대해서는 연간 매상의 0.2% 또는 0.3%까지 손금산입할 수 있다. 한도액을 넘은 경우에는 5년간의 대월이 인정된다.

사. 보론-아소시아시옹의 현재 상황

프랑스에서는 아소시아시옹이 크게 늘어나 최근에는 '아소시아시옹 붐'이라든지 혹은 입법자의 이름을 따서 '왈데크 루소의 제2의 성공시대'가 도래하였다고 회자될 정도의 활황을 보여주고 있다. 이는 단순히 숫자의 문제뿐 아니라, 국민으로부터 강한 지지를 얻고 있는 점도 주목할 만하다. 그 배후에는 물론 매우 저명한 단체가 존재한다. 노벨평화상을 수상한 '국경 없는 의사단' 등이 그 예이다. 혹은 매우 중요한 사회문제에 관하여 아소시아시옹이 활약하였다는 사정도 있다. 비교적 가까운 사례를 말하자면 1999년에 영불해협에서 유조선이 좌초하여 원유가 유출된 사고가 있었는데 그 때에 아소시아시옹 혹은 자원봉사 활동 등이 국민들에게 좋은 인상을 주었다는 면도 있을 것이라 생각한다. 그러한 요소도 분명히 있으나 여기서 주목하여야 할 점은 친근한 아소시아시옹, 스포츠, 문화관계라든지 학교관계, 부모회 등의 일상적인 활동을 하는 것이 대단히 큰 의미를 갖고 있다고 생각한다.

실제로 15세 이상의 프랑스인 2명 중 1명은 특정한 아소시아시옹에서 활동하고 있다는 데이터가 있는데, 이러한 단체에 가입하지 않은 사람들도 포함하여, 사람들은 아소시아시옹의 활동으로부터 일상적으로 혜택을 받고 있다고 할 수 있다. 그 결과가 지지율(만족도) 95

퍼센트라고 하는 숫자에 나타나 있는 것이라고 생각한다. 이 점은 아소시아시옹의 기능에도 관계하게 된다. 프랑스의 아소시아시옹은 지방자치단체의 파트너로서 큰 역할을 하고 있다고 한다. 예를 들어 미을의 스포츠클립이나 문화서클은 사치단제와 연대하여 자치단체의 지원을 받아 아소시아시옹에 의하여 운영되고 있다.

이러한 스포츠클럽이나 문화서클 등은 1차적으로는 멤버가 스포츠 내지 문화를 즐기기 위한 단체이나 그러한 단체가 존재하는 것을 통하여 사회통합에 큰 역할을 하고 있다는 것이 최근 많은 논자에 의하여 지적되고 있다. 스포츠나 문화 등 일상적인 관심사를 통하여 근린의 사람들이 다양한 단체를 형성하는 것 자체가 사람들의 사회적인 결합을 강하게 하며 혹은 젊은이들의 사회화 기회가 되고 있다는 것이다.

조금 주제를 벗어나지만 지금 말한 것과 같은 일상적인 차원에서 아소시아시옹에 참가한 경험은 보다 공익적인 색채가 짙은 단체에 참가하는 계기가 된다고도 한다. 친근한 아소시아시옹에서 활동한 경험을 가진 것이 그 후에도 보다 넓은 범위에서 아소시아시옹활동에 참가하는 계기가 된다고 하는 것이다.

이와 같이 비영리활동이라는 것은 좁은 의미에서 공익활동을 목적으로 하는 것이 아니더라도 그 자체가 공익적인 의미를 가지고 있다는 점에 유의할 필요가 있다.

6. 일본

가. 개관

일본에서는 민법에서 규정하고 있던 공익법인제도를 전면 개정하여 새로운 비영리법인 제도를 두는 세 개의 법률이 2006년 5월 26

일에 성립하여 6월 2일에 공포되었고, 2008년 12월 1일부터 시행되고 있다. 세 법률이라 함은 '일반사단법인 및 일반재단법인에 관한 법률'(이하 '일반법인법'이라고 한다), '공익사단법인 및 공익재단법인의 인정 등에 관한 법률'(이하 '공익인정법'이라고 한다), 및 '일반사단법인 및 일반재단법인에 관한 법률 및 공익사단법인 및 공익재단법인의 인정 등에 관한 법률의 시행에 따르는 관계법률의 정비 등에 관한 법률'(이하 '정비법'이라고 한다)이다.

'일반법인법'은, 잉여금의 분배를 목적으로 하지 않는 사단·재단에 대하여, 법인격의 취득과 공익성의 판단을 분리하여 사업의 공익성 유무에 관계없이 준칙주의에 의하여 간편하게 법인격을 취득할 수 있도록 일반적인 법인제도를 설치하는 법률이다.

'공익인정법'은, 공익법인의 설립허가·감독을 주무관청의 재량에 따라 행하는 현행제도를 바꾸어, 공익사단법인 및 공익재단법인으로서의 인정 및 그 감독을 독립된 위원회의 관여 하에 내각총리대신 또는 도도부현(都道府縣) 지사가 행하는 제도를 마련하는 법률이다.

이 두 법률에 의하여 비영리의 사단 또는 재단은 등기만으로 일반사단법인 또는 일반재단법인이 될 수 있고, 그 중 공익목적사업을 수행하는 것은 내각총리대신 등의 인정을 받으면 공익사단법인 또는 공익재단법인이 될 수 있다. 이 두 법이 새로운 비영리법인제도의 기본이 되는데, 그 시행과 더불어 '정비법'은 민법의 개정, 중간법인법의 폐지 등 관련 법률의 정비를 하고 또한 현재 있는 공익법인을 새로운 제도로 이행하는 등의 경과조치를 정한다. 2006년의 전면개정은 1896년에 현행 일본민법에 공익법인제도가 마련된 이래, 이 제도에 있어서 최대의 개혁이다. 또한 민법에 있어서도 재산편의 50개에 가까운 조문이 일거에 삭제되는 것은 처음 있는 일이다.

나. 일반법인법

(1) 일반법인법의 목적과 구조

일반법인법은 이미 언급한 바와 같이 잉여금의 분배를 목적으로 하지 않는 사단 또는 재단에 대하여 그 사업의 공익성 유무에 관계없이 준칙주의에 의하여 법인격을 취득할 수 있는 일반적인 법인제도를 창설하고, 그 설립, 조직, 운영 및 관리에 대하여 규정하는 법률이다(일반법인법 1조. 이하에서는 동법에 대하여 조문만으로 표시한다).

일반법인법은 '제1장 총칙', '제2장 일반사단법인''제3장 일반재단법인', '제4장 청산', '제5장 합병', '제6장 잡칙', '제7장 벌칙'의 일곱 개 장으로 이루어진다. 조문 수는 344개조로 매우 많고 인정법 66개조문과 합치면 조문 수가 410개조나 된다. 개정전 민법의 제1편 제3장 法人의 조문 수는 54개조인 것과 비교하면 여덟 배 가까운 분량이 된 것이다.

(2) 법인의 명칭 – '비영리법인'과의 관계

본법에서는 '비영리법인'이 아닌 '일반사단법인·일반재단법인'이라는 용어를 사용하고 있다. 그 이유는 '비영리'라는 단어는 '잉여금 분배를 목적으로 하지 않는다'는 의미 외에 사회 일반적으로는 '수익사업을 하지 않는다' 또는 '이익을 추구하지 않는다'라는 의미로 쓰이는 경우도 있으므로 오해를 피하기 위한 것이라고 설명되고 있다.

전체구조를 재확인하면 다음과 같다. 민법(정비법에 의하여 개정 후의 것) 33조 1항에서 말하는 '법인'을 기반으로 하여 영리를 목적으로 하지 않는 '일반법인'과 영리를 목적으로 하는 '회사'가 병립하고, 나아가 그 외의 특별법에 의한 여러 법인이 양자의 주변 내지 중간에 위치하게 되는 것이다.

(3) 일반사단법인 등이 할 수 있는 사업

일반사단법인 등이 할 수 있는 사업에 대하여는 특단의 제한이 없다. 공서양속, 강행법규에 반하는 사업을 할 수 없는 것은 당연하다.

다. 구체적 내용

(1) 일반사단법인

(개) 설립

일반사단법인은 사원이 되고자 하는 2인 이상의 자가 공동하여 정관을 작성하여야 하고(10조 1항), 공증인에게 정관의 인증을 받지 않으면 효력이 생기지 않는다(13조). 일반사단법인은 주된 사무소 소재지에서 설립등기를 함으로써 성립된다(22조). 설립에 있어서 등기가 성립요건으로 되어 있는 점이, 개정전 민법의 사단법인이 허가에 의하여 성립하고(동법 34조) 설립등기는 제3자에 대한 대항요건(동법 45조 2항)이었던 점과 다르다.

정관기재사항은 목적, 명칭 등이다(11조 1항). 사원에게 잉여금 또는 잔여재산 분배를 받을 권리를 주는 취지의 정관은 효력을 갖지 않는다(동조 2항). 이는 비영리성을 확보하기 위한 규정이고, 잔여재산분배도 규제대상으로 하는 점에 있어서 중간법인법 보다 강화되어 있다. 회사법 105조 2항과 대조적인 규정이다.

(내) 사원

사원에 대하여는 경비지급의무(27조), 퇴사(28조·29조)·제명(30조) 등의 규정이 있다. 경비는 일반사단법인의 사업활동에 있어서 경상적으로 발생하는 비용이다. 경비지급의무를 정관에 정한 경우 개별적 동의가 없어도 사원은 지급의무를 진다. 개별합의에 기초한 부담(회비 등)과는 다른 것이다.

사원은 일반사단법인에 대하여 임원 등의 책임을 추급하는 소의 제기를 청구할 수 있다(278조 이하). 회사법에서의 대표소송(회사법 847조)에 해당한다. 사원은 또한 이사의 행위의 금지청구를 할 수 있다(88조).

사원명부(31조)에 대하여는 열람을 어느 범위까지 인정할 것인가가 문제가 된다. 사원은 제외사유가 있는 경우를 제외하고 열람을 청구할 수 있다(32조). 채권자의 열람청구는 인정되지 않는다.

㈐ 기관

일반사단법인의 기관으로서는 사원총회 및 이사가 필수기관이고 정관의 정함에 따라 이사회, 감사 또는 회계감사인을 둘 수 있다(35조·60조).[1]

사원총회는 '일반사단법인에 관한 일체의 사항'에 대하여 결의할 수 있는 이른바 최고만능의 기관인데(35조 1항), 이사회를 설치하는 일반사단법인에서는 총회의 권한이 축소된다(동조 2항). 어떤 경우라도 사원에게 잉여금을 분배하는 결의를 할 수 없다(동조 3항). 여기에서도 비영리성 확보가 도모되어 있다. 소수사원의 소집청구(37조 이하. 정관에 의하여 정할 수 있는 비율의 허용범위가 민법 구 61

[1] 일반사단법인 기관설계의 선택지(규모별)

기관설계의 선택지 \ 규모	대규모일반사단법인 이외의 일반사단법인	대규모 일반사단법인
사원총회+이사	O	X
사원총회+이사+감사	O	X
사원총회+이사+감사+회계감사인	O	O
사원총회+이사+이사회+감사	O	X
사원총회+이사+이사회+감사+회계감사인	O	O

조 2항과 다르다), 사원제안권(43조 이하), 의결권의 수(48조. 정관에 의하여도 전면적으로 의결권이 없는 사원을 둘 수 없다. 회사법 108조 1항 3호와 다르다) 등의 규정이 주목된다.

이사는 1인 또는 2인 이상 둔다(60조 1항). 사원총회의 결의에 의하여 선임되며(63조 1항) 임기는 원칙적으로 2년이다(66조). 자격제한이 있다(65조. 법인은 될 수 없다. 도산절차위반도 결격사유이다). 이사는 일반사단법인의 업무를 집행한다(76조 1항. 이사회설치형의 경우는 다름). 이사는 법인을 대표하는데(77조 1항 본문), 대표이사가 정해져 있는 경우는 그렇지 않다(동항 단서). 대표이사는 일반사단법인의 업무에 관한 일체의 재판상 또는 재판외의 행위를 할 권한을 가지고(77조 4항), 그 권한에 가한 제한은 선의의 제3자에게 대항할 수 없다(동조 5항). 대표이사 기타 대표자가 그 직무를 행함에 있어서 제3자에게 가한 손해에 대하여, 일반사단법인은 배상책임을 진다(78조. 민법 구 44조 2항에 해당하는 규정은 없다. 공동불법행위에 맡겨진다). 표현대표이사(82조), 이사의 충실의무(83조. 선관주의의무는 64조, 민법 644조에 의함) 규정도 있다.

이사회가 설치된 경우, 이사회는 3인 이상의 이사 전원에 의하여 조직되고(65조 3항·90조 1항), 법인의 업무집행 결정, 이사의 직무집행 감독, 대표이사 선임 및 해직을 행한다(90조 2항). 이사회는 중요한 재산의 처분 및 양수, 다액의 차재 등의 중요한 업무집행 결정을 이사에게 위임할 수 없다(90조 4항). 이사회설치일반사단법인의 이사의 권한·보고의무(91조), 이사회의 소집(93조·94조), 결의·의사록(95조-97조) 등이 정해져 있다.

감사의 설치는 임의인데, 이사회 또는 회계감사인이 있는 경우는 필치가 된다(61조). 사원총회의 결의에 의하여 선임되며(63조 1항), 임기는 원칙적으로 4년이다(67조). 이사의 경우와 거의 같은 자격제한이 있다(65조). 감사는 이사의 직무를 감독한다(99조).

회계감사인 설치는 임의인데, 부채총액 200억 이상의 일반사단법
인('대규모일반사단법인')에서는 반드시 두어야 한다(62조·2조 2호).

덧붙여 이사 및 감사의 일반사단법인에 대한 손해배상책임에 관한
규정도 두어져 있다(111조). 사원총회에서의 책임면제(114조), 책임한
정계약(115조. 외부임원 등에 대하여 선의무중과실이면 금액을 제로로
할 수도 있다)이라고 하는 책임을 감면하는 제도도 준비되어 있다.

(2) 일반재단법인

㈎ 설립

일반재단법인은 설립자가 정관을 작성하여(152조 1항), 공증인의
정관인증을 받아(155조), 재산(300만엔 이상)을 출연據出하여(157조·
153조 2항), 설립등기를 함으로써(163조) 설립된다. 유언에 의한 설립
도 가능하다(152조 2항). 이 경우에는 유언집행자가 당해유언의 효력
이 발생한 후 지체 없이 유언에서 정한 사항을 기재한 정관을 작성하
고 이에 서명 또는 기명날인하여야 한다(동조 동항). 정관기재사항
은 목적, 명칭, 설립에 있어서 설립자가 출연한 재산 및 그 가액 등
이다(153조 1항). 설립자에게 잉여금 또는 잔여재산 분배를 받을 권
리를 주는 뜻의 정관의 정함은 효력을 가지지 않는다(동조 3항 2호).

㈏ 기관

일반재단법인의 기관으로서는 평의원, 평의원회, 이사, 이사회 및
감사가 필수기관이다(170조 1항). 일반재단법인에는 사원이 없어 사원
총회가 존재하지 않으므로, 업무집행기관을 감독·견제하기 위하여
평의원, 평의원회, 감사 등 여러 기관이 필치必置로 되어있다. 이 외
에 정관의 정함에 따라 회계감사인을 둘 수 있다(부채총액 200억엔
이상의 일반재단법인의 경우는 필치必置. 170조 2항·171조·2조 3호).

평의원은 3인 이상 둔다(173조 3항). 선임 및 해임 방법은 정관으로 정해지는데(153조 1항 8호), 이사 또는 이사회가 평의원을 선임 또는 해임하는 뜻의 정관의 정함은 효력이 없다(동조 3항 1호). 자격제한이 있다(173조 1항·2항). 사원과는 달리 평의원에 의한 대표소송에 해당하는 제도는 없다. 평의원은 평의원회를 통하여 이사·감사를 감독할 수 있고 그러한 의무(선관주의의무)를 지고 있으므로 이것으로 거버넌스의 적정성이 확보될 수 있기 때문이다.

평의원회는 평의원 전원에 의하여 조직된다(178조 1항). 사원총회와는 달리 본법에 규정하는 사항 및 정관에 정해진 사항에 한하여 결의할 수 있다(동조 2항. 그 때문에 35조 3항에 대응하는 규정은 두어져 있지 않다). 법정사항으로는 이사, 감사 및 회계감사인의 선임(177조·63조 1항) 및 해임(176조. 일정한 해임사유가 필요), 계산서류의 승인(199조·126조 2항), 정관변경(200조), 사업의 전부양도(201조), 합병의 승인(247조 등) 등이 있다. 이러한 법정사항에 대하여는 이사, 이사회 그 외 평의원회 이외의 기관이 결정할 수 있도록 하는 정관의 정함은 효력이 없다(178조 3항). 종래 재단법인의 평의원회(임의기관)[2]보다도 권한이 확대·강화되어 있다.

이사, 이사회, 감사, 회계감사인에 대하여는 일반사단법인의 많은 규정이 준용되고 있다(197조). 임원 등의 손해배상책임에 대하여도 마찬가지이다(198조).

⒟ 청산·합병 기타
일반사단법인·일반재단법인에 공통되는 규정으로 청산(206조 이

---

2) 종래의 공익법인의 '평의원'이라 함은 주무관청의 지도에 따라 각 법인이 이사 및 감사의 선임기관, 중요사항 자문기관으로 정관(기부행위)의 정함에 의하여 설치된 임의기관인 '평의원회'의 멤버를 말한다. 따라서 일반법인법의 평의원과는 실질적으로 전혀 다르다고 할 수 있다.

하), 합병(242조 이하), 잡칙(261조 이하), 벌칙(334조 이하)의 규정이 있다. 청산에 관하여는, 잔여재산의 귀속에 대하여 ①정관의 정함, ② 청산법인의 사원총회 또는 평의원회의 결의, ③국고귀속의 순으로 규정되어 있는데(238조), ①에 대하여 세한이 있는 것(11조 2항·153조 3항 2호)에 대하여는 전술하였다. 합병에 대해서는, 존속하고 또는 설립되는 법인의 종류에 대한 제한이 있다(243조).

잡칙으로서는 해산명령(261조), 일반재단법인 사해설립(詐害設立) 취소(取消)의 소(訴)(267조 2호), 일반사단법인의 사원에 의한 이사 등 책임추급의 소(278조 이하) 등의 규정, 비송사건절차(287조 이하), 등기(299조 이하), 공고(331조 이하)에 관한 규정이 있다. 벌칙에서는, 형벌규정이 들어있는 점에서 민법과 다르다(민법 구 84조의 3의 벌칙은 과태료뿐이다). 비영리성의 확보에 기여하는 것도 있다(335조 1호). 법정형은 회사법보다도 조금 가벼운 편이다(예컨대, 334조와 회사법 960조를 참조).

㈃ 시행시기

2008(평성20)년 12월 1일부터 시행되었다.

라. 공익인정법

(1) 개관

공익인정법은 기존민법에서 공익법인 설립허가 및 이에 대한 감독을 주무관청이 하는 제도로 되어 있는 것을 바꾸어, 내각총리대신 또는 도도부현(都道府縣) 지사가 민간 식자(識者)에 의한 위원회의 의견에 기하여, 일반사단법인·일반재단법인의 공익성을 인정함과 동시에 인정을 받은 법인의 감독을 하는 제도를 창설하는 법률이다.

공익인정법은 전 5장 66개조로 된 법률인데, 동법 1조에서는 '내외의 사회경제정세의 변화에 따라 민간단체가 자발적으로 하는 공익을 목적으로 하는 사업의 실시가 공익의 증진을 위해 중요한 점을 고려해, 당해사업을 적정하게 실시할 수 있는 공익법인을 인정하는 제도를 마련함과 동시에, 공익법인에 의한 당해사업의 적정한 실시를 확보하기 위한 조치등을 정하고, 이로써 공익의 증진 및 활력 있는 사회의 실현에 이바지할 것을 목적으로 한다'(동법 1조)라고 취지를 밝히고 있다.

공익인정법의 중심은, '제2장 공익법인의 인정 등'과 '제3장 공익인정등 위원회 및 도도부현에 설치된 합의제의 기관[3]'이고(그 밖의 각장은, '제1장 총칙', '제4장은 잡칙', '제5장 벌칙'), 2004년 12월 결정된 '공익법인개혁의 기본구조'의 ②에 관계된 부분이다. 제2장에는 매우 상세한 인정기준이 게시되어 있다(제5조). 또 사업활동에 관해 공익목적사업에 요하는 비용을 넘는 수입이 있어서는 안된다는 내용(법15조)이 규정되어 있으며, 그 외에 공익법인의 감독에 관한 규정이 두어져 있다. 제3장에는 공익인정기관의 설치·조직등에 관한

---

3) 공익인정위원회는 2007년 4월 1일 발족하였다. 일본의 공익인정등위원회는 내각부에 설치된 심의회(자문기관)이고 민간유식자인 위원 7인으로 구성된다. 이 위원회는 내각총리대신의 자문을 받아 (1) 일반법인(비영리법인)이 한 공익인정 신청에 대한 심의, (2) 공익법인에 대한 권고, 명령 또는 공익인정의 취소 등에 대한 심의를 하여 내각총리대신에게 답신을 한다. 인정, 인가 또는 그 취소 등의 행정처분은 행정청인 내각총리대신이 하지만, 그 실질적 판단은 이 위원회에서 한다. 또한 법률의 수권에 의하여 공익법인으로부터의 보고 접수, 입회검사 등의 업무는 위원회가 스스로의 권한으로 한다. 그리고 공익인정등위원회는 법률상 관계정령 및 내각부령의 제정, 개폐안에 대한 의견을 진술할 수 있다. 이와 같이 일본의 공익인정등위원회는 행정기관에 가까운 기능을 가지고 있다고 할 수 있다(단일 도도부현 역내에서 활동하는 법인에 대해서는 각 도도부현 지사가 행정청이고 각 도도부현에 민간인으로 구성되는 합의제 기관이 설치되어 있다. 다만 정부령에 대한 의견진술권은 없다).

규정이 마련되어 있다.

(2) 공익사단법인·공익재단법인의 정의

공익인정법의 제2조에 의하면 다음과 같다

제2조(정의) 이 법률에서 다음의 각 호에서 사용하는 용어의 의의
는 당해 각호에서 정하는 바에 따른다.

1. 공익사단법인 : 제4조의 인정을 받은 일반사단법인을 말한다.

2. 공익재단법인 : 제4조의 인정을 받은 일반재단법인을 말한다.

3. 공익법인 : 공익사단법인 또는 공익재단법인을 말한다.

4. 공익목적사업 : 학술, 기예, 자선 그 외의 공익에 관한 별표[4) 각

---

4) 별표(제2조 관계)

1. 학술 및 과학 기술의 진흥을 목적으로 하는 사업

2. 문화 및 예술의 진흥을 목적으로 하는 사업

3. 장해자 또는 생활곤란자 또는 사고, 재해 또는 범죄에 의한 피해자의 지
   원을 목적으로 하는 사업

4. 고령자의 복지의 증진을 목적으로 하는 사업

5. 근로의욕이 있는 사람에 대한 취업지원을 목적으로 하는 사업

6. 공중위생의 향상을 목적으로 하는 사업

7. 아동 또는 청소년의 건전한 육성을 목적으로 하는 사업

8. 근로자의 복지의 향상을 목적으로 하는 사업

9. 교육, 스포츠 등을 통하여 국민의 심신의 건전한 발달에 기여해, 또는
   풍요로운 인간성을 함양하는 것을 목적으로 하는 사업

10. 범죄의 방지 또는 치안의 유지를 목적으로 하는 사업

11. 사고 또는 재해의 방지를 목적으로 하는 사업

12. 인종, 성별 그 외의 사유에 의한 부당한 차별 또는 편견의 방지 및 근절
    을 목적으로 하는 사업

13. 사상 및 양심의 자유, 종교의 자유 또는 표현의 자유의 존중 또는 옹호
    를 목적으로 하는 사업

14. 남녀공동참여사회의 형성 그 외 보다 좋은 사회의 형성의 추진을 목적
    으로 하는 사업

호에 열거하는 종류의 사업으로서, 불특정 다수의 사람의 이익의 증진에 기여하는 것을 말한다. 덧붙여 일본의 공익승인법은 영국의 Charity Commission제도를 참고로 했다고 한다.

(3) 비영리법인과 공익법인의 관계

일반법인법에 의하여 법인격을 취득한 일반사단법인·일반재단법인 중에서 공익인정을 받은 것이 공익법인(공익사단법인·공익재단법인)이 되는데(인정법 4조), 각종 제약에 따르지만 세제상의 우대조치를 받게 된다(인정법 58조). 이러한 구조 하에서는 일반법인(비영리법인)과 공익법인이 연속성을 가지는 것으로 파악되어 있다고 할 수 있다. 즉 일반법인에는 공익성이 높은 것과 낮은 것이 포함되어 일정한 기준에 따라 공익성을 인정받은 것이 공익법인으로 인정을 받는 방식이 채택되어 있는 것이다.

(4) 공익법인과 NPO법인의 관계

이미 언급한 대로 이번 공익법인개혁에서는 NPO법은 별도로 존

15. 국제상호간 이해촉진 및 개발도상에 있는 해외의 지역에 대한 경제협력을 목적으로 하는 사업
16. 지구 환경의 보전 또는 자연환경의 보호 및 정비를 목적으로 하는 사업
17. 국토의 이용, 정비 또는 보전을 목적으로 하는 사업
18. 국정의 건전한 운영의 확보에 이바지하는 것을 목적으로 하는 사업
19. 지역사회의 건전한 발전을 목적으로 하는 사업
20. 공정하고도 자유로운 경제활동의 기회의 확보 및 촉진 및 그 활성화에 의한 국민생활의 안정향상을 목적으로 하는 사업
21. 국민생활에 불가결한 물자, 에너지 등의 안정 공급의 확보를 목적으로 하는 사업
22. 일반소비자의 이익의 옹호 또는 증진을 목적으로 하는 사업
23. 전 각 호에 규정한 외, 공익에 관한 사업으로서 정령으로 정하는 것

치되어 있다. 따라서 입법당초부터 논의가 있는 특정비영리활동법인(NPO)의 성격은 여전히 애매한 채로 남아 있다. 그러나 이에 대하여 관점을 바꾸어보면 '공익'과 '비공익'이 확연히 구분된다기 보다는 연속적이라는 것을 보어준다고도 할 수도 있다. NPO법의 '특성비영리활동'은 공익활동이라고 할 수 있는 것에서 공익성의 정도가 낮은 것까지 폭넓게 존재하고 있다고 하는데, NPO법인이 이번 공익법인개혁의 대상에서 제외된 이유의 하나는 이러한 폭넓음를 유지하고자 하는 요청이 강하였던 것에 있다고 설명할 수 있을 것이다. 나아가 또 하나의 이유는 기존의 NPO법인이 일반법인법·공익인정법의 규정과 같은 상세한 규율을 꺼려했다고 하는 것에서 찾을 수도 있을 것이다. 이러한 점은 앞으로의 우리나라의 비영리법인제도의 바람직한 상을 고민하는 데 있어서 고려해야 할 사항이라고 생각한다.

4. 소괄

이상으로 여러 선진국의 비영리·공익법인 제도를 개관하였다. 나라마다 역사적, 사회적 특색이 법제에 반영되어 있는 것을 알 수 있었다. 본고의 관점에서 주목되는 특징 중의 하나는 비영리법인·단체의 설립을 폭넓게 인정하면서 그 중에서 공익성이 인정된 단체를 공익법인으로 하여 세제혜택 등을 부여하는 제도를 채택한 국가가 많다는 것이다. 대표적으로 프랑스, 영국, 일본이 그러하다.

이하에서는 이러한 해외의 제도가 우리나라의 공익법인 제도의 개선을 도모하는데 주는 시사점을 생각해 보기로 한다. 현행 제도의 특징에 대해서는 본서 제1장과 제2장에서 상세히 살펴보았다. 이와 중복되지 않는 범위에서 민법상의 비영리법인, 공익법인법상의 공익법인, 비영리민간단체법상의 비영리민간단체, 상증세법 상의 '공익법인등' 등 다소 혼란스럽게 구성되어 있는 현행법상의 개념을 정리하고 보다 체계적인 새로운 구성을 위한 개선방향에 대하여 간단하게 언급하기로 한다.

Ⅲ. 우리나라 공익법인제도의 새로운 구성

1. 우리법의 비영리·공익법인제도

가. 머리말

우리법의 비영리·공익법인 제도에 대한 재검토가 필요하다는 것에는 대체로 공감대가 형성되어 있는 것 같다. 민법상의 비영리법인, 공익법인의설립·운영에관한법률상의 공익법인, 법인세법상 비영리법인,[5] 상증세법상 '공익법인등'(상증세법 제16조 1항 및 동법 시행령 제12조 각호에 열거된 공익사업을 영위하는 법인) 등의 개념들이 혼동하기 쉽게 되어 있고 상호간의 관계가 명확하지 않다.

예컨대 민법상 비영리법인에 대해서 보면, 주무관청의 허가를 받아 법인격을 취득한 비영리법인 중에서도 주무관청의 추천을 받아 기획재정부 장관이 지정하는 사업을 영위하는 법인에게만 조세혜택을 주고 있다. 상증세법에서는 조세혜택을 받는 단체를 '공익법인등'이라는 표현으로 일괄하고 있는데, 이 '공익법인 등'의 범주에는 공익법인법상의 공익법인은 물론이고 민법상 비영리법인 중 선별된

---

5) 법인세법 제1조 제2호 "비영리내국법인"이란 내국법인 중 다음 각 목의 어느 하나에 해당하는 법인을 말한다. 가.「민법」제32조에 따라 설립된 법인 나.「사립학교법」이나 그 밖의 특별법에 따라 설립된 법인으로서「민법」제32조에 규정된 목적과 유사한 목적을 가진 법인(대통령령으로 정하는 조합법인 등이 아닌 법인으로서 그 주주(株主)·사원 또는 출자자(出資者)에게 이익을 배당할 수 있는 법인은 제외한다).「국세기본법」제13조제4항에 따른 법인으로 보는 단체.

것과 더 나아가서는 비법인단체도 다수 포함되어 있다. 즉 조세혜택을 받는 것은 법인격 유무와 관련이 없는 것이다.

현행법의 상황에 대해서는 본서의 제1장과 제2장에서 상세히 서술하고 있으므로, 이하에서는 중복을 피하면서 각 개념들에 대하여 문제점을 간단하게 지적해 보기로 한다.

나. 민법상의 비영리법인

우선 민법상의 비영리법인 규정에 대해서 살펴보면, 일본민법을 가져다쓰던 의용민법상에서는 공익법인에 관해서만 규정하던 것을, 널리 비영리법인을 규율하는 것으로 확대한 것은 높게 평가되어 왔다. 다만 여전히 그 설립(법인격부여)에 있어서 허가주의를 취한 것에 대하여는 비판의 대상이 되어 왔다. 즉 비공익·비영리단체가 법인격을 취득할 수 없게 되는 불합리를 시정하여 폭넓게 비영리법인의 실립을 인정하려는 우리 민법 기초자의 의도는, 주무관청주도의 엄격한 법인설립 허가제를 유지함으로써 그 의미가 반감되었다고 할 수 있다. 1960년에 현행민법이 시행된 이후에 이러한 모순적인 상황이 상당한 기간 동안 방치되어 오다가 최근에 이르러 개정논의가 본격화되었다. 2009년부터 시작된 민법개정작업(제3분과위원회)에서 위원회안이 만들어지고 2011년에 최종안이 성안된 후 국회에 제출되었으나 심의를 거치지 못한 채 국회의 임기만료로 폐안이 되었고, 그 후 2014년에 이 안을 기본으로 하면서 수정을 가한 새로운 안이 국회에 제출되었다. 현재 이 법안이 국회 법제사법위원회에 계류 중인데[6] 이 개정안이 통과되면 민법시행 이후 50여년 만에 이루어지는

---

6) 민법 일부개정법률안(의안번호:1912119). 국회 의안정보시스템에서 확인 가능하다(http://likms.assembly.go.kr/bill/jsp/BillDetail.jsp?bill_id=ARC_M1G4U1N0V2Z4 W1D6O4W6K1X4Y0V3H4). 이 법률안의 제안이유는 다음과 같다. "헌법상 결

비영리법인 관련 규정의 개정이 된다.

개정안의 주요한 내용으로는 우선 설립에 관하여 인가제를 도입한 것을 들 수 있다. 민법상의 비영리법인 설립이 기존의 제도보다 다소 용이해진 것은 일단 환영할만한 변화이다. 다만 대부분의 선진국에서 비영리사단법인의 경우에는 보다 쉽게 법인격취득을 인정하고 있는 것과 비교하면 아직 미흡하다고 평가할 수도 있을 것이다. 더욱이 비영리법인과 공익법인 제도를 종합적으로 재검토하는 논의는 아직 미흡한 실정이고 이제야 본격적인 논의가 필요하다는 분위기가 무르익었다고 할 수 있다.

다. 비법인단체

다른 한편 우리나라의 비영리·공익법인제도의 특징을 상징적으로 보여주는 것으로 비법인단체가 광범위하게 존재하는 현상을 들 수 있을 것이다. 그 원인은 복합적이어서 간명하게 제시하기는 쉽지 않지만, 우선 민법의 비영리법인제도에 주무관청의 허가주의를 취한 것을 들 수 있을 것이다. 이 이외에도 비법인단체에게 소송당사자능력은 물론이고 부동산등기능력까지 인정하는 등 법인격취득의 인센티브가 크지 않은 점을 들 수 있을 것이다.[7] 다양한 원인이 복합적

사의 자유를 실질적으로 보장하고, 법인 운영의 자유를 증진시켜 법인 설립의 활성화에 이바지하며, 국민에게 불편을 주는 불필요한 규제를 완화하기 위하여 법인의 설립을 허가주의에서 인가주의로 변경하는 한편, 그 밖에 현행 제도의 운영상 나타난 일부 미비점을 개선·보완하려는 것임."
7) 법인 아닌 사단의 등기능력을 인정하는 부동산등기법의 규정은 연혁적으로 종중소유 부동산의 공시방법을 마련하고자 했던 1930년 조선등기령에서 유래한 것으로 당초부터 실효성이 의문시되어 왔지만, 이제는 오히려 비법인사단을 양산하는 원인중의 하나를 제공하고 있다. 이 점은 우리나라의 비법인단체론을 이해하는데 중요한 출발점이라고 생각한다. 1920년대의 권리능력없는 단체론과 2000년대의 논의는 어떤 점에서 다르고 또 달

으로 영향을 주어 비법인단체가 무수히 발생하게 된 것인데, 이러한 현상이 과연 바람직한 것인지에 대하여 검토해 볼 필요가 있다.[8]

비법인단체가 광범위하게 존재하는 것에 더하여 가능한 한 법인격을 가지는 것과 같은 법적 효과를 최대한 보상해 주는 방향으로 계속 나아가는 것이 바람직한 것인지, 아니면 비영리단체가 법인격을 쉽게 취득할 수 있도록 제도를 개편하는 것이 바람직한 것인지, 실정법의 해석론을 초월하여 입법론도 시야에 넣고 본격적으로 재검토할 필요가 있다고 생각된다.

비법인단체의 존재를 적극적으로 인정하는 논의는 법인격의 유무에 따른 양자택일이 아닌 중간적인 것으로 인정하려고 하는 유연한 사고방식이기는 하다. 그러나 과연 그렇게 취급할 필요가 있는 것일까? 물론 현행법상으로는 비영리법인이 되기 위해서는 주무관청의 허가를 얻어야 하는 번거로운 절차가 있기는 하다. 그러나 허가의 취득이 곤란하다는 문제는 입법으로 해결해야 하는 문제이다 (그러한 문제의식 하에 현재 신행 중인 민법개정에서 인가주의로의 전환을 도모하고 있다고 할 수 있을 것이다). 법인이라는 제도가 있고, 법인격이 있는 것과 없는 것을 나누고 있으면서, 이러한 구별을 형해화하는 것이 과연 바람직한 것이라고 할 수 있을까?

'비법인사단'론이 거의 문제제기 없이 받아들여지고 있는 배경에

라야 하는가. 우리의 비법인단체론을 재검토하는데 피해갈 수 없는 논점이 아닐까.

8) 비법인단체를 실재하는 것으로 파악하여 가능한 한 법인격을 가진 것과 같은 효과를 인정하려는 현재와 같은 상태를 어떻게 평가하여야 할까. 오해의 여지가 있지만 군이 비유를 하자면 사실혼 관계의 커플에게 가능한 한 법률혼의 효과를 인정하려는 논의와 유사한 면이 있다고 할 수도 있다. 사실상태를 존중하려는 이러한 경향에 대하여 섣부른 판단은 유보하겠지만, 제정법이 법인격을 인정하는 의미(민법전이 혼인 제도를 마련한 의미)에 대하여 다시 한 번 생각해 볼 계기를 제공하고 있다고 생각된다.

는 우리나라에서는 단체라고 하는 것이 (인위적인 것이 아닌) 자연스러운 존재로 여겨지고 있다는 사정이 있다고 생각된다. 단체의 설립이 사람의 의사에 의해서 이루어진다는 감각이 부족하다고 할 수있다. 그 결과 '어찌되었든 단체가 있으니까'라는 논의가 나오게 된다. 이렇게 당연하다고 여겨지고 있는 '비법인사단'론은 재검토되어야 할 것이다. 물론 법인의 설립을 용이하게 한다고 하더라도 비법인사단이 없어지지는 않을 것이다. 중요한 것은 비정상적인 상태를 방치하기 보다는 줄여나가기 위한 노력이 필요하다는 것이다.[9]

여러 모로 본격적인 논의가 필요하다고 생각되지만, 이하에서는 구체적으로 두 가지 논점에 대해서 언급하기로 한다. 종교단체에 관한 규율과 비영리민간단체법에 관한 것이다.

라. 종교단체에 관한 규율 문제

비법인단체가 광범위하게 존재하는 현상에는 이른바 '종교법인법'의 부재도 한 몫을 하였다고 할 수 있다. 윤철홍 논문이 인용한 통계에서도 잘 알 수 있는 바와 같이,[10] 상증법상 조세혜택을 받고 있는 '공익법인등'에는 비법인단체의 대표격인 종교단체가 포함되어 있고 그 수는 무려 전체의 60%에 육박하고 있다.[11] 종교단체를 규율

---

9) 비법인사단의 대표적인 예라고 할 수 있는 재건축조합과 관련하여 법인화의 경향이 감지된다. 즉 '도시 및 주거환경정비법'에서는 제16조 1항에서 "주택재개발사업 및 도시환경정비사업의 추진위원회가 조합을 설립하고자 하는 때에는 토지등소유자의 4분의 3 이상 및 토지면적의 2분의 1 이상의 토지소유자의 동의를 얻어 정관 및 국토해양부령이 정하는 서류를 첨부하여 시장·군수의 인가를 받아야 한다"고 규정하고, 제18조 1항에서는 "조합은 법인으로 한다"고 명확히 규정하고 있다. 동법은 2003년부터 시행되었는데, 구 주택건설촉진법 제44조에 의한 재건축조합에 대해서는 이와 같은 규정이 없어서 판례상 비법인사단으로 인정하고 있던 것과 대비된다.

10) 윤철홍, 논문 주 45 '넓은 의미의 공익법인의 현황'(본서 24면) 참조.

하는 이른바 '종교법인법'이 없는 상황에서 종교단체에 관한 조세혜택을 주는 방편으로 '공익법인등'의 범주에 편입시켜 대응하고 있는 것인데, 정상적인 상황이라고 할 수는 없을 것이다. 과연 공익법인의 범주에 종교단체를 포함시기는 깃이 바림직한 것인지, 근본문세와 관련되어 있다고 생각되는데, 궁극적으로는 많은 논의가 필요하겠지만 종교단체를 규율할 법률을 제정하는 것이 필요할 것으로 생각된다.

개신교 교회와 불교 사찰과 관련된 법적 규율의 문제는 현재 우리나라에서 누구도 건드리지 못하는 '성역'이 되어 있는데, 조세문제와 관련하여 국가 권력이 종교단체의 금전·재산문제에 일정 한도에서 개입하는 것은 당연한 것이고, 결코 종교의 자유나 정교분리와 배치된다고 할 수 없다.[12] 본고의 Ⅰ.에서도 살펴본 바와 같이, 유럽의 여러 나라의 예를 보면 정치, 경제, 사회적으로 교회와 관련된 단체 문제가 법인론의 중심문제 중의 하나라는 것을 알 수 있다. 일본에도 종교법인법이 존재한다.

마. 비영리민간단체지원법

우리나라에서는 비영리민간단체를 지원하기 위한 법률이 제정되어 있다. 비영리민간단체지원법(제정 2000.01.12 (법률 제6118호) 행정자치부)이 그것이다. 이 법의 규정은 여러모로 흥미로운 점들을 포함하고 있다. 이 법률에 대해서는 본서 제1장, 제2장에서도 다루지 않고

---

11) 2013년 통계에 의하면, '공익법인등' 29849개 중 종교관련이 17626개를 차지하고 있다.
12) 예컨대 프랑스의 역사를 되돌아보면 대혁명을 전후로 하여 하여 국가가 종교에 대한 기부를 철저하게 규제하는 체제를 완성하였는데, 이 과정에서 많은 논쟁이 있었다. 현행 체제는 사적 영역(개인, 비영리단체, 종교단체)에 대한 일정액 이상의 기부는 철저하게 규제되고 있다.

있는 관계로 이하에서 그 특징 및 관련통계를 소개하기로 한다.

이 법에서는 등록제를 시행하고 있다.[13] 흥미로운 것은 이 법은 등록과 법인격을 결부시키고 있지 않은 점이다. 기존의 비영리법인은 물론이고 비법인단체도 이 법률 및 시행령에서 정하는 요건을 갖추면 등록대상이 되고 각종의 혜택을 부여하고 있다. 등록된 비영리민간단체의 수는 아래 표와 같은데, 전체 단체 중에서 비법인단체가 상당수를 차지하고 있다. 중앙부처에 등록된 단체 중의 40%, 지방자치단체에 등록된 단체 중에서는 80%에 이르고 있다. 이 중에는 종교단체는 포함되어 있지 않은 점을 고려하면 이러한 비법인단체에 국고보조 및 조세혜택을 부여하는 것은 상당히 특징적인 현상이라고 할 수 있다.

비영리민간단체지원법은 일본의 특정비영리활동촉진법(NPO법)의 영향을 받은 것으로 보이는데, 구체적인 규율방법은 상당한 차이를 보이고 있다. 이러한 양국의 두 법률을 비교해보는 것은 양국의 비영리시민활동단체 법제의 비교라는 차원에서 흥미로운 자료가 될 수 있다고 생각된다.[14]

---

13) 규정은 다음과 같다. "동법 4조 (등록)①이 법이 정한 지원을 받고자 하는 비영리민간단체는 그의 주된 공익활동을 주관하는 장관(이하 "주무장관"이라 한다), 특별시장·광역시장 또는 도지사(이하 "시·도지사"라 한다)에게 등록을 신청하여야 하며, 등록신청을 받은 주무장관 또는 시·도지사는 그 등록을 수리하여야 한다.②주무장관 또는 시·도지사는 비영리민간단체가 제1항의 규정에 의하여 등록된 경우에는 관보 또는 공보에 이를 게재함과 동시에 행정자치부장관에게 통지하여야 한다. 등록을 변경한 경우에도 또한 같다."

14) 예를 들어 각 법의 제1조를 비교하는 것만으로도 양국의 특징을 발견할 수 있다.
비영리민간단체지원법(제정 2000.1.12 법률 제6118호) 제1조 (목적) 이 법은 비영리민간단체의 자발적인 활동을 보장하고 건전한 민간단체로의 성장을 지원함으로써 비영리민간단체의 공익활동증진과 민주사회발전에 기여함을 목적으로 한다.

○ 부록 : 비영리민간단체법에 관한 통계
- 2015년 사업유형별 사업내용(예시)[15]

연번	사업유형	사업내용(예시)
1	사회통합과 복지증진	·시역·계층 간 갈능해소, 다문화·탈북자 생활적응 지원 ·사회적 일자리 창출 및 지역공동체 활성화 ·여성·노인·아동·장애인 등 취약계층 복지 증진 ·자원봉사 확산 및 기부문화 활성화 실천 등
2	선진 시민의식 함양	·건전한 사이버문화 조성, 자살예방, 도덕성 함양 ·타협과 양보, 타인에 대한 배려문화 확산 ·부정부패 감시, 교통질서 등 기초 법질서 지키기 ·허례허식 배격, 준법의식 제고를 위한 활동 등
3	민생경제 및 문화발전	·경제적 약자 보호, 상생 시장경제 질서 확립 ·신기술·글로벌 창업 지원, 맞춤형 고용 증대 ·전통문화 계승·발전, 융·복합형 문화·관광 콘텐츠 개발 ·한류 확산, 생활체육 등 건전 스포츠·여가활동 활성화 등
4	환경보전과 자원절약	·친환경 실천 캠페인, 강·하천 살리기 등 환경보전운동 ·멸종위기 동식물 보호 및 지구온난화 등 기후변화 대응 ·자원재생 캠페인, 자전거 등 친환경 교통수단 이용 활성화 ·에너지·자원절약 생활화, 생활쓰레기 줄이기 등
5	국가안보 및 국민안전	·국가안보, 국토보전 및 나라사랑 활동 ·평화통일 기반 구축 및 국제평화 증진 활동 ·안전사고 예방, 4대악(학교·성·가정폭력 및 유해식품) 근절 활동 ·재해·재난 예방 및 구조·구호 활동 등
6	국제교류 협력	·지구촌 새마을운동 등 해외 저개발지역 지원 ·국제적 기아·빈곤 퇴치 의료지원, 구호 활동 ·국제적 문화·체육·여성·청소년 교류 등 선린친선 활동 ·지구온난화, 세계평화 정착 등 글로벌 이슈 공동대응 등

特定非營利活動促進法(NPO법)(제정 1998.3.25 법률 제7호) 제1조 (목적) 이 법률은 특정비영리활동을 하는 단체에게 법인격을 부여하는 등에 의하여, 자원봉사활동을 비롯한 시민이 하는 자유로운 사회공헌활동으로서 특정비영리활동의 건전한 발전을 촉진하여 더욱 공익증진에 기여함을 목적으로 한다.
15) 자료출처는 행정자치부 홈페이지이고, 주소는 다음과 같다(최종접속일 2015.5.10.).
http://www.mogaha.go.kr/frt/bbs/type013/commonSelectBoardArticle.do?bbsId=BBSMSTR_000000000006&nttId=44783

- 비영리민간단체 등록 현황(2015. 3. 31.)[16]

(단위 : 개)

계	중앙행정기관	시·도
12,514	1,519	10,995
증 262	증 25	증 237
(2014. 12. 31. 대비)	(2014. 12. 31. 대비)	(2014. 12. 31. 대비)

○ 중앙행정기관 등록현황　　　　　(단위 : 개)

계	방송통신 위원회	국민 안전처	인사 혁신처	국가 보훈처	식품의약 품안전처	공정거래 위원회	금융 위원회	기획 재정부	미래창조 과학부
	10	51	3	12	2	7	4	7	18
	교육부	외교부	통일부	법무부	국방부	행정 자치부	문화 체육 관광부	농림 축산 식품부	산업통상 자원부
1,519	43	180	148	10	33	202	159	37	9
	보건 복지부	환경부	고용 노동부	여성 가족부	국토 교통부	해양 수산부	국세청	통계청	경찰청
	178	175	46	100	11	28	1	1	9
	문화재청	농촌 진흥청	산림청	중소 기업청	특허청	국가인권 위원회	-	-	
	7	6	16	3	2	1	-	-	

○ 시·도 등록현황　　　　　(단위 : 개)

계	서울	부산	대구	인천	광주	대전	울산	세종특별 자치시	-
	1,786	698	383	635	540	484	331	19	-
10,995	경기	강원	충북	충남	전북	전남	경북	경남	제주
	1,959	291	390	373	892	525	702	670	317

---

16) 자료출처는 행정자치부 홈페이지이고, 주소는 다음과 같다.
http://www.mogaha.go.kr/frt/bbs/type001/commonSelectBoardArticle.do?bbsId=BBS
MSTR_000000000058&nttId=45629(최종접속일 2015. 5. 10.)

2. 바람직한 제도설계의 방향

현재 민법상의 비영리법인 규정에 관한 개정안이 국회에 계류 중이다. 이 개정안이 통과되면 1960년에 시행된 이후 50여년 만에 이루어지는 비영리법인 관련 규정의 개정이 된다. 민법상의 비영리법인 설립이 기존의 제도보다 다소 용이해진 것은 일단 환영할만한 변화이다. 우선 당분간은 비영리법인에 관한 일반규정인 민법을 중심으로 그 밖의 특별법의 관계를 조화롭게 하는 논의가 필요할 것이다.

이번의 민법개정안은 지난 50여 년간 이루어진 논의를 총결산하는 의미가 있다고 생각된다. 그러한 의미에서 그 성과는 긍정적인 평가를 받아 마땅할 것이다. 다른 한편으로 이번 개정안의 내용대로 개정이 이루어진 이후에도 비영리·공익법인론과 관련해서는 남겨진 문제는 있다. 아니 오히려 논의는 새로운 단계·국면에 접어들게 되어, 앞으로의 50년을 싱징한 현대적인 의미에 있어서의 비영리·공익법인론에 관한 본격적인 논의가 시작되어야 한다고 할 수 있을 것이다.

비영리·공익법인제도 개혁은 민법의 일부개정보다 큰 그림이 필요하다. 특히 조세혜택과 관련된 문제를 함께 논의하지 않으면 안된다. 나아가 시민사회영역(제3섹터)에 대한 국가차원의 정책결정이 수반되는 것이 바람직하다. 위 I.에서 개관한 여러 선진국의 논의가 참고가 될 수 있다.[17]

---

17) 가장 최근의 예로 일본을 들 수 있다. 2006년에 이루어진 비영리·공익법인제도개혁은 당시 내각의 수반이었던 코이즈미 총리의 정치적인 결단에 의한 행정개혁의 일환으로 추진되었다. 상세한 과정에 대해서는 권철, "일본의 새로운 비영리법인제도에 관한 소고", 비교사법 14권 4호, 2007 참조.

제도설계의 기본적인 얼개에 대하여 언급해 두자. 민법에서는 비영리단체가 비교적 손쉽게 법인격을 취득할 수 있도록 규정을 하는 것이 바람직하다. 시민생활의 기본법이라고 할 수 있는 민법에서 비영리단체에 손쉽게 법인격을 취득할 수 있는 길을 제공하고 아울러 비영리법인에 공통되는 기본사항을 규정하는 것이다. 그리고 이렇게 광범위하게 인정된 비영리법인 중에서 공익과 관련된 법인에 대해서는 공익인가절차를 통하여 공익법인이 될 수 있게 하는 2층(단계)구조를 취하는 방안을 기본으로 제도설계를 할 것을 제안한다. 프랑스, 영국, 일본의 경험이 여러모로 참고가 될 것이다.[18]

비법인단체를 너무나 폭넓게 인정하는 것은 법인법정주의를 원칙으로 하고 있는 우리 법제에 비추어 비정상적인 상태라고 할 수 있다. 물론 아무리 법인격 취득을 용이하게 하더라도 비법인단체가 없어지지는 않을 것이다. 그렇다고는 하더라도 현재와 같이 비법인단체가 상당히 광범위하게 존재하는 상황을 방치·조장하여 결과적으로 법인격을 갖춘 단체보다 오히려 많아져버린 것은 문제라고 해야 할 것이다. 이러한 상태를 그대로 방치하는 것은 비영리·공익법인 법제의 왜곡을 심화시키는 방향으로 갈 수밖에 없게 하는 것이라고 생각되는 만큼, 원칙을 확인하고 전체 구도를 바로잡는 대개혁이

---

18) 다만 공익법인만을 규정하고 있던 2006년 전면개정 전의 일본과는 다르게 우리민법의 규정이 비영리법인으로 되어 있는 것을 고려하면, 일본과 같이 복잡하게 돌아갈 필요는 없을 것 같다. 매우 단순히 생각하면 가장 효율적인 방법은, 민법의 비영리법인 규정을 그 설립에 있어서 준칙주의를 채용하고 현행의 '공익법인의 설립·운영에 관한 법률'을 그 위에 위치하는 것으로 대폭 다듬는 것이다. 이렇게 하면 효율적으로 2단계 구조가 완성된다. 다만 민법에 흡수하느냐 아니면 2006년 공익법인 개혁 후의 일본처럼 민법전에서 빼내어 특별법을 제정하느냐, 재단법인의 설립에도 준칙주의를 관철하느냐 등 다양한 논점에 대하여 본격적으로 논의할 필요가 있을 것이다.

필요하다고 할 것이다.[19)]

공익성을 인정하는 독립기구를 창설하여 공익법인을 체계적으로 관리·감독해야 한다는 취지의 개선빙향에 대해서는 최근 발표뇐 많은 연구에서 주장되는 바이다. 공익인정, 관리감독 체계의 일원화, 공익인정위원회의 창설을 포함한 제도구상에 대해서는 본서의 글 중에서도 고상원 논문, 김진우 논문, 손원익 논문에서도 도입을 주장하고 있다. 비교법적으로는 영국과 일본의 예가 직접적인 참고대상이 될 수 있다.

이상 본고에서 살펴본 바와 같이 여러 선진국에서 비영리·공익법인제도를 구축하는 데는 다양한 정책적 판단이 행해졌고, 사회적으로도 커다란 비용을 들이면서 치열한 논의를 거쳐 발전되어 왔다. 우리나라에서도 앞으로 구체적인 제도의 세부사항에 대하여는 많은 논의가 이루어질 것이 예상되고 결코 간단하지 않은 과정을 거치게 될 것이다. 그러나 이러한 것은 특이하거나 새로운 현상은 아니다.

---

19) 대법원 판결 중의 일부이기는 하지만, 대법원 2007.4.19. 선고 2004다60072,60089 전원합의체 판결 중 이홍훈 대법관의 의견(다수의견에 대한 반대의견의 보충의견)이 흥미롭다. "근래에 이르러 법인에 못지않게 왕성한 사회·경제적 활동을 하면서도 법인격을 취득하지 못한 다양한 형태의 사단들이 생겨나고 있다. 그런데 비법인사단의 거래행위시마다 그에 관하여 정관 기타 규약에 정함이 있는지를 살펴보고, 만약 정함이 없는 경우에는 그것이 총유물의 관리·처분행위에 해당하는 것인지를 생각해보고 거기에 해당하는 경우에는 사원총회의 결의를 거치도록 요구하게 되면, 그 절차가 매우 번거로울 뿐만 아니라 상대방과의 관계에서 거래의 안전을 해치게 되는 것은 사실이다." "그러나 이는 비법인사단의 공동소유관계를 총유로써 규율하고자 하는 우리 민법을 제정한 입법자의 선택에 따라 발생하는 불가피한 결과일 뿐이다. 만약 그와 같은 절차의 불편을 피하고 거래의 안전을 도모하고자 한다면 비법인사단의 구성원들이 자신에게 맞는 다른 유형의 인적 결합형태로 변경하거나 법인격을 취득하는 것이 옳을 것이다."

시대나 국가를 넘어, 비영리·공익법인법제가 구축될 때에는 늘 있어 왔던 과정인 것이다. 그 결과 각각의 시대와 나라의 상황을 반영한 법제가 선택되어 왔다. 본서가 우리나라의 공익법인 법제의 새로운 전개에 커다란 첫걸음이 될 것으로 확신하면서 본고를 마치고자 한다.

참고문헌

본고의 성격을 고려하여 다수의 참고문헌은 일일이 각주처리를 하지 않았습니다. 각국의 제도 개관에 관한 부분은 딩해 국가의 문헌을 주로 참고하였습니다. 국내문헌은 본서 제1장과 제2장의 논문에서 인용된 것과 중복되는 부분도 있습니다. 최근에 발간된 주요 영어문헌으로 다음의 연구를 들어두는 것으로 갈음하고자 합니다. 주로 Edited by Klaus J. Hopt and Thomas Von Hippel, Comparative Corporate Governance on Non-Profit Organizations, (Cambridge: Cambridge University Press, 2010)에 게재된 논문입니다.

Greyham Dawes, "Charity Commission regulation of the charity sector in England and Wales: the key role of charity audit regulation", in Klaus J. Hopt and Thomas Von Hippel (eds), Comparative Corporate Governance Of Non-Profit Organizations, Cambridge University Press, Cambridge, 2010, pp.849-892

Richard Fries, "The Charity Commission for England and Wales," in Klaus J. Hopt and Thomas Von Hippel (eds), Comparative Corporate Governance Of Non-Profit Organizations, Cambridge University Press, Cambridge, 2010, pp.896-912

James J. Fishman, "Nonprofit organizations in the United States", in Klaus J. Hopt and Thomas Von Hippel (eds), Comparative Corporate Governance Of Non-Profit Organizations, Cambridge University Press, Cambridge, 2010, pp.129-165

Rob Reich, Lacey Dorn, Stefanie Sutton, Anything Goes: Approval of Nonprofit Statues by the IRS (Stanford: Stanford University Center on Philanthropy and Civil Society, Oct. 2009)

Lester M. Salamon Editor, The State Of Nonprofit America Second Edition, (Washington, DC: Brookings Institution Press, 2012)

Christoph Mecking, "Good and not so good governance of nonprofit organizations: factual observations from foundations in Germany", in Klaus J. Hopt and

Thomas Von Hippel (eds), Comparative Corporate Governance Of Non-Profit Organizations, Cambridge University Press, Cambridge, 2010, pp.39-59

Katrin Deckert, "Nonprofit organizations in France", in Klaus J. Hopt and Thomas Von Hippel (eds), Comparative Corporate Governance Of Non-Profit Organizations, Cambridge University Press, Cambridge, 2010, pp.265-324

집필자 약력

■ 윤철홍
숭실대학교 법과대학 졸업(1979)
독일 프라이부르크대학교 법학박사(1987)
숭실대학교 일반대학원장(2015-)
저서 : 채권양도의 개정론(법원사, 2015)
　　　물권법(개정판)(법원사, 2013)
　　　채권총론(개정판)(법원사, 2012)

■ 고상현
숭실대학교 법과대학 졸업(2002)
독일 보훔대학교 법학박사(2009)
대구대학교 법과대학 조교수(2012-)
저서 : "사인증여에 관한 논고"(민사법학 제48호, 2010.3)
　　　"유류분제도와 공익출연"(가족법연구 제39호, 2010.11)

■ 박수곤
한양대학교 법과대학 졸업(1990)
파리 제10대학 대학원 법학박사(2002)
경희대학교 법학전문대학원 부교수(2005-)
논저 : "프랑스민법상 인과관계론에 대한 소고"(재산법연구 31-3호,2014.11)
　　　"계약의 하자에 관한 최근 대법원판결의 동향"(비교사법 제21권 1호,
　　　2014.2)
　　　"상속포기와 채권자취소권"(경희법학 제48-4호, 2013.12)

■ 김진우
동국대학교 법과대학 졸업(1991)
독일 레겐스부르크대학교 법학박사(1999)
한국외국어대학교 법학전문대학원 교수(2004)
저서 : 주식민법(공저, 2011)
　　　"미국에서의 공익조직에 대한 국가의 감독"(서울법학, 2014)
　　　"재단법인의 조직과 의사결정"(법조, 2012)
　　　"재단법인 기관의 임면에 관한 고찰"(인권과 정의, 2012)

■ 송호영
　경북대학교 법과대학 졸업(1992)
　독일 오스나브뤼대학교 법학박사(1998)
　한양대학교 법학전문대학원 교수(2011-)
　저서 : 법인론(신론사, 2013)
　　　　독일법(공저, 신론사, 2013)

■ 손원익
　미국 William Penn College 졸업(1985)
　미국 위스콘신대학교 경제학 박사(1993)
　딜로이트안진회계법인 R&D센터 원장
　저서 : 공익법인 관리체계의 근본적 개선방안(공저, 한국조세재정연구원,
　　　　2013)
　　　　민간비영리조직을 통한 재정지출의 효율성 제고방안-문화예술분야
　　　　를 중심으로(공저, 한국조세연구원, 2012)

■ 임채웅
　서울대학교 법과대학 졸업(1986)
　서울대학교 법학박사(2007)
　법무법인(유한)태평양 변호사(2011-)
　저서 : 미국신탁법(번역서)(박영사, 2011)
　　　　신탁법 연구(박영사, 2009)

■ 이상신
　서울대학교 법과대학 졸업(1991)
　서울대학교 법학박사(2004)
　서울시립대학교 세무학과 및 세무대학원 교수
　저서 : 미국 세법상 계획기부의 과세쟁점과 그 시사점(한국세법학회, 2014)
　　　　미국의 주택 양도소득세제와 시사점(한국부동산학회, 2013)
　　　　부동산양도소득세제의 개편방향에 관한 연구(한국부동산학회, 2013)

■ 권철
　성균관대학교 법과대학 졸업(1992)
　東京大學 法學政治學研究科 법학박사(2007)
　성균관대학교 법학전문대학원 부교수

논저 : 日韓比較民法序說(有斐閣, 2010)

일본민법전 (법무부, 2011)

"민법의 관점에서 바라본 민법 개정안의 법인제도", 비교사법 17-4, 2010

"프랑스 민법학 상의 'patrimoine' 개념에 관한 고찰", 민사법학 63-2, 2013

법무법인(유한) 태평양은 1980년에 인재경영, 가치경영 및 선진경영이라는 3대 경영철학을 바탕으로 설립되었으며, 설립 이후 현재까지 지속적으로 로펌의 사회적 책임을 다하기 위해 다양한 공익활동을 수행해 오고 있습니다. 2002년에는 보다 체계적인 공익활동을 위해 자원하는 변호사들로 공익활동위원회를 구성하였고, 변호사들의 공익활동 수행시간을 업무수행시간으로 인정하였으며, 2009년에는 공익활동 전담기구인 재단법인 동천을 설립하였습니다. 2013년에는 공익활동의 선도적인 역할을 한 공로를 인정받아 대한변호사협회가 시상하는 제1회 변호사공익대상 단체부문에서 대상을 수상하기도 하였습니다. 2014년 한 해 동안 법무법인(유한) 태평양 소속 국내 변호사 348명(대한변호사협회 등록 기준) 중 70.69%인 246명이 공익활동에 참여하였고, 공익활동에 참여한 변호사들의 1인당 연평균 공익활동 시간은 54.53시간으로 서울지방변호사회 공익활동 기준 시간인 20시간을 2.5배 이상 초과하는 많은 공익활동을 수행하였습니다. 태평양 공익활동위원회는 분야별로 난민, 이주외국인, 장애인, 북한/탈북민, 사회적경제, 여성/청소년 등 6개 분과위원회로 구성되어 2015년 6월 현재 160여 명의 전문가들이 자원하여 활동하고 있습니다.

재단법인 동천은 2009년 법무법인(유한) 태평양이 설립한 국내 로펌 최초 공익법재단으로서 '모든 사람의 기본적 인권을 옹호하고 우리 사회의 법률복지 증진과 법률문화 발전을 통해 모두가 더불어 함께 사는 세상을 만들어 나가는 것'을 목표로 전문적인 공익활동을 전개하고 있습니다. 장애인, 난민, 이주외국인, 사회적경제, 탈북민, 여성, 청소년의 분야에서 법률구조, 제도개선, 입법지원 등 법률지원활동을 수행하는 것과 함께 태평양 공익인권상, 장학사업, 공익·인권 단체 지원사업, 공익·인권활동프로그램 공모전 등 다양한 사회공헌 활동을 수행하고 있습니다.

공익법인연구

초판 1쇄 발행   2015년 06월 15일
초판 2쇄 발행   2024년 09월 20일

편 자   법무법인(유한) 태평양·재단법인 동천
펴낸이   한정희
펴낸곳   경인문화사

출판신고   제406-1973-000003호
주   소   파주시 회동길 445-1 경인빌딩 B동 4층
전   화   031-955-9300   팩스   031-955-9310
홈페이지   www.kyunginp.co.kr
이 메 일   kyungin@kyunginp.co.kr

ISBN   978-89-499-1136-6   93360
정가 39,000원